JN247099

鎌倉幕府北条氏一門の研究

渡邊晴美著

汲古書院

はしがき

私が鎌倉幕府政治史の研究に手をそめてからかなり久しいときがたっている。一九六八年（昭和四十三）四月中央大学入学後、最初の二年間はもちろん一般教養で、専門教養は国史講読・国史概説などそんなに多くはなかった。恩師の森克己先生にお会いするのは三年次になってからである。森先生に出会う前に、横浜高校時代の恩師八幡義信先生から、先生が所属する政治経済史学会への入会を勧められた。そして今では考えられないことだが、到底理解できそうもない論文が掲載された政治経済史学のバックナンバーを手渡しされた。それが何号で何というテーマの論文であったかなど、まったく忘れてしまったが、確か平安時代の「寺院政所」をテーマとするものであったことをおぼろげながら覚えている。当時私はそれを無理して何とか読んで理解しようとしたが、高校を卒業したばかりの私にもとより理解できるはずもなかった。ともかくそこで政治経済史学会へ入会し、学部の一年次にして私は研究会へ参加することになった。専門科目をまったく勉強していなかった私が、原典史籍研究部会に即参加したのである。それは、それまでの高校では理科系進学クラスに所属して「数Ⅲ」まで必修で非常に苦痛であった高校の教科から解放された私にとっては何とも新鮮で魅力的なものであった。当時文京区本郷の学士会館で隔週土曜日に午後五時から九時まで行われた。内容は第一、第三が『吾妻鏡』、第四が『続日本紀』であったように記憶している。私はその両方に参加した。ちょうど当時授業の国史講読が『本朝通鑑』をテキストとして使用しており、それが『続日本紀』を下敷きに書かれていることを授業で聞いていたこともあった。当時の大学での担当の先生は気鋭の飯田瑞穂先生だった。『続日本紀』研究会の検討課題の内容が授業に役立ったことはいうまでもない。月三回の月例研究会に参加していたことになる。これはよほど覚悟がないと続けられないであろう。それが何の苦痛もなく続けられたのは、故彦由一太先生との出会いがあったからであった。高校の八幡義信、政治経済史学会の彦由一太の両先生との出会いが私のその後の人生を大きく変えることになったのである。彦由一太先生はとにかく大きかった。おそらく彼にあった人はその史料の分析力や歴史認識の高さ、エネルギッシュなことばのはしばしに気合をどんなに感じたことであろうか。私も彦由一太先生には何ともいえない迫力を感じた。もう一人の恩人である野村乙二朗先生の言を借りれば、「彼ほど面白い人間はいない」ということなのか。しかしそれは政治経済史学会創立以来の同志である野村先生ならではの言である。そして「ひらめきにすごい切れ味がある」とも。これも同志ならではの言であろうか。彦由先生は数多くの言を残され、それがそのまま現在にいたるまで私のなかに息づいているものがある。そのなかで私にとって最も印象に残っているものは「仮説設定能力」ということばである。この能力があると史料の分析能力は数段上がるというものである。「可能性の追究」ということばがあるが、似て非なるものがある。先生の研究姿勢および若い世代の育成のための基本は、史料を読み解き、並行する傍証史料を駆使し、そうした分析をしていくことを通じて、あらゆる想定できる事象を設定して、次の場面を構成するという能力を養うというものであった。それは限られた史料を(『吾妻鏡』の逐条討論)という地道な作業のくりかえしによって、私のなかに確実に根付いていったのである。そしてあらゆる研究の原点は直接根本史料たる「原典」に当たるというものであった。私はこの方法を堅持していくことになる。それは周囲から「ほかの人の論文を読まねばならない」という批判を受けた。さらに同じ専攻の同期の人間からは、『吾妻鏡』にだけに安易にたよる、というものであった。しかし私は断固として変えなかった。それが今にいたるまで役に立っている。先行論文や研究書などはあとから読めばいい、というのがその当時の政治経済史学会の基本的スタンスであったように思う。しかし考えてみれば、それはどちらが先であろうとどうということはない。要はそのどちらが欠けてもいけないということである。ただ先行研究にのみとらわれていれば、新たな発想は出にくくなることは私の経験からもいえそうである。

先生が私に出したもう一つの課題は本書のテーマとなっているものである。それはズバリ「得宗専制論の再検討」というものであった。私が初めて政治経済史学会の研究会に参加したのは学部一年のときで満十九歳のときであった。『吾妻鏡』研究会は建長の末年くらいで、北条時頼が出家して「幕府政治の院政」（彦由先生言）の開始の時期であった。そのときすでに先生は「得宗専制」という概念に疑義を持たれていたようであった。それは北条氏得宗が一門支配を通じて幕府を一元的に支配する体制というように理解することに対する疑義である。より具体的には「武蔵守」の件である。すでに武蔵国は得宗と一体化しており、他の一門は単なる名国司としての「武蔵守」にすぎないという従来の一般的学説に真っ向から異を唱えたのである。そのときの研究会でのやりとりは今でも鮮明に覚えている。それは「武蔵守大仏朝直」はどうなのだ。朝直はまったくの空虚なる武蔵守を帯した存在なのか。彼の幕政上での地位は単なる得宗の添え物なのかという疑問である。そのときは畏兄金澤正大氏がいたが、同様のことをいっていた。というより金澤氏が最も強く主張していた。金澤氏のそれまでの研究実績からすれば至極当然のことであったというべきであろう。私はもちろんその当時はその議論に積極的に参加できるはずもなく、ただ聞き入っているだけであったが、このことが私のその後の研究志向の出発点となったのである。

生前先生が言っておられたことばに、「日本史の研究において、古代から近代にいたるまで常に自分なりの見識を持っていることが大切だ」というのがある。それは國學院大學の藤井貞文先生が言っておられたと。私もかくありたいものだと、授業のときは心がけていた。そして北山茂夫氏の『平将門』を読んだときに、一つの専門分野を研究しようとすれば最低でもその前後百年の見識が必要ということが目にとまった。私の場合でいえば、鎌倉時代が専門だから、その前後百年ということなら、十世紀から十五世紀くらいまでは、最低限の見識が必要となる。そして古代から近代までにわたって自分なりの見識を一応持つことができたと自覚したのは、やはり日本史の授業を通じて可能になったといえる。

私が本書の刊行を決意したのは彦由・八幡両先生をはじめ、政治経済史学会の学友の方々の日頃の学問上の交流を通じての学恩やご厚情などに少しでもおこたえし、深く感謝の気持ちをいだいたからである。また再三にわたり強く私の背中を押してくださった野村乙二朗先生の存在が非常に大きかった。一九九六年（平成八）四月二十一日彦由一太先生は亡くなられたが、その学問的な精神を私は確実に受け継いでいるものと自負している。

彦由一太先生が亡くなられたあとも、当然ご自身やご家族の生活・健康のこともあるなか、政治経済史学会の会長を受け継ぎ、繁雑な会務をこなしつつ、さらに月例の研究会を継続し、その学問的力量や高い歴史認識を以って、ご自宅にその研究会の会場を提供されるのみならず、夕食のご提供までいただいた奥様でもあられる彦由三枝子先生に深い尊敬の念をいだかざるをえない。ご夫妻に心から感謝申し上げる次第である。

本書を残すことは、故彦由一太先生や八幡義信先生はじめ、これまで共同研究を続けてきた政治経済史学会の吾妻鏡研究会の石井清文氏・加藤功氏・金澤正大氏・佐久間広子氏・大和典子氏等のメンバー諸氏に対する感謝の念を表すことにもなると考え、本書を刊行して世に問う次第である。また早くから私の研究成果を評価してくださり、論文集の刊行を勧めていただいた川添昭二先生の学恩には深く感謝する次第である。

また中央大学大学院時代以来今日に至るまで、様々な激励やアドバイスをいただいた諸先輩方には感謝の念に耐えない。特に、私が文字通り自力で一から書き上げた「佐介氏」の論考を大学院研究機関誌『論究』に掲載すること、さらに「北条貞時」の研究を『中央史学』掲載を承諾してくださった松尾正人氏、また抜き刷りを送付するたびに暖かく見守り、アドバイスをいただいた太田勝也氏・寒川照雄氏・野崎昭雄氏、常に近くで応援していただいた塩貝進一氏、同期の佐々博雄氏など、改めて深くお礼を申し上げたい。

なお、大学院時代に特別のご厚誼をいただいた故金行文人氏には格別の思いがある。氏がご存命であれば、さぞかしともにご自分のことのように喜んでいただけたことと思うと感慨ひとしおである。

目 次

鎌倉幕府北条氏一門の研究

序　章　問題の所在
――北条氏一門の研究の現状と課題――

はじめに

本書の課題は日本中世史の政治史の研究である。そして具体的には鎌倉時代政治史の究明にある。かつて論者は、北条義時の子息について概略の見通しをまとめた（本書第一部第一章）。また北条時房の子孫についても論考を発表した（本書第四部）。本章はそれらをもとにして、鎌倉幕府北条氏一門の研究の前提として、その導入のために設けたものである。鎌倉幕府中央で活動した北条氏一門すべてを網羅的に論じたものではないが、鎌倉幕府政治史について、現段階での論者の研究を整理したものである。

鎌倉時代政治史の研究は現段階においては、およそ三段階で把握するというのが一般的な理解としてとらえられている。論者の研究はおよそ第二の段階から第三の段階にかけての北条氏一門および幕府政治史が中心課題となっている。

第一段階は将軍独裁制（鎌倉殿専制）といわれている。鎌倉幕府草創から建久十年（一一九九）正月十三日に源頼朝が死去したとき、あるいは承久元年（一二一九）正月二十七日源実朝が死去し、源氏が滅亡したときである。十二世紀末葉、東国を中心とする武士団が源家将軍を頂点とする最初の武家の政権を確立した。この体制の特徴は、東国の有力御家人と公事奉行人といわれる京下り文官系側近吏僚層の対立・矛盾をはらみつつ、その両輪の上に君臨していたのが将軍頼朝であった。頼朝は独裁者ではあっても種々の階層からなる諸御家人の欲求に答えるという存在であり、その利害を代表していたからこそ将軍たりえたのである。この段階はより厳密には初代頼朝の時期のみにあてはまるといえる。二代頼家にはその器量はなく、幕府有力御家人十三人の合議制による幕府体制は当然いわゆる将軍独裁制とはいいがたい。いわば集団指導体制とでもいうべき段階を想定すべきであろう。さらに三代実朝にいたっては完全に幕府政治の中枢から疎外された存在となり、そこからは遊離していたのである。しかしこの頼家・実朝の段階をもふくめて大まかな概念として一般には将軍独裁制と理解されている。こうした間隙をぬうようにして進出してきたのが将軍家外戚北条氏であった。草創期は将軍頼朝の外戚としての特権をたくみに利用しながら、東国の豪族御家人にならぶような地位を幕政中枢に築き上げていった。正治元年（一一九九）源頼朝の死後、二代将軍となった源頼家の専制に対して、同二年（一二〇〇）にその親裁を停止し、訴訟権限が幕府の有力御家人十三人による合議制の体制を敷いた。その十三人とは、足立遠元（武蔵）・安達盛長（武蔵）・大江広元（吏僚層）・梶原景時（相模）・中原親能（吏僚層）・二階堂行政（吏僚層）・八田知家（常陸）・比企能員（武蔵）・北条時政（伊豆）・北条義時（伊豆）・三浦義澄（相模）・三善康信（吏僚層）・和田義盛（相模）らであり、ここにも北条氏の戦略の一端をみることができる。文官系側近吏僚層は四人、東国のいわゆる豪族御家人九人（北条氏をこのなかに入れるかどうかは検討の余地があるが）、うち武蔵が三人、相模三人、伊豆二人、常陸一人という構成である。のちの評定衆がそのバランスを継承しているかのごとくであるが、当時の幕政中枢の有力者により、集団的指導体制の名のもとに将軍権限の剝奪・有名無実化に成功している。しかしその実態は、当時将軍頼家の外戚権が比企氏にあり、頼家・実朝の生母という地位の政子にとってその外戚をめぐる争いがあったのではないか。頼家外戚の地位にある比企氏の勢力を規制することを目的として、北条氏がしくんだものではあるまいか。このあと北条氏による他氏排斥の過程でこの合議制そのものは解体していく。

正治二年（一二〇〇）梶原景時が有力御家人六十六人の弾劾をうけて追討され、建保元年（一二一三）和田義盛が誅戮されている。北条氏は政子の活躍により、将軍外戚権の地位争いで比企氏との抗争を勝ち抜き、和田合戦で和田氏を滅ぼすと同時に、侍所別当の地位を義時が奪い取るなど、この時期に北条氏が獲得したものは大きかった。元久二年（一二〇五）六月には畠山重忠の乱がおこっている。こうした他氏族排斥の過程で、およそこの時期に北条氏の幕政での地位が確立していったものと考えられる。政所別当と侍所別当を兼帯し、それを執権とよぶようになった。

以後執権北条氏は、幕府政治の主導者として政権中枢にトップの地位を保持し続けるのである。元仁元年（一二二四）六月、執権北条泰時は執権の補佐として連署を置き叔父北条時房をもってこれに任じた。翌嘉禄元年（一二二五）十二月、評定衆を設置し幕初以来の東国の豪族御家人および政務に通じた文官系側近吏僚層を任じて、執権・連署が評定衆を率い、政所に出仕して重要政務を決裁する体制（評定合議体制）を整備した。執権政治の展開過程とともに、評定衆中に占める一門の比率が高くなっていく。また地方においても北条氏一門の守護が多くなる事実があることが指摘されている。すなわち、中央・地方における北条氏得宗および一門による幕府政治の独占化の傾向としてとらえられ、得宗による一門に対する一元的統制・支配がみられるようになっていくと一般に考えられている。こうして幕府政治の中心には常に北条氏得宗および一門の存在があったという事実が固定化されるようになった。すなわち幕府政治は北条氏一門を中心に展開していくことになったのである。したがって北条氏得宗が鎌倉幕府政治史の研究の主題となっていくことになるのである。以上が執権政治体制から得宗専制体制への展開過程の概略である。

第二段階は執権政治（評定合議体制）といわれる。執権・連署が評定衆を率い政所に出仕して、政務分担により最重要課題を審理決済していく体制である。執権・連署の北条氏が中心となって、幕府政治を主導するという集団指導体制といえるであろう。権力の所在の本質は執行機関ではなく、決定機関にあることは自明のことである。将軍独裁制の段階においては、幕府政治の意思決定は将軍頼朝にあった。将軍独裁制といわれるゆえんである。執権政治の段階においてはその意思決定は評定衆による合議によって行われた。したがってこの段階にいたって幕初の将軍独裁制は抑止・廃棄され、執権北条氏を中心とする体制に移行していったのである。それは幕府を構成する諸有力御家人と文官系側近吏僚層ともに、その総意にもとづくものとして推進されていったのである。

第三段階は得宗専制といわれる。政治の実権が執権といういわば公的な職務に準拠して権力を行使する政権ではなく、得宗という北条氏の家督の地位に準拠して政治権力を行使する、すなわち得宗であるがゆえに権力を有する体制のことをいうのである。この説を最初に提起されたのは佐藤進一氏である。(1)佐藤氏は、幕府権力の制度的拠点、評定衆・引付衆などの北条氏一門による独占化の傾向がおよそ時頼のころからはじまるとされている。そしてその成立の指標として「弘安八年霜月騒動」においているのである。北条氏の家督は義時にちなんで得宗とよばれたから、この北条氏中心の新しい政治を便宜得宗専制とよぶことにしたいとされた。

このように権力の所在に徴して、鎌倉幕府政治の展開過程を、将軍独裁制・執権制・得宗専制の三段階としてとらえるみかたは、すでに定説となったといってよい。しかしその始期については必ずしも一定したものではない。佐藤氏の説を批判された奥富敬之氏は、時頼は出家以後も権力を保持していたとして、すでに権力の根源が執権という公的職務にではなく、得宗という北条氏家督の地位に準拠して権力を行使するということになっていたとされた。奥富氏によれば、「寛元・宝治の乱」をもって得宗専制は成立していたとする。そして「弘安八年霜月騒動」は、すでに成立していた得宗専制が、得宗被官専制へ純化発展する段階であると位置づけているのである。(2)

こうして鎌倉幕府政治の三段階展開論は現在ではほぼ定着し、以後鎌倉時代の政治史の研究はこの線にそって進展していくことになるのである。そして鎌倉幕府政治史に関する研究は、北条氏が主導する執権政治（評定合議体制）とそれに続く得宗専制体制を基軸として展開していくものと理解され、それにそって研究成果が蓄積されている。

いっぽう、政治史の展開と密接な関連をもつ経済的基盤となる所領については、国別の北条氏所領の検出がおこなわれ、その一覧が出されている。特に得宗専制の基盤となったいわゆる得宗領についてもその検出は進展している。奥富氏によれば北条氏一門所領は得宗による一元的統制・支配のもとにあったとされている。論者は具体的に所領の研究には携わっていないので、所領の件についてのコメントはさしひかえることにするが、少なくとも『吾妻鏡』を丁寧に読んでいく限り、北条氏一門およびその所領が得宗の一元的統制・支配のもとにあったということはなかったという結論に達する。論者の考え方の基本は、泰時政権・時頼政権・時宗政権は、北条氏一門や得宗外戚が強力にサポートする、いわば「集団指導体制」であるということである。泰時政権は時房＝泰時政権であり、幕政での主導権はむしろ時房にあったといえる。また時頼政権・時宗政権は若年の得宗を一門の重鎮が連署として、得宗外戚とともに支えるという性格が濃厚であった。かかる視点に立って論者は北条氏一門の個別的研究を続けてきた(3)。

また得宗専制の手足となって活動した得宗被官家（御内人）の個別研究も進められ、幕府中央で政治的活動を主とする得宗被官（御内宿老）や、在地において主として経済的活動主とする得宗被官（御内之仁）などの研究も進んできている(4)。

得宗専制の拠点となった得宗公文所の機構や機能などの研究も進んでいる。これについては、得宗だけでなく、北条氏一門もその所領支配や独自の公文所（家政機関）の存在などが指摘され、それぞれ独自の所領や支配のしくみの存在や、また各一門の被官などについても言及されるようになってきている。

一　北条氏一門の個別的研究

佐藤進一氏による鎌倉後期から末期にかけての政治体制たる「得宗専制」の提起以来、鎌倉幕府政治史の三段階の展開論は前述のごとくすでに定着しているといってよいであろう。寛元・宝治の乱以後反対派を一掃した時頼の政権は専制化の傾向を一層強めていく。執権政治が北条氏の氏族的伝統による所産によるものではなく、これから構築していく性格のものであったために、執権政治は「その頭初から専制化する危険性をはらんでいた。北条氏の家督が義時の法号にちなんで得宗とよばれたから、北条氏による政治の専制化をその号をもとに便宜得宗専制と称したいとされた」とする佐藤氏の指摘のごとく、執権政治から得宗専制政治への展開過程で、北条氏家督（得宗）がその中心であったことと、その主導的地位に徴して、その研究主題は「得宗中心」にあったといえよう。そして北条氏一門は得宗の補佐的な存在とのみとらえられてきた。このことは『吾妻鏡』（以下同書からの引用は年月日条のみ記す）が、政子・泰時・時頼・時宗等をあまりにも顕彰・美化してきたことも手伝って、鎌倉幕府は初めから義時の子孫である北条氏得宗が支配するものだという漠然とした先入観があったためである。

今まで論者がてがけてきた北条氏についての研究は得宗（時頼・時宗・貞時）、時房流北条氏（佐介氏・大仏氏、その他の時房流北条氏、佐介信時）、政村流北条氏・有時流北条氏（伊具氏）などである。これらの研究を通じて、少なくとも時宗政権の第一段階（文永元年の連署就任から文永九年二月騒動まで）においては、得宗専制は成立していないということである。縷々述べてきたことであるが、時頼から時宗にかけて、『吾妻鏡』はあたかも得宗の権力が他の一門を圧倒し凌駕しているかと主張し、得宗の一元的支配が貫徹しているかのごとく叙述している。しかし『吾妻鏡』を丹念に読んでいけば、その主張とはおよそかけ離れた実態であったことにすぐに気がつく。以下は論者があつかった論文の概要を示しておく。ただし、名越氏・極楽寺流・金沢氏の諸氏等については、直接論者が中心課題に設定したものではない。これらの北条氏一門については、現在までに管見に入った論文をできるかぎりとりあげておくことにとどめ、またコメントについては必要最小限にとどめておくことにしたい。

時房流北条氏（佐介氏・大仏氏）

叙上のような北条氏一門の研究の一般的な考え方に論者ははなはだ疑問をもち、まず時房流北条氏の研究に着手した。佐藤進一氏が北条氏の〝疎族〟とされた佐介氏について、氏祖時盛以来の幕政での地位・役割についての論考を発表し、続いて同じ時房流北条氏の大仏氏について検討を加えた。(5) その結果、等しく時房流北条氏とはいっても両者はかなり異なる志向性を有し、あるいは正反対の性格すらあったであろうこと、そして佐介氏は少なくとも氏祖時盛が六波羅探題南方に在任していた時期には、時房流の嫡流としての地位を保持していたであろうこと、それが時房の死を機に時盛が鎌倉にもどって以後、その地位は漸次同じ時房流の大仏氏に圧倒されがちとなり、幕政中枢から後退を余儀なくされていったこと、などを指摘した。さらに時房流北条氏全体像についておおかたの見通しのために、佐介氏・大仏氏以外の時房流北条氏についても論考を発表した。(6) 総じて時房流北条氏は、義時流北条氏に匹敵するだけの実力を有していたこと、時房流北条氏の力をかりなければ、泰時の幕政運営は不可能であったことを指摘した。その場合、時房流の膨張は制限しなければならず、時盛・朝直がともに幕政中枢で並び立つようなことはあってはならないと泰時が考えていたことを想定した。(7) なお大仏朝直が二度にわたって武蔵守に任じ、一番引付頭人にまでいたっているが、最後まで連署にはならず、また寄合のメンバーにならなかったのは、朝直自身やまた時頼や重時もふくめて、時盛がいまだ存命中で、その潜在的実力を留保していた佐介流の勢力をはばかっていたのではないかと論者は考える。

朝時流北条氏（名越氏）

氏祖朝時は生年が建久五年（一一九四）、没年は寛元三年（一二四五）、享年五十三。母は比企朝宗女。泰時の異母弟で、すぐ上の兄の泰時との年齢差は十歳である。妻室には、大友能直女（所生に時章）・北条時房女（所生に教時）がいる。

建暦二年（一二一二）五月七日、朝時二十歳の時、将軍源実朝の御台所の官女で佐渡守親康女に艶書を送るという事件があった。深夜、彼女のもとに忍びこみ誘い出したことが露見し実朝の怒りに触れ、父義時から義絶されて廃嫡となり、駿河国富士郡で蟄居ということになった。比企朝宗女所生の朝時・重時は北条氏の家督を継ぐことはなかった。あるいはこの一件の影響があったのかもしれない。

朝時子息には、太郎光時・次郎時章・三郎時長・四郎時幸・五郎時兼・六郎教時・七郎時基らがいる。太郎光時は寛元四年名越の政変で伊豆国江馬に配流、四郎時幸は寛元四年名越の政変で自害（『葉黄記』六月六日条）、三郎時長（建長四年八月二十六日）・五郎時兼（同五月二十二日）らは建長四年（一二四九）に相次いで死去している。名越の政変で髻を切ってまで時頼に忠誠を誓った二人が相次いで死去している。単なる偶然であろうが、それにしても宗尊親王推戴の年にあたっているのは因縁めいたものを感じる。

朝時流の名越氏の研究には川添昭二氏の研究[8]があげられる。

極楽寺流北条氏（重時流）

氏祖重時は、生年は建久九年（一一九八）、没年は弘長元年（一二六一）、享年六十四。母は比企朝宗女。泰時の異母弟、すぐ上の兄朝時とは同母弟で年齢差は四歳である。

重時流の先駆的研究には、石井清文氏の一連の諸研究がある。[9] 石井氏は、「平重時家訓」の研究から、北条氏一門のなかで、極楽寺流一統全体が鎌倉幕府中枢における重要性に注目し、その子孫がそれを忠実に守ることによって、幕府滅亡まで一門中の重鎮として得宗を支える存在としてあり続けたことを高く評価されている。そして一門として、どのような身の処し方が良いのか、文字通り自らの子孫に書き残す「家訓」としてのみならず、いわゆる誇り高き武士とはいかなるものか、どうあらねばならないのか、までもふくめて事細かに、教え諭していることに注目されている。まさにその通りであり、極楽寺流北条氏が鎌倉幕府政治史上に果たした役割は非常に大きいことを改めて認識すべきであると論者は思う。そのことに関連して、その後宝治合戦と北条重時の連署から、嫡男長時の六波羅探題北方就任にいたる過程、時茂の六波羅探題北方就任、時宗政権下における連署義政の出家遁世事情まで、鎌倉幕府中枢における極楽寺流一統全体について検討を加えられている。

政村流北条氏

詳細は本書第五部で触れることになるが、ここでは政村流北条氏についての概要を示しておきたい。[10] 政村は義時の四男として元久二年（一二〇五）に生まれた。母は伊賀朝光女である。元仁元年（一二二四）六月から閏七月にかけて、いわゆる伊賀氏の変がおこった。北条義時の死に際し、伊賀光宗がおこした陰謀事件といわれる。義時の後妻伊賀の方（光宗妹）が、実子政村の執権就任と、女婿一条実雅の将軍職就任を画策したという。この陰謀には三浦義村が深くかかわっていたといわれ、義時の死因についても伊賀の方による毒殺説もあって、当時幕政中枢にあたえた衝撃の大きさをうかがうことができる。当時泰時はこの異母弟を不問に付した。その後政村はややもすると臆病ともいえるかのような慎重すぎるほどのかまえで、幕政中枢を生き抜いていった。特に歳首垸飯で貞永元年（一二三二）以来康元元年（一二五六）まで御剣の役を継続してつとめてきている（途中『吾妻鏡』欠文は仁治三年・建長元年・建長七年の三回あるが、これらの年も政村が剣を役していたことはまずまちがいあるまい）。延応元年（一二三九）には政村は三十五歳にして、大仏朝直（三十四歳）、北条資時（四十一歳）らとともに、北条氏一門として初めて評定衆に抜擢されている。さらに十年後、この三人は建長元年引付衆設置にともない、それぞれ一・二・三番の引付頭人に抜擢されている。

康元元年三月、出家した兄重時に代わって連署就任。同四月、陸奥守となる。文永元年（一二六四）八月、執権北条長時（政村甥）の死のあとをうけ執権に就任、時宗は連署となる。

政村流北条氏は、次代の時村も評定衆・引付頭人・六波羅探題北方・連署など幕府要職を歴任し、父政村にも劣らぬ活躍のあとが認められる。

実泰流北条氏（金沢氏）

一般に金沢氏は、実時をもって氏祖としている。系統としてはその父実泰からとしているようである。

氏祖実泰は、生年は承元二年（一二〇八）、没年は弘長三年（一二六三）、享年五十六。『吾妻鏡』の伝えるところによれば、生来あまり健康ではなかったらしい。寛喜二年（一二三〇）三月四日に兄重時の六波羅探題北方就任にともない、二十三歳のときその後任として小侍所別当となる。しかしわずか五年でこの職を辞している。その後は武蔵国六浦に引退したとみられ、以後幕府には出仕していない。また出家したこともあって、終生無官であった。

実泰にかわって幕政上の活動が顕著であったのは嫡男実時であった。文化史上でも金沢文庫の創設者としても知られるが、幕政上は叔父政村に次ぐ実力者であった。実時は、生年が元仁元年（一二二四）、没年が建治二年（一二七六）、享年五十三。正室は北条政村女（所生に顕時）。時頼・時宗の時代に「寄合」のメンバーであった。

実時は天福二年（一二三四）十一歳の時に、父実泰から小侍所別当の重職を譲り受け、以後その職は時宗のときまで続く。幼少の頃から、叔父であり時の名執権といわれた泰時にその才を見出され、泰時が後継と見込んだ経時と互いに「水魚の思」をもつこととして学友に指名している（仁治二年十一月二十五日条）。経時と実時は同年齢であり、泰時が実時に期待するところは大きかったであろう。ただその後実時は時頼の良き相談相手となったと思われる。

金沢流北条氏については、関靖氏・入間田宣夫氏・福島金治氏・永井晋氏等の諸研究がある。(11)

有時流北条氏（伊具氏）

義時の四男有時を祖とする系統を一般に伊具氏という。有時の生年は正治二年（一二〇〇）、没年は文永七年（一二七〇）、享年七十一。母は伊佐朝政女。母方の出自により、年少の四郎政村・五郎実泰の次位におかれたのであろう。『吾妻鏡』には伊佐三郎行政の名はみえるが、伊佐次郎朝政の名はみえない。名乗りからするとあるいは兄弟であろうか。

義時の葬儀の際の序列は、弟四郎政村・五郎実泰より下位に位置づけられているばかりでなく、すでに大炊助（幕府では六位待遇）に任官しているにもかかわらず、単に六郎の表記のみの所見となっていたり、とかく疑問が多い。また、仁治二年（一二四一）四十二歳の時に評定衆に抜擢されながら、同年評定衆辞退を申し出るが、許容されなかった。しかし有時が評定衆として活動していたという徴証はない。二年後の寛元元年（一二四三）に病を理由に引退し、以降、幕府中央での活動はみられず、最後まで幕府に出仕しなかった。讃岐国守護職を務めたことが推測されるが、この守護職は、宝治合戦で衰亡した三浦氏の所職を得たものといわれる(12)。詳細は本書第一部第二章を参照。

二　幕府支配と北条氏一門

鎌倉中期は将軍独裁制を止揚し、執権北条氏が主導する政治体制の確立の時期であった。鎌倉殿頼朝は独裁者であっても、鎌倉幕府に結集する諸御家人が彼を支持したのは、少なくとも多くの御家人たちの要求に応える存在であったからである。御家人たちの要求とはいうまでもなく、〝一所懸命〟の所領の保証であった。所領をめぐる訴訟・裁判の公平さこそ重要かつ死活にかかわる問題だったのである。よくいわれるところだが、頼朝の跡を継いだ頼家・実朝はそのことの重要さに無頓着で、またその器量もなかった。もはや御家人たちの要求に応えるような存在ではなかったのである。源氏の滅亡は必然的なときの流れであったのである。頼朝時代の遺産を継承したのが執権北条氏の体制であったのである。

義時の跡を襲うた泰時がまずしなければならなかったことは、こうした頼朝時代以来の諸御家人の要求に答えることであった。すでに幕府草創以来、北条氏はいくたの権力闘争を経て幕府の主導権を確立していった。しかし、北条氏は権力に執着するあまりに、自らの政権にとって障害となる対象者を打倒するというスタンスのみで政治を独占したのではない。鎌倉幕府は御家人によって支えられている武家政権であり、あくまでも武家による武家のための政権でなければならない。合議的な政権運営を標榜する執権政治体制が将軍独裁制にかわって少なくとも御家人の支持をえることができたからである。

そして泰時の一門に対して配慮すべきことは、不安定であった北条氏家督の立場および一門全体として、いかにして他の有力御家人と肩を並べることができるかということにあった。この段階においては、泰時は一門支配どころか、その協力をとりつけることに腐心していたというべきである。執権という地位で政権中枢にあってもその地位のうらづけが必要であったのである。しかもその形式はあくまでも泰時が「頭を垂れて一門に協力を要請するようなものであってはならない」「一門があくまでも自主的に泰時の政治に積極的に協力し、翼賛するものでなければならない」ということなのである。他の有力御家人と対等にあるいはそれ以上の関係でわたりあっていくためには、形式的にもせよそのように思わせしめること、納得させるだけの一門の強固な協力体制が必要だったのである。すなわち泰時がこのようなこと、あるいは屈辱的ともとられそうなことをしなければならないほど、いまだ北条氏の家督家の地位は他の一門と比較しても不安定なものであったのである。泰時はそのことを重々承知していたからこそ、そのための体制作りに着手したのである。

元仁元年（一二二四）六月、父義時の死のあとを受け、泰時は執権となり、その補佐として連署を設置し叔父時房をもってこれに任じた。概略その通りであるが、もちろん論者はこうした従来の漠然とした理解には異存がある。いまここでその真偽のほどについてつぶさに論じているいとまはないが、時房が泰時の単なる補佐役であったとする一般的な理解は首肯しかねる（本書第六部参照）。論者の主張は、北条氏主導による政治は執権政治であれ、得宗専制であれ、北条氏一門全体の成長と勢力伸長が必須の条件であり、それは幕府政治史の展開と密接不可分の関係であったといえるのである。すなわち北条氏一門全体としての勢力が、このあとのどの政治段階においても他の御家人のそれを凌駕していることが必要であったのである。翌嘉禄元年（一二二五）六月に幕初以来の功労者大江広元が、七月には泰時の理解者政子が相次いで世を去った。父義時とも良好な関係にあり、また泰時の最大の理解者であった政子の死は大きな痛手ではあったが、いっぽうでは泰時は誰にも掣肘されることなくいかんなく、その政治的手腕を発揮できるようになったわけである。ここに幕府政治は新段階に入ったといえる。

この幕府政治の新段階において、泰時にとって最も頼りになる存在は時房だったのであり、時房の力を借りなければ、父義時や政子なきあとの幕政の運営はままならなかったといえるのである。

いっぽう時房の側からすれば、家督とそして泰時をこのときは盛り立てておけば、あるいは将来自己の子孫に家督の地位がめぐりめぐってくるかもしれない、そんな考えもあるいは頭をよぎっていたのではなかろうか。ともかく時房は泰時の忠実な叔父というのみの存在ではなかったことだけは確かである。すきあらば、時房の系統が北条氏家督の地位にとってかわるということもありえたのである。そのことは実現することはなかったが、それは結果論である。泰時子息の時氏・時実の二人が相次いで世を去り、残るは幼い孫の経時と時頼という、不安定な状況下におかれていたのが泰時の晩年であった。いっぽうこのときの時房流をみれば、時盛が六波羅探題南方として時房流の家嫡と目され、その弟朝直も評定衆に抜擢されるなど、その勢力は当時泰時流の勢力を凌駕していた。泰時の晩年はそのような不安定な状況が続いていたのである。こうした懸念を予測していたかどうかは別にして、将来における家督の地位の動揺を未然に防ぐべく、その体制作りに着手した。元仁元年閏七月二十九日、泰時は新たに北条氏家督家の公文所に「家令」の職を置き、腹心の尾藤景綱をもってこれに任じた(13)。これは将来における他の北条氏家督（得宗）と他の一門と厳格に区別するために泰時が打った布石であった。これが後の内管領の前身となっていくのである。さらに八月二十八日泰時は「家務条々」を定めて、尾藤景綱・平三郎盛綱等らを奉行とした。奥富敬之氏が指摘されたごとく、合議的な執権政治の本格的な展開と同時に、北条氏得宗による政治専制化への体制作りがすでに始まっていたのである。

北条氏による幕府支配の根幹は鎌倉中央においては、一門による要職独占がある。設置当初一人もいなかった評定衆中に占める北条氏のメンバーは、年次を降るにしたがって増加していく。これが佐藤進一氏がいうところの北条氏による専制化の「制度的拠点」の一つであった。また建長四年（一二四九）に設置された引付衆の頭人も上位三〜四人は北条氏一門が独占していた。

また、寛元四年（一二四六）にはじまる「神秘沙汰（後年の寄合）」のメンバーも北条氏一門中の重鎮と得宗外戚によって独占されていた。[14] 執権政治の根幹である評定合議制を否定する得宗私邸における特定メンバーのみが参加資格のある秘密会議なのであるから、「非制度的拠点」の一つとして位置づけることができる。

すなわち幕府中央においては、執権・連署には北条氏得宗と一門中の最有力者を配置し、幕府政治の制度的拠点たる評定衆に北条氏一門を多く任命し、一般的政務はこの体制を維持していた。そのいっぽうで、非制度的拠点である「寄合」を整備していった。

このように時頼の政権は、一門の名越氏を幕政中枢から排除し、北条氏に対抗する三浦氏本宗を滅ぼし確固たる勢力を築きあげていった。しかし前述のごとく重時の連署時代および出家後の極楽寺入道の時代をふくめて、「寄合」は一度も開かれていない。たとえば将軍九条頼嗣の更迭・宗尊親王推戴などの重大事や、康元元年（一二五六）三月、重時の出家と政村との連署交代、同年十一月の時頼出家と長時との執権交代など、これらが経時のときの交代劇とは異なり危急のものではなかったからといえばそれまでだが、「寄合」が幕府政治の最重要事に開かれるものと理解されるのであれば、やはりどうにも腑に落ちない。重時に実権がなくて時頼が主体となっていたのであれば、幕府の最重要人事は時頼主導のもとに進行していくはずであり、時頼中心の「寄合」によって、連署重時の後任人事は決定されたのだと『吾妻鏡』は主張するのではなかろうか。それを書かないのは何とも不思議である。また同年十一月の執権時頼の出家と長時への移譲もこれまたやはり違和感を感じずにはいられない。

康元元年三月十一日条に、「酉尅。奥州辞職。令落餝給。法名観覚」とある。これを素直によめば、重時の出家は実にさらりと書かれており、時頼に事前に何も相談をしていないかのごとくであり、余人であれば形式上は将軍の許可をとらない、いわば「自由出家」の類であろう。少なくとも時頼が実権を掌握していたなら相談ないしは、ひとことくらいあってしかるべきである。これについて『吾妻鏡』は何も語ってはいない。『吾妻鏡』は時頼を顕彰する記述に終始している。とすれば重時の出家は時頼が許可したと書きたいのではないか。それがないということは重時の意思による出家であったといえそうである。重時ならば許されてしまうのであろうか。そして『吾妻鏡』の叙述は実に淡々としている。さらにあたかも予定の行動のごとく六波羅探題北方長時が鎌倉に帰ってくるのである（康元元年三月二十七日条）。続けて、「今日。前右馬権頭為奥州出家替為連署」と、これまたごく当然のごとく、普通に連署の交代が行われている（康元元年三月三十日条）。そして六波羅探題北方の後任には長時弟時茂（十六歳、政村女婿、所生に時範）が抜擢されている（康元元年四月二十七日条）。

また幕政中枢の評定衆を中心とする体制は、康元元年四月二十九日条に、

三番引付頭人等事。有其沙汰。今日被定之。所謂武蔵守朝直為一番引付頭。前尾張守時章為二番頭。越後守実時為三番頭。

とある。一番引付頭政村の連署就任[15]にともない、その欠を補充するための人事であった。一番に大仏朝直（五十一歳）が二番から昇格、二番に名越時章（四十二歳）が三番から昇格、新たに小侍所別当兼任で金沢実時（三十三歳）が任じた。すでに三十歳に達していた時頼は、この人事には参画していたであろう。しかしこのような幕政中枢における最重要人事がスムーズに進行しているのは極楽寺一統による綿密な構想があったことによってすばやい交代が可能であったことを示している[16]。この人事交代について時頼には、事前にあるいは事後に人事構想に関する相談はあったであろうが、時頼の意思すべてが入り込む余地はなかったであろうし、ましてや重時がその承認を時頼に求める必要もなかっ

たであろう。人事は組織運営の要である。どのような政権運営をするのかは、すべて人事構想にかかわっている。しかもこうした一連の人事構想に時頼が関与したというようなことをうかがえる記載が『吾妻鏡』に見出すことができない。時頼がひとりまったく蚊帳の外などということはありえないとしても、こうした人事構想は、重時＝政村のラインが主体となって動いていたことは確かであろう。ここには奥富氏がいうところの「得宗専制」は成立していなかったと論者は考える。

また地方機関（六波羅探題・鎮西探題・長門探題・守護等）の北条氏一門配置の面でも、得宗の一元的支配下にあったとはいえない。たとえば六波羅探題北方と極楽寺流北条氏との関係は、得宗が任命したものではなく、重時以来の実績とその努力とによって定着していったもので、その被官（探題スタッフ）の活動からみても、やはりここにも相対的独立性が認められる。

おわりに

本書は論者の研究の通過点である。論者の研究テーマである「北条氏一門の研究」をすべて網羅したわけではない。また時期的にも論者の場合鎌倉中期が中心となっており、後期・末期には十分にはおよんでいない。またそのほとんどが幕府中央で活動する一門であり、地方で活動するものには論及していない。縷々述べてきたごとく、北条氏一門の個別研究はかなり進んできている。それらの研究成果に対して、いたずらに屋上屋を架すことは避けたいと思う。しかしだからといってすべて人任せにするという姿勢もこれまた許されることではなかろう。得宗を中心とする北条氏一門による幕府支配は、幕府中央のみならず、地方でも強化されていったことは、鎮西探題・長門探題等の設置・

整備によってもそのことがわかる。そのことは時代が下るごとに顕著になっていくことはいうまでもない。すなわち得宗の権力伸長の過程と呼応しているからである。

序章は本書全体の見通しのために、そのガイドラインとして設けたものである。ここで個別具体的な論証をするためのものではない。名越氏・極楽寺流・金沢氏等については、論者は個別具体的な論考は発表していない。ただ本書の趣旨はあくまで一門の主体的役割やその相対的独立性を主眼としているのであり、本文のなかで強調したい部分を本章にピックアップしたまでのことである。

以上大雑把に、鎌倉時代の政治に深くかかわってきた北条氏一門全般について概略指針となるような見通しをかかげた。本書をかかる観点から読んでいただければ幸いである。

註

(1) 佐藤進一氏「鎌倉幕府政治の専制化について」(竹内理三氏編『日本封建成立の研究』所収) 一九五五年。
(2) 奥富敬之氏『鎌倉北条氏の基礎的研究』一九八〇年。
(3) 論者の鎌倉幕府政治史および北条氏研究の基本的スタンスである。本書の趣旨はこれによって構成されている。
(4) 奥富敬之氏、前掲書　二二二頁。
(5) 本書第六部参照。
(6) 本書第六部第六章参照。
(7) この論考を発表した当時、論者はそこまでいいきってはいなかったが、その後の論者の研究過程でこうした結論を導き出すにいたった。また金澤正大氏によってかかる考え方についてのご教示をえたことを明記しておきたい。また本書全般についても様々なご教示をえた。記して謝意を表したい。

また佐介信時についての論考を発表し、時盛・時景・信時と続く佐介氏の嫡流について検討し、三代の年齢についてもあわせて考察した。

(8) 川添昭二氏「北条氏一門名越（江馬）氏について」（『日本歴史』第四六四号）一九八七年。

(9) 石井清文氏「中世武家家訓にあらわれたる倫理思想——北条重時家訓の研究——（Ⅰ）（Ⅱ）（Ⅲ）」（『政治経済史学』第一〇八、一〇九、一一九号）一九七五年、一九七五年、一九七六年。同「執権北条長時と六波羅探題北条時茂——鎌倉中期幕政史上における極楽寺殿重時入道一統の政治責任——」（『政治経済史学』第一一二号）一九七五年。同「建治三年における鎌倉幕府連署北条義政の出家遁世事情——極楽寺流塩田氏の消長について——」（『政治経済史学』第一四六号）一九七八年。同「北条重時と三浦宝治合戦（Ⅰ）（Ⅱ）」（『政治経済史学』第二三二、二九八号）一九八五年、一九九八年。

(10) 本書第五部参照。

(11) 関靖氏『金沢文庫の研究』一九五一年。入間田宣夫氏「金沢氏と陸奥玉造郡地頭職」（『金沢文庫研究』第一六七号）一九七〇年。福島金治氏『金沢北条氏と称名寺』吉川弘文館　一九九七年。永井晋氏『金沢北条氏の研究』八木書店　二〇〇六年。同『金沢貞顕』（人物叢書）吉川弘文館、二〇〇三年。同『北条高時と金沢貞顕——やさしさがもたらした鎌倉幕府滅亡』〈日本史リブレット〉山川出版社　二〇〇九年。

(12) 佐藤進一氏『鎌倉幕府守護制度の研究』二〇二頁。一九七〇年。

(13) 元仁元年六月二十七日条に「依為吉日。武州被移鎌倉亭小町西北。日者所被加修理也。関左近大夫将監実忠。尾藤左近将監景綱両人宅。在此墎内也」とあり、また同年閏七月二十九日条に「又尾藤左近将監景綱為武州後見。以前二代無家令。今度被始置之。是武蔵守秀郷朝臣後胤。玄番頭知忠四代孫也云々」とある。泰時の邸内にその腹心関実忠・尾藤景綱の両人の家があった。

(14) この寄合も、時頼政権の重時の連署時代およびその出家後もふくめて（すなわち重時存命中）一度も開かれていないのである。この事実一つとってみても、いまだ時頼の政権は「得宗専制」とはいえないのである。得宗時頼を中心とする、一門中の最有力者および得宗外戚によって強固に結束した翼賛体制であると論者は考える。

(15) 当時執権・連署に上下関係があまり問題になっていなかったことは、『保暦間記』の「時頼将軍家ノ執権ヲ政村・長時義時孫、陸奥ノ守重時二子等ニ申付テ出家ス。出家ノ後モ、凡世ノ事ヲバ執行ハレケリ」という記事にもあらわれている。

(16)　石井清文氏、前掲、前註(9)。

第一部　北条義時の子息について

第一章　北条義時の子息について

はじめに

北条義時の子息は諸系図等によれば[1]、現在までのところ九人の男子と六人の女子があったとされている。それらの子女についてまとめて整理しておくことは、北条氏の研究の基礎的な作業として有効なことである。本章では、特に男子について、それぞれ生没年・生母・妻室・所生の子女・法名などを検証していくものである。

一　北条泰時

長子は、太郎泰時である。生年は寿永二年（一一八三）、没年は仁治三年（一二四二）、享年六十。法名観阿。母は不明である。『北条系図』（『続群書類従』第六上）・『系図纂要』等によれば、母を官女阿波局としているが、阿波局は時政女で、政子や義時の妹であり、泰時には叔母にあたる。阿波局は頼朝の異母弟阿野全成に嫁している。したがって『吾妻鏡』にみえる阿波局は別人であり、いずれにしろ泰時の母については現在までのところ全く不明である[2]。母が不明なこと自体も問題ではあるが、それ以上に他の兄弟四人（朝時・重時・政村・有時）の母がはっきりしていながら、結果

北条氏略系図

時政─┬─義時─┬─泰時（得宗）母不明　寿永二─仁治三（一一八三─一二四二）
　　　│　　　　├─朝時（名越）母比企朝宗女　建久五─寛元三（一一九四─一二四五）
　　　│　　　　├─重時（極楽寺）（赤橋、常葉、塩田、普忍寺）母比企朝宗女　建久九─弘長元（一一九八─一二六一）
　　　│　　　　├─政村　母伊賀朝光女　元久二─文永十（一二〇五─一二七三）
　　　│　　　　├─実泰（金沢）母伊賀朝光女　承元二─弘長三（一二〇八─一二六三）
　　　│　　　　├─有時（伊具）母伊佐朝政女　正治二─文永七（一二〇〇─一二七〇）
　　　│　　　　└─時尚　母不明
　　　└─時房─┬─時盛（佐介）母不明　建久八─建治三（一一九七─一二七七）
　　　　　　　　└─朝直（大仏）朝直母足立遠元女　建永元─文永元（一二〇六─一二六四）

的には泰時が北条氏の家督（義時の号にちなんで得宗という）の地位を継いだことが問題である。当時の慣例からいえば、時期家督とされる者はしかるべき血筋の女性を母とするのが普通である。現在まで意外と等閑視されてきたが、泰時は母が不明にもかかわらず家督の地位を父義時から継いでいる。このことと、泰時の個人的力量や資質がすぐれていたということは別問題である。泰時が初めから義時の後継者であったというこれまでの漠然とした先入観は再考の余地があるのではあるまいか。泰時は幼名を金剛といい、建久五年（一一九四）二月元服の儀をあげた。頼朝みずからが烏帽子親となり、その一字を受けて江間太郎頼時と号した。後に泰時と改名するが、その時期は明らかではない[3]。しかし頼朝の「頼」の字を捨て、なぜ「泰」の字を選んだのか、詳細は不明である。

泰時の妻室は二人いたことが知られている。一人は三浦義村女である。所生に嫡男時氏がいる。時氏は寛喜二年（一二三〇）六月、二十八歳で父泰時より先に没している。もう一人は安保実員女である。所生に次男時実がいる。時実は安貞元年（一二二七）六月、家人高橋次郎に殺害されている。年わずかに十六歳であった。もう一人の子息に公義という僧がいたようであるが、母は不明である。詳細は省略

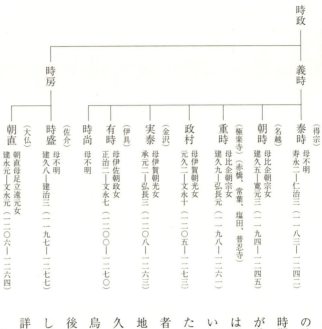

しておく。泰時の女は三人いた。一人は足利義氏に嫁し、その所生に嫡子泰氏がいる。もう一人は三浦泰村に嫁している。

残る一人は北条氏の一門大仏朝直に嫁しているが、所生は不明である。かつて推測したように、所生が嫡子宣時であったとすれば、宣時と時頼は従兄弟どうしということになり、『徒然草』第二百十五段にみえる宣時と時頼の親しい関係がうなずけるところとなる(4)。

二　名越朝時

次子は次郎朝時である。生年は建久五年(一一九四)、没年は寛元三年(一二四五)、享年五十二(5)、法名生西。母は比企朝宗女である。兄泰時の母が不明であるのに対して、十一歳年少の朝時は母がはっきりしている。しかも祖父時政の名越亭を譲りうけてそこに住し、名越氏の祖になっている。朝時の妻室は二人が知られる。一人は大友能直女であり、所生に時章・時長・時兼・時幸がいる(6)。もう一人は北条時房女で、所生に教時がいる。

当初朝時の嫡子と目された光時や、後年評定衆や引付頭人として活躍する末弟時基らの母は、今のところ不明である。名越朝時の子息たちの消長はおよそ以下のごとくである。

寛元四年(一二四六)名越の政変で、長子光時は伊豆国江馬に配流され、弟四郎時幸は自害して果てた(7)。また他の兄弟の時章・時長・時兼らは「無野心之旨。兼以依令陳謝。無殊事」しとして、それぞれの身を安堵され、事なきをえている(8)。

六郎教時は文永九年(一二七二)二月騒動で時宗の庶兄時輔の与党として誅戮されている。この時誤って無実の時章も誅され、討手五人はかえって処罰されている。(9) 名越氏の末からは、執権・連署・南北六波羅探題は一名も出ていない。それに次ぐ重職たる引付頭人・評定衆などは多く輩出している。そのほか、永仁元年（一二九三）に名越高家が鎮西探題に就任している。

三　北条（極楽寺）重時

三子は三郎重時で、極楽寺四流の祖である。生年は建久九年（一一九八）、没年は弘長元年（一二六一）、享年六十四。法名観覚。母は兄朝時と同じ比企朝宗女である。重時は、初代の小侍所別当をかわきりに、長らく六波羅探題北方をつとめ、帰東後は連署として、鎌倉政界に隠然たる勢力をもっていた。その事績は枚挙にいとまがない。ここでは省略しておく。泰時と朝時が日頃から仲が悪かったことは京洛でもよく知られていた事実である。一方、泰時が重時を最も信頼していたであろうことは、貞永式目制定に際して泰時が当時六波羅探題北方に在任していた重時にわざわざ手紙を送っていることでもうかがわれる。そうした信頼関係のうえにたって、重時の政治的活動があったわけである。

重時の妻室は三人が知られている。一人は治部卿といわれる将軍頼経に仕えた女房らしき女性である。『関東評定衆伝』『北条九代記』等によれば、入道大納言家治部卿＝中宮大夫進平時親卿女である。(10)(補註1) 所生に赤橋氏の祖となる長時、(11) 常葉氏の祖となる時茂(12)がいる。

二人目は少納言あるいは小御所(13)と号する女性である。所生に塩田氏の祖となる義政と、安達泰盛に嫁した女子がいる。

三人目は筑前局(14)で、所生に普恩寺氏の祖となる業時がいる。業時の妻は政村女で、その所生に時兼がいる。長時・

時茂・義政・業時等は、それぞれ数多くの事績があり、いずれも幕政中枢で大きな活躍をしている。これらについては省略しておく。

重時の子息として陸奥十郎忠時が『関東評定衆伝』によって確認される。生年は建長元年（一二四九）、没年は弘安七年（一二八四）、享年三十六。母はわかっていない。論者は、重時の子息四人の流れ赤橋・常葉・塩田・普恩寺を、便宜極楽寺四流と称しておきたいとして、かつて提起しておいた(15)。重時女（母は不明）が時頼に嫁しており、所生に時宗・宗政がいる。

四　北条政村

義時の四子とされたのは四郎政村であるが(16)、後述する六郎有時よりも四歳年少である。生年は元久二年（一二〇五）、没年は文永十年（一二七三）、享年六十九。法名は覚崇、母は伊賀朝光女である。元仁元年（一二二四）六月、義時卒去に際して、義時の後妻伊賀氏が、一条能保の妹婿参議一条実雅を将軍に、伊賀氏所生の政村を執権に据えようとした陰謀がいわゆる伊賀氏の変である(17)。政村の妻室は本妻と新妻の二人が知られている。本妻は入道大納言家中将、法名如教といわれ(18)、厳斉・時通の母と推定される。厳斉は、弘長元年（一二六一）六月二十三日条によれば、「相模禅師厳斉入滅」とあり、同年六月二十七日条には「時村兄」とある。生年は不詳であるが、弘長元年時点で弟時村が二十一歳であり、厳斉と時村の間の兄弟に時通がいるから、厳斉と時村の年齢差は五〜十歳くらいであろうか。

時通は「相模次郎時通、相州子」(19)である。時村は新相模三郎と称しており、相州は政村であるから、時通はその兄で、厳斉とは同母であった可能性が高い。弟時村がその後政治的にめざましく活躍するのに対し、厳斉はすでに出家しており、時通は弘長二年（一二六二）当時無官であるからである。時通は『吾妻鏡』には全く所見せず、諸系図にも見えていない。[補註2]生没年も不詳である。厳斉と同母であったとする推定が一応正しいものと仮定して、それより一～三歳くらい年少であろうか。

新妻は、「左近大夫時村母、法名遍如」[20]である。『北条系図』『系図纂要』によれば、時村の母は「大津尼、三浦重澄女」とある。したがってこれは同一人物である。時村の生年は仁治三年（一二四二）、没年は嘉元三年（一三〇五）、享年六十四。時村は弘長二年（一二六二）正月十九日、二十一歳で左近将監に任じて叙爵、以後左近大夫将監とよばれ、政村の嫡子としての地歩を着実にかためていくことになる。その後の官歴[21]は、文永八年（一二七一）七月八日陸奥守、建治三年（一二七七）十二月二十一日六波羅探題北方、弘安五年（一二八二）八月二十三日武蔵守、同六年九月十二日従五位上、正応二年（一二八九）五月寄合衆、同八月七日従四位下、正安三年（一三〇一）連署（六十歳）、嘉元二年（一三〇四）左京権大夫にいたっている（以上傍点は幕府の役職）。詳細は分析をしなければならないが、政治的には順調に活動しており、しかも幕府において枢要の地位を占めていることがうかがわれる。嘉元三年四月二十三日、時村の地位を妬んだ駿河守宗方（時宗弟の宗頼子）のために鎌倉で討たれて果てた。時村の妻室については管見のかぎり未詳である。

政村の四子として宗房[22]がいる。母・妻室・生没年ともに不詳。時村の生年が仁治三年（一二四二）、政長の生年が建長二年（一二五〇）であるから、寛元～宝治年間（一二四三～一二四九）ころの生まれと推定される。法名道妙。弘安元年（一二七八）引付衆に加わり、弘安七年（一二八四）土佐守に任じている。同年四月出家しており、時宗の死に際し、政界を引退したようである。

政村の五子は政長[23]である。生年は建長二年、没年は正安三年、享年五十二。[24]妻は長井時秀女、所生に時敦[25]がいる。弘安元年（一二七八）三月十六日、引付衆に加わり、弘安七年（一二八四）正月、評定衆に加わり、同月八日に駿河守に任じている。弘安九年（一二八六）六月、五番引付頭人に任じている。(26) 宗房・政長ともに『吾妻鏡』には所見していない。

五　北条実泰

義時の五子とされるのは五郎実泰である。兄四郎政村が有時よりも四歳年少であったのと同じように、この実泰も七歳年少である。母は不明である。(補註3) 生年は承元二年（一二〇八）、没年は弘長三年（一二六三）、享年五十六。法名浄名（浄仙）。妻は天野政景女で、所生に実時がいる。寛喜二年（一二三〇）三月二日、二十三歳で小侍所別当に任じ、文暦元年（一二三四）六月三十日、二十七歳で辞任し、十一歳の子息実時にその職を譲っている。以後没する弘長三年九月二十六日まで三十年近くも『吾妻鏡』にそのすがたが見えなくなるのである。したがって最後まで官途を得ることはなかった。生来病弱のようであったらしく、めだった活動もほとんど見られない。また子息も実時以外は知られていない。嫡子実時は「陸奥太郎、陸奥掃部助」と称しているが、父実泰が最後まで官途を得ていなかったために、祖父義時の官途たる陸奥守からとってみずからの名乗りにしたものと思われる。本来ならば「陸奥五郎太郎」とでも称するはずであったであろう。実時の妻は一門の有力者政村女で、その所生には嫡子となった顕時がいる。実時は、小侍所別当就任以後、執権・連署・南北六波羅探題にこそならなかったものの、評定衆・引付頭人・越訴奉行等を歴任し、幕府中枢でめざましく活躍している。実泰の末は、実時の孫貞顕の代にいたり、金沢氏を称するようになるのは周知のごとくである。

六　北条（伊具）有時

義時の六子とされているのは、六郎有時である。[27] 生年は正治二年（一二〇〇）、没年は文永七年（一二七〇）、享年七十一。法名蓮忍。母は伊佐朝政女である。妻室は不明である。六子とされてはいるが、政村・実泰よりも年長であり、なぜ六郎とされたのか、今のところ不明である。『関東評定衆伝』貞永元年条によれば、「今年以後無出仕」とあり、評定衆を辞任したようである。しかし政治上から全く引退したわけではなく、『吾妻鏡』には、貞永元年（一二三二）七月十五日条以後、寛元元年（一二四三）三月十九日条まで、計二十四回の所見がある。有時の息には『吾妻鏡』によれば、駿河五郎通時・駿河六郎兼時の二人が所見している。多くは供奉関係である。有時の末は一般に伊具氏といわれるが、この伊具氏と後年の得宗被官の伊具氏との関係は不明である。

七　北条時尚

義時の七子は七郎時尚である。生没年、母ともにまったく不明である。嘉禎三年正月二日条・暦仁元年正月三日条・仁治元年正月三日条・同二年正月三日条・寛元元年七月十七日条など、計六箇所の所見がある。[28] 多くは供奉関係である。他の兄弟の政治的活動の徴証が見られるのに対し、この七郎時尚についてはほとんどが不明である。一応ここにその存在を提起して後考に俟ちたい。

残る時経・尚村等は諸系図に見えるのみで、『吾妻鏡』には所見しない。これらについては保留しておくことにしたい。なお、義時の女子については、後日にまわすことにしたい。

註

（1）『尊卑分脈』（第四編『平氏』）、『北条系図』（『続群書類従』第六上）、『平氏系図』（『系図纂要』）。

（2）上横手雅敬氏『北条義時』（『人物叢書9』）一九五八年。

（3）上横手氏、前掲書。

（4）本書第六部第五章参照。

（5）川添昭二氏「北条氏一門名越（江馬）氏について」（『日本歴史』第四六四号所収）一九八七年。『吾妻鏡』（以下『吾妻鏡』は年月日条のみを記す）の卒去記事は歳五十三としているが、初出の建永元年（一二〇六）十月二十四日条で、次郎朝時について、「相州二男、年十三」とある。卒去記事を信用すると歳は十四となる。『系図纂要』によれば、「仁治三年五月十日出家、四十九」とあり、これにしたがえば卒去の年齢は五十二歳ということになる。『関東評定衆伝』は「寛元三年四月六日卒。年五十二」としている。論者は川添氏の説にしたがって五十二歳としておく。

（6）川添氏、前掲論文、前注（5）参照。

（7）『葉黄記』寛元四年四月六日条。

（8）寛元四年閏四月二十五日条。本書第二部第一章参照。

（9）本書第三部第一章参照。

（10）『関東評定衆伝』『関東往還記』。

（11）赤橋氏を称したのは長時の孫久時である。長時については、石井清文氏「執権北条長時と六波羅探題北条時茂——鎌倉中期幕政における極楽寺殿重時入道一統の政治責任——」（『政治経済史学』第一一二号所収）一九七五年、参照。

（12）時茂の妻に政村の女が嫁しており、所生に時範がいる。この婚姻に際して、政村の所領の一部が時範のもとに入ったものとかつて推定したことがある。前掲拙稿、前註（8）参照。時茂については、石井清文氏、前掲論文、前註（11）参照。

(13)『関東往還記』六月二十三日条に「小納言、号小御所」とある。義政については、石井清文氏「建治三年における鎌倉幕府連署武蔵守北条義政の出家遁世事情——極楽寺流塩田氏の消長について——」(『政治経済史学』第一四六号所収)一九七八年、参照。
(14)『北条時政以来後見次第』。
(15)前註(8)参照。
(16)政村については、本書第五部参照。
(17)伊賀氏の変については、次のような論考がある。高田豊氏「元仁元年鎌倉政情の一考察——北条義時卒去及び伊賀氏陰謀事件をめぐって——」(『政治経済史学』第三六号所収)一九六六年。奥富敬之氏「鎌倉幕府伊賀氏事件の周辺」(『文科研究誌』第二号所収)一九七三年。
(18)『関東往還記』。
(19)『関東往還記』。
(20)『関東往還記』。
(21)『北条九代記』(『続群書類従』第二十九上)。
(22)『系図纂要』によれば「新相模四郎」とある。
(23)『系図纂要』によれば「新相模五郎」とある。
(24)『系図纂要』。
(25)『北条九代記』。
(26)以上の官歴は『関東評定衆伝』『北条九代記』による。
(27)有時については、本書第一部第二章参照。
(28)『吾妻鏡人名索引』(御家人制研究会編、吉川弘文館、一九七一年刊)によると、この陸奥七郎を重時の息業時と混同しているが、この時点で陸奥を冠した名乗りは、明らかに義時の陸奥守をうけたものであると考えるべきであり、論者はこれを陸奥七郎時尚で義時の七子に比定しておく。

（補註1）現在では、この時親は平基親であり、重時の被官佐分利氏の出身であることが明らかにされている。『北条氏系譜人名辞典』、二〇〇一年。

（補註2）前田育徳会所蔵本『平氏系図』に「二郎入道」、野辺本『北条系図』に「次郎」とある（補註1参照）。

（補註3）「桓武平氏諸流系図」（『中条町史』資料編1）によれば、母を政村と同母とする。

第二章　北条有時について

はじめに

北条義時には『吾妻鏡』（以下同書からの引用は年月日条のみ記す）によれば、少なくとも七人の男子がいた。論者は前章において義時の子息について、その生没年・生母・妻室等について検討を試みた。[1] しかしそれは義時の子息についておおよその見通しをつけたにすぎず、それらの個別具体的な検討にいたってはいない。もちろんこれまで義時の系統については豊富な研究成果が蓄積されているのもまた事実である。今ここではそれぞれについて紹介することは本章の意図するところではないので省略する。しかしそのなかの一人六郎有時についてはほとんど触れられたこともなく、わずかに最近では「北条氏系図考証」でとりあげられているにすぎない。[2] そこで本章では有時について論じてみたい。

一　生誕から承久の乱まで

有時は『関東評定衆伝』貞永元年条によれば、文永七年（一二七〇）七十一歳で没したとある。これに従えば逆算に

より生年は正治二年（一二〇〇）ということになる。正治二年五月二十五日条によれば、

江間殿妾男子平産云々。為加持。若宮別当自去夜被坐于彼大倉亭。

とある。義時子息が誕生した記事であるが、年の符号により、また他の義時の子息とも考えにくいことから、この子息を有時とみてまずまちがいのないところである。したがって他の義時子息のなかで誕生の記事が『吾妻鏡』によってわかるのは四郎政村と六郎有時ということになる。義時妾というのは『系図纂要』により伊佐次郎朝政女ということになる。『吾妻鏡』にはこの伊佐次郎朝政の名は見えない。なお伊佐三郎行政なる人物が文治五年（一一八九）六月九日条を初見として、承久三年（一二二一）六月六日条まで計五回見えている。名乗りからしておそらくその兄弟であろう。

有時については大きな疑問がいくつかある。それは義時子息としての陸奥六郎という名乗りと、他の兄弟との年齢の問題である。これらのことについて次に述べておきたい。泰時は生年が寿永二年（一一八三）、没年が仁治三年（一二四二）、享年六十。したがって最年長である。次郎は朝時である。生年は建久五年（一一九四）、没年が寛元三年（一二四五）、享年五十二。母は比企朝宗女で次男ということになる。三郎は重時であり、生年は建久九年（一一九八）、没年は弘長元年（一二六一）、享年六十四。母は朝時と同じ比企朝宗女で三男である。四郎は政村であり、母は伊賀朝光女。生年は元久二年（一二〇五）、没年は文永十年（一二七三）、享年六十九。名乗りは四郎であるが、義時の五男であり、有時よりも五歳年下である。また五郎は実泰であり、母は伊賀朝光女。生年は承元二年（一二〇八）、没年は弘長三年（一二六三）、享年五十六。したがってこれもまた有時より八歳年下ということになり、義時の六男ということになる。有時は単に輩行順に従えば義時の四男ということになる。なぜ六郎とされたのか定かではないが、やはり生母の出自の関係からであろうか(3)。

有時の幼少期のことを伝える史料はみあたらない。誕生の次に有時のことが知られるようになるのは承久の乱がおこったときである。このとき有時はすでに二十二歳になっていた。承久三年五月二十二日条に、

陰。小雨常灑。卯尅。武州進発京都。従軍十八騎也。所謂子息武蔵太郎時氏。弟陸奥六郎有時。又北条五郎。尾藤左近将監。平出弥三郎。綿貫次郎三郎相従。関判官代。平三郎兵衛尉。南条七郎。安東藤内左衛門尉。伊具太郎。岳村次郎兵衛尉。佐久満太郎。葛山小次郎。勅使河原小三郎。横溝五郎。安東左近将監。塩河中務丞。内嶋三郎等也。京兆招此輩。皆与兵具。其後。相州。前武州。駿河前司。同次郎以下進発訖。式部丞為北陸大将軍。首途云々。（傍点論者）

とある。有時は泰時、時氏とともに従軍している。また北条五郎[4]以下十五人の武士[5]が従軍している。有時は泰時のもとに嫡男時氏の次に位置している。東海道軍の主力として抜擢されたということになる。二歳年上の兄重時がどうしていたかはまったく伝わっていない。また四郎政村は従軍していない。時房流では嫡男時盛は二十五歳になっていたが、やはり従軍していない。次男時村（時に推定二十四歳）は京方につくかのごとき動きをして前年正月十四日に出家し、三男資時（時に二十三歳）も時村と同じく出家している[6]。四男朝直（十六歳）・五男時直はまったくみえていない。時房流は時房を別として、むしろ負の面として承久の乱にかかわっていたかのようである。

以上のようにみてくると、有時が承久の乱のとき果たした役割はかなり大きなものであったといえるのではなかろうか。かつて有時については漠然と北条氏のなかの疎族としてのみの評価しか与えられていなかったが、この点については再考の必要があると論者は思っている。

二　幕府政治における有時の地位・役割

次に幕府政治における有時と義時子息たちの役割・地位について検討しておきたい。
貞応元年（一二二二）十二月二十一日、有時は大炊助の官職を得る。(7) 時に二十三歳。義時子息のなかで泰時（武州）・朝時（式部丞）・重時（修理権亮）についで官職をえたことになる。(8) 四郎政村・五郎実泰（終生無官）等がこの時点で無官であったことを考えれば、少なくとも有時は将来をかなり嘱望される一人であったはずである。ところがやがて有時の義時子息としての序列に変化がみられるようになる。貞応二年十月十三日条に、

為駿河守奉行。撰可祗候近々之仁。被結番。号之近習番。

一番駿河守　　結城七郎兵衛尉
　三浦駿河三郎
二番陸奥四郎　　伊賀四郎左衛門尉
　宇佐美三郎兵衛尉
三番陸奥五郎　　伊賀六郎右衛門尉
　佐々木八郎
四番陸奥六郎　　佐々木右衛門三郎
　信濃二郎兵衛尉
五番三浦駿河二郎　　同四郎

加藤六郎兵衛尉

六番後藤左衛門尉　　島津三郎兵衛尉

伊藤六郎兵衛尉

とある。すでに前年十二月に大炊助の官職に任じているはずの有時が、無官で記されているのがまず疑問である。また近習番の順位が、二番の筆頭が四郎政村、三番の筆頭が五郎実泰、その次に四番の筆頭として無官の六郎有時が出てくる。これで幕政中枢での義時子息の序列が明確となった。泰時・朝時・重時・政村・実泰・有時ということになったわけである。前述のごとくこの序列は年齢にもとづくものではないことは明らかである。そしていかにも意図的・作為的なものである。

さらにこの序列を念をおすかのように徹底的に印象づけていく。翌元仁元年（一二二四）六月十八日条に、父義時の葬送の記載がみられる。

霽。戌尅。前奥州禅門葬送。以故右大将家法華堂東山上。為墳墓。葬礼事。被仰親職之処辞申。泰貞又称不帯文書故障。仍知輔朝臣計申之。式部大夫。駿河守。陸奥四郎。同五郎。同六郎。并三浦駿河二郎。及宿老祗候人。少々着服供奉。其外御家人等参会成群。各傷嗟溺涙云々。

当時六波羅探題北方泰時、同南方時房は別として朝時・重時・政村・実泰・有時と位置づけられている。ここでも有時は無官として扱われていることに注意しておかなければなるまい。ここにもやはり作為的なものを感じられてならない。翌嘉禄元年（一二二五）の義時の喪があけるのに際して同様に義時子息の序列をさらに明示していく。嘉禄元年五月十一日条に、

式部大夫朝時。除服。晴幸勤秡云々。

とある。同十二日条に、

武州井駿河守重時。陸奥四郎政村。同五郎実泰。大炊助有時等除服秡事。去年故右京兆葬礼者。主計大夫知輔依致沙汰而可令勤之処。所労之間。以子息為名代。令行之云云。

とある。朝時だけ単独で除服を行い、そのあと例によって序列にもとづいて除服を行っているのである。ようやくここで有時は大炊助として登場してくるのである。それにしてもこれだけ執拗ともいえるほど徹底的に序列にこだわっているのは、やはりここに作為的な、意図的な何かがあるのではないかと勘ぐりたくなるのである。以上は名乗りと年齢的な面からの検討をしてきたわけであるが、有時の政治的な地位はそれだけではない。次にその点について述べてみたい。鎌倉幕府の政治的な序列や力のバランスなどを考える上で重要なものの一つに歳首垸飯がある。(9) 沙汰・剣・調度・行騰沓等にどのような顔ぶれがならぶか、その年の序列や格、力関係などの傾向がわかるので長文になるが、有時にかかわる垸飯について全文引用する。嘉禄二年（一二二六）正月一日条によれば、

天晴風静。新造御所垸飯。武州令沙汰進給。相州已下着布衣候西侍如例。出羽前司家長申刻限。次出御。御布衣。二条侍従教定上南面御簾三ヶ間。先之。人々着庭。駿河前司義村束帯。御剣入袋。持参御調度前大炊助有時布衣役之。御行騰沓出羽前司家長持参之。次御馬五疋。一御馬置鞍。相模四郎。民部丞範重等引之。

とある。泰時が沙汰をし、剣が三浦義村、調度が有時、行騰沓が中条家長というように、泰時・時房の執権・連署を頂点とする体制を三浦義村が支えている建前となっている。そのもとで調度の役を与えられていることからして少なくとも有時は政治の中枢にいたことになる。同二日条では、沙汰朝時、剣が重時というように、義時の次男・三男のセットで勤めている。朝時・重時が泰時に次ぐ位置にあったことがわかる。さらに三日条に、

晴。垸飯。駿河前司義村進之。御剣前大炊助役之。

とある。三浦義村と有時のセットであるが、有時は一日で調度、三日で剣というように重要な役割を果たしている。前述した義時子息の序列で六位にランクされたにもかかわらず、ここでは、実質的には泰時、朝時、重時に次ぐ地位となっているものとみてよいであろう。二年後の安貞二年（一二二八）もこの事情はかわっていない。すなわち安貞二年正月一日条に、

　霽。今日垸飯。相州御沙汰。将軍家出御。々剣駿河守重時。束帯。御弓箭大炊助有時。布衣。御行縢沓結城左衛門尉朝光。御馬五疋。

とある。時房が沙汰をし、剣が重時、有時は弓の役が与えられている。この日の垸飯に関するかぎり、ナンバー３の地位ということになるのである。この時期の有時の政治的地位は決してそれほど低いものではないことがわかる。翌寛喜元年正月の垸飯でも有時の地位は変わっていない。寛喜元年正月一日条・二日条・三日条を続けて引用する。

　一日庚午。晴。入夜雪降。今日垸飯。相州御沙汰。御剣駿河守布衣。御弓箭大炊助。御行縢沓佐原三郎左衛門尉。

　　一御馬置鞍　陸奥四郎政村　同五郎
　　二御馬　相模四郎　同五郎
　　三御馬　佐原四郎　同十郎
　　四御馬　吉良次郎　同三郎
　　五御馬　肥田三郎兵衛尉　同八郎

　二日辛未。晴。垸飯。武州御沙汰。御剣駿河守布衣。御弓箭大炊助同。御行縢沓大須賀左衛門尉同。

　　一御馬置鞍　陸奥四郎　同五郎
　　二御馬　相摸四郎　同五郎

三御馬　　　　越後太郎　　　　同五郎
四御馬　　　　梶原三郎　　　　同五郎
五御馬　　　　駿河次郎　　　　同四郎

三日壬申。雪降。盈尺。今日垸飯。越州沙汰。御剣駿河守。御弓箭大炊助。御行縢沓出羽左衛門尉家平。
一御馬置鞍　　越後太郎　　　　本庄四郎左衛門尉
二御馬　　　　越後三郎　　　　山家次郎
三御馬　　　　越後四郎　　　　広河五郎
四御馬　　　　河原口次郎兵衛尉　　同三郎兵衛尉
五御馬　　　　小井弖太郎兵衛尉　　同五郎

垸飯已後。及晩。将軍家入御武州御亭。是非御行始。依雪興。為楚忽之儀也。駿河前司所申行也。

とある。垸飯沙汰が一・二・三日それぞれ時房・泰時・朝時で、剣は三日とも重時、弓は三日とも有時、行縢沓は一日が佐原家連、二日が大須賀胤秀、三日が中条家平、また馬については北条氏一門では一日が政村・実泰（以上義時息）・朝直・時直（以上時房息）、二日が政村・実泰・朝直・時直・名越光時・同時長、三日が名越光時・同時長・同時幸となっている。徐々に北条氏一門が幕府中枢を独占しているかのような様相を呈しつつあったことがうかがわれる。ともかくもそのなかで有時は三日とも弓を役しており、重時の次の地位を保持しているのである。有時は少なくとも、この時点で幕政で重きをなしていたであろうことが察せられる。

翌寛喜二年正月になるとやや事情は変わってくる。寛喜二年正月四日条によれば、

晴。将軍家御行始。入御武州御亭。巳尅御出。御布衣。御車。供奉人々如例越後守。駿河守。壱岐前司。出羽前司家長。

周防前司親実等供奉。酉刻及還御之期。被進御引出物等。御剣大炊助有時主持参之。砂金裹色々薄様置銀打敷。陸奥四郎政村主。羽櫃蒔絵。左近大夫将監佐房也。

一御馬置蒔鞍懸総鞦。　越後太郎光時主
　　　　　　　　　　　尾藤太景氏
二御馬置銀鞍　　　　　陸奥五郎実泰主
　　　　　　　　　　　平三郎左衛門尉盛綱引之。

とある。将軍頼経の御行始で執権泰時亭への入御に際し、供奉人が朝時・重時・壱岐前司（葛西清重ヵ）[10]・中条家長・中原親実、引出物として剣に有時、砂金に政村、羽櫃に大江佐房、一御馬には名越光時と得宗被官の尾藤景氏、二御馬には実泰と得宗被官平盛綱のセットとなり、ここに役づきとして政村が登場してくるのである。このあたりから弟政村がめざましく進出してくるのである。有時は天福元年正月一日の歳首垸飯で剣を役しているものの、以後有時の名はこの歳首垸飯からみえなくなっていくのである。特に貞永元年政村が歳首垸飯において剣の役をして以降、二十五年間固定していくのである[11]。どうやらこのあたりから有時と政村の政治的地位が逆転していく兆しがみえはじめるのである。同年八月十五日、放生会の剣を勤めて以後、有時の所見の多くは供奉関係となっていくのである。その政治的地位は政村に圧倒されるかのごとき感がある。

三　有時の官歴

次に有時の官歴を検討しておきたい[12]。貞応元年（一二二二）十二月二十一日大炊助（二十三歳）。貞永元年（一二三二）

六月二十九日叙爵、同日民部少輔（三十三歳）。嘉禎三年（一二三七）七月十三日従五位上、民部少輔を罷む。同十一月二十九日駿河守（三十八歳）。仁治二年（一二四一）六月七日正五位下（四十二歳）。寛元元年（一二四三）以後所労によって出仕せず。文永七年（一二七〇）三月一日出家、法名蓮忍。同日卒。年七十一歳。以上が大まかな官歴であるが、すべて朝廷での官位である。

それでは鎌倉での役職はどうであったのか。有時の幕政での政治的地位については前述したごとくである。『関東評定衆伝』貞永元年条には「駿河守平有時今年以後無出仕」とある。有時が貞永元年に評定衆に任じたかのようなこの記載そのものがまず疑問である。兄朝時や重時をこえて執権・連署・南北六波羅探題に次ぐ重職たる評定衆につくということが考えにくい。前述したごとく、政村や実泰の抬頭の前にその役割や地位が後退する傾向がみられる時期のことであることからなおさらのことである。『関東評定衆伝』貞永元年条は、有時のほか政村・朝直・資時四人の北条氏一門が見られるが、これは後年のものが誤って混入したものではなかろうか。北条氏一門が評定衆に任じる最初は嘉禎二年の名越朝時である。『関東評定衆伝』によれば「遠江守平朝時。九月十日加。初参之後即辞退。但年紀不分明」とある。したがって実質評定衆としての勤めを果たしていないということになる。実質的に北条氏一門で最初に評定衆に任じたのは嘉禎三年（一二三七）四月の北条資時である。その後延応元年（一二三九）十月に、大仏朝直・北条政村が加えられている。その後仁治二年五月に有時、六月に経時（泰時嫡孫）が加わり、北条氏一門は四人となり、その後年次が下るごとに北条氏一門は増加の一途をたどることになる。以上から有時は仁治二年五月に評定衆に任じたのである。この年六月正五位下に叙しており、なおその政治的地位を保持していたであろうことが察せられる。けれどもこの年早くも有時は評定衆辞任の意思を申し出る。仁治二年十一月三十日条に、

今日。駿河守有時雖辞申評定衆。無許容云々。

とある。五月に任じたばかりの評定衆をわずか半年で辞任を申し出たということは尋常のことではない。さきの名越朝時の評定衆即辞退といい、有時の辞任申し出といい、疑問は多い。有時がなぜ辞任を申し出たのかはここではわからない。あるとすれば評定衆という任務のなかで何らかの政治的軋轢を感じたのかもしれない。いずれにしてもここで真相を究明することは不可能である。疑問として提起し後考に俟ちたい。このときは許されなかったものの、有時の評定衆在任期間は、仁治二年・同三年・寛元元年のわずか三年にすぎなかった。前述のごとく寛元元年以後所労によって出仕せずとしている。事実『吾妻鏡』にもこの年以後まったく所見しなくなるのである。時に有時四十四歳。やはりこの年齢での引退は早すぎるというべきであろう。一つの可能性として次のことがあげられるかもしれない。仁治三年六月の泰時の死を契機として、このあと鎌倉におこった寛元四年名越の政変、それに続く宝治合戦という世情不穏・戦闘の相続くなかで、自身や一族の身の危険を微妙に感じていたのではなかったのか。名越氏の二の舞をさけたかったのではなかろうか。これはもとよりあくまで推測の域を出るものではない。ちなみに有時女が名越時幸に嫁し所生に時春がいる。名越氏との姻戚関係があったこととなる(14)。以後文永七年（一二七〇）三月一日に出家、同日七十一歳で没するまで二十七年間のことはまったく不明なままである。結果的には有時は義時子息のなかで最も長命であったことになる。幕府の職制では讃岐国の守護職在任をあげることができる。「追加法」(15)四三六条に、

一　蒙古国事

蒙古人挿凶心、可伺本朝之由、近日所進牒使也、早可用心之旨、可被相触讃岐国御家人等状、依仰執達如件、

文永五年二月廿七日

相模守（時宗）

左京権大夫（政村）

駿河守殿（北条有時）

とある。文永五年当時駿河守を名乗る者は有時以外にいないから、この記事によって有時を讃岐国の守護としておいてよかろう。(16)鎌倉幕府中枢から身を引いてはいたが、蒙古の動静に関する牒使情報を得た後、讃岐国の守護の任は果たしていたようである。

おわりに

有時は「陸奥六郎」を称したが実は義時の四男であった。承久の乱に従軍して以来、鎌倉幕府中枢でかなり活躍し、少なくとも将来を嘱望されていたことがうかがわれる。それが同じ義時子息の政村・実泰らの弟の成長・抬頭とともに、その政治的地位や役割などに徐々に後退する兆しがみえるようになり、三年間評定衆に任じたが、その後幕府中枢での重職からはなれていくのである。この間どういう事情があったかは定かではないが、四男でありながら六郎とされたり、大炊助任官後三年間も『吾妻鏡』では無官として扱われていること、また幕府の儀式で弟政村・実泰の下位におかれるなど、何か意図的・作為的なものが感じられることがあげられる。有時は単に北条氏一門の忠実な羽翼としてのみ活動していたわけではなく、相当紆余曲折があったことを考えておかねばなるまい。

有時については一般に「伊具祖」としており、その子孫を伊具氏と称するということになっている。論者はこの点についてははなはだ懐疑的にならざるをえないのであって、有時の系統を軽々におしなべて伊具氏と称することはにわかに断ずることができない。伊具氏と伊具荘については後日の課題としたい。

註

（1）拙稿「北条義時の子息について」（『武蔵野』第七十三巻第一号所収、本書、第一部第一章）一九九五年。そのなかで論者は有時の生没年を一年ずつおそく誤記した。生年は正治二年（一二〇〇）、没年は文永七年（一二七〇）であったのでここに訂正しておく。この点については本文でも触れる。
（2）安田元久氏編『吾妻鏡人名総覧――注釈と考証――』四三二頁・五五五―五五六頁。一九九八年。
（3）あるいは後年の『吾妻鏡』編纂時において何らかの事情により、政村・実泰の下におかれたのであろうか。その時期が政村、実時（実泰嫡子）が最も活躍していたころのことである点があげられようか。一応仮説として提起しておくが、しばらく保留しておきたい。
（4）この北条五郎が何人なるか判然としない。あるいは陸奥五郎として実泰のことかとも考えられるかもしれないが、だとすると十四歳ということになる。ちなみに承久三年六月十八日条には武蔵守御手のなかの第三位に五郎殿とみえており、これは呼称からして北条実泰と思われ、御家人制研究会編『吾妻鏡人名索引』（吉川弘文館、一九七一年）も実泰に比定している。
（5）武士という表現をとったのは、論者が傍点をうった者たちが明らかに後年における得宗被官であり、御家人ではないからである。そのなかに伊具太郎盛重がみえている。この伊具盛重はどうみても有時とは無関係であり、この段階で有時は伊具氏を称していない。
（6）本書第六部第六章。
（7）『関東評定衆伝』。
（8）（　）内の官職は貞応元年当時のもの。
（9）八幡義信氏「鎌倉幕府垸飯献儀の史的意義」（『政治経済史学』第八五号）一九七三年。
（10）本書第五部第二章。そのなかで論者は壱岐入道を葛西清重に比定した。その可能性はきわめて高いと考えている。この壱岐前司は葛西清重に比定しておく。
（11）本書第五部第一章参照。
（12）官歴については『関東評定衆伝』による。

（13）重時は寛喜二年に六波羅探題北方の任についており、すでに幕政上枢要な地位になっている。
（14）前註（2）四九三頁。
（15）佐藤進一氏、池内義資氏編『鎌倉幕府法』（『中世法制史料集』第一巻所収）一九五五年。
（16）佐藤進一氏『鎌倉幕府守護制度の研究』二〇三頁。一九七一年。

第二部　北条時頼政権

第一章　北条時頼政権の成立について

はじめに

鎌倉幕府政治史を概観する場合、現在一般的に三段階の展開過程としてとらえられている。「将軍独裁制＝鎌倉殿専制」「執権政治＝評定合議体制」「得宗専制」というようにごく漠然と考えられている。通史的に一般的に考えるのであれば包括的な概念としては異存はないが、より厳密に考えるのであれば、各時期ごとに個別・具体的な研究が必要となるのは当然である。こうした問題意識からの研究方法としては幕初における将軍独裁制に対する問題提起[1]、執権政治体制を詳細に検討していく試み[2]などがみられる。論者もかかる問題意識から、いわゆる得宗専制論の再検討の意味で、時頼・時宗・貞時の政権について各個別に研究を進めてきた[3]。その具体的な結論については本書第二部・第三部・第四部を参照していただくとして、論者の研究の出発点は、「時頼入道の治世下」であり、時頼政権の後半部分にあたる。したがって現在までのところ時頼政権の成立からの研究は論者としては公にしていない。時宗政権にしても、貞時政権にしてもその成立は決して平穏裏に成立したものではない。時頼政権にしても、その成立の背景はかなり複雑であり、疑問は多いのではないかという論者なりの結論を得た。執権経時の死にも大いに疑惑があり、その直後に寛元四年名越の政変がおこっている。またその翌年には宝治合戦の惹起をみている。これらの事件は単なる偶発的なものではなく、やはり一連の事件としてとらえなければならないであろう。またすでに定説のようになっているが、およそ執権時頼のころから、漸次北条氏の専制化の方向に向うとされている。以上の点からも時頼政権についても、その成立から展開を個別具体的に詳細に追っていく必要があると考えられる。

時頼政権の成立だけに関してもかなりの疑問が論者の問題意識のうちにある。それらの内容については本文の中で触れることになるが、北条氏の家督＝得宗の相続に際しておこった政治的混乱や抗争は、いわば時政以来の宿病であったとさえ言える。「牧氏の陰謀事件」の際における時政・義時父子の確執、「元仁元年伊賀氏の変」の際の泰時とその弟政村との微妙な関係、泰時の次男時実・長男時氏の死去にまつわる疑問、泰時の死没とその跡をねらう名越朝時・佐介時盛等々あげたらいとまがない。かつて論者が検討した時宗と時輔との得宗の家督をめぐる権力闘争もしかりである。経時卒去と、それに続く時頼の執権の移譲についても、やはりかなりの疑惑がありそうである。経時から時頼への執権の移譲についても従来考えられていたように平穏なものであったのか、経時と時頼の関係が単純なものであったのか、また一種の競合関係ないしは敵対関係はまったくなかったのか、という疑問である。

本章は以上のような疑問から、経時卒去から時頼の執権就任事情について考察を試みるものである。また、それに続く名越の政変にも言及し、時頼政権の成立とその課題について考えてみたい。なお、翌年の宝治合戦についても当然触れなければならないところであるが、別の機会に譲りたいと思う。

なお史料は原則として『吾妻鏡』を多用することになるので、その場合は年月日条のみを記すものとする。

一　執権経時の死

評定衆設置・御成敗式目制定に象徴されるごとく合議的な執権政治体制を標榜し、それらを具現化していった執権泰時は仁治三年（一二四二）六月没した。前述のごとく泰時の次男時実は安貞元年（一二二七）六月十八日家人高橋次郎に殺害され、嫡男時氏も寛喜二年（一二三〇）六月十八日卒去しており、その跡を継ぐのは嫡孫の経時・時頼ばかりとなっていた。結果論のようになるが、もし仮に時氏が存命であれば得宗の地位は嫡男時氏となっていたはずである。得宗の地位をめぐってはこのあと、名越朝時・佐介時盛がそれを虎視眈眈とねらっていた、あるいはそれをめぐる陰謀と深いかかわりをもっていたといわれる。祖父泰時の死・父時氏の死、そして陰謀のうずまくなかで経時は執権に就任するわけである。仁治三年（一二四二）六月十五日のことであった。時に十九歳、まさに異例の若さであった。これも泰時晩年の鎌倉政界の不穏の世情を反映しているかのごとくであった。しかもその仁治三年も『吾妻鏡』は全文が欠文なのであり、その〝欠文理由〟(4)が問題となる。したがって経時の執権就任事情もまた別の検討課題となり、泰時晩年における鎌倉幕政内部の力関係ないしは政治情勢も重要な課題として受けとめなければならない。それらの事項については論者の関心事としてとどめておき、後日の機会に触れることにしたい。

前述のごとく泰時の跡を継ぐべきはずの嫡男時氏は没しており、それは孫の経時・時頼の成長を待たなければならなかった。仁治三年泰時没後、ともかくも跡を継いだのは経時であった。その経時も執権就任在位わずか四年で弟時頼に執権を移譲することになる。そこで当然のことながら経時の死にまつわる疑問も出てくる。そこでこの経時の死没についての検討の前に、時氏の子女についてまとめておくことにする。

北条氏得宗系図

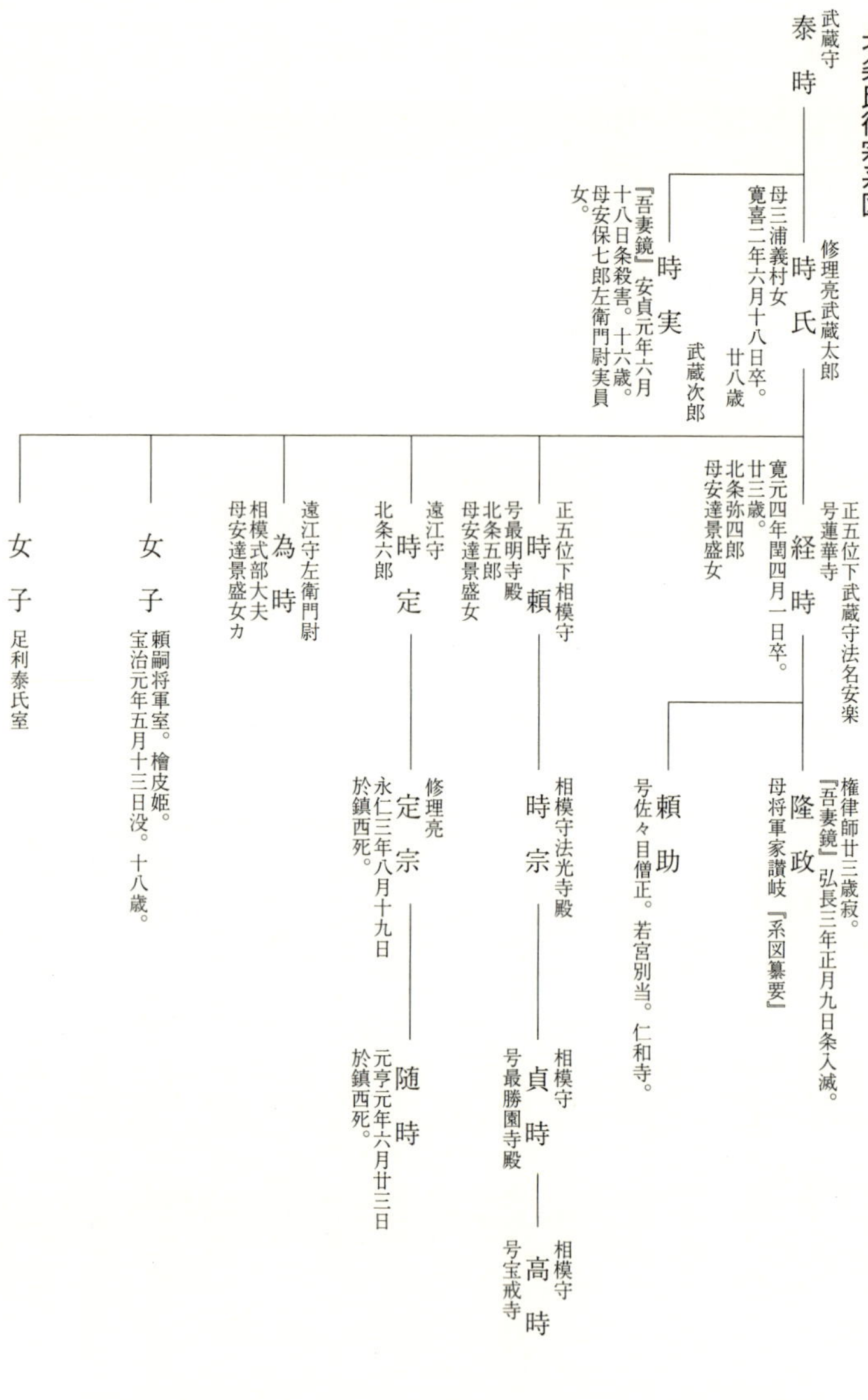

嫡男は経時である。母は安達義景女＝松下禅尼である。生年は元仁元年（一二二四）、没年は寛元四年（一二四六）、享年二十三。[5]初見は文暦元年（一二三四）三月五日条で元服の記事ではじまる。

武州孫子。匠作嫡男。歳十一。於御所。被加首服。相州。布衣。武州。同。越後守。式部大夫。政―。前民部権少輔。摂津守師員。駿河前司義村。出羽前司家長。大夫判官基綱。上野介朝光等着西侍。若公水干。同侍南座。有小時。以藤内左衛門尉定員。被召之。若公被参于寝殿西向簾中。其後応召。武州参給。式部大夫。前民部権少輔。左近大夫将監佐房。左衛門大夫泰秀。右馬権助仲能等勤所役。次理髪相州。次御加冠。号北条弥四郎経時。次八条少将取御剣。授新冠賜之。退出于休所。次両国司已下人々着座庭上。将軍家出御南面。八条少将実清朝臣候御簾。次被進御引出物。御剣。御鎧。御馬等云云。其後被垂御簾。新冠已下人々。又堂上有垸飯儀。一如元三。武州退出之後。被引進龍蹄於相州。平左衛門尉盛綱為御使。又以尾藤左近将監入道。諏方兵衛尉等。今日役人面々。被賀仰云々。

まことに将来を嘱望されるにふさわしい華麗な儀式として、連署時房・執権泰時以下、名越朝時・北条政村・北条有時などの北条氏一門のほか、中原師員・三浦義村・中条家長・後藤基綱などの評定衆、結城朝光といった当時の幕政中枢の有力者がこぞって参加している。泰時としてはまさに待望久しい嫡孫経時の元服であったろう。この前年の十二月二十九日、金沢実時が元服しているが、実時と経時とは同年齢であり、祖父泰時としてはこの実時を経時の将来の相談相手として考えていたのであろう。経時元服のあと、文暦元年六月三十日条によれば、実時をわずか十一歳の若年で小侍所別当に任じている。その理由として、父実泰が病弱であったこと、小侍所別当は重職ではあるが泰時が扶持することによるものとしている。さらに同年八月一日条によれば、

北条弥四郎経時被補小侍所別当。是陸奥太郎実時依令奉行竹御所御事有憚。暫不可出仕之故也云々。

とある。将軍頼経の夫人＝竹御所（前将軍頼家遺子鞠子）の難産死去のことによって、実時がしばらく出仕できないための交替であった。その後嘉禎二年（一二三六）十二月二十六日まで勤めている。(6) 下って経時が執権となる前年の仁治

二年十一月二十五日条には、

今夕。前武州御亭有御酒宴。北条親衛。陸奥掃部助。若狭前司。佐渡前司等着座。信濃民部大夫入道。太田民部大夫等。文士数輩同参候。此間及御雑談。多是理世吏也。亭主被諌親衛曰。好文為吏。可扶武家政道。且可被相談陸奥掃部助。凡両人相互可被成水魚之思之由云々。仍各差鐘。今夜御会合。以此吏為詮云々。

とある。この酒宴に参加したメンバーをみると、経時を筆頭に、実時・三浦泰村・後藤基綱らが着座し、そのほかには二階堂行盛・太田康連らの文士数輩が同じく参候していた。翌仁治三年六月に泰時は没するわけであるが、そろそろこの嫡孫の将来のことが気がかりになっており、その配慮からのことではなかったかと思われる。出席したメンバーもさることながら、ここで特に問題となるのは後段の部分であろう。金沢文庫の創始者として知られ、好学の上級武士の代表ともいうべき誉れが高く、その面での印象が強いけれども、論者としては、小侍所別当の役が示すごとく実時はむしろ政治家としての面を重視している。次の時頼やさらに時宗の時代にその政治的手腕をかわれ、彼ら父子の良き理解者・協力者ともいうべき存在であった。好学なるがゆえ実時はその政治的な力量を自ら培うことができたものと思われる。〝水魚之思〟を相互いに持つべきことを泰時は言いたかったわけである。前年の仁治元年に叔父で連署であった時房を六十六歳で失っている。泰時としてはすでに五十九歳、嫡孫経時の将来を慮ってのことであろう。経時の経歴・治績等についてはひとまずおくとして、他の兄弟についてもみておきたい。

次に注目すべきは時頼である。母は経時と同母安達景盛女、松下禅尼である。生誕は安貞元年（一二二七）五月十四日で、没したのは弘長三年（一二六三）十一月二十二日、享年三十七。兄経時と同じく父時氏が六波羅探題北方に在任中六波羅で生まれた。時氏は病弱であったため六波羅探題北方を辞し寛喜二年三月帰東し、同六月十八日、二十八歳の若さで没してしまう。時頼は兄経時と常に比較されながら成長していき、祖父泰時からはやはり将来を期待されていたようである。前述の泰時が経時に実時を相談相手として〝水魚之思〟をたがいに持つように説いたわずか四日後に一つの騒動がおこっている。仁治二年十一月二十九日条は次のように伝えている。

未尅。若宮大路下々馬橋辺騒動。是三浦一族与小山之輩有喧嘩。両方縁者馳集成群之故也。前武州太令驚給。即遣佐渡前司基綱。平左衛門尉盛綱等。令宥給之間。静謐云々。事起。為若狭前司泰村。能登守光村。四郎式部大夫家村以下兄弟親類。於下々馬橋西頬好色家。有酒宴乱舞会。結城大蔵権少輔朝広。小山五郎左衛門尉長村。長沼左衛門尉時宗以下一門。於同東頬又催此興遊。于時上野十郎朝村朝広舎弟。起彼座。為遠笠懸向由比浦之処。先於門前射追出犬。其箭誤而入于三浦会所簾中。朝村令雑色男乞此箭。家村不可出与之由骨張。依之及過言云々。件両家有其好。日来互無異心。今日確執。天魔入其性歟云々。

また続く三十日条に、

駿河四郎式部大夫家村。上野十郎朝村。被止出仕。昨日喧嘩。職而起自彼等武勇云々。凡就此事。預勘発之輩多之。雖非指親昵。只称所縁。相分両方。与本人等同令確執之故也。又北条左親衛者。令祗候人帯兵具。被遣若狭前司方。同武衛者。不及被訪両方子細。依之前武州御諷詞云。各将来御後見之器也。対諸御家人事。争存好悪乎。親衛所為太軽骨也。蹔不可来前。武衛斟酌。頗似大儀。追可有優賞云々。次招若狭前司。大蔵権少輔。小山五郎左衛門尉。被仰曰。互為一家数輩棟梁。尤全身可禦不慮凶事之処。輝私武威好自滅之条。愚案之所致歟。向後事。殊可令謹慎之由云々。皆以敬屈。敢無陳謝云々。（傍点論者）

とある。時頼は面目をほどこしたのに対して、経時はまったく立場を失っていることになる。この件は後年に時頼が自分の子時宗と時輔を執拗なまでに差別したことに何か通じるものがある。その事情とはかなり異なるにしても、順序としてまず泰時は自分の跡は経時に継がせることを前提として、経時を強く戒める意図があったのではなかろうか。

なお翌十二月一日、酒宴における経営の過差を禁止している。またほどなくして経時は、北条政村や三浦泰村のとりなしもあって許されている。また時頼は一村を泰時から賜っているが、その理由は御所中の宿直の勤厚の故ということになっている。(7)

論述が前後してしまったが、時頼の元服の様子もみておこう。嘉禎三年四月二十二日条がそれである。将軍頼経が、執権泰時の第宅に入りそこから新造の御所への渡御始の儀を記したあと、次のように伝えている。

於寝殿南面御酒宴。入夜。左京兆孫子小童。字戒寿。故修理亮時氏二男。於御前有元服之儀。先城太郎義景。大曾祢兵衛尉長泰等持参雑具。次駿河前司義村候理髪。次御加冠。次被進御引出物。

役人

御剣　右馬権頭政村

御調度　北条大夫将監経時

御行騰　小山五郎左衛門尉長村

御甲　駿河次郎泰村　同四郎左衛門尉家村

南廷　長井左衛門大夫泰秀

一御馬黒鹿毛置鞍　駿河五郎左衛門尉資村　同八郎胤村

二御馬瓦毛　相模六郎時定　平左衛門三郎盛時

次駿河前司賜御引出物。

御剣　後藤佐渡前司基綱

御馬栗毛糟毛置鞍　南条七郎左衛門尉時貞［員カ］　同兵衛次郎経忠

次自将軍新冠号五郎時頼。被賜御引出物。
御剣　宮内少輔泰氏
御調度　式部大夫光時
御甲　上野七郎左衛門尉朝広　同三郎重光
次御馬黒置鞍　近江四郎左衛門尉氏信　同左衛門太郎長綱

泰時の邸において将軍頼経が渡御始として入御し、夜に入ってから〝御前〟において元服の儀式を行い、加冠すなわち烏帽子親は将軍自らが引き受けている。いわばこの儀式は将軍渡御始を名目として、泰時の側から演出されたものであろう。前述の経時の元服の式にまさるともおとらぬ壮麗なものであった。

偶然なものか意図的なものかは別として、経時にしろ、時頼にしろ『吾妻鏡』における初見は元服の記事なのである。すでに泰時の将来の構想には両者を対置しておくという考えがあったのではあるまいか。『吾妻鏡』が編纂された書であり、おそらくは得宗被官らの手になったものであろうことを考慮に入れても、経時・時頼は泰時の下で対等の形で養育され、当時の幕政中枢を構成する人々もそれを当然として受けとめていたものと察せられる。

経時・時頼のほかに、時氏の子女として次の名がみられる。順次検討してみよう。

まず六郎時定である。(8) 時定は元服記事もないまま寛元二年（一二四四）正月一日が初見で、最終所見たる康元元年（一二五六）七月十七日条にいたるまでまったく名乗りはかわっていない。多くは供奉関係である。その後任官したかどうかさだかではない。またその母についても現在までのところ管見に入っていない。母が安達景盛女であったとすればいささか不遇であったことになる。おそらく経時・時頼とは異腹だったのではあるまいか。この時定の子孫は鎮西の阿蘇に下り、後年阿曾氏となる。

またおそらくは七郎を称したであろう者に為時がある。為時の『吾妻鏡』の所見はわずか二回で、建長二年三月二十五日条・同六年六月十六日条である。名乗りは相模式部大夫となっている。年代が符合することからして時氏の息とみてよいであろう。『尊卑分脈』では母を安達景盛女としており、経時・時頼とは同母ということになる。もしかりにそうであるとすれば大夫となっていても不自然ではない。しかしその子孫は系図には出てこないのである。時定・為時については後日の課題としておきたい(補註1)。

系図でみられるのは以上の四人である。弥四郎経時・五郎時頼・六郎時定、そして為時である。名乗りからすると、太郎・次郎・三郎がほかにいたとしても不思議ではない。あるいは為時がそのいずれかにあたるのか、夭折したのか、確認することは不可能である。

女子については二人が確認される。一人は頼嗣室となった者で、檜皮姫というのがそれである。宝治元年（一二四七）五月十八日条で「遷化」したとあるから、生誕は寛喜二年（一二三〇）である。頼嗣より九歳年長であった。頼嗣室という格から考えて経時・時頼と同母であった可能性が高い。

今一人は足利泰氏室となり頼氏の母となった女である。現在までのところ生誕も死没も明らかでなく、母についても管見に入っていない。得宗と足利氏との姻戚関係は時政以来のものである。

大体以上が時氏の子女たちである。経時・時頼を別格とすれば、あまり特筆すべきものがないようにも思われる。いずれにしてもこれらについては別途に具体的に検討しなければ何ともいえない。また経時の執権時代にしても、北条氏得宗の家督が確立していない段階にあって、わずか四年たらずの執権在職期間ではあっても様々な内部矛盾をかかえていた。それらの内部矛盾の帰結点が、寛元四年名越の政変であり、宝治合戦であったわけである。どうにか経時は執権としてそうした幕政内部の矛盾をかかえつつも、その屋台骨を支えていたといえよう。経時政権についての詳細は別の機会に譲ることにして、本題である「執権経時の死」と「時頼政権の成立」に入っていくことにする。

寛元四年（一二四六）になると、俄に鎌倉幕政中枢があわただしくなってくる。この年の条だけでもかなり何かを暗示するような書きぶりである。まず二月に、前に触れた檜皮姫すなわち御台所の不例というのが出てくる。二月四日条に、

御台所御不例之間。為但馬前司定員雑掌。被行御祈等云々。

と、はじめてその不例を訴える。そして十日には将軍の常御所に鳶が入るという何か不吉の前兆とも思えるような記事が続く。なお御台所の不例はおさまらず、十五日条には、

御台所御不例之変。頗有其煩。被行御占之処。太不快也。縡雖有邪気之疑。被加御灸等云々。（傍点論者）

とあるよう、全くおさまる気配もなく、さらに十六日には陰陽師らをして「千度御祓」を行っている。十七日には再び灸をしている。翌十八日にはどうやら「今日不令発給」ということでおさまったかのようである。(9)

こうした御台所の〝不例〟といった事態をしりめに、前将軍＝大殿頼経は上洛の意思を示すのである。自身の息の御台所が重病といった非常時にもかかわらず、しかもその悪化が伝えられている最中に上洛を思い立つというのも不自然なことである。すなわち十三日条に、

大殿御上洛变頻雖思食立。旁有儀。延引云々。仍被仰出其趣云々。

とある。前年の寛元三年十一月四日条にも「明春可有御上洛变」と、その準備を進めつつあったのである。しかし「旁有儀」って延引ということになるのである。これは当時の鎌倉において頼経を鎌倉においておきたいという勢力があってのことかとも思われるが、執権経時の側にも両面の考え方が成り立つと思われる。前将軍頼経は九条家からのいわば鎌倉に対する「人質」でもあるわけで、このまま上洛させることに何かの不都合があったのかも知れない。も

う一方の考え方は、頼経をかつぎ出して執権経時を中心とする体制を倒そうという勢力からの攻勢である。結果論からみると後者の可能性が高いが、前者のような考え方も十分成立しうる。そして三月十四日条にはきわめて意味深長な記事がある。

　信濃国善光寺供養也。大蔵卿法印良信為導師。名越故遠江入道生西賢息等。依受遺言。為大檀越。成此大会云々。
　勧進上人親基云々。（傍点論者）

名越朝時の子息らが大檀越となって善光寺の供養を、父の遺言と称して行っているのである。しかも特定の誰という書き方をしていないのである。当然光時・時幸らであったはずである。（補註2）現在通説のようにもなっているが、泰時の晩年にはその地位をおびやかそうとする陰謀に名越朝時が深くかかわっていたといわれる。このことについて京洛でも平経高はその日記『平戸記』仁治三年五月十七日《十日》条で次のように書いている。

　泰時朝臣出家之時、従類五十人許同出家、翌日入夜遠江守朝時（泰時朝臣舎弟）又出家云々、雖兄弟日来疎遠、而忽有此事、子細尤不審、世以驚、旁此等之子細、自将軍未被申云々、只飛脚行逢途中、彼使入京有其説、如何、（傍点論者）

兄弟とはいっても日ごろから疎遠なのに出家を遂げたというのが不審であるというのである。すでに泰時・朝時兄弟の不仲の状態というのは京洛でも知られていたのである。その朝時の遺言によって、執権経時の卒去直前に、名越氏の大同団結が善光寺の供養を名目の下に行われたものと解することができる。名越氏と得宗との抗争的な関係は泰時・朝時の時代からすでにくすぶっていたのである。この対立・抗争は「文永九年二月騒動」まで延々と続けられることになる。

三月十一日、執権経時はついに病の床についた。それが「頗危急」だというのである。三月二十三日条に、

　於武州御方。有深秘御沙汰等云々。其後。被奉譲執権於舎弟大夫将監時頼朝臣。是存命無其恃之上。両息未幼稚

之間。為止始終窂籠。可為上御計之由。真実趣出御意云々。左親衛即被申領状云々。（傍点論者）

とある。「上御計」としながらも執権経時の邸で「深秘御沙汰」として執権を弟時頼に譲っているのである。その理由としてすでに経時に存命の見込みが立たず、またその両息がいまだ幼稚なので、始終の牢籠を止めんがためだというのである。「始終牢籠」とは具体的には一体何か。いうまでもなくそれは名越光時を中心とする反得宗派勢力の動向であり、前将軍頼経の動向如何であった。形式の上では経時はそれを未然に防ぐために先手を打って執権を弟の時頼に譲ったのである。二十五日条ではそれを事後承諾の形で前将軍頼経・将軍頼嗣に伝えているのである。二十六日に時頼は評定始を行っている。

二十七日条は短いけれども一考を要する。すでに執権移譲が決まり、それを伝えたあと内々に大殿頼経のもとに素懐を伝えているのである。素直にとればあとは出家するのみともとれようが、あるいはとりようによっては、経時の未練として受けとるとうがちすぎであろうか。実際に出家するのはそれから二十日以上もたった四月十九日である。

このあと閏四月一日でその卒去を伝えている。

天晴。今日。入道正五位下行武蔵守平朝臣経時卒。法名安楽。年三十三。禅室卒去之叓。即差飛脚。被申京都。行程可為三箇日云々。

執権移譲が三月二十三日、経時卒去が閏四月一日、その間三十七日である。文言通りに考えて存命の見込みがなく、経時自身の真の意思からの政権交代であったのか。あるいは時頼が強引に政権交代をせまり、兄経時から執権の座を奪い取ったのか。そこまでいいきれぬとしても、その可能性は充分に考えられる。そうでないとしても、経時が病床にあってこれから起りうるであろう事態に対処しきれないことを時頼は見通していたのであろうか。両息幼稚とあるが、後の隆政は六歳、頼助は前年に生まれたばかりのわずか二歳、これではいかんともしがたい。この点は文言通りである。しかし本来からいえば時頼は兄経時の舎弟で執権宗家の家督を継ぐのは、やはり経時の方が優先されるべきはずであった。これ以上のことは何ともいえないが、それにしても一度時頼の系統に入った家督はもはや経時の系統にはもどらなかった。ここに経時の死に対する疑問の一端があるのである。もちろんこれは結果論から類推したものであり推測の域を出ないものではあるが、問題提起としておきたい。なおこの両息について、兄の隆政は弘長三年正月九日条に卒去記事があり、「権律師隆政入滅。年廿三」とある。『吾妻鏡』の所見はここだけである。弟頼助は『吾妻鏡』には全く所見せず、鶴岡八幡宮の別当となっている。(10) 時頼政権のもとではついにこの二人は政治上からは全く遠ざけられてしまったのである。後に時頼の息時宗と時輔との間で得宗の家督をめぐる権力闘争＝「文永九年二月騒動」がおこることになるが、時頼存命中は徹頭徹尾時輔は疎外され続けたといっても過言ではない。こうした事実があるからこそ、時頼への執権移譲を単なる〝禅譲的〟なものではなかったのではないかと考えたのである。

二　寛元四年名越の政変

かくて時頼政権は成立した。経時の執権在任期間はわずかに四年であり、前述のごとくその死に疑惑がつきまとう。こうした疑惑を抱くのは論者のみではなかろう。極言すれば時頼があるいは時頼を支える一派が、前将軍〝大殿頼経〟を中核とする一派、すなわち名越氏や三浦氏の攻勢から、来るべき危機に対処して得宗の体制を防衛すべく先手を打ったものというようにも考えられる。あるいは執権経時がその両息の将来を慮るあまり、頼経＝光時派との間で〝ある密約〟ができていたのではなかろうか。あるいはその攻勢に経時が抗しきれなかったのではなかろうか。そこで時頼が機先を制して兄経時にせまり強引に政権を簒奪したのではないか、とさえ考えられなくもない。経時が卒去して間もなく、名越の政変が勃発する。この寛元四年名越の政変と翌年の宝治合戦とは前後の因果関係からみても切りはなして考えるべきものではなく、そうした意味では「寛元・宝治の乱」とよんでもさしつかえはないであろう。本章では名越の政変だけを中心に考察することとする。寛元四年閏四月十八日条からその騒動の発端があらわれてくる。

　亥尅。俄鎌倉中物忩。介冑士満衢云々。及暁更静謐。旁有巷説等云々。

とあり、同二十日条に、

　近国御家人等。馳参不知幾千万。連日騒動不静謐云々。

と、経時卒去後、甲冑の武士が鎌倉の市中にあふれ、二日後には近国から鎌倉の異変を聞きつけて幾千万という御家人が馳せ参じ、連日騒動はなかなかおさまらなかったという。こうした状況のもとで『吾妻鏡』は何かを暗示するかのような不吉な記述をくりかえしていく。五月五日に「戌尅月犯軒轅大星」し、七日に地震、十四日には「天変幷月蝕亨。殊依可有御慎。被始行御祈禱等」と、頼経・頼嗣・御台所（頼嗣室）の御分についてそれぞれ行われている。二十二日には明らかに時頼派である安達義景の家中ならびに甘縄の辺りに騒動があり「縡已及広々」んだ。五月二十四日条ではその正体がついに明らかとなってくる。

　天晴。亥尅地震。子時以後雨降。今申刻鎌倉中人民不静。資財雑具運隠東西云々。已被固辻々。渋谷一族等。守左親衛厳命。警固中下馬橋。而太宰少弐為[佐脱カ]参御所。欲融之処。彼輩。於参御所者不可聴之。令参北条殿御方者。称不可及抑留之由。此間頗有喧嘩。弥物忩。夜半皆着甲冑揚旗。面々任雅意。或馳参幕府。或群集左親衛辺云々。巷説縦横。故遠江入道生西子息挿逆心。縡発覚之由云々。

とある。しかし時頼の側ではその初めから起りうるであろうこの事態をすでに予知していたのではあるまいか。したがって誰がどのような動きをするかを予測していたかのようにも思える。それはそのあとの処理が非常に迅速であったからでもそう考えられるのである。ここでは故名越朝時の子息としか書いていないが、前述のごとく善光寺供養で推測されるようにこの時点における名越氏一統がおそらくはすべてかかわっていたものとみてまずまちがいあるまい。

翌五月二十五日条に、

世上物忩未休止。左親衛宿館警固敢不緩。甲冑軍士囲繞四面。卯一点。但馬前司定員称御使。参左親衛第。而不可入于殿中之旨。依令下知于諏方兵衛入道。尾藤太[補註3]平三郎左衛門尉等給。忽退出云々。越後守光時令侍宿御所中之処。今暁家人参喚出之程。白地即退出訖。幷無帰参之儀。則坐事落餝。献其髻於左親衛。是可追討左親衛之由。成一味同心。不可改変之趣。相互書連署起請文。其張本者在名越一流之由。風聞之間。及此儀。舎弟尾張守時章。備前守時長。右近大夫将監時兼等者。無野心之旨。兼以依令陳謝。無殊事云々。其後。但馬前司定員坐事出家。秋田城介義景預守護之。子息兵衛大夫定範被処縁坐云々。午刻以後。群参之士又揚旗。今日。遠江修理亮時幸依病出家云々。

とある。張本は名越光時にはちがいないが、それが露顕するや他の兄弟たちは兄光時を裏切って異心無きことを時頼側に伝えたものと考えられる。そして彼らが一族の犠牲としてさし出したのは時幸であった[11]。ここにいたって光時はやむなく時頼の軍門に下ったのである。光時・時幸らの陰謀が挫折するや、時章・時長・時兼らの弟たちは時頼に対して「無野心」と称して恭順の意を表したのである。『北条九代記』[12]によれば、

今年閏四月以後鎌倉中騒動。号宮騒動。越後守光時為将軍家近習伺候之間。夜夜来輿参候。内内勧申御謀反之由。有其聞。

として、光時が頼経に近侍し夜々参候して内々に謀反を勧めたという。この記載はおそらくあたっているものとして

解釈できよう。いずれにしても、光時・時幸のみが動いたとしても事は成就しえず、名越氏一統がこの陰謀に参画していたことは疑いのないところである。そのかぎをにぎっていたのは三浦氏であったと考えられる。六月六日条に、

及深更。駿河四郎式部大夫家村潜入来諏方兵衛入道蓮仏之許〈彼中休所〉。有相談叓。蓮仏即達左親衛之聴。乍置家村於座。蓮仏参入御所。及両三度。有御問答叓歟。暁更。家村退出云々。

とある。この記事は短いけれども非常に重要な意味をもっている。深夜に三浦家村が得宗被官の筆頭というべき諏方蓮仏（盛重）の家に潜かに行って何事か相談している。蓮仏はただちに時頼の指示をあおぎ、家村を家に残しておきながら、御所すなわち頼経の御所に両三度にわたって出向している。この陰謀に家村は関係がなかったことを時頼の側に伝えたかったことが容易に察せられる。かくて明方になって家村は疑いが晴れて蓮仏の家から退出することになるのである。と同時にこの陰謀に頼経が加担していたことも疑いのないところとなる。その翌七日条で処分が発表されるのである。後藤基綱・狩野為佐・千葉秀胤・町野康持らは評定衆を罷免され、康持は問注所執事も止められてしまう(13)。そして六月十日条にさらに興味深い記載が出てくる。

於左親衛御亭。又有深秘沙汰。亭主。右馬権頭。陸奥掃部助。秋田城介等寄合。今度被加若狭前司。内々無御隔心之上。可被仰意見之故也。此外。諏訪入道。尾藤太平三郎左衛門尉参候。（傍点論者）

いわゆる「寄合」の初見である。ここに得宗私邸における秘密会議の

名越氏系図

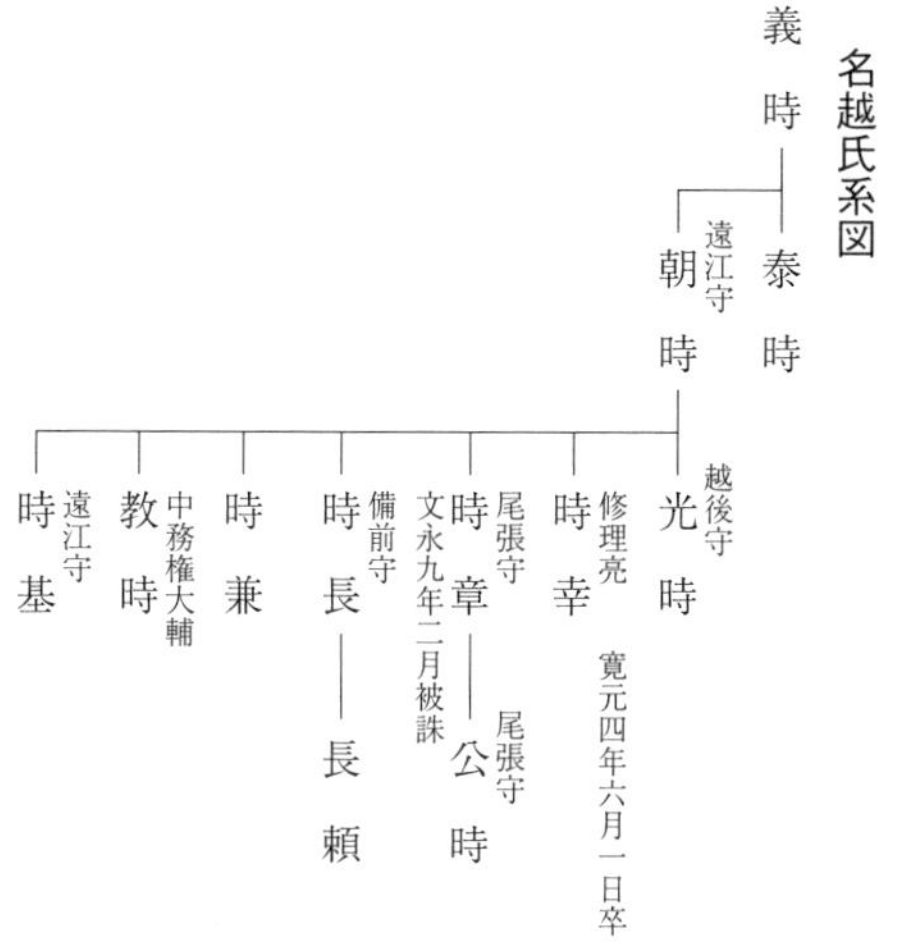

原型をみることができる。得宗時頼を中心として北条氏一門中の有力者たる政村・実時・得宗外戚安達義景、得宗被官のみが参会し、幕政における最重要事項を審議するのである。この時の寄合はまだ多分に臨時的なもので幕政には定着していない。しかしその端緒はこのときに求められるのである。ここでの審議の内容はまさしく前将軍頼経の京都への送還問題となろう。またこのとき三浦泰村が「無隔心」きによって初めて参加していることが注目される。「寛元四年名越の政変」の事後処理がこの秘密会議で審議されたわけである。

十三日、名越光時は伊豆国の江馬へ配流となり、越後国務以下所帯の職の大半は収公された。また千葉秀胤は陰謀に加担したかどによって上総国に追下された。

そしていよいよ前将軍頼経は京都へ送還される。まず六月二十七日に佐介時盛の邸に入り(14)、そこから帰洛の途につくことになる。頼経の意思は別としても、日夜将軍に近侍し個人的に親密な関係を醸成していくようになるのは必然のことであった。その地位が虚位にすぎないとしても、なおその政治的な生命はなくなっていない。否、その地位が虚位であることに対して御家人のなかにはそれに同情する者が出てくるというのも必然的なことである。また北条氏(得宗)が権力を伸長させ、そうした動きを〝力〟で抑えようとすれば、それに対しては〝力〟をもって対抗しようとし、そこでかつぎ出されるのは〝玉〟としての権威を有する将軍であることは言うまでもないことである。幼年期に将軍として鎌倉へ迎えられ、成人するに及んでその恣意を出し始めるようになるのは想像にかたくない。頼経帰洛に供奉した三浦光村について、

而能登前司光村残留于御簾之砌。数尅不退出。落涙千行。是思廿余年昵近御余波之故歟。其後。光村談人々。相構今一度欲奉入鎌倉中云々(15)。

北条氏(得宗)に比肩しうる雄族として三浦氏の名前が次にあがってくるのは必然ではあったが、前述のごとく三浦泰

村は時頼側の深秘沙汰に参加しており、また家村は身の潔白を表明しており、この段階では必ずしも三浦氏一族の歩調は一つになっていなかった。このことが名越光時・時幸兄弟の誤算ではなかったのではあるまいか。反得宗勢力の結集をたのみに、前将軍をその〝玉〟として陰謀を企てたが、時頼の側に事前にそれがキャッチされてしまい、その勢力は結集できなかったものと思われる。一方、時頼の側ではそうした動きを当初から読んでおり、そのことが大きな事件にはつながらなかったのではないかと思われる。この事件の際時頼は機敏に行動し、常に先手、先手と動いている。この時頼は二十歳になったばかりの青年であったが、祖父泰時から幼いころより政治的なことがらも含めて養育されており、こうしたことへの対応はまちがいがなかった。しかしここで政村と実時の存在を忘れてはならない。確かに時頼個人の器量は評価されるとしても、政村・実時は時頼に適確なアドバイスをしたであろうことは想像にかたくない。政村は自ら「元仁元年伊賀氏の変」では兄泰時と家督の地位をめぐって競合している。その後いくたびかの政変を政村は乗り切っているのである。また経時とおたがいに「水魚之思」をもって親しくするようにと泰時から教えられた実時（政村女婿、嫡男顕時はその所生）も、以後時頼・時宗の代にその一翼を担って活躍するようになる。時頼がこうした難局を乗り越え、得宗権力を伸長させていくことができたのは、こうした北条氏一門の有力者の影の力に支えられているところが大きかったのである。

また今一つの問題は北条氏家督の地位である。泰時が北条氏家督の地位を他の一門と厳格に区別し、得宗家に「家令の職」を設けて尾藤景綱を以ってこれに任じたのも、将来における家督家の地位の動揺を未然に防がんとする布石であった。[16]しかしそれにもかかわらず名越光時の「我ハ義時ガ孫也。時頼ハ義時ガ彦也」[17]という言葉が象徴しているごとく、いまだ決して安定したものではなかったといえよう。それゆえに執権と家督は不可分の関係にあり、それをめぐる権力闘争がその後もなお絶えまなくおこるのである。

こうして時頼政権は成立をみた。しかしなお三浦氏の存在が大きく、その政権が一応安定するのは翌年の「宝治合戦」まで待たねばならなかったのである。[18]

おわりに

泰時の存在が北条氏執権政治の上で非常に大きなものであった点、その後継者となるべき時氏が早世し、執権政治を継承していく者が幼かった点など、泰時晩年における不安は単に泰時の個人的な問題ではなかった。執権政治の功労者として御家人たちの信望もあつかった泰時の後継者としては、それなりの器量が当然要求される。ともかくも仁治三年六月、その跡は嫡孫経時が襲った。経時の執権在任期間はわずかに四年、寛元四年には弟時頼に執権を譲りその直後没してしまうのである。経時執権時代については改めて詳しく検討をしなければならないが、それにしても疑問がつきまとうのは前述したごとくである。偉大な祖父泰時と次の時頼との間にあって経時はその存在すら忘れられがちである。事実『増鏡』では泰時の跡を継いだのは時頼であるとしている。[19]兼好法師の『徒然草』[20]でも時頼の母として松下禅尼をあげてはいるが、経時の名前は出てこない。当時の人々からもすでに忘れられたような存在になっていたかのようである。

極論すれば、経時が執権に就任したあと、その両息の将来を慮るあまり、前将軍頼経やその一派、さらには名越氏とも連帯するような可能性ないしは志向性を一時的にもせよ、そうした気配をみせたのではあるまいか。そうした動きを機敏にキャッチした時頼がそれを阻止し、兄経時を引退せしめ自ら執権の座に就いたのではないかということである。結果論のようになるが、経時の両息は僧のまま身を終わっていることからその可能性がまったくないわけではあるまい。(補註4)そして以後得宗の家督は、時頼の系統に受け継がれていくことになるのである。本文でも述べたごとく、時頼の子息の代になって時宗と時輔の家督をめぐる権力闘争「文永九年二月騒動」までこの種の問題は残されていくのである。時宗は初めから将来の家督として養育され、他の兄弟とは別格にあつかわれていた。ところが時頼の場合は兄経時の病気ということがなければ、あるいは執権にはなれなかったかもしれないのである。

以上非常に大胆な仮説を設定して論じてみた。もしかりにそうではなく、経時が時頼に将来を託して卒去したのだとしても、それはそれで良いわけである。いずれにしても、「寛元四年名越の政変」は鎮圧され、時頼政権は一応成立した。なおこのあと三浦氏との対決が待っているわけであるが本章はここまでとしておきたい。

註

（1）　等しく将軍独裁制とはいっても、幕府草創期における頼朝の立場と、自らを幕府内部に地位を確立した時期における頼朝とでは自ら異なる。原則としては御家人の利害を代表しうる立場にあり、それを全うしうる〝権威〟があってこその呼称が「将軍独裁制」というべきである。頼朝が怪死した建久七年から正治元年正月に至る三年一ヶ月にわたる『吾妻境』欠文の時期、果たして頼朝は真に御家人の利害の代弁者たる立場にあったであろうか。全面的とはいわないまでも、自身の大姫・乙姫の二人の女を入内させせんと腐心する頼朝の姿には、もはやかつて自ら戦闘を指揮し、御家人を自ら裁いた昔日のおもかげはなくなってしまったように思われる。こうした自身の利害を優先させるような、それに驀進するような姿の頼朝になってしまったときには、御家人にとってはもはや頼朝は絶対必要とされる存在ではなくなっていくのである。そこに三年一ヶ月の〝欠文理由〟の一端があり、頼朝の死の謎もより意味深長なものとなってくるのである。頼朝の跡を継いだ二代頼家や三代実朝にはすでに実質的な権力は無く、将軍独裁制の時代は終わっている。将軍独裁制＝鎌倉殿専制の時期は、頼朝が将軍であったごくかぎられたある時期であったと考えられよう。

（2）現在一般に執権の初代は時政とされている。『将軍執権次第』でも彼を初代としており、それ自体は実質的にそう見てもそれほど大過はあるまい。しかし政治体制としての執権政治を考えた場合は、義時をもってその最初と考えるのが妥当かと思われる。さらにいえば、評定衆設置や御成敗式目に象徴される合議的な体制として考えた場合は、泰時の時代が典型ということになる。また北条時頼の時代を執権政治の最盛期として一般に考えられている。したがって執権政治体制として一言でいっても、やはり各時期の個別の検討はなされなければならないと思う。以上のような観点から執権政治を各時期ごとに検討した論考を次に掲げておく。金澤正大氏「仁治三年順徳院崩御と六月関東政変──『吾妻鏡』仁治三年条欠文との関連において──」Ⅰ、Ⅱ、Ⅲ、Ⅳ、Ⅴ、Ⅵ（『政治経済史学』第八九、九〇、九一、九二、九三、九四号）一九七三年。同「武蔵守北条時房の補任年時について──『吾妻鏡』承元元年二月廿日条の検討──」（『政治経済史学』第一〇二号）一九七三年。同「北条氏執権体制下に於ける関東天文・陰陽道──「義時政権」より「泰時政権」へ──」Ⅰ、Ⅱ、Ⅲ（『政治経済史学』第一一一、一一二、一一三号）一九七五年。

（3）得宗専制論についても同様のことが言える。佐藤進一氏によって提起されてから久しくなるが、現在その成立時期については大きく二分されている。佐藤氏に代表される「弘安八年霜月騒動」成立説と奥富敬之氏に代表される「寛元・宝治の乱」成立説がそれである。佐藤進一氏「鎌倉幕府政治の専制化について」（竹内理三氏編『日本封建制成立の研究』所収）一九五五年。奥富敬之氏『鎌倉北条氏の基礎的研究』一九八〇年。論者としては叙上の立場から、時頼・時宗・貞時の政権について各時期ごとに検討してきた。本書第二部第三章〜第四部第二章参照。

（4）〝欠文理由〟という語は、歴史上の事項等を検討する上にはきわめて明快に表現することができる。あえてこの語句の使用を避けているような節のある論考も多々見受けられるが、かえって功妙な書き方をすればするほど、論旨が不自然になったり明確に伝わらなくなったりすることが多い。『吾妻鏡』のような編纂書であれば、編纂者の意図的な削除を前後の記述から検討したり、あるいは読み取ったりしていく作業を通じて、我々は史実を探り出そうとしているのである。後世の為政者が、もともとは存在していたものを抹殺してしまったことも充分あったに相違ない。個人の日記にしても故意にしろ偶然にしろ欠落している部分があれば、それに疑問をいだくのも当然のことである。まして公的な史書・編纂書等を今日の我々が研究する上では、かかる問題意識なしには到底不可能である。なお『吾妻鏡』仁治三年条欠文理由については金澤正大氏によって、前掲論文において、京洛との関係、関東における北条氏一門の名越氏や三浦氏の動向などもおりこんで詳細に触れられている。

（5）寛元四年閏四月一日条では没した年齢を二十三歳とするが、文暦元年三月五日条の初見の元服の記事では十一歳である。したがって二十三歳が正しく弟時頼との年齢差は三年である。

（6）このあと実時は嘉禎元年六月二十九日まで所見していない。おそらくは臨時の交替で、竹御所の奉行が終わった時点から実時と経時は相ならんで小侍所別当を勤めていたのではなかろうか。文応元年（一二六〇）、時宗と実時がならんで小侍を役した事実がある。

（7）仁治二年十二月五日条。

（8）北条氏で時定を称する者は三名おり、いずれも別人である。しかもすべてが「六郎」を称するか、あるいはそれにちなんだ名乗りを持っていることである。幕初の時政の従兄弟にあたる平六時定、時房の子で相模六郎時定、そして経時・時頼の弟である北条六郎時定の三人である。

（9）この檜皮姫は翌年五月に十八歳にして没してしまう。この年の病気が起因しているかどうかはわからないけれども、何かその死因にも疑問があるのではないかと推測せしめる。

（10）『鶴岡八幡宮寺社務職次第』（『群書類従』第四）によれば、隆弁のあと第十代別当となっている。その略伝で永仁四年（一二九六）五十二歳で没したとしている。寛元四年当時の年齢はこれにもとづいて逆算している。

（11）『葉黄記』寛元四年六月六日条によれば、修理亮時幸は「自害」したとある。

（12）『続群書類従』第二十九上。

（13）三善康信の末は代々問注所の執事を勤めていくことになるわけであるが、三善氏の系図は現在『尊卑分脈』『群書類従』『系図纂要』ともに伝わっていない。町野康持が問注所執事を罷免された跡には、太田康連が任じ、以後町野氏にはその職はもどらなかった。『吾妻鏡』『建治三年記』『永仁三年記』等をもとに作成したのが次の略系図である。

なお康継以下は河合正治氏「西国における領主制の進展――備後国太田庄を中心に――」（『ヒストリア』第一号、一九五一年）を参考とした。

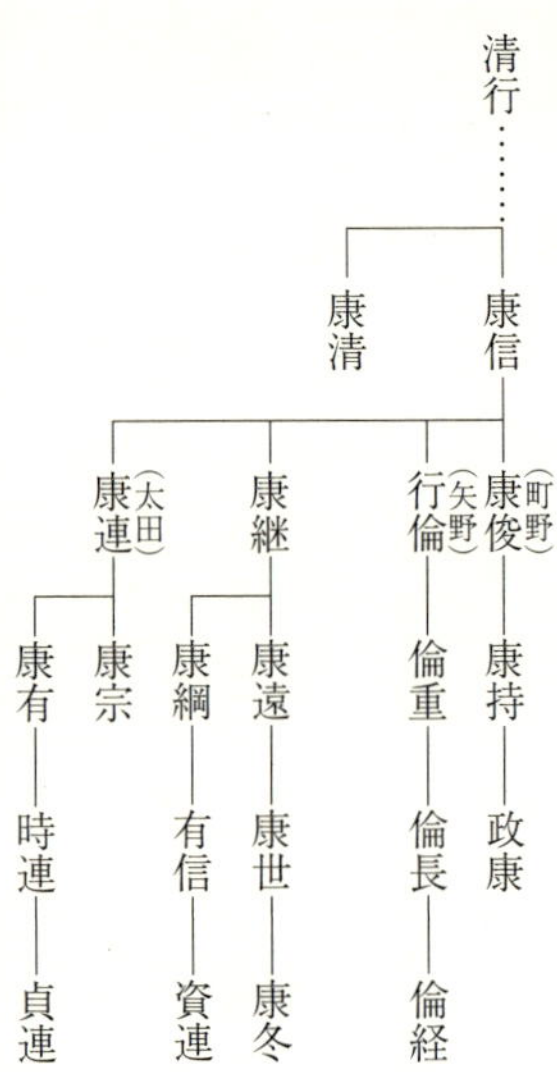

(14) 鎌倉へ迎えられ、推戴された将軍で九条頼経・同頼嗣・宗尊親王のすべてが、帰洛に際して最後の宿所が時盛の邸であることは興味深い。

(15) 寛元四年八月十二日条。

(16) 元仁元年閏七月二十九日条。

(17) 『保暦間記』（『群書類従』第二十六）。

(18) 高田豊氏「宝治合戦における三浦氏一族」（『歴史教育』第一六巻一二号）一九六八年。

(19) 巻第五「内野の雪」。

(20) 第一八四段。著名な「世をむさぼる道、倹約を本とす」には、時頼の名のみがみられる。なお兼好法師は、金沢氏の被官倉栖兼雄とは一族の関係にある。

（補註1） 時氏の息としては、弥四郎経時・五郎時頼・六郎時定（為時）の三人がいたことになる。時定・為時については、その後明らかに論者の認識不足があったことを認めておきたい。結論からいえば、両者は同一人物であり、時定は弘安九年ころ為時と改名した。また建長二年三月二十五日条、同六年六月十六日条にみえる「為時」は極楽寺流の重時の息で苅田氏の祖である。確かに「相模式部大夫」の相模は父重時が相模守であったときに冠した名乗りであろう。幕府の要職にはつかなかったが、陸奥国苅田郡を領した。このように、北条氏所領が全国に拡大していくのにともなって、幕府中央で活躍する一門のほか、地方支配の一翼をになって、所領の地に活動拠点を遷す一門もまた多くみられるようなる。このほかに、得宗家の傍流の桜田氏・阿曾氏、金沢氏流の規矩氏・糸田氏などがある。安田元久氏編『吾妻鏡人名総攬』「北条氏系図考証」四三五頁、五五一頁、一九九八年、参照。

（補註２）　善光寺供養という名目であれば、名越氏の光時以下兄弟が全員参加していても不思議はない。このあとおこる名越の政変について、名越氏の一門としてどのような行動をとるのか、話し合われたであろうことは十分考えられる。このような時期だからこそ、その動向は当時幕政中枢ではかなり注目されていたであろう。おそらく経時・時頼のサイドからは警戒の念をもってみられていたことは察せられる。『吾妻鏡』にこのような記事を残していることから、名越氏の不可解な部分を挿入しておきたかったからではあるまいか。

（補註３）『吾妻鏡』の地の文は「尾藤太平三郎左衛門尉」として一人の人物とみているが、これは明らかに「尾藤太」「平三郎左衛門尉」と読むべきで、それぞれ景氏・盛綱である。

（補註４）　高橋慎一郎氏は、二十歳の時頼はまだリーダーシップを発揮できる存在ではないとして拙稿を批判されている。（『北条時頼』人物叢書、二〇一三年）四〇頁。

本章の意図は、経時から時頼への政権交代は、スムーズな執権移譲か、あるいは時頼による政権奪取なのかということを問題提起したものである。確かに二十歳の時頼がそれほどリーダーシップを発揮できる存在にはなっていないことは考慮しなければなるまい。本文のなかでもことわっておいたように、時頼個人はそれほど大きな存在には成長していないが、時頼を支える政村・実時といった人々は、これからおこりうるであろう事態をある程度予測していたものと考えられる。この執権交代劇において主体的に行動していたのは、政村であったと論者は考えている。政村としてはこの後は時頼を立てることで北条氏一門による政権運営の見通しを描いていたものと論者は考える。

論者は、時頼がリーダーシップを発揮できたのはごく限定された時期のことであり、それは、重時・政村・実時など一門の有力者によって支えられてこそのものであったと考える。ましてや時頼の段階で「得宗専制」が成立していたとする見解にはとうてい与しがたい。本書第五部第一章「寛元・宝治年間における北条政村」参照。

第二章　北条時頼政権の課題について

――北条時頼執権期における御家人問題を中心に――

はじめに

論者はかつて時頼政権の成立に関する論考を公にした。(1) そのなかで論者は時頼政権の成立について、二つの可能性を示唆した。その一は、経時から時頼への政権のスムーズな移譲であり、穏やかな執権交代という見方である。すなわち『吾妻鏡』（以下同書からの引用は年月日条のみ記す）がいうところの経時の病によって、「始終牢籠」をとどめんがために、形式的には将軍の上意を仰ぎ、それにもとづいて執権職を時頼が継承したというものである。現在ほとんどがこの定説に従っているようである。その二は、時頼の経時からの政権奪取という見方である。経時が自らの幼稚の両息の将来を慮るあまりに、病中の経時の脳裏に、名越氏・三浦氏などとの間に何らかのある種密約めいた取引らしきものがあって、その気配を機敏に察知した時頼が兄経時に執権交代を強引にせまり、政権を奪取したのではないかというものである。結果論になるかもしれないが、その両息がともに僧で身を終えていることから、論者はその可能性もある程度想定できるのではないかと考えた。もとよりこの考え方に拘泥はしないが、仮説としては十分成立するものと考える。それは時頼が得宗のなかでも本来は庶子としての存在であり、負い目のような思いをいだいていたと考えられるからである。かくして成立した時頼政権であったが、その前途はまさしく多難をきわめた。その多難とは

『吾妻鏡』がいうとおり、「始終牢籠」であった。北条氏一門総体が氏族的伝統に裏打ちされたものではなく、泰時政権の段階では他の有力御家人に比して、未だ北条氏は武家の長として確立されていたものではなかったのである。北条氏が他の有力御家人と対等にわたりあっていくためには、一門全体総体としての成長をとげていかなければならなかったからである。一方でその成長にともなう一門内部の競合関係をも醸成するという矛盾も同時にはらんでいたのである。かかる矛盾をかかえながら、北条氏に欠けていた氏族的伝統をつくりあげていくために、泰時は時房はじめ一門の協力をとりつけながら執権政治を主導していったのである。そこに泰時の苦悩があった。泰時の努力の結果、その子孫が得宗として家督を継承していくことになるのである。そのために泰時は、得宗の家格を一門のそれとは厳格に区別し、また家令の職を設けて腹心の尾藤景綱を以ってこれに任じたのも将来における得宗の地位の動揺を未然に防ぐために打った泰時の布石であった。こうして泰時は、北条氏が一門総体としての実力を築くためにできうるかぎりの努力をはらってきたのである。泰時が晩年に自らの後継たる時氏の遺児二人の成長を期し、御家人保護と執権政治の安定をはかることを標榜し続けていった。そしてまがりなりにも泰時の遺志はどうにか守られ、嫡孫経時が泰時の跡を襲うた。仁治元年（一二四〇）正月の連署時房の死後に、ポスト時房をめぐって、佐介氏・大仏氏・名越氏などを中心として、その後継問題が浮上していた。どの後継候補もその決め手を欠き、執権泰時は結局連署を置くことができず、連署不置という形でこの問題は先送りということになってしまったのである。決して泰時の自信のほどによる連署不置ではなかったのである。仁治三年（一二四二）六月十五日、泰時の死去によって経時は十九歳にして執権に就任する。しかし当時の幕府中枢は北条氏一門中の有力者のほか、足利氏・三浦氏・安達氏などの有力御家人等の勢力均衡の上に、いわばつくられた存在としての執権であり、その権力基盤はきわめて不安定なものであった。経時は執権就任当初からすでにこのような不安定な状況の下にあったのである。偉大な祖父泰時の期待を一身にうけつつその跡を襲うた経時ではあったが、その重圧と心労が重なったらしく、わずかに二十三歳で没してしまうのである。その残された課題を何らも解決しえないまま、執権経時は急死してしまうのである。経時の跡を襲うた時頼の政権は、反得宗の勢力を力でねじふせたという性格を有し、これを契機として得宗権力の専制化をもたらしたということができる。しかしそれは政権上層部における政権交代と、専制権力確立をめざすというものであって、一般御家人層にとっては専制権力による支配は当然反発が予想される。時頼政権は有力御家人にすりよりその支持をとりつけることによって、どうにかその体面を保つことができた。そしてその実態は、「専制」どころか「御家人保護」をその政策の最重点課題としたのである。以下、時頼政権の課題について整理し、政権構造の実態分析を通じてその性格の解明の手がかりとしたい。ただ時頼政権の課題は多岐にわたっており、そのすべてを論じることができない。

寛元四年（一二四六）三月、時頼は兄経時の跡を襲い弱冠二十歳で執権に就任した。その時頼政権は大きな課題をいくつもかかえていた。時頼政権の課題にはおよそ次のように整理できる。

（一）御家人問題（二）寛元・宝治の事件の事後処理（三）北条重時の連署就任一件（四）引付衆設置（五）九条頼嗣将軍廃立と宗尊親王将軍推戴（六）撫民政策（七）宗教問題（八）正嘉の飢饉とその対策（九）時頼の後継問題（十）御家人の幕府中央からの離脱

本章では、（一）御家人問題、（三）北条重時の連署就任一件、（五）九条頼嗣将軍廃立と宗尊親王将軍推戴、（九）時頼の後継問題、（十）御家人の幕府中央からの離脱、等の課題をあつかうことにしたい。

一　時頼政権の課題

寛元・宝治の乱を乗り切って成立した時頼の政権は、一般には執権政治の最盛期といわれる。また反対派を一掃したことにより、北条氏に比肩しうる最後の雄族三浦氏が滅亡したことにより、この時期から北条氏専制化の道が開かれたと評価される。さらにこの二つの乱を「得宗専制成立」(2)の契機としての指標という学説も提起されている。時頼政権の実態解明のために、その課題について述べていきたい。

はじめは御家人問題である。いうまでもなく鎌倉幕府は将軍と御家人の「御恩」と「奉公」による封建的主従関係を機軸とする武家の政権である。御家人あっての幕府であり、たとえその体制がどのように変化しようが御家人の支配統制は当然常に幕府政策の根幹であった。執権政治から得宗専制へと転換しようとするこの時期においてもそれは変わることはなかった。時頼は岳父重時の全面的な協力の下、次第に幕府から離反しつつあった御家人の体制の立て直しをはかった。御家人制とは、将軍は御家人の所領を保証し、御家人は所領からの収入（得分）をもとに軍役や公事の負担を将軍に提供するというものである。これが武家政権の本質であって、鎌倉幕府の将軍独裁制・執権政治体制・得宗専制など、体制の如何を問わずこの本質は変わりようがなかった。守護の催促による戦時における負担が軍役であり、平時における御家人役とは京都大番役・鎌倉大番役・歳首垸飯や八月の鶴岡放生会をはじめとする、幕府行事・儀式に際しての供奉が中心であった。戦時での軍役に相当するともいうべき供奉は幕府儀式・行事による将軍の権威を高めるとともに、幕府自体の威容を知らしめるためにはなくてはならないものであった。それは将軍に忠誠を誓う御家人がその支配の下に結集することを意味する。幕府の儀式・行事が荘厳かつ盛大に順調に実行されていくことが幕府支配の安定を意味したのである。宝治合戦後、時頼は御家人保護政策を打ち出していく。宝治元年十二月二十九日条によれば、

　又京都大番勤仕支結番之。各面々限三箇月。可令致在洛警巡之旨。被定下之云々。（以下一番から二十三番まで交名略・二十三名）

とある。一番小山長村（下野）、二番遠山景朝（伊豆）、三番島津忠時、四番葛西清親（武蔵）、五番中条藤次左衛門尉（武蔵）、六番二階堂行義、七番結城朝広（下総）、八番千葉頼胤（下総）、九番宍戸家周（常陸）、十番足立遠元跡（武蔵）、十一番後藤基綱、十二番伊東祐時（伊豆）、十三番佐々木義清（近江）、十四番佐々木泰綱（近江）、十五番三浦（佐原）盛時（相模）、十六番名越時章、十七番安達義景（武蔵）、十八番大友能直跡（相模）、十九番足立左馬頭入道（足利義氏ヵ）、二十番天野政景跡（伊豆）、二十一番二階堂行盛、二十二番宇都宮泰綱（下野）、二十三番大江（長井）泰秀らが対象となっている。これらの御家人はいずれも鎌倉伺候の評定衆・守護級の御家人として『吾妻鏡』に随時その名がみえている者たちである。詳細は個別的・具体的な分析を要するが、名越時章・安達義景・大江（長井）泰秀・二階堂行義など、幕政中枢の要人をのぞくと、概して北関東の武士か、または幕府中央から離脱の気配をみせはじめている者が多くみられる傾向がある。これが単に御家人の負担軽減というよりは、むしろ時頼・重時が宝治合戦後に御家人たちの反発をやわらげるため、あるいは御家人たちの歓心を買うための妥協的措置であったのではなかろうか。特に当日の前段の記事で頗る過言に及んだ結城朝光がかえって合戦の賞として鎮西小鳥庄を拝領していることもあわせて考える必要がある（3）。わざわざ同じ日にこの記事をのせていることが、当時いかに時頼・重時が結城氏はじめ北関東の豪族御家人の勢力を必要以上に気をつかっていたかがうかがわれる。このあと時頼・重時は北関東の豪族御家人（とりわけ小山氏）にすりより、卑屈なまでに接近を積極的にはかっていくことになる。

次に北条重時の連署就任である。(4)一般に長らく六波羅探題北方に在任していた重時を連署として鎌倉に迎えたのは時頼であるとする漠然とした先入観があった。論者はこの点を大いに疑問視し、重時の連署就任を実現させたのは政村であるとした。寛喜二年（一二三〇）三月十一日、六波羅探題北方に就任（三十三歳）し、以後十八年間在任する。その間鎌倉に帰ったのはわずかに二回、仁治元年（一二四〇）正月の連署時房の死去、同三年六月執権泰時の死去のときである。このときに鎌倉に帰ったのもわずかの期間でまたすぐに京都の六波羅探題北方の任にもどっている。重時が六波羅探題北方に着任したとき、時頼は四歳の幼児で、重時の存在すらわからなかったであろう。鎌倉に一時的にもどったときにもおそらく接触もなかったであろう。重時の人となりから政治的実績にいたるまで、何一つ時頼は知る由もなかったのである。政村は京都の重時と密接な連絡をとりながら、ポスト経時の政権構想の青写真をえがいていたと考えられる。これからの政局を乗り切っていくためには重時の力が是非とも必要であると政村は考えたのである。かくして重時は時頼政権のパートナーとして、またのちには岳父として、両執権として勇躍鎌倉に迎えられるのである。

次に宗尊親王の将軍推戴とそれにともなう諸問題である。建長四年（一二五二）三月の九条頼嗣将軍廃立と四月の宗尊親王将軍推戴は、親王将軍の権威によって、すでにほころびをみせはじめた御家人制を立て直し、御家人支配をより強固にすることが可能であるものと重時が確信したからである。六波羅探題北方として在任し京都での生活が長かった重時にしてみれば、やはり朝廷の権威はすべてに優先するものという意識が強かった。執権泰時・連署時房が苦労してつくりあげてきた執権政治体制は御家人保護を根幹としていた。重時は泰時の絶大なる信頼と京都・鎌倉の密接なパイプ役として十分にその政治的手腕を発揮してきた。しかし残念ながら長らく鎌倉での生活から離れていた重時にとって鎌倉での生活実感がすでにかなりうすれていたものと考えられる。御家人の志向や考え方に対して重時はもはや理解しえなくなるところまできていたのではあるまいか。もし仮に重時が、三浦泰村の反対をおしきって鎌倉に下向し、宝治合戦の指揮に主体的に参画していたら、あるいはこの時点で鎌倉御家人の気質をある程度理解できたのではあるまいか。重時は建久九年（一一九八）生まれであるから、幼年期から幕府内でのかなり血腥い権力闘争を目の当たりにしてきているはずである。また承久の乱がおこった際には直接は戦闘には従軍しておらず、その後も重時が戦闘を直接指揮したという事例はみられない。重時は武士として戦場における実戦経験はなかったのである。しかし戦闘をめぐる情勢の分析は冷静に見極める能力を身につけていた。将のかたわらにいて着実に策を明示する参謀的な役割、すなわち執権をたてつつ連署として最もふさわしい人物であったと考えられる。惜しむらくはそうした人生を歩んできた経緯から、最前線で戦闘に従軍する御家人たちの真の姿や心情に対してやや理解にかける一面があったのではないかと論者は考える。重時は御家人支配をいわば京都の方式をそのまま適用し、それで押し通そうとしたのではあるまいか。親王の権威をもってすれば御家人は自らその権威を戴く幕府の支配に服するものという思いがあった。まさしくそれは思い込みであって、重時の大きな誤算であった。そこに重時と御家人との間に大きなギャップがあったのである。そのことを示すのが、宗尊親王の鎌倉下向にともない、随行してきた側近公家がもたらした京都風の儀式のあり方（論者はこれを便宜上「新儀」と称しておきたい）を容認していることからも察せられる。彼ら側近公家が幕府行事における御家人の供奉のありかたについて、御家人に対してあれこれと事細かに服装から式次第にいたるまで、やたらと介入・干渉してくる。今上後深草帝の異母兄であり、その随行者として選ばれた者たちである。鎌倉下向というのは決して左遷という意識はなく、むしろそれは鎌倉で宗尊親王に仕えたという実績となると考えたのである。彼ら側近公家は自ら望んで鎌倉下向という道を選んだのである。側近公家たちは時に応じていやおうなく幕府行事のあり方に介入していった。宗尊親王自身は鎌倉に下向した時点では十一歳であり、すぐに自らの恣意を表すということはなかったであろう。しかし時が過ぎ鎌倉での生活を長く重ねその成長とともに、やがて自らの恣意を表す場面が随所にみられるようになる。さらにその側近たちのなかに必要以上の助言や知恵をつける者の存在もあったことは想像にかたくない。

また側近公家たちはその衣装から日常の立ち居振る舞いにいたるまで、東国御家人にとってはそのすべてがきらびやかで珍しい世界であった。ある意味ではそれは雅な世界であり、それはある意味では憧憬でもあった。しかし幕府行事や儀式の主役は将軍でもなければ公家でもなく、あくまでも御家人でなければならなかったのである。御家人にとってはその軍役や供奉は経済的負担ではあっても、幕府にその存在を唯一知らしめるための機会であった。それは平時においては歳首垸飯・二所参詣・各行事・儀式や鶴岡放生会などの供奉である。その儀式や行事の供奉は将軍との主従関係を再認識するために必要なことであった。御家人にとって将軍の存在意義とは主君に仕えることであって、まさしく御恩に対する奉公であった。幕初においては将軍と御家人はともに内乱期をともに戦いぬいてきたという、いわば連帯感があった。独裁者ではあっても頼朝は論功行賞を通じて御家人に御恩をもって報いてやることができたのである。その路線を受け継いだのが執権政治であり、執権泰時が標榜したのが御家人保護であった。その理念は合議体制としての評定衆設置と裁判の基準となる御成敗式目制定に表れている。それは摂家将軍をたくみに制御しつつ、御家人体制の維持につとめたのである。執権泰時・連署時房の時期においては、御家人支配・統制はおよそ円滑に機能していた。建長四年四月十四日条には、宗尊親王の鎌倉下着後、最初の鶴岡八幡宮社参が記されている。その形態は概略以下のごとくである。反閇に陰陽師安倍晴茂が候し、陪膳に花山院長雅、役送に名越時章らが事前に役目を果たして待機し、輿を用いて将軍出御、文面からは輿を囲むように時頼がその侍「被相具帯剣侍四十人」(5)とともに供奉している。そのあとに公卿の土御門顕方がつづき、次に殿上人が四人（花山院長雅・藤原公直・坊門清基・二条兼教）、そのなかに含まれるかのような形で北条氏一門七名（連署重時・執権時頼〔御剣役〕・北条政村・大仏朝直・名越時章・北条長時・北条時定（時房息））が名を連ねている。そのあとに「此外」として五位の御家人（大夫）が十四名、六位の御家人（侍）二十二名が列し、[6] 次いで南部氏以下十八名が直垂・帯剣してそれぞれ御輿の左右に候し、先陣随兵として北条（名越）時長・北条（金沢）実時・北条時定（得宗の庶弟）・足利（斯波）家氏・北条時茂・北条（名越）公時・北条（佐介）時員・北条（伊具）兼時・安達泰盛、小笠原長澄らがつづき、後陣随兵として永井（長井）時秀・宇都宮景綱・三浦（芦名）光盛・三浦（佐原）盛時・二階堂行資・葛西清時・二階堂行章・田中（八田）知継・結城朝村・武石朝胤・武田政綱・阿曾沼光綱らの名がみえている。また検非違使として、佐々木氏信・佐々木（出雲佐々木）泰清・宇佐美祐泰らが参会している。金沢実時・佐原光盛は着ていた鎧を布衣に着替えて供奉せしめた。頼朝より九条頼嗣にいたるまで、将軍の威儀を糺すために、随兵は鎧を着たままで供奉を続けてきた。今後はこの儀を強く禁止し、この方法をとることにしたという。昨年まで踏襲してきた幕府儀式の供奉のあり方を否定するこのやり方は、当然幕府中枢部の要人および御家人にもかなりの混乱をまねいたことは疑いない。こうしたやり方はこの件だけにとどまらず、このあとさらに続いていくことになる。〝京都方式〟新儀の導入は混乱から反発へとかわっていく。このあと御家人にとっても最重要でしかも最優先すべき幕府の儀式・諸行事（歳首垸飯・御行始・二所参詣・鶴岡放生会・方違等）への参加、すなわち供奉に対する忌避・拒否という事態が時頼政権全期を通じて蔓延していくことになるのである。

また、供奉を忌避・拒否した御家人のなかには、宝治合戦で滅亡した三浦氏に心を寄せる者も相当数いたであろうことが察せられる。事実そのあと建長三年（一二五一）十二月には了行法師などによる三浦氏残党の事件もおこっている。

そのほかには歳首垸飯に際して、それまではなかった「御簾上」の役が加わり、それを土御門顕方が役していることがあげられる。和歌・歌合・連歌・鞠等、東国御家人が側近公家と対等に渡り合えるだけの素養を身に付けるほどに成長していたのである。しかしそれが可能なのはまだ少数で、御家人の多くはやはり農村に住む郷村在地領主であった。鎌倉での行事・儀式等のために鎌倉に邸を構えることができる比較的裕福な御家人でも、日常は本貫の地に在国し、鎌倉での自らの邸に宿して役を勤仕すればよかったわけである。そして御家人のほとんどが鎌倉に邸を持てない者たちであったのである。国元と鎌倉の往復の費用と鎌倉での滞在費および武士としての対面を保つための調度一式など、すべて自己負担であり、こうした無理をしてまで馴染みのうすい将軍のために、わざわざ鎌倉に出仕してその役を勤仕するというメリットが果たしてあるのかという疑問が御家人のあいだに次第にひろがっていった。このあと御家人の各行事の際の供奉忌避・拒否問題は、時頼政権全期を通じて絶えることはなかったのである。重時の意図するところからは、まったく裏目にでてしまったのである。将軍と御家人の主従関係が何とか機能していたのはおそらく泰時政権までのことであったのではなかろうか。

次に時頼の後継問題である。経時の両息が幼稚であり、またその母方の出自があまり高いものではなかったようである。(7) 時頼自身が得宗家のなかでは本来は庶子であって、仮に経時が長生きしていたとすれば、時頼の家督継承はなかったのである。同様に時頼自身もその後継問題が深刻であった。その息時宗への家督継承も決してスムーズな継承ではなかったと論者は考えている。やはり時宗・宗政ともにいまだ幼稚であったのである。ただこの二人はともに重時女を母としており、母方の出自としては申し分はなかった。時頼としては自身の不安定な立場からして将来における時宗の家督としての地位を磐石なものにするために、様々な策を打っていった。岳父重時（時宗は外孫）と組んで家督の「後継指名」を宣言し、執拗に幕府政界に印象づけ、さらには意図的に時宗を後継として様々な策を弄して強引に仕立て上げている。(8) また宗政の存在は同母弟であることから、時宗に万一のことがあった場合、その後継候補ともなるべき存在と目されていたのである。このほか時頼の子息には長子でありながら庶子とされた三郎時利[(9)]（時輔）・庶弟七郎宗頼らがいた。時輔は最初から庶子とされ、『吾妻鏡』が縷々主張するごとくまったく後継の候補とみなされなかった。『吾妻鏡』によれば時頼は執拗に時輔を差別扱いしている記事が随所にみられる。正妻腹の時宗・宗政を後継候補とする時頼の意思が貫かれているが、時頼の見苦しいまでの時宗の家督継承に対する執着ぶりをみてとることができる。また時輔が叙爵したときの官職は式部少丞である。北条氏一門で式部少丞（式部大夫）に任じた者は、泰時・朝時・政村・時直・時弘（時広）[(10)]等がある。これらの者はこのあといずれも数年で次の官職を得ている。したがって式部少丞という官職は叙爵と同時に一時的に任官するもので、このあとしかるべき受領ないしは、京官を得ることになる。ところが時輔は従五位下式部少丞に任じたあと、文永二年十月にはその式部少丞すら剝奪され、単に「散位」として所見している。そしてそのまま受領または京官を得ることなく、「二月騒動」で生涯を終えている。これに対して左近将監に任じ叙爵した経時・時頼をはじめとして、宗政・長時・時茂・時村・顕時などは「左近大夫将監」を名乗り、のちにしかるべき受領もしくは京官を得ている。

　時輔について特筆すべきことは、小山長村女が北条時頼の長子で庶子とされた時輔の妻となっていることである。正嘉二年四月二十五日条に、

　今日。相模三郎時利十一歳。嫁小山出羽前司長村娘。

とある。この婚姻については小山長村にとって二つの面がある。その一つは時利（時輔）を女婿とすることにより小山氏を中心とする北関東の豪族御家人がその勢力結集の「玉」としてかつぐことも可能であるということである。時期到来とあれば決起することもありうるということである。ただ現時点では足利氏が得宗に取り込まれている現状においては、やはり時期尚早であった。小山長村はそう判断したのではなかろうか。

もう一つの面は、小山長村にとってみれば得宗家の庶子とされた時輔の外戚など、もはやかえって迷惑至極なことであったのである。こうした考え方に対して、時輔は得宗家のなかでも序列三番目の位置を与えられ、決して冷遇されたとはいえず、また北関東の小山長村女を妻とし、元服の際の烏帽子親が足利利氏（頼氏）であることからみても、得宗家のなかで一定の地位にあったという解釈がある。そして、六波羅探題南方就任は、鎌倉からの追放ではなく六波羅探題南方府の再建であるという。果たして本当にそうであろうか。まず『吾妻鏡』をみるかぎり時輔はことごとくあからさまに、時輔を時宗・宗政の下位に意図的に置こうとしている。それを叙述の段階でも隠そうとしていない。時利（時輔）の元服のときの烏帽子親が足利利氏（頼氏）であり、論者はこの両者の改名とその時期が問題であるとした。武家社会において改名することの政治的意義は非常に大きいことはいうまでもない。改名したところで烏帽子親子の関係が解消するわけではないという見解があるが、[11]北条氏では改名した者に、泰時（頼時）・時房（時連）・金沢顕時（時方）・大仏宣時（時忠）などかなり著名な者がいる。足利氏でも尊氏（高氏）は、代々得宗の偏諱を名乗っていたのが、「尊治」（後醍醐帝）の偏諱を受けて改名している。足利尊氏（高氏）が得宗高時の偏諱を棄て、後醍醐帝の「尊」を名乗り、後醍醐帝の新政下にあることを鮮明にしたことはあまりにも有名である。上からの圧力で改名させられた場合は、それに屈服したことを意味する。また自らの意思によって改名する場合はその政治的立場を明確にすることを意味する。いずれにしろ改名するということはそれだけ政治的にも重みがあることなのである。

二　御家人の幕府中央からの離脱

前節で述べた宗尊親王将軍推戴は御家人体制の強化を企図したものであったにもかかわらず、それはまったく逆の結果をまねくことになってしまった。幕府行事や各儀式における供奉忌避・拒否という事態が蔓延し、この収拾に時頼・重時はてこずることになるのである。またすでに東国御家人がその生活の拠点を地方に移すといった現象があらわれてきており、ほぼ時頼政権の前後ごろから御家人制を根幹とする幕府体制は、いわばその転換点にいたったかの感がある。幕府は供奉人の人数確保のためにこののち腐心することになるのである。

本節では東国御家人の生活の本拠移動（西遷・北遷など）や、比較的鎌倉に近い所に居住しながら、幕府の催促に従わず、評定衆の幕府要職を辞退し、自らの所領経営に重点をおく者が鎌倉中期以後多くなってきている傾向について叙述する。また特にこのことが、宗尊親王の将軍推戴と時期を同じくしているように思われることなど、以下この点について、小山氏一族を例に論じていきたい。

小山氏は秀郷流藤原氏の後裔を称し、下野小山庄を本拠とする典型的な豪族的領主層とされる。幕初以来小山朝政・長沼宗政・結城朝光の三兄弟は、将軍頼朝に仕え幕府内で重きをなした。鎌倉幕府創設以来、その政治の展開過程で多くの有力御家人が北条氏との幕府の主導権をめぐる権力闘争のなかで次々に滅んでいった。さきの宝治合戦にいたるまでに、幕初以来の豪族御家人はすでにそのほとんどが姿を消しているのである。この合戦によって有力御家人三浦氏は北条氏との権力闘争で敗北し、この結果北条氏の覇権が確立したのである。そして現段階において北条氏に比肩しうる勢力を有する御家人は、北関東の小山氏の一族（下総・下野）・宇都宮氏（下野）・安達氏（武蔵・上野・信濃）・千葉氏（下総）など、わずか数氏にすぎなくなっていた。その後北条氏主導による幕府政治の展開過程とともに、これらの有力御家人もその主たる活動の拠点を次第に幕府中央から自らの本貫の地の経営に重点をおくようになっていく。幕政中枢で要職（引付頭人・評定衆・引付衆等）に任じ、そこに自らの活動の拠点をおいて重きを成すことよりも、堅実で在地に根ざした本来の領主としての道を選択していく傾向が顕著となっていった。すなわち自らの武士として本来

の存在は在地に根ざした領主であり、その生活の拠点を幕府中央から地方へシフトしていくようになるのである。(12)

小山朝政は元仁元年（一二二四）閏七月一日に初めて「小山判官」とみえているが（同日条）、検非違使尉に任じた記事はみえない。鎌倉御家人で検非違使尉に任じた者は例外なく叙爵し、「大夫判官」とよばれ、このあとに国司に任じていくのが一級一流の御家人任官コースの一つの例となっている。この段階での庶子たる宗政・朝光が、このあとそれぞれ淡路守・上野介の受領に任じていることから考えて、朝政はおそらくこの近い時点で叙爵し、翌嘉禄元年（一二二五）正月二十三日に下野守に任じ、(13)そのあたりで出家したといえよう。朝政の跡は朝長が襲うた。しかし寛喜元年（一二二九）十一月十七日父朝政に先立ち卒去。享年四十二。朝長の跡を襲うたのが長村である。時頼はこの長村に接近していく。(14)

建長二年三月二十八日条によれば、

小山出羽前司長村堂供養也。是迎祖父下野入道生西十三年忌辰。及此作善。

とある。祖父下野入道生西（小山朝政）の十三年忌供養を行っている。朝政嫡子朝長の死により小山氏はすでに朝政の孫長村の代となっていた。

長村については、建長二年十二月二十八日条によれば、

下野国大介職者。伊勢守藤成朝臣以來。至于小山出羽前司長村。十六代相伝。敢無中絶儀之処。依大神宮雑掌訴。所被改補也。於彼訴訟事者。以米銅以下贖令解謝訖。被行二罪之条。殊含愁訴之由。長村連々言上之間。可被返之旨及評議云々。

とある。大神宮雑掌の訴えで改補という憂き目に会うところ、長村連々言上により評議により返付されている。『吾妻鏡』は藤原藤成以来の小山氏嫡流の「下野国大介職」の十六代相伝を再確認しているのである。これは在庁官人と

しての職であり、また小山朝政の下野守任官をうらづける記事となろう。

結城氏取り込みに見通しがつかないと判断した時頼は、今度は小山氏に接近していく。宗尊親王鎌倉下向後、新御所造営のための方違の居所の選定であった。結果的にはこの一件によって大きくふりまわされたのが小山長村であったのである。建長四年五月十七日条に、

奥州。相州幷前典厩。前尾州以下。参会評定所。将軍御方違事。被経評議。以奥州亭。可被用御本所云云。而自当御所。相州御亭当西方。大将軍方可有憚之由。晴賢。晴茂。為親。広資。晴憲。以平。晴宗等一同申之。仍被定出羽前司長村車大路亭云云。自当御所正方南也。

とある。最初に小山長村の車大路亭が定められたのである。しかしその準備すら手つかずのうちにこの件はキャンセルということになる。建長四年五月十九日条、同七月八日条に、

御本所事。長村宿所聊依有其煩。亦被問陰陽道之処。晴賢以下申云。亀谷泉谷右兵衛督教定朝臣亭。自当時御所北方也。被用御本所之条。可宜云云。仍治定云云。

小雨潤洒。申刻。将軍家為御方違。入御于右兵衛督教定朝臣泉谷亭。日来新造。仮座。

とある。幕府に仕える多くの御家人のなかで、自分の邸が将軍方違の居所として選定されることは経済的負担はあるにせよ一応名誉なことではある。そのことは結城朝光が一時評定衆に任じたことを氏族の名誉として子孫に伝えるという気持ちに通じるものがある。ところが「聊依有其煩」として理由もはっきりしないまま、突如立ち消えとなってしまう。長村は決して浮かれ気分でいたわけではなかろうが、やはり粗相なく無事に役目を果たしたいという気持ちでいたはずである。当然家人たちにも指示を徹底していたし、長村としては何とも釈然としなかったであろう。時頼は小山氏に対してあるいはこうしたことを通じて気をつかっていたつもりなのであろうか。時頼としては何とか小山

氏とのつながりを模索していたのではあるまいか。しかしそれらは結局すべてからまわりにおわってしまった。

北関東の豪族御家人として、幕初よりその存在を知られていたのは、下野の足利氏・小山氏・宇都宮氏、上野の新田氏、下総の長沼氏・結城氏、常陸の八田氏などであった。これらの氏族は、鎌倉幕府政治史の過程で幕府中枢における権力闘争にまきこまれることなく、独自の立場を貫いてきた。幕府のある南関東からみれば、いわば手つかずの領域ともいうべき地であった。ただ足利氏は源家一族として、北条氏とも姻戚関係を有し、評定衆等幕府要職につくことはなかったが、歳首垸飯の沙汰人を役するなど、幕政中枢で枢要な地位を占めていた。しかしこのことがときとして、氏族としての危機を招くことにもなりかねなかった(15)。

長沼宗政は小山政光の男子で長沼五郎（三男）を称し、小山四郎朝政（嫡男）、結城七郎朝光（末子）は兄弟であり、それぞれの所領は隣接していた。小山朝政の所領は栃木県小山市中央町付近、長沼宗政の所領は栃木県真岡市長沼付近、結城朝光の所領は茨城県結城市結城（城跡公園）で、それぞれ非常に近い場所にある。そのほか長沼宗政の所領は、文治五年（一一八九）奥州征討後、その功によって陸奥国長江荘（現・福島県南会津郡南会津町田島字後原甲、鴫山城＝長沼城・現須賀川市）をえて本拠とした。その後承久の乱の勲功により、下野国御厨別当職や都賀郡小薬郷（現・栃木県小山市大字小薬）、新たに陸奥・美濃・美作・武蔵などの諸国に所領をえた(16)。また乱後の行賞で淡路守・淡路守護職を兼帯し、淡路国（兵庫県）に勢力を拡大した。また摂津守護もえている。その後摂津守護は山内首藤重俊にうつる。さらに重俊の次男宗俊に伝えられたが、ほどなく安達景盛に伝わった(17)。

宗政の所領は時宗・宗泰・宗秀と継承され、宗秀は秀行・宗実に所領を分与した。十四世紀中ごろの観応三年（一三五二）、惣領秀直（秀行の子）が陸奥国会津南山長江庄会津田島に移住し、下野の本領長沼荘の支配は庶子家に委ねられたものか。以上のことから長沼宗政の南会津支配は文治五年の奥州征討にはじまるということができる。長沼氏はやがて鎌倉幕府中枢での活動からその拠点を地方に移していくことになる。これは中央政界での活動を地方にシフトしていくようになるのである。ちょうど鎌倉中期（およそ承久の乱後）から後期にかけて東国武士団が西遷していく現象がみられることと軌を一にするかのようである。それは北条氏得宗による政治の専制化の傾向がみられる時期と相前後していることとも関連している。

幕初以来鎌倉幕府内部ではかなりの権力闘争がくりかえされ、多くの御家人が滅んでいった。そうした過程で小山氏一統はその勢力を保持し続けたのはなぜか。長沼宗政が「荒言悪口の者」(18)であったというのは、やはりこれだけの広大な所領・諸職を有していたことが大きいといえよう。この裏づけがあってこそ、幕府内で不動の地位を保持しえたのである。単に荒言悪口の者というだけの存在であるならば、鎌倉幕府創立期の権力闘争のはざまのなかで滅び去っていったであろう。そうしたなかで幕府滅亡にいたるまでその命脈を保持していくことができたのは、やはりその氏族的伝統と、その養っていた経済力と豪族的領主層ならではの軍事力であったといえよう。さらにいえば、いかに北条氏得宗といえども北関東の雄族たる藤原秀郷後裔の諸氏族を相手に真っ向から敵対することは、よほどの性根を入れてかからなければできなかったものと思われる。そして結果的にはそれは最後まで実現することはなかったのである。

小山三兄弟の一人結城朝光もまた独立性をもった行動をしていた。嘉禎元年（一二三五）五月、朝光は幕府重職たる評定衆に任じる。しかしわずか一月あまりにしてそれを辞してしまうのである。嘉禎元年閏六月三日条には次のようにみえている。

上野入道辞申評定衆。是短慮迷易。不弁是非之間。無所于欲献意見云々。武州被仰云。五月初参。今月辞退。物忩事歟云々。上州重申云。初参之日。即雖可辞申之。為貽眉目於子葉。憗懸其号。渉一両月訖。於今者難参勤云々。此上有許容。

とある。結城朝光は自ら「是短慮迷易。不弁是非之間。無所于欲献意見」といっている。幕府草創期の頼朝以来幕府に仕えてきた宿老は様々なノウハウを心得ていたに相違あるまい。すでにこのとき六十八歳に達していたが、その後の朝光の言動からして「短慮迷易」ということはない。「為貽眉目於子葉。憖懸其号」ということもあろう。むしろ政権中枢に自らをおくことなく、その外部から泰時の執権政治を監察するという道を選んだというのが真実に近いのではないか。泰時を中心とする執権政治体制に対して、「敵対はしないが積極的に協力はしない」というのが結城朝光の基本的スタンスであった。少しでも御家人の利害を侵害するかのごとき不審な行為、もしくはそのような気配をみせるようなことがあったならば、場合によっては北条氏との武力対決もあえて辞さずという、北関東の豪族御家人を代表するというスタンスを宣言したものとみられる。泰時にとってはきわめて与しにくい存在であった。

宝治合戦後、老齢をおしてわざわざ鎌倉に参上し、結城朝光（当時八十歳）は平然として次のように言い放っている。

宝治元年六月二十九日条によれば、

上野入道日阿自下総国参着。是駿河前司義村。若狭前司泰村二代知音也。而今日謁申左親衛。以其次。且拭懐旧之涙。且吐述懐之詞、剰日阿於令在鎌倉者。若狭前司輙不可遇誅伐耻之由申之。左親衛還令愛其無我給云々。

とある。三浦義村・泰村の二代にわたる知音であった結城朝光は懐旧の涙を流し、敢然と三浦氏に与して北条氏とことを構える決意を表明したのである。時頼はかえってその無我を愛でたという(19)。義村・朝光はともに頼朝に仕えた幕初以来の戦友であり同志でもあった。当然自分たちの主君は頼朝であって、決して執権北条氏ではなかったのである。朝光は時頼に対して、もし自分が鎌倉にいたなら、「若狭前司輙不可遇誅伐耻」といい、三浦泰村をたやすく誅伐の恥にあわせることはなかったと言い切れる立場にあり、結城氏の自他ともに認める准門葉（後述）によりいわしめたことばであった。すなわちそのことがこのことばのなかに表れているのである。得宗時頼をはじめ、北条政村・金沢実時、外戚安達義景らは小山氏一族の勢力を非常によくわかっていたのである。もし仮にこの一族が三浦氏一族に与するようなことがあった場合には、一体どのような事態になっていたであろうか。まさに宝治合戦はどのような結果になっていたかわからなかったというべきである。安達景盛（高野入道覚地智）が急遽鎌倉にもどり、自ら陣頭指揮をして合戦の青写真を描いていたのは、いかにして小山氏一族との戦いを回避できるかどうかであった。武蔵・上野に基盤を有する安達氏にとっても、小山氏一族の動向には十分すぎるくらい注意をはらい、最も警戒すべき存在であった。そしてこの合戦で自害・討死した者および生虜は、相模・房総を中心とする南関東の武士がほとんどで、北関東の武士で参加した者は非常に少ない。ここに宝治合戦の一側面をみることができる。安達景盛が宝治合戦の仕掛人であることはつとに知られているところである。安達氏が北関東の情勢や武士の実力には精通・熟知していたはずであり、このことを秘密裏のうちに運ぶことこそ、肝要なことと考えていたというべきである。宝治合戦で三浦氏がいともあっさりと敗れた背景は、小山氏など北関東の武士が合戦に参加しえないうちに決着をつけてしまったからである。

また宝治合戦の勝敗を左右したものとして、北条氏一門の金沢氏が支配していた武蔵国の金沢郷や六浦荘（六浦津）の存在が大きかった。この地を金沢氏が抑えていたことにより、三浦氏と縁が深かった房総の武士団との連携を断ち切ることに役立ったといえるのである。(20) 結城朝光が時頼に言い放ったことばを時頼は不問に付すしか術がなかったのである。これを時頼の温情とか、朝光の頑迷さなどと単純にみてはなるまい。このときの朝光のことばは半ば本音であった。ことと次第によっては北条氏・安達氏と本気で対決する用意があったことをうかがわせる。さらにいえば、朝光の時頼に対する警告であったのである。今度ばかりはあえて見逃しておくが、この次にこのようなことがあったならば「決して許さない」という朝光の決意を時頼に表明したものである。だからこそあえて老齢をおしてまでわざわざ鎌倉へ参上し、時頼の行為をきびしく非難したのである。おそらく時頼は「その無我を愛でたどころか、背筋に寒気をもよおした」というのが本音ではなかったか。朝光のことばによほどの剣幕と迫力があったため、それに気圧され、鎮西小鳥庄を与えて宥めるよりほかはなかったのである。宝治合戦後の佐介信時を不問に付した一件、結城朝光の過言を受け流した一件などは、いずれも時頼の度量の広さを『吾妻鏡』はたくみに誇張し宣伝しており、時頼顕彰のエピソードとして挿入されている。総じて『吾妻鏡』は、政子・泰時といった人物をやたらと顕彰し、美化する傾向がある。そしてその傾向は時頼・時宗にも通じるものがあった。やはり時頼段階での権力の限界がそこにあったのである。力で他の御家人を圧倒する得宗専制は未だ成立をみていない。

時頼および安達氏等の強引なやり方に憤怒し、痛烈に批判した結城朝光を咎めだてするどころか、かえって鎮西小鳥庄を与えている。京都大番役の機関を半年から三ヶ月に短縮したその日の前段にこの記事を挿入している。こうなるともはや単なる御家人保護ではなく、小山氏一族をはじめとする北関東の豪族に卑屈なまでに気をつかっていることが察せられる。

朝光と足利義氏との対立は非常に有名である。義氏は「源家御一族＝将軍家の御門葉」であり、執権政治体制のもとでも垸飯献儀の沙汰をするなど、幕府中枢で特殊な地位を占めている。足利氏一門は幕府滅亡にいたるまで評定衆・引付衆を一人も任じていない。それでも足利氏は北条氏との姻戚関係を強固にするなど、幕府内での地位は不動でゆるぎないものであった。朝光が足利氏と対等の関係を主張できるのも、やはりその秀郷流藤原氏という氏族的伝統のみならず、北関東の雄族として広大な所領とそれにうらづけられる実力をそなえていたことをあげることができよう。

結城氏については有名な足利氏との確執をあげることができる。宝治二年閏十二月二十八日条によれば、

今日。足利左馬頭入道正義与結城上野入道日阿相論書札礼事。被宥仰両方。被閣之。此事。去比就雑人叓。自足利遣結城状云。結城上野入道殿。足利政所云々。日阿得此状。投返叓云。足利左馬頭入道殿御返事。結城政所云々。僕卿禅門甚憤之。訴申子細云。吾是右大将家御氏族也。日阿仕彼時。于今現存者也。相互未及子孫。忽忘往事。現奇恠。争無誡沙汰哉云々。仍被下彼状於日阿之時。日阿称不能費紙筆而献覧一通文書。是則右大将家御時。注為宗之家子侍交名。被載御判之御書也。彼禅門厳閤総州与日阿（于時結城七郎）。可為同等礼之由分明也。右京兆（于時江間小四郎）。為家子専一也。相州披覧之。召留件正文於箱底。染御自筆書案文。被授日阿、剰被副送同御自筆消息状。其詞云。

右大将家御書正文一通給置候訖。被載嚢祖潤色之間。為家規模之故也。但御用之時者宜随命。且為後日。以自筆所書進案文候也云々。

日阿還施面目云々。

とある。ここでは単に氏族的伝統の上に胡坐をかいているという結城朝光の傍若無人な姿をみるべきではなく、それまで培ってきた結城氏の大いなる実力と自負、そして武士としての誇りをみることができる。源家将軍家の門葉であり、北条氏とも縁戚である足利氏と対等であると朝光は主張したのである。代々北条氏との姻戚関係を有する足利義氏より結城朝光におくられた書状の末尾に「結城上野入道殿。足利政所」と記してあった。明らかに足利義氏（宝治二年当時六十歳）は結城朝光（同八十一歳）を格下とみなしていた。しかし、前述のごとく幕府草創期の頼朝以来幕府に仕え、頼朝の偏諱を受けて朝光と名乗り幕政に重きをなしてきた宿老は、その実力・実績ともに決して足利氏には引けをとる存在とは思ってはいなかったのである。結局時頼の裁定に委ねられたが、足利氏と結城氏は「可為同等礼之由分明也」という頼朝の御墨付《おすみつき》により朝光は門葉足利氏と同等、すなわち准門葉であることが証拠付けられて、

「還施面目」という結果となったのである。しかしこの件での時頼の判断は義氏と朝光の単なる対立というより、その後の幕政運営にとって、時頼を中心とする幕府首脳は結城氏をいたずらに刺激し正面からことを構えることは何としてもさけなければならないという意識をもたざるをえなかったのである。結城朝光の脳裏には、北条氏との姻戚関係を有し、その政治的地位を保持してきた同じ北関東の雄族足利氏に対してそのことを潔しとせず、内心忸怩たる思いがあったのではなかろうか。

おわりに

北条時頼政権の課題は多岐にわたっており、それらは当然相互に密接にからみあっていた。政権の実態は、岳父重時をはじめ政村・実時の北条氏一門や、外戚安達氏などによって強力にサポートされたものであった。そしてすでにほころびの兆しが出始めてきた御家人体制の再編成という大きな課題をかかえていた。そのほころびとは、第一に、摂家将軍と九条道家の陰謀事件による御家人制の動揺であった。摂家将軍の時期において、特定の御家人が将軍に近侍し、得宗勢力と対峙するまでの勢力を築いていたのである。そしてそのなかに北条氏一門の名越氏や三浦氏までが参画していたことは、得宗やその支持する政村・実時・安達義景らに衝撃をあたえた。安達景盛（高野入道覚智）が急遽鎌倉にもどり、嫡子義景に対してその優柔不断さをきびしく叱責し喝を入れたのは、こうした危機感を強く感じたからであろう。それが奏功し、ともかくも寛元・宝治の乱は得宗側の勝利におわった。しかしその奇襲ともいうべき強引なやり方に憤怒したのが結城氏をはじめとする北関東の豪族御家人であった。結局時頼は京都大番役の期間を半年から三ヶ月に短縮し、さらに特に当日の前段の記事で頗る過言に及んだ結城朝光に、かえって鎮西小鳥庄を与えている。ここには北関東の結城氏に擦り寄ろうとしていることがうかがわれる。専制どころか、卑屈なほどに北関東の豪族を恐れ、いかにしてそれを宥めていくか、また妥協点をさぐっていくことに腐心していたことがうかがわれる。

第二に、御家人の幕府中央からの離脱の動きである。御家人体制の建て直しのための親王将軍推戴のはずであった。その中心となって先頭に立って動いたのが重時であった。しかしこれはいたずらに京都風の「新儀」導入により、結局御家人たちは供奉忌避・拒否の方向に動いていったのである。親王将軍とは所詮御家人にとっては自らが仕える存在として認めることができなくなっていくのである。国許からわざわざ鎌倉に出仕して供奉等の御家人役を勤仕するだけの気持ちになれなくなった。あるいはそれほどのメリットがもはやなくなってきていたということである。御家人の幕府行事・儀式の供奉忌避・拒否と相前後して、生活の拠点を地方にシフトさせていく御家人が多くなっていくことを考えなければならない。結城氏一族に限らず御家人が幕府中央から離脱していく傾向が多くみられるようになる。すなわち御家人がその生活基盤そのものを在地に移し、より堅実な所領経営に力を入れることになっていくのである。

鎌倉幕府滅亡後の関東において、鎌倉府統治下の時代にあって、結城氏は上杉氏とならんで、その政治的な地位は主導的なものであったことはつとに知られているところである。これを南北朝期の鎌倉から遡及させて、結果論からいうのではなく、この後結城氏は幕府中枢から次第に離れていくことに注意しなければならない。鎌倉時代の全期を通じて、幕府の御家人としてその地位を保持し続けてきた小山氏の一族は、幾多の権力闘争や政変が惹起したなかで、ほとんどそれらに巻き込まれることなく存続した。それは小山氏や宇都宮氏などの北関東の豪族御家人の勢力が非常に大きく、いかに北条氏といえどもうかつには手の出せなかったものと考えられる。北関東の豪族御家人がすべて一枚岩であったとはいいがたいであろうが、結局ここには北条氏の手は最後まで及ばなかったのである。

鎌倉幕府の滅亡とは北条氏一門を中心とした幕府の支配体制がくずれたのであって、武士としての政権がすべて滅亡したわけではないのである。この後も全国的に展開した武士の勢力はさらに強化されていくのである。

時頼政権のキーマンの一人である政村の存在もみおとすことができない。政村の役割はその時々の政権の主担者の「副」という存在に徹しつつも、その独走に歯止めをかけるという、きわめて重要な役割を果たした。重時の宗尊親王将軍推戴については、当初は全面的に協力しその実現をともに推進した。しかしひとたびその企図したところが異なったとき、宗尊親王推戴による新儀導入が幕府体制の根幹たる御家人制にとってマイナスの要素として働きかねない様相を呈し、重時・時頼の政策の修正や、方向転換の必要性を感じとった場合には政村は機敏に行動した。詳細は別途稿を改めるが、重時の出家・連署辞任、時頼の出家・執権辞任にも、政村が深くかかわっていたものである。

政村は、兄重時に対して政界中央からの引退を勧告し、嫡子長時を将来執権としてむかえることを条件に重時の連署辞任という形で引導を渡し、自らが連署に就任したのである。さらに重時と二人三脚で政権中枢にいた時頼も執権辞任という形で政界中央から後退させたのである。

註

（1）本書第二部第一章参照。

（2）北条氏得宗を中心とする専制政治の形態を、義時の別号得宗にちなみ得宗専制とよぶ。この学説を提起されたのは佐藤進一氏である。氏は弘安八年（一二八五）の霜月騒動を外様御家人と得宗御内人の対立としてとらえ、この乱後得宗専制成立の指標として提起され、鎌倉後期から末期にかけての幕府政治史研究の展望を示された。「鎌倉幕府政治の専制化について」（竹内理三氏編『日本封建制成立の研究』所収）一九五五年。

これに対して奥富敬之氏は、得宗専制の成立を「寛元・宝治の乱」にもとめ、「霜月騒動」については、すでに成立していた得宗専制の変質、すなわち得宗専制から得宗被官専制への傾斜としてとらえられている。奥富敬之氏「得宗専制政権の研究」一～四（『目白学園女子短期大学研究紀要』第一～四号）一九六六～一九六八年。『鎌倉北条氏の基礎的研究』一六三～一六七頁。一九八〇年。

本章で強調したいことは、時頼政権の性格をどのようにとらえるかによって、得宗専制という学説そのものの評価がちがってくるということである。これまで公表してきた論考によって、時頼段階での得宗専制成立はありえないという結論に論者は達している。また得宗専制そのものの概念についても、次期時宗政権の第二段階（文永九年二月騒動以後）、貞時政権の平禅門の乱（正応六年＝一二九三）以後のごくわずかな期間にすぎないと考えている。

（3）鎮西小鳥庄がどこなのかが不明である。筑前国に小島庄があり、あるいはここのことであろうか。後考に俟ちたい。なお、朝光は源範頼軍の一員として九州渡海をしており（文治元年正月二十六日条）、また承久の乱に際して東山道大将軍となっており（承久三年五月二十二日条）、九州に新恩地を得ていた可能性は高く、今回の新恩はそれに加えて、九州に所領を得たことになる。

（4）拙稿「建長年間における北条時頼政権の実態分析――連署北条重時就任と将軍宗尊親王推戴事情と執権政治の展開――（I）」（『政治経済史学』第五五〇号）二〇一二年。

論者はこのなかで、寛元・宝治の乱から重時の連署就任という一連の動きは、重時と政村の京都・鎌倉の緊密な連携のもとに成功したこと、時頼の幼年時に重時は六波羅探題北方に在任中で鎌倉を離れており、時頼は成人するまで重時と接触することもなかった。時頼と重時はその性格から風貌にいたるまで知るべくもなかったことを指摘した。そして両者を結びつけたのは政村をおいてほかにはいないこと、極楽寺流と政村流の強い連帯（政村女二人が重時子息のうちの二人に嫁している）のもとにかかる人事が成功したことなども指摘した。

かくて成立した時頼政権の実態は、連署重時主導型で、政村・実時など一門の重鎮と、得宗外戚安達義景らによって強固にサポートされたものであったことなどもあわせて指摘した。

（5）ここにある侍は時頼の家人と考えてよいであろう。いわゆる得宗被官である。

（6）最後の東中務少輔胤重は官職からして五位以上であることは明白である。家格からすれば、五位待遇の順の箇所に出てきてしかるべきである。その理由は不明だが、あるいは、すでに幕府中央から離れつつあった千葉氏の一族であったからであろうか。

（7）頼助の母は不明であるが、隆政の母は『系図纂要』によれば「将軍家讃岐」とみえている。これに信をおけば、時輔の母の「将軍家讃岐」とは同一人物ということになる。これが事実とすれば経時没後、この女房は弟時頼をたよって身を寄せ、そこで「宝寿」＝時利（時輔）をもうけたことになる。

（8）本書第三部第一章参照。

（9）今野慶信氏によれば、時輔の母を出雲国の御家人横田氏の出身とする。同氏「北条時輔の母――出雲国横田庄と京都・鎌倉――」（『段かづら』三・四合併号）二〇〇四年。「讃岐局妙音の棟札」（『段かづら』五号）二〇〇五年。

（10）時弘（時広）の場合はやや事情を異にする。寛元四年（一二四六）に従五位下式部少丞に任官後、正嘉二年（一二五八）に越前守任官まで相模式部大夫を称している。『関東評定衆伝』によれば宝治元年（一二四七）に武蔵権守に任じている。ただしこのとき武蔵守は大仏朝直であったので、越前守任官まで公式には相模式部大夫で通している。しかしこの間、評定衆・引付頭人等を歴任している。

（11）細川重男氏『北条氏と鎌倉幕府』（講談社選書メチエ）二〇一一年。

（12）このような傾向が最も早くからあらわれたのが千葉氏一族であった。千葉氏も下総国千葉郡を中心としてそこを拠点に下総一帯に勢力を築きあげていた。千葉氏一族が幕政中枢から退き、その活動の拠点をその本拠たる下総にシフトさせている。宝治合戦に際して、秀胤は三浦泰村の妹婿であったことで三浦氏に与して連座し、幕府の追討により自害した。千葉氏にとっては危機ではあったが、わずか三歳の頼胤が「千葉介」を継いだことによって、千葉氏の命脈はたもたれた。この点は金澤正大氏から御教示をえた。記して謝意を表したい。

（13）『明月記』嘉禄元年正月二十四日条。

（14）前述の小山長村女を時輔の妻としたのも、小山氏との接近をはかろうとした時頼の苦肉の策であったのではあるまいか。

庶子と目された時輔との姻戚関係など、小山長村にとっては決して望むところではなかったと考えられる。時輔が時頼の子息として重視されていたとする考えには賛成できない。

(15) 彦由三枝子氏「足利泰氏出家遁世の政治史的意義」（『政治経済史学』第一〇九・一一〇号）一九七五年、参照。

(16) 寛喜二年（一二三〇）八月十三日、長沼宗政は嫡子時宗に所領を譲与した。ここには惣領制の原則が見事に貫かれている。本領の長沼荘・下野国御厩別当職・淡路国守護職を始めとして、武蔵国・陸奥国・美濃国・美作国・備後国などの諸国に及ぶものだった。嫡子時宗が「悉可令知行之」としている。これらすべての所領・諸職を時宗が一門を代表して相続し、「但至于庶子等者、就万事可致支配」として惣領時宗の支配に従うようにとしている。「於諸國公事者、任先例可令勤仕」については庶子等が分担して勤仕せよというのである。

『鎌倉遺文』四〇一一号（第六巻）に、

○藤原宗政譲状　○下野皆川文書

譲渡　嫡子左衛門尉時宗（ながぬま）

下野国長沼庄・同国小薬郷（都賀郡）・同国御厩別当職、陸奥国南山、美濃国石太郷・五里郷・津布良、美作国西大野（英多郡）保内円宗寺、備後国内平野保、武蔵国柏原郷、淡路国守護職・同国地頭職、并京鎌倉屋地等事、

右、於所領等者、相副御下文等、永所譲与于時宗也、悉可令知行之、但至于庶子等者、就万事可致支配、若及異儀庶子出来者、為惣領時宗可令領知之、於諸公事者、任先例可令勤仕云々、然間、無他妨可知行、仍為後日証文、譲之状如件、

寛元二年八月十三日　淡路守藤原（長沼）宗政（花押）

とある。

(17) 佐藤進一氏『鎌倉幕府守護制度の研究』一九頁、一九五頁。一九七一年。

(18) 正治二年二月六日条・建保元年九月二十六日条。

(19) 七宮涬三氏『下野 小山・結城一族』五二頁、二〇〇五年。このなかで七宮氏は「若い時頼は朝光の時代遅れを哀れんでいた

のではないか」と述べられている。この考え方には容易に首肯しがたい。このことばは朝光の時頼に対する毅然たる警告であったと論者は考える。

(20)　宝治合戦は南関東を中心とする相模国の覇権を北条氏と三浦氏の対立・抗争という構図でとらえられる。北条氏側としてはそこに北関東の雄族結城氏一統がからんでしまうことを最も恐れていた。ゆえに北関東への交通の要衝であった下総下河辺庄や埴生庄といったところは北条氏一門の金沢氏がおさえており、北関東の豪族御家人の勢力の介入を阻止したうえで、合戦は安達氏と北条氏の綿密な計画のもとに用意周到に実行されたものと思われる。もしこのとき北関東の結城氏（小山氏・長沼氏など）が合戦に参陣するような事態になっていたならその結果はどうなっていたかわからない。この件に関してはすでに石井清文氏が指摘されている。石井清文氏「北条重時と三浦寶治合戦」（『政治経済史学』第二三二、二九八号）参照。一九八五年、一九九一年。

第三章　文応元年における社会不穏と鎌倉幕府権力の危機意識
――最明寺入道北条時頼政権の実態に関する一視角――

はじめに

文応元年（一二六〇）という年はイメージとして、それまでの鎌倉宗教界の権威動揺への兆候、またそれにともなう政治的・経済的ないしは社会的な矛盾が顕著になってくる、ということ等がうかんでくる。しかも前年の正元元年十一月京洛では、後深草天皇が皇太弟に譲位し、新帝亀山天皇の治世が開始されていた。『吾妻鏡』の文応元年条にみえる記事を中心に、以下それらの諸問題について論究してみたいと思う。

一　該年における社会不穏について

当時の社会問題として、京都側また鎌倉側にとっても「山門の問題」は非常に大きな意義をもつものである。中世において寺院勢力、なかんづく比叡山の実力が及ぼす諸問題は、まさに政治上・経済上ないしは社会上、重要な問題[1]であった。京都の天皇をはじめ、公家・一般庶民は叡山の僧徒の嗷訴を最もおそれていたのである。したがってまたこの問題は、鎌倉幕府権力の当事者たちに別の次元での恐怖感を与えていたのである。それらの事情は『吾妻鏡』にみることができる。

十七日甲寅。晴。六波羅飛脚参着。申云。去十二日丑剋。院御所焼失云々。又山徒以血奉塗神輿之由。同所注進也。(2)

とあり、山門の暴挙を鎌倉に訴えている。『続史愚抄』所引の諸史料によれば、「血」の部分が「血肉」(3)となっており、さらにそのすさまじさがうかがわれる。このような京洛における叡山の反体制運動ともいうべき嗷訴は、文字どおり洛中の権力のおそれるものであったのである。この嗷訴の意味するものは何であったのであろうか。それを考えるためにさかのぼって一昨年来の京都・鎌倉・山門・寺門、それぞれの動向について考えてゆかなければならない。

十日戊寅。晴。京都飛脚到着。申云。今月四日園城寺三摩耶戒壇事被宣下之処。同六日夘剋。日吉社神輿三基。祇園三基。北野二基。京極寺一基。已上九基神輿入洛。奉振弃于陣頭。二基者奉振院御所云々。(4)

とあり、また、

廿六日壬辰。晴。園城寺衆徒使者参着。申云。今月四日当寺三摩耶戒壇事被宣下之処、同十四日山徒院参時訴申之。同廿日被召返云々。剰可焼払寺門之由。山僧蜂起。綷已為朝家勝事一寺滅亡。

廿九日乙未。去廿二日。神輿帰座。同廿三日三井寺衆徒分散云々。(5)

とあり、そして、

三日辛丑。晴。依山門蜂起。園城寺定有火災歟。可警固彼寺之由。可相触大番衆之旨。被仰遣六波羅云々。(6)

とある。いったんは勅許が出された三摩耶戒壇設置が山門衆徒によって妨害され、その宣下は突き返されてしまったのである。そしてこのことがいかに重要なことであったかは、次の記事をみればおのずと理解されるであろう。

一日戊辰。天晴。若宮別当僧正隆弁。自京都帰参。是依園城寺三摩耶戒壇事。去季九月十四日上洛。今年正月四日就令奏達之勅許。而山徒及強訴之間。同廿日被召返官苻。同廿一日寺門衆徒僧正仙朝。法印浄有。忠尊以下僧綱三十余輩。集会金堂。凝僉議。同廿三日退散云々。(7)

すなわち、寺門の三摩耶戒壇勅許問題に関してことの重大さを再認識させられた幕府は、そのブレーン僧隆弁(8)を京都に送りこみ、幕府の総力をあげて寺門支援に乗り出したのである。しかしさしもの隆弁をもってしても山門の勢力はいかんともしがたく、かえってこのことは山門の怒りを爆発させる結果になってしまったのである。このような情勢のもとに、四月、院御所の火災にいたるのである。しかも注目すべきことは、このような経過の背後にあって、「鎌倉の政僧」隆弁が京都・寺門との間で暗躍していたことである。隆弁は前年すなわち正元元年に上洛しているわけで、これら一連の事件の間中、京都にいたのである。このことは鎌倉幕府が公然と寺門支援に加担していたことを意味し、また院（後嵯峨上皇）もいったんは心を動かしたのである。かくして山門の怒りは、幕府に対してもまた一院に対しても、種々の行動となって爆発してしまったのである。また、

今日。改元詔書到来。去十三日。改正元二年為文応元年。文章博士在章撰進云々。依御即位也、(9)

とあって、改元の詔書が鎌倉に着いたことを伝えている。この記事で問題とすべきは文章博士菅原在章である。彼は菅原道真の子孫であり、当時天下一の天才であるとの風評が高かった人物(10)である。すでにあらわれはじめている大覚寺統・持明院統の皇室の内部矛盾(11)に際し、このさき彼がどのように京都側のブレーンとして生きていくか興味深いところである。とにかくこの改元理由の一つの可能性として、皇室の内部矛盾もさることながら、やはり山門の問題がからんでいることは確かであろう。

このように山門の勢力は寺門三摩耶戒壇勅許問題、院の御所の火事等でもあきらかなように、まさにおそるべきものであったというべきである。叡山主導による洛中における反寺門、反抗的体制ともいうべき勢力は、それを実力で

抑えるだけの力量に欠けていたのである。そのことは次のようにあらわれてくる。

十九日丙辰。陰。為武藤少卿景頼奉行。可被始行御祈禱之由。有其沙汰之処。八専有憚之由。陰陽道依勘申。被閣之云々。(12)

とみえているがここにみる「御祈禱」については注意を要する。『吾妻鏡』はこの「御祈禱」が何のためのものか何ら伝えていない。しかしそれらについては少なくとも二つの可能性が考えられる。第一は、寺門三摩耶戒壇勅許問題である。あれほど幕府が全精力をつくして支援したのにもかかわらず、官符召返という形で失敗に帰してしまった。幕府としては祈らずにはいられなかったと考えられるのである。第二は、亀山新帝の前途を祈る気持である。第一のこととも関連するが院の御所が焼けた後である、幕府にそのような気持ちが出てきても不思議ではないであろう。あるいはその両方の気持ちがこめられていたのかもしれない。いずれの場合にしても、まずはじめに幕府がなすべきことは祈禱であったのである。鎌倉幕府は朝廷のため、寺門のため、あるいは幕府自身のため、その政治生命をかけて叡山と武力対決する、などということは決しておよびもしなかったのである。史料の後半部分は「関東陰陽師の機能如何」ということになるが、ここではふれない。

はたして幕府にとって重大事件が起こった。

廿九日丙寅。丑尅。鎌倉中大焼亡。自長楽寺前。至亀谷人屋云々。(13)

午前二時ごろ長楽寺前より出火し、亀谷人屋まで焼失した、という内容であるが、どうもこの火災は放火の疑いが濃い。当時の寺院のもつ経済的な意味として金融機関の機能を考えることができる。この火事の性質上、民衆の一種の反体制運動とも考えられるのである。この火災は前の京都における院の御所の火事を思わせるものがある。当時の情勢を推測すると「京都と鎌倉でしめし合わせたように騒動を起こす。そしてその背後には強力な〝延暦寺政権〟(14)が存

在している」考えられそうなことである。そして、

一日丁酉。疾風暴雨洪水。河辺人屋大底流失。山崩。人多為磐石被圧死。(15)

とあり、また

五日庚子。晴。甚雨。申剋大風。人屋多以破損。戌剋風休。地震。(16)

とある。民衆にとっては大変なことであった。鎌倉にあっては、前の市中大火に続いて自然災害が相次いでいる。以上みてきたように文応元年という年は、京都においては山門のおそるべき嗷訴とそれにかかわる「院の御所」の火災等がおこり、また鎌倉にあっては市中大火というように、そして全国的には相次ぐ台風による民衆にふりかかる災害というように社会不穏は尋常ならざるものであったのである。

二　鎌倉幕府権力の危機意識

前節で山門のおよぼす諸問題と自然災害等、社会不穏について述べてきた。それでは当時の幕府権力の当事者（時頼・重時をはじめとする幕府首脳）たちは、それらの諸問題にどのように対処していったのであろうか。そのことを考えていくにあたって、前の記事（前註12）をもう一度考えてみよう。まず第一に当時の幕府首脳らは、祈禱ということからはじめたのである。まさに祈らずにはいられなかったというべきかもしれない。やはりそこには為政者として危機意識がみられるのである。そして幕府は以下にみられるような処置をとらざるをえなくなっていくのである。四月三十日には、次のような史料がみえる。

卅日丁卯。天晴。今日評議。負物事。輙不及沙汰之趣。雖被定置。尫弱之輩歎申之旨。依被聞食及。如先々可有

其沙汰云々。次訴訟事。不叙用三ヶ度者。可注進所帯之旨。可成下御教書云々。(17)

とある。これは一種の借金棒引令(徳政令)である。そしてこの記事と前述の鎌倉大火(前註13)との関連が重視されなければならない。「評議」という部分にややこだわれば、昨日の火事は予想以上に被害が大きくしかもその意味は重大であり、早速評議してこの法令を出すにいたったと考えられるのである。そしてさらに次のような記事をみるとき、幕府権力の当事者たちの危機意識、その深刻さがうかがわれるであろう。

四日庚子。就検断事。今日有被定之条々。且被仰遣六波羅也。所謂。

一　国々守護人召進犯科人事

右。召進関東無謂。任被定置之旨。可被沙汰之由。可令相触守護人。但寄事於左右。守護人致非拠沙汰之由。訴申之時者。可令尋成敗矣。

一　可召関東犯科人事

右。於訴重科張本者。任先例可召進之。至軽罪者。於六波羅可有尋沙汰矣。

一　放免事

右。於殺害人者。日来十ヶ年以後随所犯軽重雖被免之。於今度者。云諸国飢饉。云人民病死。過法之間。以別御計。不謂年記。無殊子細之輩者。至当年所犯者。被放免畢焉。(18)

これは守護の責任回避を禁断したものである。このように守護が本来の役目を回避し、在地での責任を幕府中央に転嫁するような挙動に出てくる理由としては、土地の訴訟が多くなって守護が多忙になってきた、ということも考えられる。しかしやはり庶子家分立過程のなかで惣領制が解体過程にあって所領相続問題をかかえているところの在地領主たちから訴訟上で反感をかうまいとする守護の配慮、すなわち「守護領国制への道」との関連として考えることに一番大きな比重をおくべきであろう。この問題については別の機会に詳述したいと思う。この三ヶ条の最後の部分で幕府は守護に、諸国の飢饉・人民病死が甚大であるといって、今年に限っては特別の理由のない者は無条件に放免せよと命じているのである。そしてこの処置は前節をふりかえってみれば当然の処置といえるかもしれない。幕府がかつてこれほど寛大な処置をとった例はあまりみられない。したがってまさに当時の幕府権力の危機意識のバロメータということができるであろう。

鎌倉幕府は前の「徳政令」といい、この「検断三ヶ条」といい、ここ数年には見られないほどの寛大な処置をとっている。それはまさに下からのつきあげであったのである。洛中では山門の勢力が及ぼす諸問題、そして鎌倉では市中の大火、また全国的な自然災害等々、幕府としては民衆の抵抗、とりわけ叡山の三千大衆を敵にまわすことを最もおそれていたにちがいない。

幕府がこの時点において危機意識を感ぜざるをえなかったもう一つの理由には、皇室に内部矛盾があらわれはじめようとしていたのと同様、鎌倉幕府にも内部矛盾があらわれはじめようとしていたという問題がある。

十六日壬子。放生会御参宮供奉人物記。自小侍被献武州。是可令計沙汰給之由也。而任例被仰可進覧御所之旨返遣之云々。(19)

とあるが、なぜこのようなまわりくどいことをしたのであろうか。考えられることは、将軍宗尊親王が自己の恣意を政治に反映させはじめてきたということと、武蔵守長時(補註1)の謙譲的な精神のあらわれということである。またここで小侍所別当越後守金沢実時の微妙な立場が問題となる。極楽寺殿重時系と最明寺殿時頼系との北条氏の内部矛盾、その介在者としての越後守金沢実時を想定することもできるであろう。そしてさらに、

十八日甲寅。被付供奉人記於和泉前司行方。而有被仰出条々。所謂。

可有御息所御参宮事
相模太郎　　同三郎元者可為随兵云々。
　可為彼御方御共者。
武藤〔蔵カ〕前司
　為供奉人数。雖有御合点。可参候廻廊者。
佐々木壹岐前司
　雖有御点。今度不可催者。
小山出羽二郎（補註2）
　雖無御点。可催加随兵者。(20)

ここではさらに時頼の子息をめぐる内部矛盾・対立が露骨にあらわれている。すなわち相模三郎北条時輔についている「元者可為随兵云々」という注である。時輔は時宗よりも年長であるのに「三郎」で、そしてこの年の『吾妻鏡』の書き方は両者を差別待遇している。結果的には文永九年二月、当時六波羅探題南方にあった時輔は、同北方北条義宗によって誅戮されることになるのである。また前武蔵守大仏朝直（補註3）の存在であるが、この鎌倉中期において北条氏一門の長老＝重鎮である彼に敬意を表する意味でこのような形で加えられたと考えられる。また、

　廿二日戊午。相模四郎可着布衣。同三郎如元可為随兵之由云々。(21)

とあって、さらに年少の宗政（母は重時女）の下に位置づけられてその差別がはなはだしい。

鎌倉幕府の内部にあってこのような矛盾が激化しているとき、全国的な自然災害が相次いでいたのである。それだけに幕府首脳が感じた危機意識はひとしおであったであろう。

そして前に少し触れたが将軍が自己の恣意をあらわしはじめた事情がみえてくる。

六日壬申。為和泉前司行方奉。有被尋問于越後守実時。相模太郎主等事。是去年被相催随兵之時。大須賀新左衛門尉朝氏。阿曾沼小次郎光綱。各自由不参。而愁以光綱者差進子息五郎。朝氏者立弟五郎左衛門尉信泰於代官。此事許容。誰人計哉者。実時朝臣等申云。以詞令申者。伝者若無委細披露歟。退載状可令言上者。則勒状付工藤三郎右衛門尉光泰。先披覧于相州禅室之処。被計仰云。載状之条。頗以似厳重歟。只以光泰。実俊等之詞属行方謝申之条可宜歟者。彼状云。

去年八月放生会御社参供奉人間被仰下両条

一　阿曾沼小次郎随兵役以子息令勤仕申事

右。所労之由。押紙于廻文之間。言上子細之処。以光泰。実俊。度々有御尋子細。可令勤仕之由被仰下訖。更非自由之計候。

一　大須賀新左衛門尉同五郎左衛門尉等間事

右於大須賀新左衛門尉者。被下随兵御点歟間。催促候之処。所労之由押紙于廻文之間。注申此旨候之処。現所労之間。御免訖。次於五郎左衛門尉者。本自被下直垂御点候之間。勤仕訖。此両人事。同非私計候。以前両条。如此之由覚悟候。但胸臆申状。不足御信用候歟。然而如此事。先々不及御書下候之間。或引勘愚記。或任御点注文。言上子細。以此趣可令披露給候。恐惶謹言。

七月六日　　　　　平時宗

　　　　　　　　　越後守実時

進上　和泉前司殿(22)

ここでは相当うるさくなってきている将軍を想定できる。結果的には文永三年（一二六六）七月に、時宗が将軍宗尊親王を廃することにつながる。このなかにみられる前和泉守二階堂行方のこれからの生きかたというものが課題となる。このときは将軍の側近としての機能を果たしていた人物のようであったが、この先二階堂氏は栄えていくことになるのである。

　このとき宗尊親王は十九歳である。当時の十九歳では単独でとうていこのようなことは考えもおよばないであろうし、またわざわざ去年の放生会のことをもちだしてくる積極的な理由の説明がなされない。とすれば将軍のとりまきのなかに、おそらく京下りの公家[補註4]と思われるが、将軍の意思を動かしている者が出て来始めているのかもしれない。そしてその可能性は次の記事で推測することができる。

　廿三日己丑。小侍番帳更清書之叓。雖被仰中山城前司盛時。依申所労之由。佐藤民部大夫行幹又奉仰所染筆也。是以和泉三郎左衛門尉行章。被下廂御簡於小侍所。廂与小侍。毎其番自一番至六番。不参差。為同日之様令結番之。可書改之由。依被仰下。如此云々。且清書仁。以前両人可然之旨。為相州禅室御計云々。[23]

とあるが、同年二月二十日条による「廂結番」がこのときにいたって書き改められている。しかも注目すべきことは前の結番のときには各番の筆頭を京下りの公家らしき者がしめていたことである。この改編がどのようになされたかは知ることができない。しかし幕府首脳からみて重要なものとして意識したもの、すなわち将軍側近派＝反北条氏側に対処するためのものであったことが察せられる。

　このように北条氏の内部矛盾が激化しつつあり、また全国的な天変地異や人為災害が相次ぐなかで、鎌倉幕府は絶対的安定政権ではありえなかった。ただ相対的安定政権の相対たらしめたものは、この時期にあっては最明寺入道北条時頼の厳然とした存在のみであったのである。しかし、そのブレーンの僧正隆弁は三井寺三摩耶戒壇勅許問題で失敗し、「山門」を怒らせてしまったのである。「鎌倉幕府」はかつてないほどの存亡の危機に立たされるのである。

おわりに

以上述べてきたように文応元年という年は、京都においては寺門三摩耶戒壇勅許問題に端を発した山門の勢力が及ぼした諸問題——院の火災・寺門の焼払事件等——があり、また鎌倉においては市中大火——寺門との関係が濃厚——があり、そして全国的な自然災害・台風・疫病等がある。このように社会不穏は言語に絶し、「山門」によるおそるべき嗷訴の激発によって鎌倉幕府権力はまさに存亡の危機にみまわれるのである。その中枢にある政僧としての隆弁僧正の真価もきびしく問われなおすときがきたのである。

かくして、同年七月、『立正安国論』の成立、八月、鎌倉僧徒による日蓮の松葉谷草庵焼き討ち事件の惹起は叙上の事態と無関係ではありえない。

註

（1）「史料学と史料批判——六国史と吾妻鏡を中心に——」『政治経済史学』第六一号参照。
（2）『吾妻鏡』文応元年四月十七日条。
（3）『続史愚抄』文応元年四月十七日条。
（4）『吾妻鏡』文応元年正月十日条。
（5）『吾妻鏡』文応元年正月二十六日条、同二十九日条。
（6）『吾妻鏡』文応元年二月三日条。

（7）『吾妻鏡』文応元年三月一日条。
（8）加藤功氏「建長四年における僧隆弁の政治的役割」『政治経済史学』第五七号、一九六七年。同「鎌倉の政僧」『歴史教育』第十六巻十二号、一九六八年。
（9）『吾妻鏡』文応元年四月十八日条。
（10）『平戸記』延応元年四月十一日条。
（11）前年の後深草天皇の譲位事情についての『百錬抄』の〝断筆理由〟とも関連しようし、『増鏡』第六「おりゐる雲」の叙述内容も興味深い。
（12）『吾妻鏡』文応元年四月十九日条。
（13）『吾妻鏡』文応元年四月二十九日条。
（14）彦由一太氏「鎌倉幕府に於ける地域的分権と純粋封建制」『政治経済史学』第一一号、一九六三年、参照。
（15）『吾妻鏡』文応元年六月一日条。
（16）『吾妻鏡』文応元年八月五日条。
（17）『吾妻鏡』文応元年四月三十日条。
（18）『吾妻鏡』文応元年六月四日条。
（19）『吾妻鏡』文応元年六月十六日条。
（20）『吾妻鏡』文応元年六月十八日条。
（21）『吾妻鏡』文応元年六月二十二日条。
（22）『吾妻鏡』文応元年七月六日条。
（23）『吾妻鏡』文応元年七月二十三日条。
（補註1）重時女が時頼に嫁し、その所生に時宗・宗政がいる。長時と時頼は義理の兄弟ということになる。長時の政治的力量を軽視する傾向があるが、重時嫡男として極楽寺流の利害を代表するべき期待を一身に背負っており、政治的能力にも長けた秀逸な人物でまた当時の幕閣首脳にも人望は篤かったはずである。文永元年（一二六四）に三十五歳（三十六歳説あり）で没するが、もしその後存命ならば、時宗の出番がなかったか、もしくはもっとおくれていたものと考えられる。

（補註2）　小山出羽二郎とは誰であろうか。小山出羽前司は長村であり、実名は不明であるがその次男であろう。とすれば長村女が時輔に嫁しているから、時輔とは義理の兄弟ということになる。

（補註3）　武蔵守というのは、相模守とならんで武蔵守足利義氏を唯一の例外として、北条氏一門の独占であった。これに任官することができるのは執権・連署のみとなっていたが、のちに執権・連署以外でこの朝直が、また時宗の弟宗政が任じている。これらの者は次期執権・連署の有力候補であったと考えられる。

（補註4）　このときの京下りの公家というのは、幕府草創期に鎌倉に下向した者ではなく、宗尊親王の下向にともなって随行してきた公家である。幕初以来の文官系側近吏僚層は、すでに東国の領主層と大差ない生活を営むようになっていたと考えたほうがよかろう。九条頼経・頼嗣や宗尊親王とともに鎌倉に下向した公家は、いまだ鎌倉の生活にそうなじんでいたものとは考えがたいといえよう。摂家将軍・宮家将軍の推戴にともなって、新たに京都から下向してきた公家と北条氏の執権政治から得宗専制と展開していく過程のなかで、反北条氏とこれらの一部の公家とが将軍との親密な関係を深めていくなかで、新将軍側近派とでもいうべき一派を形成されてきたことが考えられる。

第三部　北条時宗政権

第一章　北条時宗の家督継承条件に関する一考察

──『吾妻鏡』文永元年条欠文理由及び文永九年二月騒動との関連において──

はじめに

北条時頼には時宗をはじめ数名の子息がいた。しかし時宗の家督としての地位は、従来漠然と考えられていたように、はじめから全く決定され、安定していたものであったのであろうか。論者はこの点については少なからず疑問をもつ。結論的に言えば、時宗の家督としての地位は、時頼の晩年からその卒去にかけて、きわめて不安定なものであったと思うのである。一般に次期家督は次のような条件によって決定されていく。第一に母方の出自である。第二に本人の婚姻である。第三に本人の器量である。第一、二の点は、外戚の問題であり、きわめてその重要度が高いといえる。第三の点は、時にあたってその情勢に応じて真価が問われるところとなる。こうしたいくつかの条件を充足しつつ決定されていくことになるのである。したがって当人の意志とは無関係のところで決定される場合が少なくないと言えるのである。(補註1) 以上のような観点からすれば、時宗のほかにも家督となりうる可能性があったと思われ、そのゆえに時宗が家督を継承するに際しては、当時幕府内部に大きな混乱ないしは摩擦を生じ、かなり危機的な状況が醸成されていたのではないかと思うのである。結論的に言うならば、『吾妻鏡』文永元年条欠文理由(1)はこの点にあったと思うのである。詳細は次節以下に述べることになるが、時宗が得宗の家督を継承するうえで文永元年（一二六四）という年がきわめて重要な年であったと考える。

ところで時頼の子息には『吾妻鏡』などの諸史料によれば、現在までのところ次の者が確認される。まず家督を継いだ時宗、庶子とされた時輔、宗政、宗頼、宗時、時教（時厳）などである。次節以下でこれら子息を各個別に検討しながら、本章の課題である時頼の晩年（時頼の享年は三十七）の問題、すなわち次期家督決定の問題およびその後の幕府政局の動向などを焦点にすえ、前述の問題をいくばくか解いていきたいと思う。

一　時頼入道治世下

寛元・宝治の二つの事件を乗り切って以後十年あまりの間執権の座にあった時頼は康元元年（一二五六）十一月病を理由に出家し最明寺に引退した。これよりさき同年の三月、宝治合戦の直後から連署の地位にあった重時は出家引退し、極楽寺殿を称していた。ここに最明寺殿・極楽寺殿の両巨頭を頂点とする時頼入道の〝院政〟がスタートする。この時頼入道の政権の中核は次のようなものであった。前執権時頼（得宗）・前連署重時（極楽寺）がトップにある。一般には、時頼入道のみが隠然たる勢力を保持しており、重時のほうはどちらかというとやや地味な存在として受けとられがちであるが、後述するように論者はそれをしかりとは思わない。幕政における最終的決定の権限は時頼に存したことは何人も認めるところであろう。けれどもこの重時の存在を語らずしては、時頼入道の政権の実態は言をつくしきれない。執権には重時の嫡子長時が就任している。長時はごく常識的に語られるように温厚な人物であったらしく、この時期の北条氏の眼代として最適任者であったと思われる。時に長時二十七歳。それを補佐するのは連署政村である。周知のごとく政村は元仁元年（一二二四）の伊賀氏の乱に際しては、その意思にかかわらず兄泰時と家督をめぐって競合している。このとき泰時のはからいでことなきを得て、以後泰時の晩年の時代、延応元年（一二三九）評定衆に列して以来、幕府中枢にあっていくたびかの〝政変〟を乗りこえてきている、北条氏一門中の重鎮である。政村五十二歳。また六波羅探題北方には重時の子息で長時の弟時茂が就任している。(2) 以上を整理してわかることは、執権を引退した得宗時頼を中心として、実務にあたる現任の執権には重時の嫡子長時、連署には泰時の弟政村、六波羅探題北方には同じく極楽寺流の時茂というように、幕政最中枢に極楽寺流が三名も関与していることである。

次に建長元年（一二四九）に設置された引付衆を率いる引付頭人に目をうつそう。一番頭には、連署に就任した政村に代わった大仏朝直がいる。朝直は、同じ時房流の佐介時盛との競合・相克のうちに現在の地位を確立する。(3) 朝直五十一歳。同二番頭は名越時章である。寛元四年名越の政変で伊豆国に配流された兄光時に代わる名越氏の現当主である。時章四十二歳。時章は文永九年二月、時輔の余党として弟教時とともに誅されるところとなる（後述）。三番頭は北条（金沢）実時である。実時についてはあまり言を必要としないであろう。ただ小侍所別当として枢要の地位を占めていることに注意しておきたい。実時三十三歳。四番頭は二階堂行方である。二階堂氏は京下りの下級貴族の流れをくむ文官系側近吏僚層である。(4) 同じこの層に属するものには、大江氏・三善氏・中原氏・清原氏などがあるが、(5) 現時点では二階堂氏が最も繁栄しているようである。五番頭は安達泰盛である。安達氏からは経時・時頼の母松下禅尼が出ており、得宗外戚として、また有力御家人の筆頭としての地位を占めている。(6) 安達泰盛二十六歳。

得宗時頼を中心として、前連署重時および執権・連署、六波羅探題北方、引付頭人――五方のうち三名を北条氏一門で占めている――が権力の最中枢を構成し、その下に評定衆、引付衆が権力体を構成する。評定衆には、前記五名の引付頭人のほか、伊賀光宗・二階堂行義・宇都宮泰綱・二階堂行久・矢野倫長・清原満定などがあり、引付衆には、狩野為佐・那波（大江）政茂・町野康持・清原教隆・中原（摂津）師連・二階堂行綱・大曾祢長泰・長井（大江）時秀・

名越教時・太田康宗などがいる。(7)

大体以上が時頼入道の権力の人的構成である。その詳細な分析は省略するとして、要点として気づいたことを次に触れてみる。第一にこれより以前に失脚したことのある伊賀光宗・狩野為佐といった人物がカムバックしている事実がある。第二に二階堂氏一門が繁栄している様子がうかがわれ、第三に安達氏（大曾祢氏を含む）一門の進出が認められる。とまれかかる人的構成をもつ時頼入道の政権は、これからおこる様々な難局に立ち向かうことになるのである。その難局とは、寛喜以来といわれた正嘉の大飢饉・諸国悪党蜂起・三井寺三摩耶戒壇問題一件など、多岐にわたるものであった。一方北条氏一門内部に目を向ければ、すでにその氏祖朝時の時代以来くすぶりつづけていた名越氏との宿命的な対立・暗闘、時房流北条氏―大仏氏と佐介氏―の内部矛盾、さらに時頼子息による家督継承問題など、北条氏一門内部（ひいては得宗家内部においてさえも）に大きな矛盾をかかえていた。他方京都においても後嵯峨院政のあと、皇統は大覚寺統・持明院統に分裂し、のちの南北朝内乱の根本要因をなすことになる。内から、外から、上から、下から、がんじがらめにしばられたような状態が、この時期における鎌倉の政治情勢であった。幕府権力の主担者として、これらをいかに乗り切っていくかが最も重要な課題であったのである。時頼は出家することによって、少なくとも実務のわずらわしさからは開放されたであろう。しかし依然として権力の座にあったのは、実はこれらの問題をいかに克服するかが大きな課題であり、得宗としての時頼の真価がそこに問われたからである。

その時頼を全面的にサポートしたのが重時であった。では次にその点について述べてみたい。すなわち時頼入道治世下における重時の役割を具体的にながめてみよう。たとえば毎年正月の垸飯沙汰の問題がある。(8)幕府政治において垸飯献儀の内容および沙汰人が制度化するのは承久の乱以後、すなわち執権政治の段階からである。そしていわゆる執権連署制が成立してからは、大体において泰時・時房の執権・連署が一日・二日をつとめ、三日は名越朝時がつとめている。(9) したがって執権連署制の下では、原則的には歳首垸飯は現任の執権・連署が役するのが通例であった。にもかかわらず、正嘉元年(一二五七)から弘長元年(一二六一)にいたるまでのそれは、前執権時頼・前連署重時が役している。(10) ここには前述の原則がみられないのであり、政治上の実権が時頼入道にあったという事実がうかがえるとともに、この時期における重時の役割の大きさの一端を知ることができる。

関白近衛兼経女が東下した。将軍宗尊親王との婚姻である。その服の月宛注文が時頼・重時によって分担されている。『吾妻鏡』(以下年月日条のみ記すものは『吾妻鏡』による)文応元年(一二六〇)三月二十八日条によれば、正月・二月・三月・四月・五月・七月・九月が「以上七ヶ月。可為奥州禅門御沙汰」として重時が負担している。これに対して、六月・八月・十月・十一月・十二月が「以上五ヶ月。相州禅門御沙汰」と、これは時頼が負担している。将軍の妻が着する服を一年間にわたって用意し、それを沙汰するというのはいわば公的行為に準ずる。それを現任の執権・連署ではなく、前執権時頼・前連署重時が共同で分担していることは興味深い。しかも重時沙汰の分が時頼のそれよりも二ヶ月多く負担していることによって、重時の役割の大きさをうかがい知るに足るものである。この時期において、政治の実権は得宗たる時頼にあったことは多言を要しないであろう。しかしそのかげにあった重時の存在を無視しては、時頼入道の政権の実態はつかめないであろう。

また重時は時宗との関係においてもきわめて大きな存在であった。後述するところだが、重時女が時宗母であり、時宗の家督継承に際してはその強力な推進者であったのである。

時頼がかかえた今一つの懸案は将軍の存在であった。次にその点について述べていこう。正嘉元年十二月、廂衆・伺見参・御格子番の各結番が行われた。その決定を下したのは時頼であり、「被仰合于相州禅室。就被答申之篇」(11)にもとづいて勅許をあおいでいる。このように将軍の日常生活の相手をつとめるか、あるいはそれを監視するかのごとき役目をもった人々を、順番制＝結番したことはどのような意味をもつのだろうか。それを考えるためには、幕府政治の諸段階における将軍の権能と、そのあり方について考えなければならない。将軍独裁制の下では、将軍の意思の代行者としての京下りの文官系側近吏僚層と、その軍事基盤を構成する東国の豪族御家人との対立・矛盾[12]を内包しつつも、その権力および存在は絶対的なものであった。執権政治の下では、将軍の政治的能力は別として、その体制下での文書形式「依仰執達如件」「依仰下知如件」[13]が示すよう、将軍の存在そのものはなお重要な意味をもっていた。『沙汰未練書』の規定するごとく、「執権トハ。政務之御代官ナリ」なのであって、将軍の「仰」を奉じて政務を執行するのである。かかる体制下においては、幕府の命令・指揮系統が将軍を上位に推戴して執権がその中核にあって、それが厳として貫徹していなければならない。そしてそれを強力に推進していくためには、将軍と執権との間に介在者をつくり出してはならない。さきの将軍独裁制下における文官系側近吏僚層の存在は、御家人が自らの意思を将軍に伝えようとする場合に大きな桎梏となっていた。寛元・宝治の乱は、まさしくかかる事実を背景として引き起こされたのであり、将軍九条頼経を中心に、いわばあらたな将軍側近派が形成されていたことに求められるのである。『保暦間記』によれば、

同閏四月江馬越後守光時。相模守朝時嫡子。将軍ノ近習シテ御気色吉リケルガ。驕心有テ。我ハ義時ガ孫也。時頼ハ義時ガ彦也。光時将軍ノ権ヲ執ラント企ケル程ニ。将軍モ光時ニ心ヲ寄ケルニヤ。[14]（傍点論者）

とあるよう、北条氏家督としての得宗の地位すらあやうい状況もあったのである。すなわち執権政治体制の下では、特定の御家人のみが、あるいは北条氏一門が、将軍に近侍し個人的に親密な関係を醸成していくことは最も忌憚すべきことであった。かかる意味において、将軍の日常生活を牽制すること、もしくは必要以上に特定の御家人が接近することなどは徹底的に抑止していくべきだったのである。該時点における諸結番の意味することは、それが得宗たる

時頼のペースでおこなわれていることなのである。時頼は執権として将軍にあい対したのではなく、得宗としてあい対したのである。具体的に表面に出ることはなくても、得宗として将軍に対した時頼はかなり自由であったろう。

二　時宗とその兄弟

冒頭で述べたように、北条時頼には、時輔・時宗・宗政・宗頼・時厳[15]（時教）・宗時[16]などの子息がいた。これらの子息のなかで家督を継いだのは時宗であるが、やはりそれなりの条件があったはずである。これまで北条氏の家督を襲うに際しては、体質的とも言ってよいほどに一門の内部が動揺している。それは時政[17]以来の北条氏の宿病であった。執権政治体制確立期における時政・義時父子の葛藤は時政の失脚をもたらしている。いわゆる牧氏の陰謀事件である。義時没後にも「元仁元年伊賀氏の変」がおこり、幕府内部にも危機的状況があった。泰時晩年の不安定な政情はその没後には「寛元四年名越の政変」「宝治合戦」の惹起をみる。このように北条氏の執権政治体制が確立して以後も、決

時頼子息対照表

	生年	生母	烏帽子親	妻室	叙爵・初官途
時輔・相模三郎	宝治二年（一二四八）	将軍家讃岐（家女房）	足利頼氏（利氏）	小山長村女	文永二年（一二六五）十八歳・式部少丞
時宗・相模太郎	建長三年（一二五一）	北条重時女	宗尊親王	安達義景女	弘長元年（一二六一）十一歳・左馬権頭
宗政・相模四郎	建長五年（一二五三）	北条重時女	北条政村カ	北条政村女	文永二年十三歳・左近将監
宗頼・相模七郎	建長六年（一二五四）カ	不明	不明	不明	不明・修理助カ

して絶対的安定的なものたりえなかったのである。今また時宗の家督継承に際しても様々な困難な問題をかかえていた。時宗がストレートに執権に就任せず、連署としてスタートしている点にもそれがあらわれている。これを単なる異例としてかたづけてしまうには問題が大きすぎる。また執権と家督との分離という事実の一環としてのみとらえることにも賛成しがたい。本節はその点を中心に考察していきたい。

前出の時頼の子息について、その生没年・呼称・母方の出自・烏帽子親・婚姻などについて、個別具体的に検討していこう。

長子は時輔である。その生年の宝治二年五月二十八日条に、

左親衛妾〈幕府女房〉。男子平産云々。今日被授字。宝寿云々。

とあるよう、宝治二年（一二四八）である。「幕府女房」とあるごとく時頼の正室ではなかった。『北条九代記』によれば「母将軍家讃岐」であり、将軍家とは年代から推して九条頼嗣となろう。したがって時輔は、九条頼嗣に仕える「讃岐」とよばれる女房を母として宝治二年五月に誕生したことになる。（補註2）北条氏の家督を継ぐべき人物としては、母方の出自からすれば不利であった。時輔の外戚として、ときにあたって実力を背景に強力にバックアップできるような存在ではない。その点からいえば元服と婚姻が注目される。順次みていくことにしよう。康元元年八月十一日条に、

雨降。相州御息被加首服。号相模三郎時利。〈後改時輔〉。加冠足利三郎利氏。〈後改頼氏〉。

とある。時輔（時利）の元服である。同年十一月の時頼引退の前に、子息が元服しているのである。[18]その烏帽子親が足利利氏（頼氏）である。利氏は父泰氏や祖父義氏なきあとの足利氏の家嫡としての地位につくべき人物とされ、北条氏得宗との関係では、その母が時氏女であり、時頼には外甥にあたる。その利氏が時利の烏帽子親となったことは重要な意味がある。利氏と時利の「利」は共通しており、文言にあるごとく両者がいずれも改名し、頼氏（時頼の頼であろ

う）・時輔と称するにいたる事実は注目すべきである（後述）。先に惹起せる「伊賀氏の変」に際して、政村の烏帽子親たる三浦義村の帰趨が愁眉の的となったのも、当時の烏帽子親子の関係が単なる形式的なものたるにとどまらず、政治的にきわめて意味深長なものを内包していたからにほかならない。烏帽子親子の関係が、執権襲職時のような混迷せる状況においては、その両者（烏帽子親と烏帽子子）の対応如何によっては非常に微妙なものになるという好例である。このようなことが、足利利氏と北条時利の場合にも、ともすればありえたのだといえよう。

次に時利の婚姻が問題となる。

　今日。相模三郎時利十一歳。嫁小山出羽前司長村娘。

とある。時利の側からすれば北関東に本貫を有せる豪族御家人小山氏[19]という強力なバックをえたことになる。一方小山氏からすれば時利が将来北条氏の家督となるか否かによって、小山氏の幕政における今後の存在にかかわってくる。さきの足利氏といい、この小山氏といい、いずれも下野に本貫を有する豪族御家人である。さきゆき時利（時輔）にとって頼りになりうる存在といえば、足利氏・小山氏であっただろう。そして北条氏一門の名越氏などとの連帯如何によっては、時輔は時宗に対抗しうる勢力を形成し得たのではあるまいか。しかし時輔には不幸が相次いだ。文応元年八月六日条に、

　相模三郎外祖父卒去之間。軽服云々。

とある。外祖父なのだから前述の将軍家讃岐の父の卒去である。これが（補註3）何人であるか知る由もないが、時輔にとっては不幸にはちがいなかったであろう。

次子は時宗であるがこれは後述する。第三子は宗政である。宗政は相模四郎（補註4）を称し、母は時宗と同じく北条重時女である。[20]建長五年正月二十八日条に、

相州室家令平産男子給。（中略）又奥州被馳参施別禄等。藤二左衛門尉泰経為御使云々。

とあることにより、建長五年（一二五三）の生まれとなる。同年二月三日に幼名福寿を称して以後、文応元年正月十一日条に「同（相模）四郎宗政」の所見があるまで『吾妻鏡』にはあらわれず、元服記事はみられない。また婚姻記事もみえないが、『北条系図』[21]によれば北条政村女を妻としている。宗政はその名乗り宗政と政村の偏諱から、元服の際の烏帽子親子の関係があったかもしれない。また『系図纂要』によれば、その嫡子師時の母は北条政村女としている。

宗政は時輔と比較した場合、時頼子息のなかでは優遇されているほうである。文応元年より「相模四郎宗政」の名乗りで登場して以来、各儀式の際には時輔より上位に位置している。ことに文永二年左近将監に任じ叙爵してから以後は、得宗たる時宗の補佐役的な立場としての将来が嘱望されることとなる。文永二年十一月十六日条に、

明年正月御弓始射手等被差定之。相模左近大夫将監。弾正少弼等被下連署奉書云々。

とある。弾正少弼とは重時の子息業時であり、宗政には外叔父にあたる。その業時と連署して弓始の射手の選定をしているわけである。このようなことは以前は小侍所が行っていたことで、実時・時宗が奉行していたことである。前年に時宗が家督を継ぎ連署に就任していたことにもよるだろうが、宗政自身の成長もある程度認めることができよう。しかしこれはあくまでも時宗の庶弟としての位置にあってこそのことである。宗政の最終所見たる文永三年三月二十七日条に、

相模左近大夫将監宗政家務。殊无行云々。

とある。これは何を意味するのであろうか。文言にある家務とは一体何であろうか。一般に考えられるのは北条氏家督の家政を執務することであろうか。とすれば得宗公文所[22]の管掌を意味する。「殊无行」というのであるから、それを宗政にタッチさせないことを意味しよう。すなわち宗政の権限を時宗が掣肘していることになる。しかりとすれば、

その家務はほかならぬ時宗がしていることになり、宗政は時宗の庶弟としての存在であり、代行者たり得ることはあってもその権限の一部を委譲されているわけではないのである。(補註5)

年代が若干前後するが、宗政にはもう一つ興味深い事実がある。『関東開闢皇代幷年代記』所収『北条系図』に、時房息の時定について、

於所領時宗《マヽ》二男宗政譲与之後遁世

とある。時定が出家したのは康元元年（一二五六）のことであり(23)、当然のことながら、時宗はいまだ幼少であって子息はなかった。したがって「時宗二男」は「時頼二男」の誤りであろう。それにしても時定が出家するに際してその有せる所領を、なぜ時宗にではなく宗政に譲ったのかわからない。いずれにしてもそれまで時定の所領であったものが宗政のものとなることによって、得宗のこの所領に対する支配が一歩進んだであろうことが察せられる(24)。

次は政頼である。政頼が時頼子息であったとする史料は『北条系図』である。『吾妻鏡』には二回所見があるが(25)、これを積極的に徴証する史料はない。またその生没年、母についても現在までのところ不明である。その名乗りと所見の時期から推して、一応『北条系図』を信用し政頼は時頼子息としておくが、政村息の可能性をも提起しておきたい(補註6)。

次は宗頼である。宗頼は相模七郎を称し、時頼子息であることは確実である(26)。生年についての史料はなく、没年を調べてみると『尊卑分脈』『北条系図』ともに「弘安二年六月二日卒」(27)としているが、年齢についての記載がない。没年は弘安二年（一二七九）で是としても、年齢が不明なので生年を割り出すことはできない。そこで『吾妻鏡』における初見をみると文応元年（一二六〇）であるから、このときすでに元服していたことになろう。元服の年齢は一定していないものの、兄の時輔・時宗の例より、およそ七歳から九歳前後と推定される。そして宗政より年少と考えるのが普通であるから、その生年を建長六年（一二五四）と仮定しておきたい。建長六年の誕生として、文応元年元服で七歳

となる。以上より一応宗頼の生年を建長六年と仮定しておきたい。この仮定より享年は二十七ということになる。(補註7)

次に時宗について述べていく。建長三年（一二五一）年五月十五日条に誕生の記事がみえる。(28) 母は北条重時女で、(29) 前述のごとく宗政は同母弟である。時頼の正室を母として生まれたことは、兄時輔に比して家督を継ぐ上できわめて有利であった。正嘉元年（一二五七）二月二十六日条に元服の記事がみえる。前年の時輔の元服と比べてまことに詳しい記載がある。長文ながら引用してみる。

天晴風静。今日午二点。相州禅室若公御名正寿。七歳。於御所被加首服。奥州幷御家人各布衣下括。着西侍。於二棟御所有其儀。副東障子設御座。大文高麗縁。若公着童装束。狩衣。袴纐。被着武州座下。時剋。将軍家出御。土御門中納言顕方卿。直衣。出二棟南面妻戸。蹲踞廊根妻戸間。向若公告召之由。若公被参御前。武州被奉扶持之。次賜御装束御烏帽子。退下。於中御所西対渡廊。立屏風。被着所賜之御衣。浮線綾狩御衣。紫浮織物御奴袴。蘇芳二衵。紅単衣。則又被参簾中。武州扶持如先。其後置雑具。先秋田城介泰盛持参烏帽子。置柳筥。進御前簀子。擡御簾進入之。次壹岐前司泰綱取打乱筥。大宰権少弐景頼役泔坏。置柳筥。已上作法如先。次奥州起侍座。経廊西縁。被候切妻戸庇。武州者為理髪役被候簾中。其外人々廊西南座列。北上。東切折束。次武州参進理髪。次新冠候御座前給。御加冠。次新冠三拝。次本役人等参進撤雑具。武州出於簾中。加于迮上。次黄門出自二棟南面。上同西面御簾三ヶ間。次進物。御剱武蔵前司朝直。御調度尾張前司時章。御鎧刑部少輔教時。左近大夫将監公時。御野矢下野前司泰綱。御行縢和泉前司行方。

一御馬置鞍銀　陸奥六郎義政　原田藤内左衛門尉宗経

二御馬白伏輪鞍　陸奥三郎時村　工藤左衛門尉高光

三御馬同　相模三郎時利　南条新左衛門尉頼員

次新冠給御剱。自取之給。退出。武州更堂上扶持之。便被着侍座。次人々帰着同座。有三献儀。次新冠御前杓。

其座。武州已下如初。次預書下御名字。時宗。黄門給之。被授武州。

まさしくこの儀式は北条氏得宗の家督たるの地位を継承するにふさわしい、壮麗をきわめるものであった。前年の時利（時輔）の例や元服記事のみえない宗政に比較すれば一層顕著である。単に執権家の〝公達〟の元服であるというにとどまらず、当時の幕政の公的行事に準じたものとして、幕閣中枢の老若がこぞって参加していることが注目される。参加した人々は、将軍宗尊親王をはじめ、連署政村・執権長時・土御門顕方(30)などの幕府要人、安達泰盛・佐々木泰綱・武藤景頼などの有力御家人がその名を連ねている。進物の役として、大仏朝直・名越時章・同教時などの北条氏一門のほか、宇都宮泰綱・二階堂行方といった顔ぶれがみえる。そして一から三の各馬には、義宗（重時息）、時村（政村息）・時利（前出）(補註8)を筆頭にならんで、それぞれ得宗被官が配されている。名乗りも幼名正寿から得宗にふさわしい時宗（宗尊親王の一字カ）となった。一応ここに時宗の次期家督としての地位を幕府政界に示したものといえるであろう。

時宗と他の一門との関係において興味深い事実がいくつかある。北条（金沢）顕時(31)の元服である。正嘉元年十一月二十三日条に、

晴。酉剋。越後守実時息男十歳。於相州禅室御亭元服。号越後四郎時方。理髪丹後守頼景。加冠相模太郎七歳。

とある。得宗と金沢氏の関係の密なることがこの史料によって明らかである。また理髪の役が安達泰盛の兄頼景(32)であることは、今後の得宗と安達氏、金沢氏と安達氏の関係を示唆するに足るものといえよう。時方（顕時）の烏帽子親が三歳年少の時宗が役していることも注目される。時頼・時宗父子が、将来時宗の協力者となるであろう北条氏一門の元服の儀式を行っている。しかも外戚たる安達氏との協調の下で推進していることは重要である。

次に時宗の婚姻について述べていくことにする。弘長元年四月二十三日条に、

雨降。相模太郎殿十一歳。御嫁娶堀内殿。女房自甘縄亭御出之時。掃部助範元候御身固。為此御祈。自去廿二日。

天曹地府。咒詛。灵気等祭勤行之云々。

とある。時宗の正室とされたのは、秋田城介安達泰盛の妹（義景女）[33]であった。時宗の嫡子貞時はその所生である。幕府草創以来の雄族三浦氏本宗滅亡のあと、北条氏得宗と安達氏との姻戚関係はより一層緊密になっていくのである。時宗の他の兄弟に対する優位性は、安達氏との婚姻によってさらに一層強化されたものになったというべきであろう。

弘長元年四月二十五日条に、

於極楽寺御第。有御笠懸。

射手

相模三郎　同七郎

遠江七郎　城五郎左衛門尉

信濃二郎左衛門尉　大隅修理亮

甲斐三郎左衛門尉　城弥九郎

上総太郎左衛門尉　信濃判官二郎左衛門尉

小野沢次郎　武石新左衛門尉

三浦六郎左衛門尉　信濃二郎左衛門尉

次有小笠懸。而近代強不翫此芸之間。凡無堪能之人。最明寺禅室覧之。有御自讃。於小笠懸芸者。太郎尤得其躰。召之欲令射云々。上下太入興。于時太郎殿御坐鎌倉御亭。仍以専使被奉請之。為城介泰盛奉行。用意御物具等。御馬長崎左衛門尉就之。御的武田五郎三郎造進。工藤二郎右衛門尉立之。既列馬場。被出御馬号鬼鴾毛。之処。此御馬兼慣于遠笠懸之間。欲馳過的前。仍被制弓引目。被留御駕。爰禅室一度通之後。可射之由被仰之時。一度馳通之令射給。其御矢中于的串一寸許之上。的如塵而挙于御烏帽子上。則自馬場末。直馳帰鎌倉給。諸人感声動揺暫不止。将軍家御感及再三。禅室至吾家夫相当于可受継器之由被仰云々。（傍点論者）

とある。時宗自身の婚姻の翌々日のことであり、場所は外祖父重時の新造なった極楽寺の山荘であった。ここに宗尊親王以下、幕閣有力者の眼前で時宗の力量を披露したことになる。しかもこれにさきだって行われた笠懸では時頼は満足せず、そのとき鎌倉の邸にいた時宗をわざわざ呼び出すという形式をとり、時宗は見事その期待に答えたのである。まことに他人を納得させるに充分であったろう。だがこれは重時の演出によるところ大であったと思われる。随所にみられるごとく、その進行を助けたのは長崎氏・武田氏[34]・工藤氏といった得宗被官たちであった。そしてこれを進行したのがほかならぬ安達泰盛であった。いよいよ演出の中心に重時があったことを想像せしめる。時頼が最後に語った言葉は「吾家夫相当于可受継器」であり、時宗の家督としての地位が周囲から固められてきたことを思わせる。このあとにわかに重時の身辺が不穏な動きにつつまれてくる。同年六月一日条に、

奥州禅門俄病能。彼辺諸人群集。今日於厠被見怪異之後。心神惘然云々。

とみえている。厠というほとんど無防備に近い、しかもひとりでいる場所での出来事であるだけに、そこには単なる病悩以外の何かがあったような観がある。類推するなら、さきの極楽寺山荘における小笠懸の芸の演出によって、時宗擁立を快しとしない一派の重時に対する示威ではなかったか。[35]「諸人群集」というのもそれを暗示しているかのようである。重時の病は一時おさまったものの、十一月にいたってついに没した。[36]

時宗と金沢氏との関係では前述の時方（顕時）の元服のほか、現当主実時が注目される。実時は現任の「小侍所別当」であるが、文応元年よりその小侍所の諸沙汰が時宗・実時の連署で発せられている。時宗は『北条九代記』によれば、「文応元年二月為小侍」[37]とあるから、実時とならんだことになる。具体例としては、「文応元年七月六日平時宗、

越後守実時連署書状」[38]「同十一月十三日付書状」、同十二月十六日条の「今日。於小侍所相模太郎殿。越後守等経談合」などがある。ところが翌弘長元年正月四日条に次のごとくみえる。

七日供奉支。以御点人数召進奉。而最明寺殿公達御支。有可被載于如散状之次第。所謂相模太郎。同四郎。同三郎。同七郎如此。是禅室内々所思食也。当時書様、頗違御意云々。工藤三郎右衛門尉光泰得其趣、告事由於越州云々。越州報云。於今度散状者。人々既進奉訖。此上今更不能書改歟。直承存之後。可改向後躰之由云々。此事不限今日、去年則安東左衛門尉光成告申旨如此云々。太非越州所存歟。武藤少卿一同之間。去年冬之比。於禅室御前。聊依暇申。突鼻云々。凡太郎殿可被着兄之上由被仰之。

時頼は自らの子息の序列を嫡庶によるべしとの意思を内心決定していたわけであり、それはまげられるところではなかったのである。そしてこのことは今日にはじまったことではなく、昨年から気になっていたのだともいう。実時の真意がどこにあったのだろうか。年齢による序列を意図したのだろうか。とまれこの件によって実時と時頼の意思がくいちがったのであり、その翌五日に小侍の務めをしているものの、以後同年末まで故障を理由に実時は出仕せず、小侍は専ら時宗に一任された形となる。時宗・実時の連署の形式が復活するのは同年十一月のことであった[39]。

泰時の弟政村との関係は、康元元年（一二五六）の連署就任以来、執権長時とともに良き後見者（この場合時宗の）であった。次節で述べるごとく、政村こそは、時宗の権力確立のうえで欠くことのできない重要な存在であった。

以上のように、時宗には恃みとする北条氏一門および外戚が強固にサポートしていたというべきである。これらのひとびとにかこまれて、時宗は北条氏の家督を他の兄弟たちの野望を圧えて、名実ともに自らのものとしていくのである。すなわち幕府における重事を決裁するに際しても、従来の評定衆に代わってこれらのひとびとを中心としていわゆる「寄合」を催している。やや後年のことになるが、宗尊親王廃立の事情を伝える文永三年（一二六六）六月二十

日条に、

於相州御亭。有深秘御沙汰。相州。左京兆。越後守実時。秋田城介泰盛会合。此外人々不及参加云々。

とある。時宗の私邸において、時宗・政村・実時・泰盛の四人が、将軍廃立という、まさしく公的な重事を審理しているのである。時宗の私邸において成長してきた時宗の姿がうかがわれる反面、なおも一門と外戚の輔弼が必要であったことも察せられる。それとともに、参加しているメンバーからわかるように得宗被官が一名もいないことは、この時点の中央政界における得宗被官の活動の限界ともいえるであろう(40)。

時宗を擁立することによって北条氏一門の支配を貫徹していこうとする一派は、完全に幕政中枢を制圧することに成功した。換言すれば、それは時宗の得宗としての地位を確たるものたらしめていくことが可能になったということである。これを一応整理すると、父時頼・外祖父重時・北条政村(41)・金沢実時・外戚安達泰盛などである。これに対する時輔のほうは、烏帽子親足利利氏（頼氏）、外舅小山長村があり、ほかには名越氏との合体が一つの条件であったろう。時輔の場合はこれらが整い、さらには佐介氏との協調が可能であったならば、一大勢力を結集することができたのではあるまいか。もし名越氏のペースではこばれていたとするならば、第二の名越の政変―文永九年二月騒動―がどういう展開になっていたかわからなかったと思われる。二月騒動は、寛元・宝治の事件の延長線上に位置する性格のものであり、なおも将軍そのものの存在が重要なものであって、宗尊親王の動静が文永三年時点で注目されたのは当然のことであった。それは親王個人の意思とはかかわりのないところでも動いていたというべきなのである。

三　文永元年欠文理由

『吾妻鏡』文永元年条は「全文欠文」である。一体それはなぜなのか、これが本章のテーマの一つであった。本章では前述のことをふまえつつ、文永元年（一二六四）に焦点をしぼって考えていく。ところでこの文永元年には、鎌倉ではいくつかの大きな事件がおこっている。すでにこの年までに極楽寺殿重時（弘長元年十一月没、享年六十四）、最明寺殿時頼（弘長三年十一月没、享年三十七）はなく、この年五月に大仏朝直（享年五十九）、八月には執権長時（享年三十五）らが相次いで没した。ついに時宗は連署となり、執権には康元元年（一二五六）以来連署であった政村が就任した。得宗のなかで連署になったのは時宗だけであり、まさしく異例なことにはちがいないが、単なる異例というよりは該時点における鎌倉の政治情勢を反映していたと思われるのである。一方時宗の庶兄時輔は、無官で叙爵もせずに六波羅探題南方の地位についた。六波羅探題南方は仁治三年（一二四二）佐介時盛がその任を去ってからは欠員のままであった。そこにあわただしく、またあたかも鎌倉を追い落とされるがごとくして時輔が就任したというのもやはり異例なことであろう。結論的に言うならば、文永元年欠文理由の一つには、「時宗の連署就任」と「時輔の六波羅探題南方就任」の事情およびその背景であったと思うのである。もちろんこれだけではなかったであろうが、このことが大きな比重を占めていたものと思われる。以下この点を検討してみたい。

第一に、時宗が名実ともに家督を継ぐに際して、執権にではなく連署に就任したことである。文永元年五月、北条氏一門の重鎮として、一番引付頭人として、得宗にたいして強調的な対応をしてきた大仏朝直が没した。つづいて七月、温厚な人柄がかわれて時頼から執権の地位を預けられていた長時が病を理由に出家、翌八月に没した。これまで幕府内部における対立・矛盾をどうにか顕在化させることがなかったのは、この二人の功績だったのではあるまいか。前年の時頼の卒去に際して、北条氏一門および御家人が数多く出家したなかで、朝直は出家を思いとどまっている。弘長三年十一月二十二日条は時頼卒去と多くのひとびとの出家を記したあと次のごとく伝えている。(42)

亦武蔵前司朝直朝臣欲落餝之処。武州以弾正少弼頻被加禁遏之間。空素意云云。

朝直の出家の意思をとめたのはほかならぬ長時であり、弟業時をして説得につとめたのである。出家するということが必ずしも引退を意味するわけではないけれども、政治の第一線から一歩退くであろうことはまちがいあるまい。長時としては、朝直のような人物が必要と考えてのことだったのであろう。(補註9) この朝直・長時の二人を失ったことは当時の幕政中枢にとって大きな痛手であった。幕府中枢における〝クッション〟の役割を果たしてきたこの二人を失ったことを契機として、ついに前章で述べきたった矛盾がさらに激化していったのではあるまいか。すなわちその矛盾とは「時輔を中心とする一派」の動向である。彼らが一派を形成しえていたかどうかわからない。そしてそれが可能であったとしても積極的に行動を開始したなどということも断言しえまい。けれども時宗の側からしてみれば、時輔をめぐる動きに対して極端なまでに警戒したであろうことは想像にかたくないところである。時宗が執権にではなく連署に就任した背景は実にそこにあったのであろう。すなわち時輔の一派をいたずらに刺激するのを何としても避けたかったのではあるまいか。かくて執権には老練な政村が就任し、幕府内部の動揺を防ぐに万全を期すとともに、時輔をめぐる動きに対処せんとしたというべきである。周知のごとく政村はいわゆる「元仁元年伊賀氏の変」に際しては、母伊賀氏を背景として兄泰時と家督の地位を競合しており、その際は泰時のはからいでことなきをえている。それ以後は泰時の庇護の下にあって評定衆に任じたのは泰時の晩年の延応元年（一二三九）のことであった。当時政村三十五歳。常に政治の前面に出ることはめったになく、その行動は地味なことが多い。しかしこれまで政村はいくたの政変を経験し、かつそれを乗りこえてきている。政村の晩年における高い政治的見識はこのことで醸成されていたのである[43]。時頼入道治世下においては重時をのぞいて語れないのと同様、政村こそは次代の時宗政権への展望の過程では欠くことのできない存在であったのである。時宗が幼かったための暫定的な処置として、政村が執権に就任したとする見方は一面的にすぎる。政村が執権になることによって、このあとおこりうるであろう摩擦・軋轢をできるかぎりおさえることを急務としたのである。従来のように政治の前面に出ることがなかった政村も今度ばかりはそうはいかなかった。朝直・長時なきあと自ら求めて政治の矢面にたつことを決意した。政村ならば、力量からいっても、政治的見識からいっても、これからの政局を乗り切っていくことができる、そうした信頼感が時宗をはじめとする当時の幕府首脳にあったのである。時宗の連署就任と政村の執権就任はかかる角度から評価できるのである。

第二に時輔の六波羅探題南方就任である。六波羅探題南方といえば常識的にはいわば重職である。時輔は十月その任につくわけだが、いまだ無官で叙爵もしていなかった。六波羅探題就任者のなかで、叙爵以前に上洛した者は北方二番時氏と南方二番時盛だけであり、ほかは建治元年（一二七五）に南方に任じた佐介時国をのぞいて、しかるべき官途を有し叙爵以後の就任である。前述したごとく、仁治三年（一二四二）泰時の死によって佐介時盛は帰東し、それ以後六波羅探題南方は欠員であった。そこにあわただしく、叙爵もせず無官のまま就任したというのがまず疑問である。当時の幕府の体制において疎外されつづけてきた時輔は、別の面からいえばそれだけその体制にとって脅威になりうる存在であったわけである。放置しておいてもさしつかえのない存在であったならば、全く疎外する必要がなかったはずである。しかし時頼をはじめとして当時の幕府首脳は、時宗の登場以来執拗なまでに差別を続けてきた。とすればそれなりの器量の人物であったと考えられる。文永元年（一二六四）の時点において、時輔を鎌倉においておくことが当時の幕府の体制にとって非常に危険であると判断したためではあるまいか。この年朝直・長時を相次いで失ったことも大きなマイナスであった。また前述のごとく時輔は時利から、足利頼氏は利氏からそれぞれ改名している。「輔」という名乗りは「宗」たる者に対して〝輔〟としての存在を鎌倉政界に明示したことになる。頼氏にしてもその改名は前代までの足利氏と同じく得宗の偏諱を名乗りとしたものであり[45]、得宗たる時頼の体制に対して協調する立場を明らかにしたものと考えられる。その改名がいずれも文応元年（一二六〇）ごろと推定される[46]。両者の改名の時期がほぼ一致するとすれば、時宗側からの時輔側に対する圧力と考えられるのではあるまいか。頼氏の文応元年時点ですでに時輔と頼氏との連携の可能性は大きく妨害されてしまったのではあるまいか。そしてそれを裏うちするように、翌弘長元年七月二十九日条を最後として頼氏の姿がみえなくなるのである[47]。このようなやや消極的な形での圧力が時輔にかけられていたと推察される。そして文永元年にいたって朝直・長時の二人を失ったこともあって、ついに前記のような手ぬるい工作をすて、積極的に幕府中枢における禍根を断つ方向へ動いていったのではあるまいか。その際中心となったのはズバリ政村であったろう。結果としては時輔は叙爵もせず無官にして、鎌倉を追却されるがごとくして六波羅探題南方の任に就くことになる。ただここにまた一つの疑問がある。その点について述べてみたい。この年五月時宗は連署に就任し、執権には政村がすわった。その事情は前述のごとくであるが、今一つ時輔の処遇が残されていた。しかるに鎌倉においては適当なポストがなく、しかも鎌倉に時輔をおくこと自体がきわめて危険であったであろう。ついに十月にいたってあわただしく叙爵もせず無官のまま六波羅探題南方の任についた。時輔の六波羅探題南方就任の事情は、鎌倉における時輔の支持者あるいは他の反得宗勢力との連携の可能性をほとんど粉砕されてしまったところにあったであろう。一方時輔にしてみれば鎌倉において疎外されつづけ、またその支持勢力の結集がまったく不可能になったことにより、新たな天地を自ら求めて、かつて佐介時盛が在任していた栄職六波羅探題南方の任に就いたのである。時宗側が時輔に対してどのような圧力をかけたのか、また時輔がそれにどのように対応したか、具体的にはまったく知る由もない。ただ漫然と時宗側のペースでなすすべもないまま上洛したのであろうか。これらについてもなお知るべくもない。しかしいずれにせよこれらが当時の政村をはじめとする為政者をして、「残しておくことのできない何か」だったのではあるまいか。すなわちこの「何か」が『吾妻鏡』文永元年条欠文理由の一つであったと思うのである。さらに一言つけ加えるならば、前述の朝直・長時の相次ぐ卒去や、足利頼氏が『吾妻鏡』から消えていることも疑問なのである。

文永三年（一二六六）七月、宗尊親王が更迭されて帰洛するが、その際六波羅探題北方時茂の亭に入った[48]ことにも注意しておきたい。さきの寛元・宝治の乱もそうであったように、反得宗勢力がかつぎだそうとしたのは将軍であった。時輔と宗尊親王との関係が密接となることが最も忌憚すべきことだったのである。

四　文永九年二月騒動

幕府内部にくすぶり続けていた時宗と時輔をめぐる対立・矛盾が、文永元年にいたって一つのピークに達したであろうことは前節で述べた。時宗が得宗として家督を継承するに際しても、執権にではなく連署に就任した事情もそこにあったこともあわせて提起した。そして常に政治の前面に出ることのなかった政村が今度ばかりは執権としてそこに臨んだのもそうした背景からであったと思われる。時宗の政権はいわば政村・実時・極楽寺の子息・大仏氏といった北条氏一門と、得宗外戚安達氏などによって側面から強固にサポートされたものであった。それは時宗独自の権力というよりも、得宗時宗を核とした北条氏一門と有力外戚の権力ともいうべきものである。ここには時宗が独自に権力をふるったような様子はみられないけれども、権力の中核はあくまでも時宗であった。しかし貞時の時代のように、得宗の吏下に得宗被官が縦横に活動する、いわゆる得宗専制はまだ完全には成立していなかったのである。それにしても時宗は自らの権力を確立するうえで着実に第一歩を踏み出したというべきである。時頼が権力の座についたときもそうであったように、時宗の場合もまた幕府内部における反対派の一掃が急務とされたわけである。そしてそれはいまだ不完全であった。家督を継承するに際して暫定的な処置として、あるいはまたそうすることによって周囲をいたずらに刺激することをさけるための一つの手段として連署に就任したこと、幕府内部における反対派の結集とその中心となりうるであろう時輔を鎌倉から追ったこと、以上は当時の時宗を中心とする幕府首脳が打った手としては的確なものであったであろう。しかしながらそれは一時的なものであってそれだけに不徹底なものにならざるをえず、内部矛盾の禍根をあとに残してしまっていたのである。これが帰結として二月騒動へと導かれていくことになる。

さらにいま一つの課題があった。それはすでに氏祖名越朝時の時代から根深く横たわっていた名越氏との宿命的な対立・矛盾であった。一旦は「寛元四年名越の政変」で解決したかのごとくであったが、事実としてはどうだったであろうか。この点に関しては名越氏の個別的な検討を待つほかはないけれど、一つの例として教時について次のような事実がある。宗尊親王の帰洛に際して文永三年七月四日条は次のように伝える。

今日午剋騒動。中務権大輔教時朝臣召具甲冑軍兵数十騎。自薬師堂谷亭。至塔辻宿所。依之其近隣弥以群動。相州以東郷八郎入道。令制中書之行粧給。无所于陳謝云々。

名越教時が宗尊親王の帰洛を実力行使で阻止せんとした行動とは思えないが、その意思を示すべくおこした示威行動と解することができよう。このときまでに両者の間に個人的に親密な関係が醸成されていたのではあるまいか(49)。さきの寛元の事件に際しても、兄光時と前将軍頼経との親密な関係があったことも注意されるべき事実である。教時の場合、その後の動きについて詳しく検討する必要があるけれども、「名越氏と将軍」といったパターンがある程度想定しえよう。

こうした北条氏一門の内部矛盾をかかえつつ、これまで時宗を支持してきた一門を失っていくなかで、これを克服していかなければならなかった。かかる意味において、文永元年の大仏朝直・北条長時（赤橋氏祖）(50)の相次ぐ死去は、時宗にとって大きな痛手であったと思われる。そしてそれをさらに促したのが、対外的危機たるいわゆる「元寇」であった。文永五年（一二六八）閏正月、ついに蒙古の国書が幕府に届く。ここにいたり幕府は敢然とその態度を決し、政村は執権を時宗に譲り、自らは連署として時宗を補佐する立場にまわった。かかる状況の下、内部矛盾の克服はもはや必至であったのである。

文永九年（一二七二）二月、いわゆる「二月騒動」がおこる。合戦は鎌倉でおこり、ついで京都に及んだ。時宗と時輔の家督をめぐる権力闘争という側面に着目すれば、『保暦間記』のつたえるところが興味深い。

同九年二月六波羅ノ代官ハ時宗ガ兄也。式部丞時輔ト申ス。舎弟ニ越ラレテ。年来謀反ノ志有ケルガ此事顕テ。関東ニモ。同十一日尾張入道見西時章。遠江守教時誅セラレ畢。見西ハ無罪ノ間。討手大蔵次郎左衛門尉。渋谷新左衛門尉。四方田滝口左衛門尉。石河神次左衛門尉。薩摩左衛門三郎等首ヲハネラレ畢。教時ガ討手ハ賞罰モナカリケリ。中御門中将実隆召籠レヌ。其外人太多損ジタリ。同十五日式部丞時輔モ六波羅ニテ誅セラル。時輔遁テ吉野ノ奥へ立入テ行方不知。是ヲ二月騒動ト申ケリ。（傍点論者）

時輔自身がどのように考えていたかどうかは別として、時宗からみれば時輔の存在そのものを警戒しなければならず、機先を制して、その誅戮に乗り出したのである。そしてまずその手始めに、時輔と連携する可能性が最も強い名越氏をたたくことになる。前述のように名越氏は氏祖朝時以来、得宗とは宿命的な対立をつづけてきている。しかし時章は無実であったのでその討手は死罪とされた。教時についてはやはり時輔に与同していたものとみなされたが、その討手は賞罰のことがなかった。明らかにそこに「時輔と名越氏」との連帯を中核とする陰謀を想定し、鎌倉において先制攻撃をかけたのである。[補註10]十五日早朝、六波羅探題北方義宗のもとに鎌倉からの早馬が到着し、南方の時輔はここに誅戮されて果てた。本章のテーマである「時宗の家督継承の条件」からすれば、ここに得宗時宗に対抗しうる「北条氏一門」の勢力の一つはついえさり、時宗の得宗権は安定したものたりうることになった。そして長年の病根であり、幕政中枢にくすぶりつづけた名越氏との宿命的な対立にも終止符がうたれたのである。[51]

この事件の最高の責任者の一人としてまず時宗の名前をあげることに異論はないであろう。事件の根底に、「時宗」と「時輔」との家督をめぐる権力の争奪という内的要因がひそんでいたからである。しかしここで看過されてはならないのは、政村・実時・泰盛といった支持者たちの存在である。そしてそのなかでも特に政村について注意しておきたい。『追加法』四四八条[52]に、

一自今以後、有蒙御勘当輩之時、追討使蒙仰不相向之外、無左右於馳向之輩者、可被処重科之由、普可令相触御家人等給之状、依仰執達如件、

文永九年二月十一日　左京《（政村）》権大夫　判

謹上　相模《（時宗）》守殿

とあるよう、連署政村から執権時宗に宛てた関東御教書はすこぶるもってタイムリーなものといわねばならない。時章の討手五人が斬首されるにいたるのも、この法令に根拠をもつのであろう。鎌倉における戦闘は、実は政村の内意だったのではあるまいか。時章の誅戮はかねてから政村の内意としてあり、それを察知した者が先走ったために「二月騒動」の戦端が開かれたのではあるまいか。しかりとすれば、最終的に全責任は政村にあったことになる。[補註11]時宗の政権＝得宗権力の影の実力者としての政村の存在を、以上のように評価しておきたい。鎌倉中期を経過する過程で、

いくたびかの政変を乗りこえてきた実績は、時宗にとって最も信頼できるものであったろう。さればこそ難局に向かっていささかも動揺することなく、ときにあたって最善かつ的確にそして迅速に政治的能力ができていたのである。

おわりに

北条時宗の家督としての地位はその当初からまったく安定していたものではなく、時宗と協調する一門中の実力者—重時・政村・実時・朝直—や、得宗外戚—安達泰盛—などの強力なサポートによって漸次的に確立されていったのである。

「時宗」の場合、父時頼の意思として家督とされることを前提に成長していく。これが他の兄弟に対する優位であったわけで、時頼の意思と軌を一にする北条氏一門および得宗外戚安達氏の協調によって、弘長年間から文永年間における諸割期を経て、漸くその地位を確立していくのである。

「時輔」の場合には、足利氏・小山氏の対応いかんにかかわっていただろうし、名越氏との連携の条件にもかかわっていたであろう。結果からみれば、これらとの合体工作が失敗に帰したことによって、二月騒動にたおれることになるのである。

「宗政」は庶子としての地位に甘んじたことによって、自らの地位の保全がはかられたことになろう。この場合宗政個人の意思だけから出たことによるのではなかったろうが、それが宗政にとっては幸いだったのかもしれない。

時頼入道の政権は、将来における得宗の地位の動揺を未然に防ぎ、その保全をはかろうとしたものであった。執権と家督とが分離する最初として時頼入道治世下が評価され、得宗はもはや一門に対して完全に優位性を確立していたものとみなされる。しかし本章で述べきたったごとく、現実には不安定であったがゆえに一門の強力な翼賛体制が要請されたのである。一門の立場からすれば、得宗を中心とした政治体制に協調していくことによって、これからの政局を乗り切っていくことが急務だったのである。

時宗の家督継承は、叙上の、いくつかの歴史的背景があって、北条氏一門の翼賛体制を中核として推進されていったのである。そして時頼がその生前に意図したところもそこにあったというべきなのである。そのような観点からみるとき、「二月騒動」の位置は、時宗の権力の確立とともに、一門の内部矛盾の克服という面があったことを評価しておきたい。

註

（1）本章の副題である〝欠文理由〟を問題とした研究・論考としては次に掲げるものがある。彦由一太氏「甲斐源氏と治承寿永の内乱――『内乱過程における甲斐源氏の史的評価』改題――」（『日本史研究』第四三号、一九五九年）、同氏「治承寿永の内乱推進勢力の一主流――信濃佐久源氏の政治史的考察――」（『国学院雑誌』第六三巻第一〇、一一号、一九六二年）、八幡義信氏「鎌倉幕政における足利義兼の史的評価」（『歴史教育』第一六巻第一二号、一九六八年）、金澤正大氏「仁治三年順徳院崩御と六月関東政変――『吾妻鏡』仁治三年条欠文との関連において――」（『政治経済史学』第八九、九〇、九一、九二、九三、九四号、一九七三年）。ほかに座談会ながら『史料学と史料批判――六国史と吾妻鏡を中心に――』（『政治経済史学』第六一号、一九六九年）がある。寿永二年全条の欠文を問題とされた彦由氏、足利義兼の死去と同じ正治元年（一一九九）鎌倉殿頼朝の怪死に注目され、建久七年~建久九年（一一九六~九八）全条および正治元年正月条欠文を問題視された八幡氏、執権泰時の死とその直後の関東の情勢を考慮された金澤氏など、これらはいずれも編纂書たる『吾妻鏡』が全文欠文の年があることは、単に無作為的な欠文ではなく、やはりそこにはそれなりの理由が存在したであろうことを前提に検討しているわけである。

論者の問題意識もまさしくここにあると言わねばならない。『吾妻鏡』全文欠文の年がこのほかにもまだ多くあるが、かかる問題意識なしには特に混乱期における幕府政治状況の正確な把握は困難であると思う。

(2) 六波羅探題南方は仁治三年（一二四二）に佐介時盛がその任を去ってからは、文永元年（一二六六）時輔が就任するまで欠員である。その事情はさだかでないが、あるいは泰時の晩年から経時、時頼にいたる間の不安定な情勢を反映しているのかもしれない。佐介時盛および佐介氏については、本書第六部第三章参照。

(3) 本書第六部第三章、第六章参照。

(4) 二階堂氏は藤原氏南家武智麻呂の末、是公・雄友流と伝え（『尊卑分脈』）、狩野・工藤などと同流という。

(5) 鎌倉中期になると、この文官系側近吏僚層も他の地頭御家人層と何ら変わるところなく、在地において領主制を進展させている様子がうかがわれる。河合正治氏「西国における領主制の進展――備後国太田庄を中心に――」（『ヒストリア』第一号）一九五一年。

(6) この時期までに有力御家人はほとんど姿を消している。そのうち最大のものはやはり宝治合戦で本宗が滅亡した三浦氏一族である。

(7) 評定衆・引付衆は、いずれも『関東評定衆伝』による。なお康元元年に没している者はすべて除外した。

(8) 八幡義信氏「鎌倉幕府垸飯献儀の史的意義」（『政治経済史学』第八五号）一九七三年。

(9) 安貞二年（一二二八）から仁治元年（一二四〇）にいたるあいだは連署たる時房が元旦の垸飯献儀をしており、その役割の大きさの一端をうかがうことができよう。それゆえに該時期における時房の存在を単に泰時の補佐役としてのみ評価しようという見解には与しがたい。なお朝時についても、その役割や存在が無視しがたいものがあったといえるであろう。

(10) 正嘉二年（一二五八）、文応元年（一二六〇）は、三日の沙汰は執権長時ではなく、連署政村が役していることが注目される。

(11) 正嘉元年十二月二十四日条。

(12) 梶原景時糾弾の有力御家人六十六名の連署の書状を十数日にわたって大江広元が握りつぶしていた事実がある。将軍に対して御家人が意見を具申するにも、側近吏僚を通さなければならなかったわずらわしさは想像にかたくない。彼ら御家人にとっての将軍の〝重さ〟が知られよう。

(13) かかる文書形式「関東御教書」「関東下知状」が幕府滅亡まで変わることがなかったことはもちろんである。

(14) 『保暦間記』の記載の真偽はともかく、泰時が北条氏得宗の家格を他の一門と厳格に区別したにもかかわらず、経時・時頼の段階においては不安定なものであったといえよう。

(15) 桜田氏祖となる人物である。しかしこの段階においては詳しいことがわからない。以後の消長については、佐藤進一氏『鎌倉幕府訴訟制度の研究』三四七頁参照。一九四三年。

(16) 時頼の子息としての宗時の実在を証明する史料は管見に入っていない。しばらく保留しておきたい。前註（3）で述べた宗時は時政子息にして義時・時房の兄である。このように北条氏には同名の者が若干いたようで、同時期にあたると混乱を生じやすい。たとえば時定がある。時政の従兄弟にあたる者（平六傔仗）、時房子息の相模六郎を称する者、時頼の弟にあたる者（北条六郎）など、三名がいる。そのほか時房子息の相模次郎時村、政村子息の相模三郎時村などの例がある。

(17) 従来一般には時政の子孫が最初から嫡流のごとく考えられてきた。八幡義信氏は「伊豆国豪族北条氏について」（『武蔵野』第四八巻第一号、一九六九年）で、この点を疑問視され、結論として、時政が単に北条四郎を称していた時点において時兼が「伊豆介」であったことなどをあげ、この点すらも充分には明らかにしがたい、とされている。

(18) 頼氏の兄には、斯波氏祖となる太郎家氏、渋川氏祖となる次郎兼氏（義顕）がいる。臼井信義氏「尊氏の父祖——家時・貞氏年代考——」（『日本歴史』第二五七号）一九六九年。

(19) この段階における小山氏がどの程度の御家人であったかは具体的に検討の必要があるけれども、幕府草創期においてはかなり有力な武士団であった。養和元年（一一八一）閏二月二十三日条に「小山」と「足利」を比較して、「忠綱本自背源家之間。成約諾亦小山与足利。雖有一流之好。依為一国之両虎。争権威之処」（傍点論者）と記している。その世系については同日条に「曩祖秀郷朝臣」と伝え、『尊卑分脈』第二篇四〇一頁に「藤成孫」としてみえている。文言にある足利とは当然藤姓足利氏である。

ちなみに小山氏の所領については寛喜二年（一二三〇）二月三十日の小山朝政より嫡孫長村に宛てた譲状がある（『鎌倉遺

文』三九六〇号）。なおこの史料を引用して論述されたものに、大山喬平氏「自然恩沢の守護人」（『鎌倉遺文月報』八、一九七五年）がある。

(20) 『関東評定衆伝』弘安四年条「平宗政」によれば、

相模守時頼男。母陸奥守重時朝臣女。文永二年四月廿三日任右近将監。同日叙爵。将監如元。建治三年六月十七日任武蔵守。弘安四年八月九日午尅出家。法名道明。同日丑刻卒。年二十九。

とある。

(21) 本章において単に『北条系図』とした場合はすべて『続群書類従』（第六上）による。

(22) 奥富敬之氏「得宗公文所の基礎的素描」（『日本史攷究』第一六号、早稲田大学教育学部）一九七〇年。

(23) 康元元年十月二十三日条。

(24) 前掲拙稿、前註（3）。

(25) 文永三年二月九日条・同七月四日条。これを積極的に傍証する史料はない。

(26) 弘長元年正月四日条。

(27) 『関東開闢皇代并年代記』所収『北条系図』では「弘安二年五月卒」としている。同じく年齢についての記載はない。

(28) 時宗に関する記載は他の兄弟に比して非常に詳しい。誕生の記事を全文次に掲げておく。

十五日甲戌。天晴風静也。今朝。相州以安東五郎太郎為御使。被送御書於若宮別当法印隆弁。侮。女房産之事。日来可為今日之由雖被仰。于今無其気分之間。御存知之旨。頗不審云云。献返報畢。今日酉尅可為必定。不可有御不審云云。於申刻。漸御気分出現之間。医師典薬頭時長朝臣。陰陽師主殿助泰房。験者清尊僧都。并良親律師等参候。酉終刻。法印隆弁。参加而奉加持之。則若君誕生。奥州兼而被座。此外御一門之老若。揔而諸人参加不可勝計。頃之。御験者以下禄。各可賜生衣一領。野剣一柄。馬一疋也。于時三浦介盛時白直垂。馳参。抃悦之余。騎用所之馬以。置銀鞍。自令引泰房与。是名馬也。大嶋鹿毛云云。抑此誕生祈禱之事。対相州。若宮別当法印不等閑被付示之。仍於鶴岡八幡宮宝前。従去年正朔。碎丹誠肝胆。夢告有之。同八月令妊可賜之由。被申之上。今年二月。侍于伊豆国三嶋社壇而祈請之間。同十二日寅尅夢。白髪老翁告法印曰。祈念所之懐婦。来五月十五日酉尅。可男子於平産也云云。果如旨。奇特可謂歟。

(29)『北条九代記』『関東評定衆伝』。

(30)建長四年の宗尊親王の関東下向に随行した側近であろう。『尊卑分脈』第三篇「源氏」によれば、土御門通親の孫、中院通方の子とある。在鎌倉の公家の筆頭ともいうべき人物である。

(31)義時の五男実泰（陸奥五郎）の系統を一般に「金沢氏」という。金沢氏を称したのは厳密には貞顕からである。『将軍執権次第』乾元元年（一三〇二）条には、

義時――実泰――実時――顕時――貞顕中務大輔　七月廿六日入洛。

同嘉元元年（一三〇三）条に、

貞顕中務大輔。号金沢大夫殿。

とある。また『北条系図』によれば、実時について、

越後守号称名寺金沢侍所

とある。これに従えば実時を金沢氏の初代とするが、同じく貞顕について、

貞顕（金沢　修理大夫）

とあって、顕時について金沢の号はみえていない。以上より厳密には貞顕を金沢氏祖とするのが正しいことになる。本章においては便宜上、実時を初代としておきたい。なおこの点については、関靖氏『金沢文庫の研究』一九五一年、参照。

金沢氏の略系を掲げれば次のごとくである。

義時――実泰――実時┬実村
　　　　　　　　　├篤時
　　　　　　　　　├顕時――貞顕――貞将
　　　　　　　　　└実政――政顕――種時

(32)通称城次郎という。「弘安八年霜月騒動」のときには安達氏一族およびその姻戚にかかわる人々――金沢顕時・大江氏など――

に累が及んだが、この頼景について『北条九代記』弘安八年条には「十一月十七日申時。城入道覚真一族悉被誅。但丹波守（マヽ）頼景法師脱灾訖」とある。

（33）　建長四年七月四日条に、

　午刻。秋田城介義景妻女子平産云云。号堀内殿是也。

とある。経時・時頼の母は安達景盛女、いわゆる松下禅尼であることは周知の事実である。義景は松下禅尼の兄にあたる。時頼以後北条氏と安達氏の関係が一層顕著になっていく。北条氏得宗と安達氏の関係を図示すれば次のごとくである。

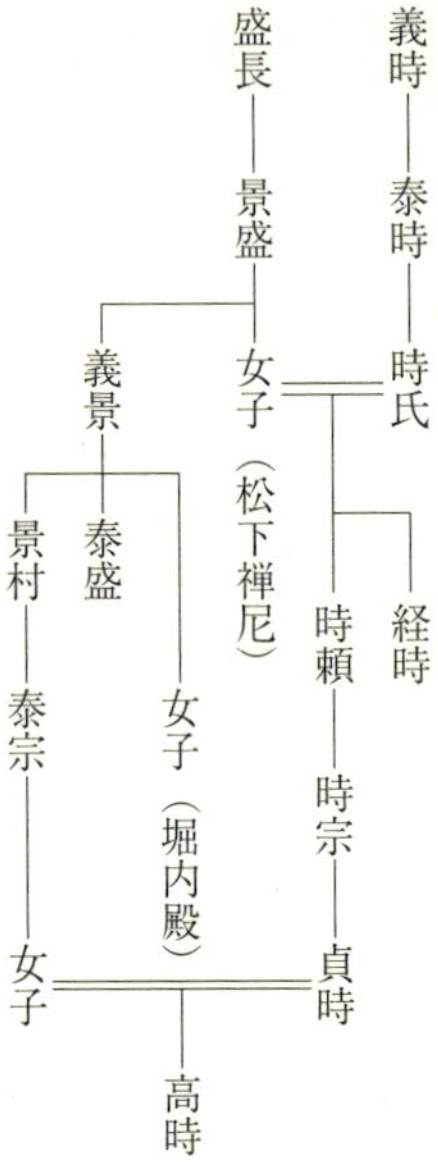

（34）　武田氏が得宗被官化したかどうか断言し得ないけれども、弘長三年十一月の時頼卒去に際して、その枕下に候した者数名のなかに他の得宗被官にまじって武田五郎七郎（政綱）の名がみえている。

（35）　大野達之助氏『日蓮』（人物叢書・吉川弘文館、一九五八年）によれば、文応元年の松葉谷の焼討事件の首謀者の背後に重時が黒幕として存在していたとされる。日蓮の意思は別として、前年の事件の反動・報復として、日蓮門徒が企てたものと解することもできよう。本書第二部第三章参照。

（36）　弘長元年十一月三日条に、

　霽。寅一点。入道従四位上行陸奥守平朝臣重時卒。年六十四。于時住極楽寺別業。自発病之始。抛万事。一心念仏。住正念取終云々。

とある。北条氏一門の最重鎮の一人の卒去にしては記載が至極簡単である。なおその葬儀にしても同六日条に「霽。寅剋。奥州禅門葬礼云々」とあるだけである。

（37）小侍に任じた者を『北条九代記』によって調べてみると、北条師時・大仏宗宣・北条熙時・北条高時・大仏維貞などであるが、いずれも若いときに任じ、しかも後に執権になっている。鎌倉末期には政治の実権が得宗にあったことは事実であるが、少なくとも実務の面では執権・連署はなお重要な役割を果たしていたと考えられる。とすれば、小侍所は幕府の次代を担うべき北条氏一門の〝公達〟に政務を習熟させるためのものという性格があったのではあるまいか。

（38）前註（35）大野氏前掲書。本書第二部第三章でこの書状について触れておいた。

（39）時宗が単独で小侍の沙汰をした例として、弘長元年正月九日条、同正月十四日条参照。なお同十一月二十六日条に、

明年正月御弓始事有其沙汰。被差射手等。相模太郎殿。越後守被下連署奉書云々。

とある。やや後年のことになるが、実時が時宗所有の『本朝続文粋』をもって書写校合した事実がある。内閣文庫所蔵『本朝続文粋』（『神奈川県史』資料編Ⅰ古代・中世（1）七七二〜七七三頁）。

（40）『建治三年記』によれば、これよりおよそ十年あまり後には、寄合に参加するメンバーをみると時宗のほか太田康有・佐藤業連・平頼綱などがある。また『北条九代記』によれば、赤橋久時・北条時村（政村息）・大仏宗宣・北条熙時（時村孫）などの北条氏一門が「寄合衆」に任じていることが知られる。

（41）康元元年八月二十日条および『新編鎌倉志』。北条氏一門で常葉氏を称したのは重時の四子四郎時茂の系統である。『北条九代記』によれば、時茂の息時範の母は政村女である。また『永仁三年記』に「常葉備州」の名がみえ、川副博氏はこれを時範に比定されている。同氏「永仁三年記考証」（『思潮』第五〇号、一九五四年）。以上をもとにして次のように推定してみたい。北条政村女が時茂に嫁し、その所生として時範が生まれる。政村女が時茂に嫁したとき常葉の所領の一部が時茂の下に入った。下って政村の跡を襲うていた時村が嘉元三年の政変で倒れ、その跡の大部分は時村の嫡孫熙時が受けたであろうが、一部は時範のものとして伝えられ、以後時範の系統が常葉氏を称したのではあるまいか。

（42）この日出家した者は、北条氏一門の名越時章、ほかに安達頼景・同時盛・武藤景頼・二階堂行氏などであった。

（43）『吉続記』文永十年閏五月四日条に、

関東左京大夫政村去月廿七日死去云々、東方遺老也、可惜々々。（傍点論者）

とある。

(44)『北条九代記』による。『将軍執権次第』では十一月九日とする。

(45) 臼井氏、前掲註（18）。ちなみに北条氏得宗、足利氏嫡流および三浦氏嫡流の家系を次に掲げておく。

（北条氏）

時政―義時―泰時―時氏―経時
　　　　　　　　　　　　―時頼―時宗―貞時―高時

（足利氏）

義兼―義氏―泰氏―頼氏―家時―貞氏―高氏

（三浦氏）

義明―義澄―義村―泰村―景村

(46) 臼井氏、前掲、前註（18）によれば、「正元二年利氏は治部権大夫に任じられ、頼氏と改名した」とされている。『吾妻鏡』において時利と時輔の出入りがまったくなくなるのは文応元年十二月六日条からである。

(47) この頼氏を最後として北条氏得宗と足利氏嫡流との姻戚関係が全く絶える。代わって足利氏と、宗尊親王に随行して鎌倉に下ったと考えられる上杉氏との姻戚関係が密になる。上杉氏は後の関東管領であることはいうまでもない。

　　　　頼氏
　　　　　＝―家時―貞氏
重房―┬女子　　　　　＝―高氏
　　　└頼重―――――女子

(48) 文永三年七月二十日条。なお『増鏡』巻七「北野の雪」はつぎのように記している。

またの年、東に心よからぬこといできて、中務のみこ都へ上らせ給ふ。何となくあはたたしきやうなり。御後見はなほ時頼朝臣なれば、例のいと心かしこうしたためなほしてければ、聞えしほどの恐ろしきことなどはなければ、宮は御子の惟康親王に将軍をゆづりて、文永三年七月八日上らせ給ひぬ。御下りの折、六波羅に建てたりし檜皮屋一つあり。そこにぞはじめは渡らせ給ふ。いとしめやかに、ひきかへたる御有様を、年月の習ひに、さうざうしうもの心細う思されけるにや、

　虎とのみ用ゐられしは昔にて今は鼠のあなう世の中

院にも東の聞えをつつませ給ひて、やがては御対面もなく、いと心苦しく思ひ聞えさせ給ひけり。経任の大納言、未だ下﨟なりし程、御つかひに下されて、何事にか仰せられなどして後ぞ、苦しからぬことになりて、宮も土御門殿承明門院の御あとへいらせ給ひける。院へも常に御参りなどありて、人々も仕うまつる。御遊びなどもし給ふ。雪のいみじう降りたる朝あけに、右近の馬場のかた御覧じにおはして御心の内に、

　なほたのむ北野の雪の朝ぼらけあとなきことにうづもるる身も

世を乱らんなど思ひよりける武士の、この御子の御歌すぐれて詠ませ給ふに、夜昼いとむつまじく仕うまつりけるほどに、おのづから同じ心なるものなど多くなりて、宮の御気色あるやうにいひなしけるとにや。さやうのことどもの響により、かくおはしますを、思し嘆き給ふなるにこそ。（傍点論者）

(49) 前註（48）の傍点部分。

(50) 重時子息四名長時・時茂・義政・業時の各家系を、それぞれ赤橋・常葉・塩田・普恩寺という。これらの氏を称するようになったのはいずれも後年のことだけれども、本章では便宜上この四人をもって氏祖としておきたい。論者はこれらをまとめて極楽寺四流と称しておきたい。常葉氏については前註（41）、塩田氏については金井典美氏『御射山』、同氏「得宗専制と諏訪神社」（『金沢文庫研究』第一五〇、一五一号所収、一九六八年）。

(51) 本文で特に論じた「時宗」と「時輔」との家督をめぐる権力闘争という一面的な評価のみで「二月騒動」をとらえることは厳密ではないが、これまでの中世史学界ではこの点をまったく看過していたので、あえて強調してみた。

　この事件によってたおれた名越氏の所領が九州に多かった事実や、同氏が九州に有していた守護職——筑後・肥後・大隅——が収公された事実がある。またこの事件で行動した武士あるいは誤殺された者や、これに関与した公家——中御門実隆・刑部卿藤

原相範などを筆頭とする―などの分析もしなければならないであろう。ただし本章では表題の「時宗の家督継承の条件」という視点からの論述を試みた。「二月騒動」に関する詳細な分析は後日を期したい。

（52）　佐藤進一氏・池内義資氏編『鎌倉幕府法』（『中世法制史料集』第一巻所収）一九五五年。

（補註1）　市川浩史氏は拙稿を次のように批判された。渡辺前掲論文は「一般に次期家督は次のような条件によって決定されてゆく」として、母方の出自、本人の婚姻に本人の器量の三点を挙げている。しかし、ここには重要な一点が看過されている。それは、前家督（得宗）の意思、ないしはそのようなものとして発現された権力意志である、と。しかしこの批判はまったく当をえていないといわざるをえない。市川氏が拙稿をきちんとまじめに読んでいれば、そのなかで時頼が次期家督として時宗を指名し、岳父重時と結んで極楽寺山荘での笠懸一件にいたるまで、執拗に時輔を差別し続け、『吾妻鏡』のなかにも明記されているとおり、「太郎時宗」「三郎時輔」「四郎宗政」「七郎宗頼」という序列に時頼自身つよくこだわり、言い続けてきていることがわかるはずである。大体次期家督とは自分で手を挙げればなれるというものではなく、前家督がこれはと思った者のなかから、その意思により「後継指名」を行い、それにそって着々と準備を重ねて実行していくからこそ実現していくものなのである。また本文のなかでも論じたとおり、時頼の意思は決まっていたからこそ、その構想に基づいて、時宗の次期家督としての地位が確定していったのであり、この路線は自明なことであったのである。論者の着眼点はこれであり、論者はその点を拙稿のなかでも最も強調した部分でもあるし、論者の本意はここにこそある。市川氏は、拙稿を部分的にしかみておらず、どうにも揚足とりにしか思えないのである。もし論者の観点が欠落しているとすれば、その「意思」の部分を明記していなかったということである。論者はただそれを自明のものとして、その前提のもとで論述したまでである。本章の結論部にもそのことははっきりと明示している。同氏『『吾妻鏡』の思想史』一一〇頁。二〇〇二年。

　また、北条時房の後継問題はなお複雑である。かつて論者が指摘したように、時房が連署として在任している間は少なくともその後継と目されたのは、六波羅探題南方の任にあった時盛であったと考えられる。ところがその時房が仁治元年（一二四〇）正月に急死してからその後継問題はにわかに大きくなっていく。推測としかいいようもないが、時房は自らの後継はおそらく決定していたのではなかろうか。それが時盛であったなどとは断言しえまいが、その可能性は十分ありうる。そしてその後継指名が遺言として残っていたにもかかわらず、泰時がそれを抹殺したことも十分考えられる。事実もし仮に遺言があったとした場合、それを見ることができるのは泰時のみであったと考えられるからである。時盛が父時房の跡職である幕府要職＝連署の地位を執拗にねらっていたのに対し、泰時はそれを最後まで拒否し続けた。時盛は父時房の後継として六波羅探題南方の任を無難にこなしてきた。同北方の時氏が山門をめぐる問題処理に失敗し病をえて鎌倉に帰ってきたのとは対照的である。それなりの政治的能力を備えたひとかどの人物であったと考えられる。無能な人物であれば、閑職を与えて鎌倉においておけばよいのである。やはりしかるべき政治的能力が期待された人物であったと考えられる。それゆえに泰時はその処遇には配慮が必要であったのであろう。そしてその対抗馬として泰時が目をつけたのが朝直であった。すでに伊賀光宗女を正室としていたが、元仁元年（一二二四）六月の伊賀氏の変で光宗が流罪となり、嘉禄二年（一二二六）二月、執権北条泰時女を正室に立てるよう説得されたが、朝直は頑として首を縦には振らなかった。

　朝直が政略結婚を拒否したというよりも、純粋に伊賀氏女との愛を貫こうとしたためか。結局朝直は父時房や得宗泰時の意向を受け入れざるをえなくなった。将来をみすえた泰時の深謀遠慮であったのであろうか。時房としても次期後継として朝直を正式決定したとは考えられない。それは将来朝直が幕府政治のなかで生き延びていくうえで、ある程度のレールを作っておこうというくらいのものであったのであるまいか。朝直の婚姻騒動は京都にまで聞こえている。しかし『吾妻鏡』には記されていないのはなぜか。これも広義での欠文理由である。

　時房の後継問題は、これとてもすんなりと朝直のもとにおさまったわけではないのである。ここには前家督時房の意思が次期家督を決定する因子には必ずしもなっていないことを考慮しなければならない。前家督の意思が反映されない場合もあることも注意しなければならないのである。

　なお『明月記』嘉禄二年二月二十二日によれば

　　心寂房来続梨木、自六波羅武士辺来、関東有執聟事云々、武州之女嫁相州嫡男、四郎、依有愛妻光宗女、頗固辞、父母懇切勧之云々、

とある。このなかで定家は「嫡男、四郎」として明らかに朝直を嫡男としている。しかしこれをすんなりと読んでいいのだろ

うか。もしこの時点で時房が後継を朝直としていたならば、すでに二十一歳になり、妻もいた者を無位・無官のままにしていただろうか。結果的には確かに朝直が時房のあとを継ぎ、家嫡とされるが、それはこの婚姻が成立して後のことである。朝直が時房流の家督を継ぎ大仏氏の当主として自立するのは、父時房の死後までまたなければならなかったのである。

（補註2）『系図纂要』によれば、この将軍家讃岐は時頼の兄経時とも関係があったようで、隆政の母は将軍家讃岐と記されているから、経時没後、その弟時頼をたよって庇護を求めたのではあるまいか。また「宝寿」という幼名は年号の宝治にちなんだものであろう。なお時宗は正寿、宗政は福寿というそれぞれ幼名があり、時頼はそれにちなんだ聖福寺を建立している（建長六年四月十八日条）。

（補註3）この祖父は元服から嫁取までおそらくともに喜んでくれていたはずであろう。自らの孫の成長を楽しみにたとえ将来家督とはならなくても幕府政治の中枢で一定の地位を保持し、安定した生活を保障されるくらいのことは望んだであろう。高田豊氏は、この祖父を、「時利」「利氏」から足利氏もしくは足利氏とゆかりの深い人物ではないかとされている。論者はあまりそれにはこだわってはいない。同氏「吾妻鏡における『建長元年』欠文理由の一考察——閑院御所炎上に始まる全国的世情不穏と幕政不安を背景として——」（『政治経済史学』第一一四号）、一九七五年。

（補註4）宗政は時宗の同母弟であることから、他の庶子に比較してかなり優遇されて成長している。時宗にもし万一のことがあったならば、その後継ともいうべき存在と考えられていたのではあるまいか。宗政は血筋から言えば申し分のない存在であった。将来における時宗の補佐役のみならず、あるいはその代役とまでを見通した存在となるべきであったのではなかろうか。ここまで考えるとややうがちすぎた解釈ともなりかねないが、陰謀の渦巻く鎌倉幕府中枢では、時宗がいつそのターゲットともなりかねないという状況であったというべきであったかもしれない。

北条時輔は、文永元年（一二六四）十一月、六波羅探題南方として上洛。以後同九年（一二七二）二月十五日「二月騒動」で誅戮されるまで在任した。同二年四月十一日、従五位下に叙し、式部少丞に任じた。ところが同年十月五日付「六波羅御教書案」（『高野山文書読宝簡集』七十八、『鎌倉遺文』九三六三号）によればすでに「散位」とみえている。式部少丞在任はわずかに半年足らずであったことになる。以後「散位」として終生無官であった。他の式部少丞任官者は後にしかるべき受領もしくは京官に任じている。時輔の式部少丞任官と叙爵は六波羅探題南方就任にあたって、いわばその辻褄あわせにすぎなかったといえるのではあるまいか。対して時宗は弘長元年（一二六一）十二月二十二日（『北条九代記』同日条）、叙爵左馬権頭に任じている。初官途が左馬権頭というのは、北条氏では初のことであり、以後貞時（子）―高時（孫）が叙爵のときに任官し、得宗の初官途の前例となった。鎌倉では左馬権頭は最初から五位待遇であり、他の近衛将監や式部少丞といった大夫をことわりとして入れる官ではないのである。なぜか『吾妻鏡』はこのような重要なことを書いていない。

（補註５）川添昭二氏は、この部分に関する論者の考えを批判され、「この公文所は宗政家の公文所を指し、得宗の公文所ではない」この文言そのものが意味深長であり即断はできない、宗政家の公文所の運営がうまくいっていなかったという意味ではないかと指摘されている。確かに川添氏の指摘はもっともなことで、もとより論者も自説にこだわる意図はない。同氏「連署時代の北条時宗」（『松浦氏研究』第五号、一九八二年。のちに『日蓮とその時代』所収、二〇〇一年）。

（補註６）ただ、文永三年七月四日条には、相模七郎宗頼のあとに、相模六郎政頼を続けて載せている。『吾妻鏡』のこれまでの記載方法にしたがえば、このような場合は「相模七郎宗頼、同六郎」と記載するはずである。さらに一般的にはその順序からいえば、六郎、七郎となるはずである。論者はこのあとに出てきた「相模」は時頼の「相模」を受けているのではなく、政村の「相模」を受けたものではないかと考え、この「相模六郎政頼」は政村息である可能性を提起しておきたい。

（補註７）この仮定を前提として、宗頼の子息宗方を検討してみると、宗方の生年は弘安元年（一二七八）で没年が嘉元三年（一三〇五）で、享年二十八。とすれば、父宗頼が二十五歳のときの子となり、年齢的には不自然ではない。ただ長男の兼時の生年が文永元年（一二六四）であるから、宗頼が九歳のときの子となりこれはいかにも不自然である。仮に生年を文永十一年（一二七四）とすれば、宗頼十九歳のときの子となり、不自然さは解消する。もとよりすぐに結論を急ぐことでもないが、論者はこのように仮定しておきたい。

（補註８）〝馬引〟の役をするということは臣下としての扱いを意味する。時利がその役を果たしていることは、同じ時頼の子でありながら、当然時宗に対して時利（時輔）のかかる立場を明確にしたことになる。

（補註９）長時の室は朝直の兄時盛女であり、義宗はその所生である可能性が高い。該時点では長時は義父である時盛よりも、母方の叔父である朝直に信頼を寄せていたものと考えられる。

（補註10）　網野善彦氏『蒙古襲来』（小学館『日本の歴史　第十巻』一九七四年）。南北六波羅探題の兵力が同程度のものであったとすれば、南方時輔は北方義宗にたやすく討たれていたであろうか。また鎌倉からの早馬が正確に北方義宗のもとに届くシステムが確立していなければならない。万一その使者があやまって南方に届くか、または南方によって捕えられていたら、京都での合戦がどのような結果になっていたかわからない。南方時輔はその長というよりは、時茂以来の北方の監視下におかれていたのではあるまいか。時茂没後の空白の二年間無官の時輔は、六波羅探題北方の直接幕府の支配下にあったスタッフの監視下におかれていたものと論者は考える。

（補註11）　川添昭二氏は、二月騒動の最終責任者を時宗とされている（『北条時宗』一〇九頁、二〇〇一年）。川添氏の所説に従えば、時宗は政村の制止にもかかわらず鎌倉での軍事行動をおこし、結果、名越教時を誅戮し、その際時章も誤殺してしまった。やむをえず政村はこの法令によって事態を収拾したのではあるまいか。

第二章　得宗専制体制の成立過程

――文永・弘安年間における北条時宗政権の実態分析――

はじめに――問題の所在

鎌倉幕府政治史をとらえる際に、その権力の所在に徴して、「将軍独裁制」＝鎌倉殿専制、「執権政治」＝評定合議政体、「得宗専制」の三段階の展開がみられることはすでに通説化している。将軍独裁制の下では、幕府政治における最終的決定の権限は結局鎌倉殿頼朝に存したのであって、侍所・政所・問注所等の諸機関は、将軍の輔弼機関にすぎなかったのである。この体制の下で、公事奉行人とよばれる京下りの下級貴族出身の文官系側近吏僚層と、東国の在地領主層―特に豪族御家人[1]とのいわば〝両輪〟の上に、両者の対立・矛盾[2]を抑制しつつ乗っかっていたのが盟主鎌倉殿頼朝であった。したがってこの体制下において本源的に内包せる矛盾はあったにせよ、結局幕政における最終的決定の権限は将軍に存したのである。すなわちここに「将軍独裁制」とよばれる所以がある。

次に執権政治体制であるが、この体制を規定する根本は一般に考えられているように合議制にある。その合議制というのは、いわゆる評定衆制度である。すなわち執権・連署が評定衆を率い、その合議によって政務を決裁していく体制である。そしてその体制の下での従来の侍所[3]以下の諸機関は、評定衆の合議に基づいて実務を行う執行機関としての性格をもつようになってきた。この場合将軍の恣意だけで物事を決裁したのとはちがって、かれら御家人自らの主体性のなかから、発した問題を合議によって決裁できるような体制ができたわけである。しからばそのよってきたる所以は何か。すべてを執権泰時の道理をわきまえた心情に還元して考えることができるであろうか。かかる側面もあったとも考えられようが、それだけではもちろんない。執権政治の性格について次の諸点をあげることができる。第一に、その体制は執権・連署が主導する集団指導体制であり、御家人生活のなかから醸成されてきた、いわゆる「道理」に基づく政治を標榜するものであり、第二にそれを具現するためのものとして、評定衆設置や御成敗式目制定に象徴されるように、評定衆合議政体を中核とする合議制であり、第三にかかる性格を有する根本的な要因は、執権北条氏と有力御家人などの諸勢力のバランスのうえに成立したというものである、という以上の三点である。第一・第二の点は当然の前提として、第三の点は、嘉禄元年（一二二五）十二月設置の評定衆のメンバーにあらわれていると考えられる[(4)]。したがって泰時は道理に基づく公正な政治を理念として掲げたわけであるが、単純に彼個人の心情だけのものではなかったのである。しかしそれにしてもすでに指摘されているごとく、執権政治そのものが北条氏の従来の氏族的伝統による所産なのではなく、これから構築せんとするものであったため、執権政治はその頭初から専制化する危機をはらんでいたことは注意しておかねばならない[(5)]。

しからばいわゆる得宗専制という体制は何をもってそうよぶか。すなわち得宗専制体制とその前段階の執権政治とは、政治主体の面で、あるいは政治形態の面でどのように区別されるのであろうか。これが本章のテーマである。この問題を解明することを目的として、時宗政権の政治過程と政治形態の実態を分析してみたい。なお時頼から時宗への政局の変遷すなわちその移行過程と、それにともなう幕府内部における動揺について、さらにはその後の展開については論者が公表せる論文[(6)]（本書第三部第一章）に一応譲り、ここでは主として文永・建治・弘安年間にしぼっておくことにする。

一　文永九年二月騒動にいたる政治過程

序でも簡単に触れたが、論者は第三部第一章において、時宗の家督継承に際しての一大エポックとして文永元年（一二六四）が位置づけられ、この年に危機的状況があったこと、さらにその帰結点としての二月騒動の位置を評価し、該事件の根底にあったのが時宗と庶兄時輔との家督をめぐる権力闘争という側面に注目して論述を試みた。そして時宗の家督を最終的に決定的たらしめ、さらには時宗＝得宗に対抗しうる幕府権力中枢における勢力の結集に対してとどめをさしたことにも注目しておいた。したがって二月騒動そのものの詳細な分析やそれにいたる政治過程については、いまだ不完全なものであり、二月騒動と相前後する政治過程や、それが幕府権力中枢に与えた影響などについても触れるところがなかった。この節では、時宗の連署就任の文永元年から文永九年二月騒動にいたる政治過程と、二月騒動そのものの検討を試みる。

時宗は庶兄時輔を中心とする対立勢力が存在する情勢のなかで、その勢力をふくめて、周囲をいたずらに刺激する方向を回避しつつ、文永元年連署に就任した。執権にはこれまで連署の地位にあった政村がまわった。この間の事情および『吾妻鏡』文永元年条欠文理由などについては前章で触れておいたが、時宗政権はそのスタートからして前途多難を思わせた。それではこの段階における時宗政権を支える人的構成はどのようなものであっただろうか。執権政村・連署時宗以下、一番引付頭に名越時章・二番引付頭に金沢実時・三番引付頭に安達泰盛ら、評定衆には二階堂行頼・同行方・同行泰・同行綱・同行忠、武藤景頼・太田康有・中原（摂津）師連・小田時家、引付衆として名越教時・長井時秀・伊賀光政・斎藤清時・北条時弘（広）などで、以上が時宗政権の中核であった。三方引付の一・二番が北条氏一門で、三番が得宗外戚たる安達氏であることが注目される。次いで二階堂氏諸流の進出が認められる。また幕初からのいわゆる豪族御家人がみられなくなっていることも注意されよう。(補註1) 成立頭初の執権政治の性格が執権北条氏と諸有力御家人との勢力均衡のバランスの上に成立した一側面をもつものであったことはすでに述べたが、必然的にその方向としては諸有力御家人抑圧に向かうことになる。それは執権政治自体の独裁強化であるとともに、幕府の基盤の性格にも次第に変化がみられるようになったことを意味する。(8) 寛元・宝治の乱は、かかる方向の一環として理解することができる。この段階における評定衆のメンバーにもそれがある程度認めることができる。それは評定衆制度それ自体の変質ではなかったにせよ、その性格が相当変質しつつあることを示している。第一に、年次を追うごとに評定衆中に占める北条氏一門の割合の増加であり、第二に、頼朝以来の豪族御家人の減少といった事実である。評定衆制度が、得宗が権力を伸長させるための制度的拠点と化しつつあるのである。(9) 政治権力がその発動を開始する根源は執行機関にではなく、決定機関にあることは明白である。執権政治の下では原則的に、執権・連署が評定衆を率いて政所に出仕して重要政務を審理決裁したことは、合議的な性格とともに、その権力の所在を明瞭に示している。

しからば該時点において幕政における最重要政務の決定権はどこに存したか。まさしくそれは得宗に移行してきていたといえる。すなわち得宗私邸における秘密会議(後年におけるいわゆる寄合)に移行しつつあったのである。執権政治の下での最終的決定の権限は、評定衆の会議に委ねられていたと理解できる。いわゆる得宗専制の下でのそれは寄合にかけられることになるのである。その寄合も最初から幕府政治に定着していたわけではないことはいうまでもない。得宗私邸における秘密会議も、形式的に整備され幕府政治に定着して寄合とよばれるようになるには、なお多年を要し、その形式・内容や出席メンバーの変遷に注意せねばならない。『吾妻鏡』寛元四年六月十日条に、

於左親衛御亭。又有深秘沙汰。亭主。右馬権頭。陸奥掃部助。秋田城介等寄合。今度被加若狭前司。内々無御隔

心之上。可被仰意見之故也。此外。諏訪入道。尾藤太平（マヽ）三郎左衛門尉参候。[10]（傍点論者）

とある。いわゆる「名越の政変」の事後処理をいかにすべきかについて、時頼をはじめとする当時の幕閣首脳の密議である。参加メンバーとして、この後時宗の時代においても得宗の羽翼として活躍する北条氏一門中の有力者たる政村や実時のほか、得宗外戚の安達泰盛がみえている。またこのときから「無御隔心」く、「可被仰意見」きの故をもって、三浦義村が参加していることも注目される。このほか諏方盛重・尾藤景氏・平盛時らの得宗被官が参候している。この時期における「寄合」の参加メンバーをみると、北条氏一門中の有力者と得宗外戚などであり、ときには得宗被官の顔ぶれもみることができる。ただしその性格は後年のそれとはかなり異なり、いわば緊急事態に対処せんがため適宜設定されたもののようである。その緊急事態とは〔別表Ⅰ〕に示したごとく、執権移譲・将軍更迭、合戦・政変の事後処理といったものであった。その基本的性格は時宗政権の第一段階[11]においてはいまだ変わってはいない。すなわち将軍宗尊親王の更迭を伝える文永三年六月二十日条に、

天晴。於相州御亭。有深秘御沙汰。相州。左京兆。越後守実時。秋田城介泰盛会合。此外人々不及参加云々。今日。松殿僧正良基退出御所中逐電。有子細云々。

とみえている。将軍更迭という最重要事項を得宗私邸において、得宗とその近親者のみで会合しているのであるが、この例とても前記の基本的性格には変わりなく、やはり緊急事態に対応せんがために会合がもたれているのである。しかしいずれにしてもこうした最重要事項を得宗私邸における秘密会議にかけられ、評定衆など幕府中枢における御家人等のまったく関与しえぬ所で決定がなされていることに、この時期における得宗の権力伸長を認めることができる。

寄合のかかる基本的性格に変化が認められるようになるのは、時宗政権の第二段階に入ってからと思われる。換言

すれば発足当初の寄合が少なくとも緊急事態に対処するためのあくまで臨時的性格であったものが、この段階に入ると、かなり恒常的な性格を有するようになり、参加メンバーにもその変化がみられるようになるのである。すなわち『建治三年記』[12]によれば、寄合は十月二十日・十月二十五日・十二月十九日・十二月二十五日の四回行われており、京都の本所領家等の兵粮料所、在京武士拝領所々の還付、北条時村の六波羅探題北方就任に際して行われた人事等が載せられている。さらに注目されるのは、その際の参加メンバーであるが、議事内容によってそのメンバーが異なっていることである。前者では時宗・太田康有・佐藤業連・平頼綱であり、後者では時宗・安達泰盛・太田康有である。このことは寄合のなかでも議事内容によってその分担がある程度決まっていたと考えられるかもしれない。またこのメンバー中で時宗は別格として、[13]北条氏一門の姿がまったくみえないことも、時宗政権の第一段階と比較して注目されるところである。

　下って貞時の時代になると「寄合」は完全に評定制の核心的権限を奪い取り、幕府政治の中に定着していることがわかる。『永仁三年記』[14]によれば、四月二十七日に寄合の決定として「下野入道以下人々浴新恩云々」として、宇都宮景綱以下の人々が新恩地を給されている。また六月二十六日には「常住院僧正坊被申熊野権校(検)職事」が申沙汰されている。ここにかつて臨時に行われていたものが、すでに常置のものとして幕府政治に定着してきたことがうかがわれる。またこの段階になると、従来の評定衆・引付衆とともに「寄合衆」なる呼称があらわれてくるが、これこそ「寄合」[15]の制度的結実の一環にほかならないのである。

　ところで時宗政権を画期づけるもう一つの問題はモンゴルによる外圧である。幕政中枢における内部矛盾を克服し、かつ得宗を中心とした指揮・命令系統が完全に一本化され、それを通じてかかる外交問題を処理していくことが急務とされたわけである。文永四年（一二六七）九月、高麗の使節を通じて蒙古の国書がもたらされ、政局はこれを焦点に

別表Ⅰ

年代	場所	呼称	記事	参加者
寛元四・三・二三（一二四六）	経時邸	深秘之沙汰	執権職譲与	
寛元四・三・二三	時頼邸	深秘之沙汰	名越政変の事後処理	時頼・政村・実時・安達泰盛・諏訪盛重・尾藤景氏・平盛時
文永三・六・二〇（一二六六）	時宗邸	深秘之沙汰	宗尊親王将軍更迭	時宗・政村・実時・安達泰盛
建治三・一〇・二〇（一二七七）	時宗邸	御寄合		時宗・太田康有・佐藤業連・平頼綱
建治三・一〇・二五	時宗邸	御寄合	兵糧料所 在京武士拝領所々返付	時宗 太田康有・佐藤業連・平頼綱・諏訪真性
建治三・一二・一九	時宗邸	御寄合	時村、六波羅北方就任とその政務の条々	時宗・安達泰盛・太田康有
建治三・一二・二五	時宗邸	（評定以後） 御寄合	各奉行の人事	時宗・安達泰盛・太田康有・平頼綱
永仁三・閏二・九（一二九五）		御寄合		名越時基・佐々木宗綱・太田時連・明石行宗
永仁三・閏二・一六		御寄合		太田康有・佐藤業連・平頼綱
永仁三・閏二・二一		御寄合		
永仁三・三・二二		御寄合		
永仁三・四・二七		御寄合	宇都宮景綱以下の人々新恩に浴す	
永仁三・四・二九		御寄合		
永仁三・六・二六		（評定已後）	桂園院	貞時・宣時・時村・公時・二階堂行藤・矢野倫景・長井宗秀
正中三・四頃（推定）（一三二六）		御寄合 御寄合	新熊野検校職事 徳政以下の条々御沙汰	高時・維貞・守時・貞顕・長井宗秀・信州（実名不明） 長崎高資・尾金（尾藤氏）

出典：文永三年まで『吾妻鏡』、建治三年『建治三年記』、永仁三年『永仁三年記』、正中三年『金沢文庫古文書』

進展していくことになるのである。翌文永五年三月、時宗が執権に政村が連署にまわったのもこうした事態に対処せんがために打ったことで、幕政中枢における人心一新と、幕府首脳部の決意を示したものとみられる。さきに時宗政権を便宜上第一の段階—文永元年～文永九年—と、第二の段階—文永十年～弘安七年—とにわけて考えたいとしたが、これは時宗政権を支える支柱に変化がみられるとともに、得宗時宗対北条氏一門のあり方にも変化がみられることを考慮にいれてのものである。すなわち幕府政治に「寄合」が定着化する過程と、得宗被官の幕府政治における成長の過程とが表裏の関係をなし、同時にそれが得宗時宗の北条氏一門把握に通じているということなのである。かかる意味において、蒙古の国書到来にはじまる対外的契機は幕政中枢に大きな影響を与えはじめ、それが北条氏一門配置（次節）と一門粛清の方向に向かわせることになるのである。時宗政権の第一段階においてその支柱となったのは、北条氏一門中の有力者政村[16]・実時と、得宗外戚安達泰盛であり、時宗はこれらの人々の支持の下でこれからの政局を乗り切ろうとしていた。この段階における時宗個人の政治的力量を過小に評価することはできないと思うが、いずれにしても得宗時宗の専断体制でないことはまずまちがいないと思う。それは得宗時宗を中心にしていることは事実であるが、そのかげにあった政村・実時ら一門と、安達泰盛の力もみのがすことはできない。またこの段階における得宗被官の活動も、政村・実時・安達泰盛に比べればそれほど大きなものであったとは思われない。そのあと「文永九年二月騒動」を転機として、時宗政権は新たな段階に入るのである。すなわち時宗政権を支える主体がおよそ「文永九年二月騒動」をさかいとして明らかにかわっているのである。文永十年（一二七三）の政村の死と前後して、得宗時宗の一門に対する対応にも変化がみられることになる。この間に着実に勢力を伸長させてきたのが安達泰盛であった。それとともに時宗政権のいわば第二段階を支えたもう一枚の勢力が平頼綱を筆頭とする得宗御内人であった。文永元年から文永九年までの過程は、時宗政権の確立過程であるとともに、外圧に対する国防体制の強化と、北条氏一門の内部矛盾の克服という課題があったわけである。また新たに抬頭する得宗御内人の勢力との対立を醸成させていた過程でもあったと思われる。(補註2)

時宗政権を画期づける事件としての「二月騒動」[17]は、鎌倉中期政治史のなかでどのように位置づけされるであろうか。次にこの点を検討してみたい。まずその事実経過から考えるが、事件の根底に時宗と時輔との家督をめぐる権力闘争が潜んでいたことや、またすでにその氏祖朝時以来くすぶりつづけてきた名越氏との宿命的とも思える対立・暗闘があったことを念頭に入れなければならない。ただそれだけに問題を限定することはできない。まず大概共通した記述がみられる史料は『北条九代記』『武家年代記』『保暦間記』『関東評定衆伝』などである。合戦は二月十一日鎌倉でおこり、名越時章、同教時の兄弟が誅戮された。つづいて十五日、六波羅探題南方時輔が同北方義宗により誅された。この鎌倉と京都での合戦を「二月騒動」とよんでいるのである。合戦とよべるほどさして大きなものではなかったようだが、「其外遇殃人多之」[18]といわれているように、単なる殺戮事件ではなかったようである。第一に名越時章は無実であり、その誅戮は誤殺であったという点である。これはいずれの史料もそう伝えており、その討手五人はかえって斬首されてしまっている。その五人とは大蔵頼季・渋谷新左衛門尉・四方田瀧口左衛門尉・石河神次左衛門尉・薩摩左衛門三郎である。[19]また教時の討手については賞罰もなかったという。教時は前将軍宗尊親王と個人的に親密な関係があったと想定され、時輔と連携する可能性が充分あり、時宗の側としては最も警戒しなければならなかった。しかし時章には何らの異心もなく、その無実は動かぬところだったらしい。第二に、この事件に在鎌倉の公家が関係している点である。宗尊親王の個人の意思は別にしても、その側近公家であった中御門実隆[20]が召し禁ぜられているのは、実隆が具体的にどのような行動をとったのかわからないが、あるいは教時と呼応する動きがあったのかもしれない。またそうした動きが在鎌倉の公家のなかにもあったのかもしれない。実名を割り出すことができない「其外遇殃人多之」が、一体どの程度の人数でどのような人々であったのか、これらのことについても現在までのところまったく知ることができないのである。第三に、六波羅探題をめぐる問題である。『帝王編年記』二月十五日条に、

未剋。武士馳走京中。申剋。於六波羅合戦。云々。左近大夫将監義宗北方。武蔵守長時男。与式部大夫時輔南方。最明寺禅門四男。合戦。是可誅時輔之由。関東飛脚到来。云々。無程時輔宅焼亡。

とある。義宗が六波羅探題北方の任についたのは前年の十二月であり、前任の時茂は文永七年（一二七〇）正月に没して以来約二年あまり北方は欠員であった。従来まで欠員の期間が長かったのは南方であるが、この混乱期における北方の欠員はそれ自体でも大きな問題である。しかも六波羅探題は結局南方時輔一人に委ねられていたことになるのである。それが結果的には義宗が北方に就任してからわずか四ヶ月後にこの事件がおこっているのである。これは単なる偶然なのであろうか。時輔誅戮の直接の兵力がほかならぬこの北方義宗の指揮下の武士なのである。この点について論者は次のごとく推定してみたい。文永元年（一二六四）、時輔を六波羅探題南方の任に就けて一件落着したかにみえた。ところがいまだそれは不完全なものであり、北条氏一門の名越氏の不気味な存在をまったく無視することは許されなかった。文永三年七月、謀反の疑いをもって宗尊親王を更迭し京都へ追い返した。その後文永五年に蒙古の国書がもたらされ、幕府として急ぎこの外交上の問題に対処せねばならなくなった。幕府は異国警固を大義名分としつつ、その準備をするとともに、強硬な方針でそれに臨んでいった。かかる事態に至っては幕政中枢における内部矛盾の克服はもはや必至だったのである。二年あまりの六波羅探題北方の欠員はこうした多忙のゆえに後任の人事がなかなか決まらず、南方時輔に一任せざるをえなかったのかもしれない。しかしこうした大任を時輔一人に委ねておくのは危険であった。文永八年十二月に至って北方の後任に義宗を選任したのは、こうした状況の下で行われたのである。いわば時輔誅戮は時間の問題であったといえる。

時宗政権の第一段階を画期づける事件としての「二月騒動」の位置は評価できるが、具体的には幕政中枢にどのような影響を与えたのであろうか。またその後の政局はどのように展開していったであろうか。これが次の課題となる。まず得宗の家督をめぐる時宗と時輔との権力闘争に最終的に決着がつき、得宗としての時宗の地位が安定したことがあげられる。すでにこれは泰時の時代からの長年の懸案でもあった。そして同時にその安定は、得宗に対抗しうるような北条氏一門の名越氏の勢力が幕政中枢から駆逐されたとみることができる。泰時の時代からその氏祖朝時以来くすぶりつづけた名越氏との宿命的とも思える対立・暗闘もここに終ったといえるのである。(21)この意味ではここに得宗と一門の観念上の身分的高下が血の粛清をもって示されたと解することもできる。

名越時章が有していた筑後・肥後・大隅の三ヶ国の守護職は収公され、それぞれ北条宗政・安達泰盛・千葉宗胤に与えられた。また時輔が保持していた伯耆の守護には三浦（佐原）頼連が補任された。(22)また九州諸国には名越氏の所領が多く存在した事実がある。(23)モンゴルに対する最前線となるべき九州に得宗の意思を貫徹させるためにはやむをえない犠牲であった。

二月騒動を通して時宗は完全に一門を把握することに成功したとみてまずまちがいあるまい。この事件と前後して幕政中枢における北条氏一門の存在のしかたが大きく変化するのである。それは政村・実時といった一門中の〝元老〟が死没・引退するといった時期にも相当しており、このこととも関係があろうが、前述したように『建治三年記』にみえる寄合には、北条氏一門の姿はまったく認められないことにも象徴的にあらわれている。少なくとも時頼の時代における重時や、文永初年の段階における政村・実時のごとき存在の北条氏一門のありかたからはかなりかわってきているのである。次節ではこの点を中心に文永元年から文永九年（一二六四〜一二七二）の第一段階、文永十年から弘安七年（一二七三〜一二八四）の第二段階に分けて、北条氏一門の在り方について検討してみたい。

二　時宗政権と北条氏一門

得宗専制という鎌倉後期から末期(補註4)における支配体制は、すでに指摘されているごとく得宗の一門支配を通じて幕府支配を貫徹する性格のものである。すなわち「北条氏一族間における族的支配の移入（或いはこれを血縁的支配の擬制化というべきか）によって」(24)、得宗の一元的支配がなされた政治体制なのである。しからばかかる支配体制はいつごろから構築されていったのか。実質的な意味で得宗が完全に一門を把握し、そしてそれを支配しうるようになったのはいつごろのことなのか。換言すれば得宗のペースで一門配置その他のことがなされるように何を契機としていたかという問題である。前節の末尾で触れたようにそれは「文永九年二月騒動」であったと考える。そしてそれにつづく文永十年（一二七三）五月の政村の死没や、建治元年（一二七五）五月の実時隠退（翌年十月卒去）とも関連して、論者はこのころをもって時宗政権を便宜上二つの時期に分けてみたい。ことに「東方の遺老」(25)と称された政村が死去したときをさかいとして、二期に区切ってみた。前節で述べたように、時宗の連署就任の文永元年から文永九年までと、文永十年から時宗死没の弘安七年までとに分けておく。これは明らかに第一段階と第二段階とでは北条氏一門の在り方に得宗時宗を中心として変化が認められるからである。

まず時宗政権の第一段階から検討していく。論者はこの段階は少なくとも実質的な意味において「時宗政権」とは規定しがたいと考える。文永元年における時宗と政村の年齢はそれぞれ十四歳と六十歳である。年齢だけを論拠として両者の政治的立場をうんぬんすることは無論できない。それ以上に政村個人の政治的力量を問題にしなければならない。周知の事実だが、元仁元年（一二二四）の義時の死に際して政村の母方の伊賀氏の陰謀が発覚するところとなり、政村自身も連累は免れざるところであった。この危機は兄泰時のはからいをもってことなきをえたが、以後その泰時の晩年に評定衆に任じて以後、幾多の政変を乗り切ってきていたのである。具に論じているいとまはないが、(補注5)元仁政変以後政村が生きてきた過程ははでさはなかったにしろ、常に幕閣枢要の地位にあり堅実なものであったといえる。時宗が連署に就任したとき、それまで連署であった政村が執権にまわってこれを補佐したわけであるが、政治主体としてはむしろ執権となった政村に存したと思われるのである。(26)しかしこのことは、政村が好機到来とばかりに執権の地位についたことを拠りどころとして得宗の地位を脅かしたり、あるいはそれにとって代わろうとしたりするような意思があったことを意味しているのではない。ただ単なる得宗の代行者ではなかったことを強調しておきたい。「得宗専制」の呼称が示すごとく、北条氏家督を中心とする政治形態が、その実質的意味で一門支配を通じて幕府支配を貫徹する体制であるならば、その政治的主体が名実ともに「得宗」に存していなければならないと考える。かかる意味において時宗政権の第一段階は、実質的には「政村政権」であり、得宗専制体制への過渡的段階であると規定しておく。

第三部第一章および前節でも強調したごとく、該時点において主体的役割を担ったのは政村である。したがって文永元年以前については一応第三部第一章にゆずり、ここではその補足的な意味で文永十年の政村の死没までに重点をおいておきたい。この時期において幕府がかかえていた懸案事項はおよそ次の五点に整理できる。第一に訴訟・裁判制度の整備の問題である。そのうちの一つは、越訴方の設置である。文永元年十月、金沢実時・安達泰盛を越訴奉行とする越訴方が設置された。時輔の六波羅探題南方就任も同じ十月であり、政村・時宗を首脳とする幕府は、訴訟・裁判上の公正を期すといったところから新体制づくりに着手したのである。(27)またその二は、引付廃止および復活である。文永三年三月、三方引付を止め、重事は直に聴断、細事は問注所の所管とした。(28)これらの真の意図がどこにあっ

〔系図Ⅰ〕
○算用数字は執権就任順序　北・南は六波羅探題　評は評定衆
○漢数字は連署就任順序　鎮は鎮西探題　頭は引付頭人

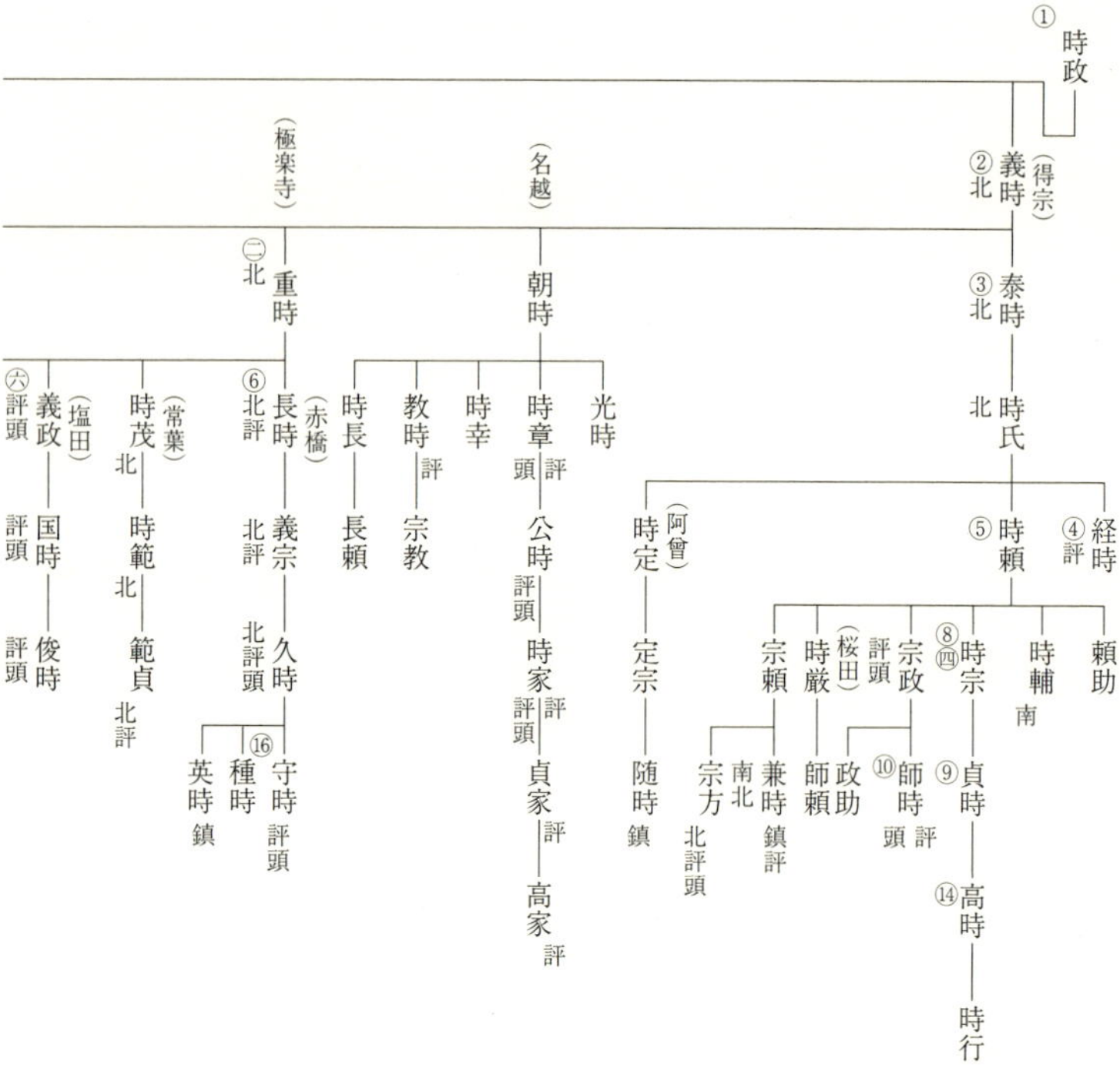

たのかは今は保留しておきたい。(補註6)

第二に御家人の保護である。第一の過誤救済機関＝越訴方の設置とも関連しているが、その眼目が御家人所領の回復にあったことは明白で、御家人所領の売買および他人和与の禁止、本物弁済による売却所領の回復、さらに妻妾の再嫁後の所領知行の禁止、および非御家人の女子ならびに傀儡子・白拍子らの所領収法などを定めている。(29)

第三にモンゴルの外圧である。文永四年（一二六七）九月、高麗の使節が蒙古の国書を持って来日して以来、この問題は幕府為政者にとってまったく切実となってきたのである。政村・時宗の執権・連署が交代した事情もそこのところにあると思われる。この交代には、通説に高齢の政村引退とか、元寇に際して時宗の若さが期待されたとかのたぐいがあるが、とるに足りないものである。文永五年正月に、蒙古王フビ

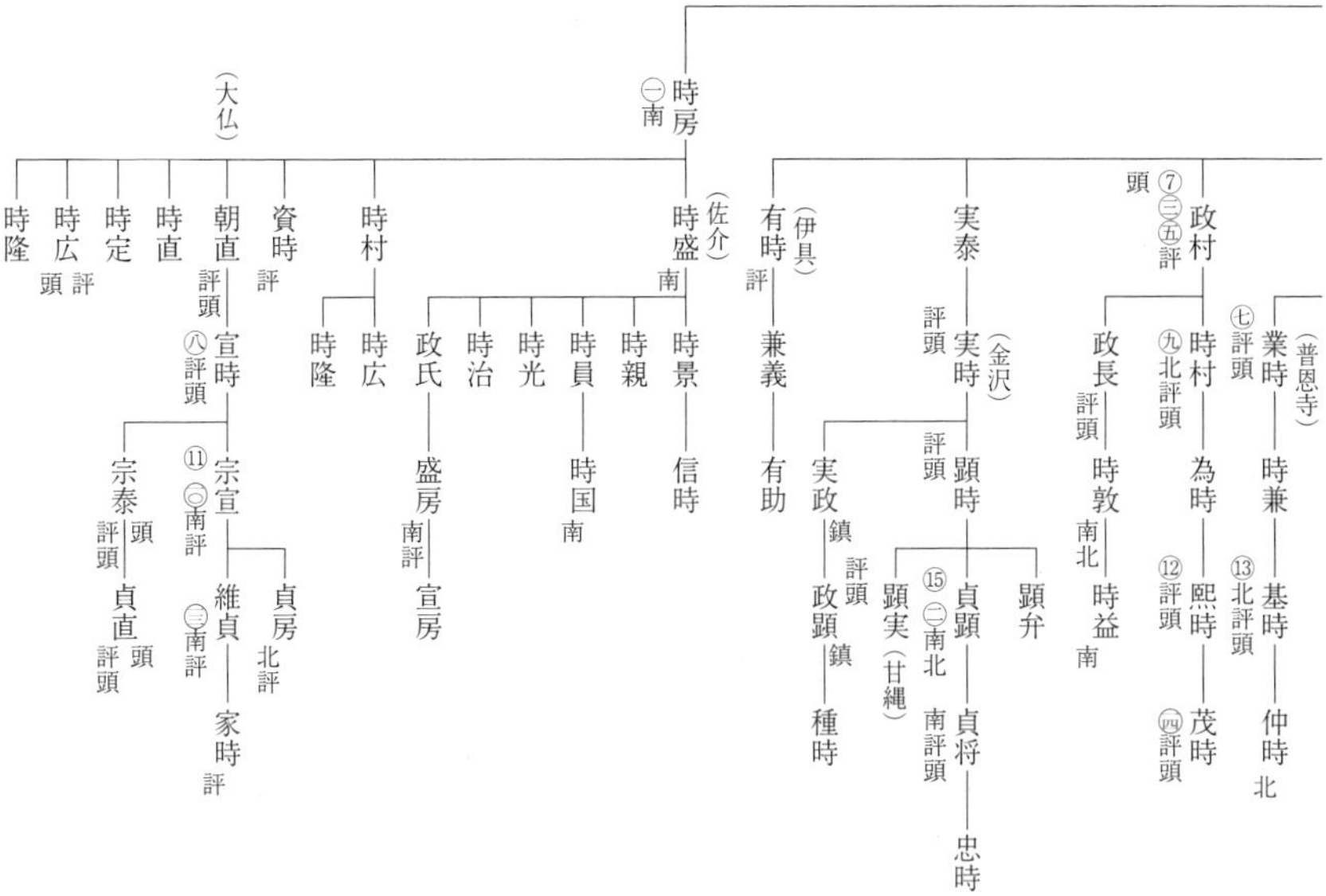

ライの使節黒的が博多に来り通交を求めたときにいたって、幕府としてはその意気を示す方策として積極的に政村の側からなされたことであったと考えられる。かかる人事を行うことによって人心を一新して来るべき国難に向けて政局が展開していくことになるのである。

第四に宗教問題があげられる。まず山門と寺門の抗争である。幾世紀にもわたるこの両派の抗争は殺戮・焼討等武力的なもので、該時期においても、三摩耶戒壇一件がいまだ解決していなかった(30)。また日蓮の動向も問題である(31)。

第五に北条氏一門の内部矛盾である。本節のテーマとも直接関連しているが、騒動は決して突発的な事件ではなく、名越氏・佐介氏といった一門の動向もこれにかかわっていたのである。

以上大雑把な整理をしてみた結果、そのいずれもが相互に密接に関連しつつ、幕府中枢をゆさぶっていたのである。時頼政権が暗礁に乗りあげて処理しえなかった問題を、そのまま時宗政権がひきついだかっこうになっているのである。文永元年当時十四歳であった時宗が、いかに一門中で得宗の地位にありそれを安定させたかのようにみえても、一門把握を通じて、こうした一連の問題を〝専制的〟に処理できるはずはなかったと思われる。そこに老練の域に達した政村の存在理由があり、実時・安達泰盛また然りであったわけである。

次に極楽寺四流を検討してみる。[32]前節で述べたごとく、六波羅探題南方時輔を誅戮した直接の兵力は同北方義宗指揮下の武士である。重時以来六波羅探題北方は極楽寺流との関係が強く、この時期もその一流義宗がその任に就いていたのである。長時・義宗の流れは赤橋氏と称し、以後も幕政上中枢の地位を占め幕府滅亡にいたる（系図Ⅰ、一七六頁参照）。

長時の同母弟時茂に始まる系統が常葉氏である。時茂は康元元年執権に就任した兄長時に代わって六波羅探題北方の任に就いていた。[33]時茂嫡子時範は政村女の所生であり、この姻戚関係は注目される。時茂の末は常葉氏を称するが、常葉の別業は政村の鎌倉における本貫であり、常葉氏の称はかかる姻戚関係から発しているのかもしれない。

重時三子義政も重要である。長時・時茂の異母弟であるが、[34]この段階では引付衆、評定衆に列している。文永六年（一二六九）からは三番引付頭となっている。義政は時宗政権の第二段階での活動が注目される。すなわち、文永十年政村のあとを受けて連署に就任して以後、建治三年（一二七七）四月に出家、翌五月に遁世するまで、あるいはそれ以後信濃国塩田庄および諏訪神社との関係や、義政嫡子国時などの動静が興味深い。したがって塩田氏については別途稿を改めて検討したい。（補註7）

次は業時である。（補註8）業時について母に関する史料が管見に入っていないが、これも他の兄弟と同様幕府政治の要職を歴任し、弘安六年には時宗晩年の連署に就任する。現段階では引付衆、評定衆に列している。この系統を孫の基時の号にちなんで普恩寺と称する。やはり時宗政権の第二段階での活動が注目される。

政村の系統については特に号もなく、[35]便宜政村流と称しておきたい。政村の政治活動については第五部第一章、第二章および本章はじめにも述べたので一応省略しておく。ただ政村が幕政中枢において重きをなしたことのもう一つの要因について注意しておきたい。系図Ⅱを参照してみれば明らかなごとく、政村女との姻戚関係である。政村には五人の女子があり、金沢実時の妻、[36]北条宗政妻、[37]安達顕盛妻、北条業時（前出普恩寺の祖）妻、北条時茂（前出常葉の祖）妻・時範母などが認められる。得宗専制体制成立の前提として、北条氏一門の内部矛盾の克服、さらには強固な結束が必至の条件となる。その結束というのが北条氏一門の内部での姻戚関係なのである。幕初から中期にかけての北条氏と足利氏・三浦氏との姻戚関係や、中期から後期にかけての安達氏との姻戚関係は、幕府中枢における北条氏と有力御家人三浦氏・安達氏・足利氏などとの[38]連帯を象徴しており、各時期におけるこれら氏族の浮沈と深くかかわっている。宝治合戦・二月騒動・霜月騒動など幕府中枢におけるこれらの事件は、こうした姻戚関係—連帯—に亀裂が生じた時点で勃発するといった背景があるのである。かかる意味で北条氏の一族間での結束を強固にする上できわめて有効な手段であるといえよう。従来あまり顧みられていなかったが、義時の時期にはとくにみかけられていなかった北条氏一族間における姻戚関係が、時頼の時期以来幕府滅亡に至るまで一層顕著なものになっていくのである。時宗の得宗家家督決定の因子の一端もこの点に求められるし、次代の貞時・高時の代にも得宗と執権・連署以下幕府要職に就く一門との姻戚関係は強固なものとなっている。時宗政権の第一段階および次代をになうべき一門の結束・連帯の中核に政村が存在していたというべきなのである。

〔系図Ⅱ〕

政村
- 女子　越後守実時妻・顕時母
- 女子　左近大夫宗政妻・師時母
- 女子　城六郎兵衛尉（安達）顕盛妻
- 女子　弾正少弼業時妻・時兼母
- 女子　陸奥守時茂妻・時範母

義時の五男実泰の系統を一般に金沢氏という。実泰は病気がちであったらしく幕府政治上めだった活動もみられない。その嫡子実時が活躍するようになるのは、すでにその少年期の十一歳で文暦元年（一二三四）に小侍所別当に任じてからはじまる。(39)泰時は自らの後継と指名した経時に対して、同年齢の実時と「両人相互に水魚の思い」(補註9)をもって接することを諭している。泰時はこの甥に信頼を寄せていたことがうかがわれる。経時の没後その跡を襲うた時頼もこれから苦楽をともにする盟友という思いがあったであろう。その嫡子時宗にとって実時は、幼少期から公私共に身近な存在として〝政道上の師〟というべき存在であったであろう。時宗は外祖父重時・政村・実時等の北条氏一門、得宗外戚安達泰盛といったひとびとにみまもられるようにして成長していったといえよう。時宗の成人とともに、以後の実時の活動は時宗政権の第一段階において大きなものとなっていく。評定衆・引付衆・引付頭人などを歴任し、さらには文応元年時宗が小侍奉行となってからは、(40)小侍所が時宗・実時の連署で運営されていくことになる。また前述のごとく安達泰盛とともに越訴奉行となっているし、前節でも触れたように、政村・泰盛とならび寄合の重要なメンバーとなっていることもみのがせない。学識豊かで和漢に通じていた実時は、時宗が最も信頼できた人物の一人であった。実時が果たした役割も地味ではあるが、得宗時宗にとって大きな支えであったと思われる。この実時は建治元年（一二七五）五月所労によって出家した。金沢六浦に引退し、翌二年十月五十四歳で没した。この間文永元年よりその死没まで引付頭人としての地位にあった。前述のごとく時宗個人と親密な関係にあったということができるであろう。それは嫡男顕時の元服の際に時宗がその烏帽子親になっていることにもその一端があらわれている。(41)ただ一つ疑問が残ることは、実時の跡を長子実村・次子篤時が継がずに政村女所生の四郎顕時が襲うたことである。『北条系図』によれば、実村は「太郎、早世」とあり、長子の実村は早死にしたためだという。同母弟である篤時は(42)『北条系図』には見えていないが長子が死亡したのであれば当然金沢氏の家嫡とされているはずであったと思われる。この点は一応疑問の提起にとどめておく。

実時の跡を襲うたのは四郎顕時であった。顕時は当初越後四郎時方と称していた。母は北条政村女であったことから、金沢氏の家嫡を継いだのであろう。顕時の母は北条政村女であり(補註10)、実時とは従兄妹の関係となる。政村は実時には義理の父ということになり、血統的には申し分はなかった。顕時は実時の跡を継ぎ時宗政権の第二段階でも活躍することになる。その後顕時は安達氏との姻戚関係によって、弘安八年霜月騒動に連座し、下総国埴生庄に籠居することになる。

その弟実政はモンゴル来攻に際し西国防備の一翼として、鎮西に下向。さらに長門警固というように、九州の最前線で活躍するようになる（次節でも触れる）。

義時六男の有時の系統は伊具氏である。氏祖有時は『関東評定衆伝』貞永元年条によれば、「今年以後無出仕」とあって、北条氏一門としては最初の評定衆であったらしいが、貞永元年（一二三二）以後は評定衆としての勤めもしておらず、また当該条には「寛元以後依所労不出仕」とあり、幕府政治にも参加していなかった。あるいは評定衆に任じたという事実があったかどうかも疑問である。またその子孫についても特筆すべきものがあまりない。わずかに孫の有助が鶴岡別当職に補任されている程度である。伊具氏についてはしばらく保留しておきたい（本書第一部第二章）。

次は時房流北条氏である。この系統には「佐介」と「大仏」の二大主流がある。論者はかつてこの佐介氏と大仏氏について検討を試みたことがある(43)ので、その論考によりつつ論述をすすめていくことにする。その結論として、第一に時盛が時房の長子として六波羅探題南方の地位に在任していた時点では少なくとも時房流の家嫡としての位置にあったと考えられること、第二に、その後時盛がその任を去ってからは同じ時房流の大仏氏に圧倒されがちとなり時房流の家嫡は順次大仏氏に移行していったと考えられること、第三に、それが時頼から時宗への得宗の勢力伸長の過程に相当していること、以上であった。

特に同じ時房流といってもまったくその性格を異にし、むしろあるいはまったく正反対の志向性を相互に有していたとすらいいうるのである。(44)

朝直は大仏氏の祖として幕政中枢で重要な役割を果たしてきたが、文永元年（一二六四）五月、五十九歳にして没した。その跡は宣時が襲うたわけだが、本格的な活躍は第二段階あるいは貞時政権になってからのことである。したがって宣時については後述する。

時盛が六波羅探題南方の任を去ったのは仁治元年（一二四〇）であったが、これを契機として佐介氏は大きく没落していくことになるのである。とくに時宗政権の第二段階―弘安年間―に顕著である。したがってこの問題についても後述することにしたい。

最後に名越氏が残っている。名越氏をあとまわしにしたのは、他の一門が大概協力的・協調的な対応をしてきたのに対して、佐介氏とともに少なくとも得宗を中心とする体制（およびその体制がため）に対して敵対的ないしは非協力的な対応をしてきた、という理由からである。寛元四年名越の政変で光時が伊豆国に配流され、時幸の自殺一件から、文永九年二月騒動に時章・教時が誅戮されて果てるまで、一貫して家督としての地位と執権とが権力闘争の主眼とされている。それとともに将軍の地位が名目上とはいっても、なお政治的な意味をもっていたということができる。経時から時頼に執権職が移譲されるに際して、この時点で名越光時をして言わしめたという「我ハ義時ガ孫也。時頼ハ義時ガ彦也」(45)という言葉は、該時点における得宗の地位の絶対性（血統の正当性）が一門の観念上確立していなかったことをうかがわせる。

時宗政権下での名越氏は、現当主の時章が評定衆・引付衆となっており、弟教時が引付衆から文永二年には評定衆に列し、時章嫡子公時が文永二年引付衆となっている。文永九年二月に時章・教時が誅戮された事件だが、教時はともかく、時章はまったく無実であったという点が問題である。文永三年の宗尊親王の将軍更迭の際に先走って騒動をおこした張本人は結局教時だけだったのであり、二月騒動で時章はただそのまきぞえをくった形となっているのである。こうした点についてはなお名越氏の個別的な検討、それも朝時の時代から幕府滅亡まで各時期の幕政とのかかわりのなかでそれを行わなければならない。一応の仮説として提起しておくが、時章には得宗を中心とする体制に対してことを構えようとする意思はなく、むしろ積極的に強調しようとする姿勢があったのではあるまいか。それが多年にわたる幕政上の要職たる評定衆・引付衆・引付頭人の歴任にあらわれていると考えられる。このあたりに(補註11)名越氏がすべて一枚岩ではなかったことがうかがわれる。

以上北条氏一門を概観してきたわけだが、総じていえることは、時宗政権の第一段階においては「一門配置」の面では幕府中枢にかかわる人事が中心となっており、外圧を契機とする西国防備の前提、すなわちその準備にとどまっていたという点である。北条氏一門の結束と連帯を中心とする幕府支配体制の強化によって来るべき国難に対応する時期に当たっているのである。文永元年（一二六四）十四歳にして連署に就任してから文永十年二十三歳までの少年期から青年期の時宗に、その政治的力量を軽視しえないまでも、得宗時宗個人の主体的な力量のみでさきにかかげた五つの問題を処理していくことが可能であったとは思えない。得宗の絶対的な権力の前に一門が屈服して形成された体制ではなく、難局に直面して、一門の側から自発的に形成された翼賛体制であったといえるのである。そこに政村・実時といった一門中の宿老と、得宗外戚安達泰盛らの存在の重要性があるのである。

文永十年（一二七三）五月、これまで時宗の権力確立に尽力してきた連署政村が没した。翌十一年十月はいわゆる「文永の役」であり、その翌年の建治元年五月、一番引付頭実時が所労によって出家。武蔵国金沢に引退し、翌年十月に没した。文永九年の「二月騒動」から、同十年の政村の死、同十一年の「文永の役」、さらには建治元年の実時の引退と続く数年は、時宗政権が来るべき国難をはさんで最も大きな試練に立たされた時期であったといえる。時宗政権の第一段階―文永元年～文永九年―は、いわば幕政中枢における北条氏一門を中心とした人事でその体制固めを急いだ時期であった。これに対してその第二段階―文永十年～弘安七年―は、その体制固めから一歩進んで「一門配置」を幕政中枢から西国防備の充実に転換した時期であると概観しうる。もちろんそれは幕政中枢はどうでもいいというのではなく、一門配置の面でよりその人選がむずかしくなったことを意味している。得宗の近親でもこの時期西国の防備のため下向した者が多くいるのである。こうした観点から、文永十年をもって一つの画期として位置づけたいのである。前節でも述べた六波羅探題北方の時茂の死没の二年あまりの空白のあとの義宗の就任や、それと同南方の時輔誅戮、名越教時らの誅戮もその一環としてとらえることができる。そしてこのことは同時に後述する中央・地方における一門配置の問題とも関連しているのである。

いわゆる「文永の役」の翌年建治元年（一二七五）から、北条氏一門配置は西国が重点的に強化されることになる。同年十一月、金沢実政（顕時の弟）が鎮西に派遣され、ついで翌二年正月、北条宗頼（時宗の弟）を長門守護として派遣し、ともに西国防備の拠点としている。これ以後幕府滅亡にいたるまで北条氏一門の守護の大量進出という事実があることはすでに指摘されている(46)。またこの事実と並行して評定衆中に占める北条氏一門の割合の増加である。この点についてもすでに指摘されているが(47)、幕府中央においてもまた地方―とりわけても守護の配置―においても、北条氏一門による要職独占の傾向が一層強められていくことになる。しかもかかる傾向がすでに時頼の時期からはじまっていたわけだが、それが時宗政権の第二段階において明らかに質的に異なっていることに注目しなければならない。

幕府中央や地方における北条氏一門による要職独占や守護の一門の大量進出という事実は、最低限の条件として北条氏一門の成長がなければならない。すこし前のことになるが、元仁元年の義時の死のあとに行われた遺領配分の際にも政子をして驚かしめるほどの少分に甘んじなければならなかった事実は、(48)泰時の弟思いの心情のみに還元してとらえることはできない。「序」でも述べたが、執権政治の性格の一端が執権北条氏と諸有力御家人との勢力均衡のバランスのうえになりたっていたという点である。また執権政治そのものが北条氏の氏族的伝統による所産ではなく、これから構築せんとするものであったため、その頭初から専制化する危機をはらんでいたのである。したがってそのための条件が必然的に北条氏一門の成長にほかならなかったわけである。換言すれば執権政治の構図が北条氏対有力御家人ということで、そのバランスが大きくくずれたのが「宝治合戦」における三浦氏本宗の滅亡であった。これ以後の北条氏一門の成長とその結束こそが政局の安定＝執権政治の維持・擁護につながり、これこそ時頼政権の基本的性格であった。時頼の執権時代、さらに時頼入道の政権下では、得宗時頼の北条氏一門に対する優越性、あるいは絶対なる支配・従属が成立しえていただろうか。たとえば時頼と重時・政村などとの関係に、かかる事実があったと思われようか。結論からいえば、論者はこの点に関しては懐疑的である。『吾妻鏡』の書き方がどうあれ、時頼の一門に対する支配・従属の関係は、いまだ成立していなかったと考える。(49)同様にして時宗政権の第一段階においてもこのことはいえるのであって、時宗の一門に対する絶対性を確立していたとは考えられない。それが二月騒動を経て、政村の死没、実時の引退・卒去のあと、幕政は新段階をむかえるにいたる。そして得宗時宗と他の北条氏一門との関係が、以前のそれとは異質なものとなっていくのである。それは「文永の役」と前後してあらわれてくると思われるが、いわば外圧を契機として、一門の反体制分子――あるいはそうみなされた者に対しても――には徹底した排除・粛清が実行されていく。具体的な例として佐介氏の氏祖時盛が(50)六波羅探題南方の任を去ったあと、華々しく活躍する他の北条氏一門に比しては、ほとんどその活動が認められず、むしろ時頼・時宗の時代に大きく疎外されていくことになるということである。時盛の子息として『吾妻鏡』にみられる公的儀式の際に姿をあらわすのは唯一「越後右馬助時親」のみであり、あとはわずかに随兵という名で時員が認められるくらいである。また建治元年十二月には時員の子息時国が六波羅探題南方として祖父時盛をともなって上洛している[51]。しかしこの人事にも疑問の余地がある。このとき六波羅探題南方は文永九年二月時輔が誅戮されて以来四年近くもの間欠員であった。しかもこのときの就任の様子がさきの時輔の場合と酷似しているのである。すなわち無官にして叙爵以前の就任という点ではまったく同じなのである。

この点に関しては二通りの解釈がなりたつ。その一は、文永の役後西国防備強化を痛感した幕府が、欠員となっていた六波羅探題南方に一門を配置したという考え方である。その二は、時輔の南方就任と同じような事情ではなかったかという考え方である。その傍証としてかつての在任経験者時盛を中心として当時の佐介氏の一統が、時宗を頂点とする幕府にとってこれから脅威となりうる可能性があったか、あるいは時宗らが感じたのではなかったのか。したがって六波羅探題南方として京都に配置し幕府中央から放逐したのではなかった、という考え方である。この二通りの解釈についての結論は今は保留しておくが、論者としては後者のほうをとりたい[52]。というのも結果論のようになるが、時国が叙爵したのは建治三年五月に時盛が没した同年十月のことであり、さらにずっと後年のことになるが、弘安七年にはついにその伯父時光の佐渡配流と相前後して誅されるところとなるのである。いずれにしてもこの佐介氏は時宗の得宗権力伸長の犠牲として消えていくのである。このような過程で時宗の権力の絶対性が確立していくのである。

また前節でも若干触れたことだが、いわゆる「寄合」の問題がある。『建治三年記』にみられる時宗私邸における寄合には北条氏一門が一名も関与していないことが注目される。その記主太田康有は時宗を指して「相大守」という最上級の尊称を用いていることもみのがせない。ここに時宗の得宗としての地位の絶対性が、当時の北条氏一門も含めて幕府中枢にも観念上意識されていたであろうことが察せられる。また時宗政権の第一段階ではみられなかったことでは、この建治三年段階では得宗被官平頼綱が寄合の参加メンバーとして固定しているのも注目すべき事実である。しかしそれにしても政治的にはなお評定が意義を有していたであろうことは、その制度的存続という事実だけからではなく、『建治三年記』にみるかぎり寄合は四回だけなのに対して、評定はその回数においてはるかに多い。これはこのときの寄合が、京都本所領家等の兵粮料所や在京武士の拝領の所々の返付についての一件、北条時村（政村嫡子）の六波羅探題北方就任の一件など、幕府のいわば最重要事が審議・決定されているわけである。評定のほうでも「老」「若」の別があり、審議の内容によって区別があるものと考えられる。(53)

最後に〝外圧〟を契機とする西国防備の重点的強化、すなわち守護の一門配置について触れておきたい。文永の役後、建治元年ごろから守護のみならず、六波羅探題・鎮西探題の防衛体制が強化されることになる。建治元年十一月、金沢実政（顕時の弟）が鎮西に派遣されている。これからやや後年のことになるが、鎮西探題がこの実政の在任中に整備されることを考えるとき、この実政の鎮西下向は一つの画期となろう。(54)つづいて翌建治二年正月、北条宗頼（時宗の弟）が長門の守護として実際に現地に赴任しているが、(55)これも西国防備の強化のための北条氏一門の進出にほかならないであろう。この二例のみならず西国に進出した北条氏一門の守護は、山陰・山陽・西海だけをとりあげてみても、前出のほかに丹波・美作・周防・筑後・豊前・肥前・大隅などがあげられる。これは建治ごろを基準としたもので、これらのほか元弘年間まで北条氏一門に帰した国々はなお多くなる。しかもこうして獲得された守護職が単なる数の増加にとどまらず、その位置的に軍事的要国であったことが重要な意味をもっている。(56)対モンゴルという観点からでは、防長二国、筑前・肥前などであり、しかも後年に長門探題・鎮西探題の直接支配下におかれることになり、そこにはいうまでもなく北条氏一門が派遣されているのである。さらにこれらの一門の守護職が完全に得宗の一元的支配下におかれた形跡があることも注意すべき事実である。[57]このことは得宗権力の絶対性が確立していなければまったく考えられないのであって、時頼の時代や時宗政権の第一段階では不可能なことであったと思われる。

以上のように、外圧を契機として得宗が主導する防衛体制の強化の過程のうちに、一門に対する得宗権力の絶対性が確立していったのである。同時にこのことは、北条氏一族間の族的支配の移入を通じて幕府支配を貫徹する体制――得宗専制体制―の完成を意味するのである。得宗を中核とする幕府支配体制の強化は来るべき国難に対して、指揮・命令系統が一本化されることが重要なのである。〝外圧〟に対して当時の幕府内部が動揺しているような状態では、モンゴルの来襲という事態に備えることはできないのである。かかる意味において、得宗に権力が集中してその絶対性が確立していったのは必然的な〝時〟の勢いであったといえるであろう。

三　得宗専制成立への契機としての外圧要因

前節の末尾でも述べたが、外部からの圧力に対して内部への専制というパターンは一つの歴史的テーゼである。すなわち外敵をむかえるにあたって、むかえうつ側の指揮・命令系統が一本化していなければならない。このことは一歩進んでこちら側からの攻撃についても同様のことがいえよう。北条氏得宗による専制化の傾向にしてもこの〝外圧要因〟をぬきには論じられまい。本節ではこの問題を焦点として論じてみたい。

一体、専制とは何か。それは政治主体が個人にしろ団体にしろ独裁を意味しよう。しからば政治体制としての〝専制政治〟あるいは〝独裁政治〟という場合には、政治権力の頂点にあって、その政治体制に対する反対者ないしは反対派をその軍事力をもって弾圧しうる〝力〟を保持し、かつその政治方針を一方的に断行しうる強制力を有していることである。この場合権力者はその被支配者に対して、観念的にもそのように思わしめるだけの実質がともなわなければならない。政治過程という意味からは、実績といいかえてもよいかもしれない。執権政治から得宗専制への転換の基本的契機は、その過程に惹起せる政治的事件と法令の内容的特徴の検討であり、より具体的には訴訟手続き進行上の原則が従来の当事者主義から職権主義への移行―就中訴訟審理の原則が正確第一の直接主義から迅速第一の間接主義への移行―の事実である。(58) 実質あるいは実績という意味では、つまり政治的事件では、寛元四年名越の政変や宝治合戦に、専制化の契機としてその端緒を見出すことができる。さらにその延長線上に画期的事件として「文永九年二月騒動」をすえることができる。この事件が単に時宗と時輔との得宗の宗主権をめぐる権力闘争たるにとどまらず、この案件をしてその惹起を必然たらしめた条件、〝外圧要因〟というものを看過しえないからである。(59) すなわち外からの脅威に催促されるようにして、とりわけ北条氏一門の内部矛盾の克服はもはや必至だったのである。そしてこのことが同時に結果的には時宗の得宗としての権力を絶対的なものとして確立たらしめ、ここに二月騒動が得宗専制成立の一大画期としての位置を求めることができるのである。得宗専制が意味するところは、北条氏の家督家＝得宗家が他の一門を完全に支配し、その支配を通じて―中央・地方における一門配置など―幕府支配から全国支配を貫徹する体制をいう。かかる意味において得宗自体が不安定なのではこの体制の成立はありえない。逆に一門の立場からは、外圧に直面した政局を迎えて唯一絶対の一本化した体制を維持し擁護することに、その打開策の方向を見出し、それに協調することこそが宗家を立てる一門として〝ぶん〟のあり方だったのである。この方向は文永の役を経ることにより、一層強化されることになった。前節でも述べた北条氏一門の守護の大量進出が推進され、文永の役を経験することにより防衛体制強化の充実を、幕府をしてさらに痛感させずにおかなかった。以上のことは北条氏一門内部に対する得宗の支配強化という面より、むしろ重要なのは対御家人支配や、対朝廷・対本所領家への支配力の強化の面である。換言すればそれは幕府の全国支配への大きな前進である。対朝廷への幕府の支配力ないしは統制力の強化という点では、蒙古・高麗の国書の扱い方に対する問題があげられる。文永五年（一二六八）閏正月、筑前の守護少弐資能を経て蒙古・高麗の国書が幕府にもたらされ、翌二月幕府はそれを朝廷に奏上した。その国書について、朝廷で連日評議をくりかえしたが、最初の国書については返牒を送らずとする方針を決定されたのに対し、二度目の使者の来朝に対しては今度は返牒を送ることに決定している。しかしこのときも幕府の意見に従って結局返牒は送られないことになった[60]。朝廷の対外方針の決定が幕府の意見に従うというように、すでに該時点における実質的な力関係の相違は明白である。形式的には朝廷の命を奉じてはいても、対外関係の実質的主導権は幕府にあり、さらに軍事的指揮権も当然幕府がもっていたというべきである。

この点に関連して、幕府の在地に対する具体的な政策について述べてみたい。従来漠然と幕府がたくみに在地に権力を扶植していったと考えられ、事実大勢もそのようであったとみられる。それは守護権限の拡大となってあらわれた。鎌倉幕府の対本所領家および国衙の原則は、御成敗式目第六条にあるように「国司領家成敗不及関東御口入事」であった。その原則が大幅にしかも幕府自らによってくずされてくるのである。次に掲げる史料はその好例で、文永の役の最中に出されたものである。『追加法』[61]四六三条に、

　蒙古人襲来対馬壱岐、既致合戦之由、覚恵《少弐資能》所注申也、早来廿日以前、下向安芸、彼凶徒寄来者、相催国中地頭御家人并本所領家一円地之住人等、可令禦戦、更不可有緩怠之状、依仰執達如件、

　　文永十一年十一月一日　　武蔵守《義政》在判
　　　　　　　　　　　　　　相模守《時宗》在判

　武田五郎次郎《信時》殿　　東寺百合文書ヨ一至十二

（傍点論者）

とある。従来の幕府の原則たる本所領家に対して干渉せずは、大きくくずれていくことになるのである。本所領家進止の地に対しては従来は禁断の地であったはずで、その地の住人に対して動員令が下され、しかもそれが容認されるというのも幕府対朝廷の力関係もさることながら、現実に戦争状態にあるという外交関係の緊張ぶりをものがたっている。さらに翌建治元年の高麗遠征の計画についても同様の史料がみられる。すなわち同じく『追加法』四七三条に、

明年三月比、可被征伐異国也、梶取水手等、鎮西若令不足者、可省充山陰・山陽・南海道等之由、被仰大宰少弐経資了、仰安芸国海辺知行之地頭御家人、本所一円地等、兼日催儲梶取水手等、経資令相触者、守彼配分之員数、早速可令送遣博多也者、依仰執達如件、

建治元年十二月八日

武蔵守（義政）
相模守（時宗）在判

武田五郎次郎（信時）殿

東寺百合文書ア六十三—七十

（傍点論者）

とある。これによりこちらからすすんで外征を計画したことが知られ、その員数にまで本所一円地の住人に対する動員令が出された。この外征計画そのものは計画だけにおわったようだが[62]、いずれにしても御家人のみならず本所一円地の住人に対してまでも動員するという幕府の方針は、従来の泰時の時代につくられた原則とは、はるかにかけはなれているというべきである。こうした本所一円地住人に対する動員というのは、いわば人頭に対する支配権の付与を意味し、守護を通じてその支配権を行使するのである。それがすなわち幕府の一円地の住人に対する支配の強化となっていくのである。ただしこうした命令、すなわちはっきりと「本所一円地の住人」という文言をもって守護の指揮下に属せよとするものは、幕府法をみるかぎり、さきに掲げた二つの史料だけで、国に関していえば安芸一国のみのようである。

次に明確には「本所」「領家」という語は使っていないが、これに準ずると思われる史料を掲げることにする。『追加法』四六四条に、

蒙古人襲来対馬・壱岐、致合戦之間、所被差遣軍兵也、且九国住人等、其身縦雖不御家人、有致軍功之輩者、可被抽賞之由、普可令告知之状、依仰執達如件

文永十一年十一月一日　武蔵守《義政》在判
相模守《時宗》同

大友兵庫頭入道殿

大友文書一

とある。九国住人のなかで、「其身縦雖不御家人」も、軍功を致すものがあれば恩賞にあずかることができる旨、大友頼泰を通じて普く告知せしめているのである。事実上、非御家人に対する動員督促とみられ、したがって積極的な（あるいは強制的な）動員令ではないにしろ、本所一円地の住人に戦闘参加をよびかけているのである。

これらは、現実にすでに蒙古との戦闘状態に入り、しかもかなり苦戦を強いられていた状況の下で発せられたものであり、あるいはその戦闘を経験した翌年の外征計画の際に出されたものであり、逼迫した最前線の情勢から、かかる措置が容認されたものであろうと思う。したがって文永十一年当時、本所一円地の住人に対する動員は一応安芸一国で、そのほかは明確な動員令ではなかったが、九州全域に事実上の非御家人の動員督促を行ったのである。こうして在地―特に中国や九州などの蒙古防衛の最前線―の守護権力の拡大にともなって幕府の支配圏が拡大されていったのである。しかも同時にこれらの諸国にこの措置と相前後して従前の外様守護に代わって、北条氏一門が送りこまれてくるのであり、この点に関しても注意しなければならない。この事実は前節で述べたこととも関連するが、それをまとめたのが次頁の〔別表Ⅱ〕である。(63)九州・中国において得宗の手中に帰した守護職は、建治前後で九ヶ国あまり

を数え、さらにその後幕府滅亡に至るまでに、その数を増していくことになるのである。

ところで、前述した「本所一円地住人に対する動員」の問題だが、当初はどうやら安芸一国のみで、九州については積極的なものではなかったものの動員督促令が出されていたと推定してみた。これが弘安四年（一二八一）になると事情がやや変化してくる。いわゆる「弘安の役」を経ることにより、最前線たる中国・九州の防衛強化を痛感した幕府が、前述した文永から建治にかけての安芸一国に適用されていた枠を大きく広げていったのである。『壬生官務家

別表Ⅱ

国名	旧守護	新守護	交代時期	備考
筑後	大友頼泰	北条宗政	建治三・七	
豊前	少弐（武藤）資能	金沢顕時カ	建治前後	
肥後	名越時章	安達泰盛	文永九・二以後ヵ	二月騒動で時章没
日向	島津久時	赤橋（北条）久時	弘安三以前（推定）	
大隅	名越時章	千葉宗胤	文永九・二以後ヵ	文永・建治年間不詳
伯耆	北条時輔	佐原頼連カ	建治元・十二―同二閏三	二月騒動で時輔没
岩見	伊藤三郎左衛門	大仏宗宣カ	建治前後	伊東三郎左衛門尉と同人ヵ
播磨	小山宗長	北条氏家督（得宗）	建治二頃	
美作	和田義盛	北条氏家督	建保以来カ	建保―文永まで不詳
備中		北条氏家督	文永九―建治二	土肥実平以後不詳
周防	長井泰重	北条宗頼	建治二・一	
長門	二階堂行忠	北条宗頼	建治二・一	

日記抄』(64)に次のような史料がある。

(A)

弘安四年七月六日、依異国警固、鎮西九ヵ国幷因幡・伯耆・出雲・石見不可済年貢、可点定、又件国々難□庄園同下知之由、去夜自関東令申云々、異賊未入境、洛城欲滅亡歟、上下諸人之歎、不可有此類歟、実否猶可尋記之、

異国合戦之間、当時兵粮米事、□要鎮西及因幡・伯耆・出雲・石見中国衙領公家本所一円得分、幷富有之□米穀、令見在者、可点定□由、可被□此旨可令申入東宮大夫(西園寺実兼)殿給之状如件、

弘安四年六月廿八日　相模守(時宗)□□

陸奥守(時村)殿　越後左近大夫将監(時国)殿

(B)

弘安四年閏七月九日、蔵人佐俊定内々示合云、依異国事、諸社職掌人可警固本社事、幷寺社権門領本所一円地庄官以下、随武家下知、可向戦場事、両条可□此事□、仍准拠　宣旨大切云々、

廿一日、自関東差遣鎮西使者両人今日上洛、異国賊無残誅了之由申上云々、実説猶可尋之、(中略)諸社職掌人警固本社、幷本所一円地庄官可向戦場事、可被　宣下之由先日武家申行候歟、而異賊退散之上者、難不可及沙汰、昨日猶被宣下之、上卿一上(二条師忠)、弁経□□可載去九日之由、被仰下官云々、件口宣尋取所継書也、　(傍点論者)

この(A)、(B)いずれの史料も前述のことと関連する非常に重要なものである。文永の役に際して安芸一国のみに限定されていたと考えられる「本所一円地の住人に対する動員指令」が、弘安の役に至った時点では、ついに九州全域および山陰道諸国に対してまで適用範囲がひろげられているのである。(A)の史料では、九州・山陰の諸国の国衙

領、本所領家の年貢は納めずに兵根米として調達すべきことを命じ、しかも後半の時宗の六波羅探題宛書状はそれを受けて「富有」の者からの米穀の点定を要求して、それを南北の六波羅探題に指示しているのである。(A)の史料はいわば戦費調達を国衙・荘園に認めさせているのであり、対モンゴルの戦闘での経済的基盤の確立と評価しえよう。さらに(B)の史料では、地域についての限定は明確ではないが、「本所一円地庄官以下、随武家下知、可向戦場事」というように、非御家人に対する戦闘参加を強制し、それを「宣下」という形をとっているのである。(B)の史料は戦闘に入った際の御家人不足から、軍勢の結集をはかったものである。いわば最前線たる九州および山陰における戦時体制の強化と考えられるであろう。以上述べたことを整理すれば次のごとくである。文永の役に際して、西国の防衛体制の強化を策した幕府は、いかなる理由かは判然としないが、ともかく本所に対してある程度以上の発言権を有したと考えられる安芸の守護武田信時に対して、「相催国中地頭御家人幷本所一円地之住人等、可令禦戦」しと命じ、さらに豊後の守護大友頼泰に対しては「且九国住人等、其身縦雖不御家人、有致軍功之輩者、可被抽賞」きことを広く告知せしめ、非御家人に対する事実上の動員督促令を発した。したがって文永の役当時において強制的な本所一円地住人に対する動員令は、一応安芸一国のみだったと考えられるのであり、戦局の重大さを知った幕府が、朝廷にはたらきかけてさらにその適用範囲を拡大し、九州および山陰道諸国にも叙上の動員令の兵根米調達指令が発せられるに至ったのであろう。あるいは、すでに文永の役当時から本所一円地住人(いわば非御家人)に対する動員が認められており、それが史料的にたまたま残っていないだけなのであろうか。一歩譲って前者の場合であったとしても文永・建治・弘安年間(文永・弘安両役の間)に、かかる原則が拡大適用され、本所一円地に対する守護の支配—ひいては幕府の支配圏—が大きく前進したのである。しかも一度かかる原則が確立されると、もはやもとに戻ることはなく、むしろさらに一層強化される方向に向うのである。弘安の役が終結しても蒙古の脅威が完全に去ったわけではないので

別表Ⅲ

年号	西暦	内容	出典	備考
文永五	一二六八	二月、蒙古襲来に際して用心すべき旨讃岐守護に指令。	追加法 四三六	
八	七一	九月、肥後小代氏に対し、異国防禦と領内悪党鎮圧を指令。	小代文書	
		同じ日付で、同様の内容の指令を薩摩阿多北方地頭に発す。	薩摩二階堂文書	
九	七二	二月、豊後野上氏に、筑前・肥前の要害警固を命ず。	追加法 四四七	野上文書
十一	七四	十一月、安芸守護武田信時に、国中の地頭御家人ならびに本所一円地の住人を動員して、蒙古の防戦を指令。	追加法 四六三	東寺百合文書
		十一月、石見国御家人に蒙古防戦を指令。	長府毛利文書	
		十一月、大友頼泰に、九国住人に非御家人でも軍功があれば抽賞する旨の告知を指令（非御家人に対する動員督促）。	追加法 四六四	大友文書
建治元	七五	二月、蒙古警固結番。九州の守護武藤氏・大友氏・島津氏による四季に分けた順番制。	追加法 四六五	比志島文書
		五月、防・長・芸の三ヶ国共同の防戦指令を武田信時に発す。さらに八日後、備後を加えた四ヶ国で結番して要害警固を武田信時に命ず（山陽道四ヶ国による警固結番）。	追加法 四六六 追加法 四六七	東寺百合文書 東寺百合文書
		六月、西国新関の河手等の停止。	追加法 四六九	菅浦文書
		七月、文永の役に積極的に戦闘に参加しなかった御家人を、今後は不忠として処罰する旨を指令。	追加法 四七〇	大友文書
		九月、門司・赤間以下の所々の関手等の停止。	追加法 四七一	菅浦文書
		十二月、来年三月比を期して外征を計画。鎮西で人数が不足ならば、山陰・山陽・南海諸道をあてるよう指令。	追加法 四七三	東寺百合文書
二	七六	三月、高麗遠征実現のため、大小の船・水手梶取・将兵等を博多に招集する。	追加法 四七四・四七五	野上文書
		三月、高麗遠征参加者以外の九州の御家人に石塁築造を指令。	深江文書	
		八月、山陽・南海両道の地頭御家人に長門国警固を指令。安芸国に対しては、地頭御家人ならびに本所一円地の住人の動員を武田信時に指令。	追加法 四七七	東寺百合文書
三	七七	六月、大宰府の飛脚、宋朝の滅亡を伝える（一二七九、宋室滅亡）。	建治三年記	
弘安元	七八	十一月、元、日本商船に交易を許す。		
二	七九	七月、元使、筑紫に来る。幕府これを博多において斬る。		
三	八〇	十二月、来年四月中に蒙古来襲を予測。守護人の不和を禁じ、また御家人以下の軍兵は守護の命令に従って防戦すべき旨を命ず。	追加法 四八三	大友文書
四	八一	四月、守護に命じて地頭が津料・河手を押し取ることを禁ずる。	追加法 四八五	
		九月、鎮西御家人の上洛遠行を禁じ、捕虜や異国人の扱い・津泊往来の船の検見など定め、要害修固ならびに番役勤仕等の防衛体制をさらに厳にさせる。	追加法 四八五・四八六・四八七・四八九	野上文書

あって、西国における緊張は幕府滅亡以後も続き、異国警固番役および石築地（防塁）修築は室町幕府に受けつがれるのである。[66] こうして異国防衛を名目としたその強化の進展と並行して、幕府（すなわち得宗）の西国支配が確立していくのである。そして最終的には鎮西探題や長門探題の成立によって、九州・中国は名実ともに幕府の支配下に入っていくのである。それは本所一円地住人に対する動員のみならず、裁判権も含む広い意味での支配権であり、それが少なくとも貫徹しうるようになったのは、実に最前線という位置と、〝外圧〟という対外的緊張のなかから発したものであった。なお、この点については年代がやや下り、本章の副題である文永・弘安年間からはずれるので、本節の末尾で整理するときにあらためてふれることにしたい。

論述が前後してしまったが、文永五年（一二六八）蒙古の国書がもたらされて以来、本節の課題たる文永・弘安年間に幕府がうった対策について本節の主旨にそって若干触れていくことにしたい。それを軍事中心として編年順に示したのが〔別表Ⅲ〕である。蒙古の国書到来から幕府はその準備をはじめ、『追加法』四三六条に次の史料がみられる。

一　蒙古国事

蒙古人挿凶心、可伺本朝之由、近日所進牒使也、早可用心之旨、可被相触讃岐国御家人等状、依仰執達如件、

文永五年二月廿七日　　相模守《(時宗)》
　　　　　　　　　　　左京権大夫《(政村)》

駿河守殿《(北条有時カ)》

讃岐の守護に蒙古襲来の用心すべき旨を御家人等に布達せしめているわけである。この段階で西国に発せられた指令で現在残っているのはこの文書だけであろうといわれるが、同様の命令は九州や中国の諸国にも特に九州の大友氏や少弐氏などには、これよりも早く出されたものと考えられる。[67] ところでこの駿河守とは何人であろうか。佐藤進一氏

はこれを北条有時に比定されている(68)。ただし『関東評定衆伝』によれば、貞永元年条に「今年以後無出仕」といい、また仁治二年五月に再び加わっているものの、「寛元以後依所労不出仕」としているので、有時の評定衆としての任は断続的なものであったと思われる。『吾妻鏡』では寛元三年三月十九日条が最終所見であり、以後の幕府政治への参加もなかったらしい(69)。しかし文永五年当時、ほかには駿河守を名乗る北条氏一門はみあたらず、佐藤氏の所説に従っておきたい。

蒙古襲来という外圧を目前にして、幕府がその防衛体制を整えていくことはもちろんだが、それと並行して行われたのが悪党対策であった。

蒙古人可襲来之由、有其聞之間、所差遣御家人等於鎮西也、早速自身下向肥後国所領、相伴守護人（北条時章）、且令致異国之防禦、且可鎮領内之悪党者、依仰執達如件、

文永八年九月十三日

相模守（時宗）（花押）

左京権大夫（政村）（花押）

小代右衛門尉（重俊）子息等

（小代文書）

蒙古人可襲来之由、有其聞之間、所下遣御家人等於鎮西也、早速差遣器用代官於薩摩国阿多北方、相伴守護人（島津久時）且令致異国之防禦、且可鎮領内之悪党者、依仰執達如件、

文永八年九月十三日

相模守（時宗）（花押）

左京権大夫（政村）（花押）

阿多北方地頭殿

（二階堂文書）

同じ日付のこの二通の関東御教書は、小代氏に対しては自ら肥後国に下向するよう命令し、阿多北方地頭＝二階堂氏に対しては器用代官を差し向けるようにと命じている。これは二階堂氏が当時幕府枢要の地位にあったためといわれているが、[70] いずれにしても異国防禦と領内悪党鎮圧を「且」で併置し、いわば同一次元の問題として幕府中央がとりあつかっていることは注目すべきであろう。ごく一般的に考えてみても、異国防禦の最前線たる九州において、その中心として働かなければならないはずの御家人の所領に悪党がいては、近い将来当然予想される戦闘に満足な行動がとれようはずがない。御教書にもみえるごとく、「相伴守護人」という点から、守護の権限の強化という側面がみられないでもない。またさらに領内に向いていた悪党の目を外にそらすことも考えられるところであろう。すなわち積極的には防衛体制の軍事力に〝アウトロー〟の編成という見通しがあったのかもしれない。同様の事例と思われるものに「豊後国中悪党沙汰事」という『野上文書』にもみられる。

次に本節の趣旨にそって考えてみると注目すべきことは、流通の問題であったと思われる。〔別表Ⅲ〕に掲げたように、建治元年（一二七五）に六波羅北方北条義宗に二通の関東御教書を発している。

西国新関河手等事、可停止之由、先日被下知之処、有違犯所云々、甚猛悪也、重可被下知之状、依仰執達如件、

建治元年六月二十日　　　　武蔵守（義政）御判
　　　　　　　　　　　　　相模守（時宗）御判

陸奥左近大夫将監（義宗）殿

（菅浦文書）

門司・赤間以下関手事、皆悉可停止之由、可被下知之状、依仰執達如件、

建治元年九月二十七日　　　武蔵守（義政）御判

相模守《（時宗）》御判

陸奥左近大夫将監殿《（義宗）》

（菅浦文書）

西国の新関の交通税の禁止を指令しているわけであるが、幕府が意図したところは流通の円滑化であったろう。すなわち、前年の文永の役を経て、西に向かう軍事物資や兵粮米などの輸送の円滑化をはかったものと推測される。そして九月に出された法令はさらにそれが徹底化され、中国から九州に入る交通の要地である門司・赤間以下の関所の通行税がみな禁止されるにいたっているのである。しかもすでに六月の法令には「先日被下知」とあるように、これより以前に同様の命令が下されているはずであり、幕府によってかかる命令がしだいに強制されていっているのである。こうした一面にも〝外圧〟を契機とした幕府権力の強化の一端があらわれているというべきなのである。この傾向は以後も存続したものらしく、弘安四年（一二八一）には各守護人に宛てた法令が出されている。次に掲げるものがそれである。『追加法』四八五条に、

一　津料河手事

先年被留畢、而近年所々地頭等、押取之間、為諸人之煩云々、於帯御下知者、不及子細、其外至押取之輩者、可令停止、若違犯者、可有其科之由、可令相触其国中、猶以不承引者、可令注進交名之状、依仰執達如件、

弘安四年四月廿四日　相模守《（北条時宗）》判

某殿　守護人事也

とみえている。

以上のようにしてこうした側面にも〝外圧〟を契機とする専制的な傾向が次第にあらわれてくることをよみとることができると思う。しかもここでも注目すべき点は、やはり守護人を通じて指令が出されていることである。戦闘指

揮権や兵根米調達、本所一円地の住人に対する動員令など、守護の権限は著しく拡大されていった。幕命は守護を通じて下されていったから、幕府の権力は西国諸国を中心に浸透していったであろう。〝外圧〟を契機として、従来の幕府の原則や方針は大幅に変更されるに至った。その第一にあげるべきことは、御成敗式目第六条の原則＝「国司領家成敗不及関東御口入事」が、文永から弘安年間にかけて大きくくずれていったことである。この時期に西国を中心として本所一円地に対する幕府の支配権が大きく前進したであろうことが察せられる。第二に、第一のこととも関連するが守護の権限の強化である。戦闘指揮権そのものは従来のものを受けついでいるが、本所一円地の住人に対する動員権は従来にはなかったものであり、この権限は以後も異国の脅威があるかぎり継続されたであろう。第三に、こうして強化された守護（とくに西国の）に北条氏一門が大量に進出していったことがあげられる。幕府の命令は守護を介して下されていったから、以後はその支配強化が一層進み、専制化の進展はここにも認められるのである。そして、こうした一連の幕府の方針なり政策なりが、西国を中心とした地域に浸透していった結果、新たな諸機関の設置をみるにいたるのである。(71) 専制化の契機としての〝外圧要因〟は、幕府の指揮・命令系統の一本化という意味では、一門に対する血の粛清という面をもち、対国衙本所領家ではその地の非御家人に対する動員令が出され、それは守護を通じて徹底されるにいたった。ことに幕府の不介入が原則であった「国衙本所領家」の地に対する支配権の強化という事態は、尋常の状態ではまったく考えられないことである。それが当然のように容認されたのも非常事態、すなわち〝外圧〟に直面していたからのゆえであろう。

四　弘安八年霜月騒動とその評価

弘安七年（一二八四）四月四日、執権北条時宗は三十四歳にして没した。『勘仲記』弘安七年四月八日条は次のように伝えている。

晴、早旦参院、以按察卿奏聞灌仏散状、世上有物忩事、関東相州時宗所労危急之間、去四日出家、件日夭亡之由有其聞、天下之重事何事可如之哉、或已有事之由披露、或難及出家未事切云々、其説区分不知実否之最中也、（以下略）

文永・弘安の役をのりきり、いわばその大任を終えた時宗からすれば、まさにあっけない若さで三十四歳にしての死去であった。「天下之重事何事可如之哉」とはまことに当時の様相をよくものがたっているといえよう。本章においいて、時宗個人を美化したり英雄視したりする意図はみじんもないが、国難に直面して自らの果たすべき使命、ないしはその役目を自覚しつつ、十二分に全うした力量は過小評価されるべきではないと考えている。すでにみたように時宗政権は、その第一段階において政村・実時などの北条氏一門中の有力者や、得宗外戚たる安達泰盛らの強力な支持を受け、得宗権力の確立をなしとげてきた。そして第二段階に入ってこれらの支持者を相次いで失ってきたなかで、安達泰盛は依然として得宗外戚としてその強力な支持者であった。時宗政権はこれらの支持者の存在を抜きにしては語れないであろうが、時宗を中核として得宗権力は〝外圧〟を契機として防衛体制の充実とともに確立していったのである。政権のトップが確定していなければ、脇をしめる者もその活躍は心もとないものとなる。時宗が凡庸な人物であったならば、時宗そのものが傀儡になってしまうであろうし、安達氏などの活躍もいかばかりであったろうかと思わしめるのである。
本章の副題――文永・弘安年間における北条時宗政権の実態分析――からすれば、すでに時宗の死没をもって終わるところであるが、本節であつかう「霜月騒動」は、時宗政権の帰結と貞時政権の成立という点でどうしても抜くわけにはいかない。特にこの乱の性格をめぐって先学によって従来からさまざまな評価がなされている。それらの評価については本文のなかで触れるが、得宗専制政権を論ずるうえで必要欠くべからざるものなのである。あえて本節を設けたゆえんである。

得宗専制という鎌倉後・末期における政治体制は、前節まででも述べたように外圧を契機として徐々に成立してきたものである。これ以後得宗を中心とした幕府支配体制は強力にその政策なり方針なりを貫徹する道を選んだのである。それは前節にも述べたごとく、外圧を契機とした諸政策を中心としたものであった。そしてそのまさしくその中核となったのが得宗＝時宗であり、それを支えたのは文永初年の段階では一門中の有力者たる政村や実時であり、そのほか得宗外戚の安達泰盛であり、さらに建治年間からは御内人の筆頭平頼綱であった。本節の課題である「霜月騒動」も以上の延長線上に位置するものと考えられ、「二月騒動」から「霜月騒動」にいたる十数年間に、二度にわたるいわゆる「元寇」を経ることによりここに得宗専制の成立を認めることができると思われる。(補註12) 以上のことは当時幕府中枢にあった一門の金沢顕時がはっきりとそうした意識でとらえていたようである。すなわち『賜蘆文書庫文書所収称名寺文書』の金沢顕時書状案(72)によれば、

態以専使令申候、抑付城入道(安達泰盛)追討事、依為因縁被残御不審候歟、仍配流之由被仰下候、於今者生涯之向顔不定仁覚候、殊令抽丹誠可預御祈念候、付其候天波、文永六年与梨何事登候和須、世情騒乱之間、人之上歟、身之上歟、安不更仁難弁時分仁候幾、仍寄進状幷絵図を認置候、其後同九年正月十四日名越尾張入道(見西、時章)・遠江守(名越教時) 兄弟倶非分被誅候了、

同年二月十五日六波羅式部丞（北条時輔）被誅候、今年又城入道、十一月十七日被誅候了、皆雖御存知事候、無常之理、銘心腑候、凡此十余年之式、只如踏薄氷候幾、今既其罪当身候之間、不運之至思設事候、明日払暁総州下向候、寺家敷地事、以所副進之絵図為際目、向後可有御知行候、金沢郷事、不可有子細之由、被仰下候之間、歎之中喜此事候、猶々祈禱偏憑存候、以此旨可有御披露候、恐惶謹言、

弘安八
十二月廿一日　越後守顕時（金沢）　在判

当寺開山妙性長老
進上　称名寺方丈侍者御中

まさしく本章の「文永・弘安年間」における幕府中枢の政情を端的にものがたっている文書である。文永六年よりなにかといわず世上が騒がしく、うかうかしていられないような状況にあって、二月騒動[73]・霜月騒動が惹起し、世の無常を肝に銘じ、ただこの十年あまりは、まさに薄氷を踏む思いであったと切々と訴えている、そして最後に自分自身が縁坐して配流という憂目をみることになって身の不運を自覚している。この顕時書状案は時宗政権の幕政中枢状況を十数年にわたって言いえているのである。二月騒動と霜月騒動を同一軌上に位置づけ、北条氏一門として幕政中枢にあっても十余年の間、日々不安な心細い毎日を過さなければならなかったのはなぜであろうか。それは前節で述べた外圧を契機とする幕府政治の専制化であり、その方針を貫徹するための幕府の方策であった。そしてそれをめぐって幕府中枢における具体的施策を強行する際におこったであろう軋轢であったとみられる。第二節で便宜上、時宗政権を二つの段階に分けてみたが、この顕時が薄氷を踏むような不安を感じた時期は、およその第二の段階―文永十年頃～時宗死没―に相当する。異国の脅威―外圧―に直面して、もはや幕府中枢ではその対策について時を浪費する時期ではなくなっていたというべきである。幕府の対策なり方針なりが誰を頂点に据えるにしろ指揮・命令系統の一本化は必至であり、またそれを逆用しつつ専制的権力で臨んでいったのである。得宗としての絶対性が確立するや、

かかる傾向は時宗を中心として一層拍車がかけられていくのである。

しかしこうした不安を感じていたのは何も顕時ひとりのみではなかった。幕府中枢をとりまく重苦しい雰囲気は、ことに幕府要人にとって耐えがたいものであったに相違ない。建治二年（一二七六）九月、安達時盛（泰盛弟）は遁世し、こっそりと寿福寺に入った。時盛は弘長三年（一二六三）十一月、時頼死没の際すでに出家しており、このときの遁世というのは、評定衆辞任、その他幕府の政務や世俗からはなれたことをさしているのであろう。『関東評定衆伝』によれば、「所帯悉収公」されたといい、弘安八年六月高野山で卒去した際には義絶の故、時宗の妻（義景女）や泰盛以下の兄弟はみな喪に服さなかったという。所帯を悉く没収され、其の上兄弟一族すべてに義絶されることを覚悟しながらも、評定衆という職務を捨てて、一切の世俗から離れることも、あえて辞さなかったのはなぜか。これこそまさに顕時がいうところの幕府中枢をとりまく重苦しい雰囲気—薄氷を踏むが如き不安—ではなかったか。時盛はそういった重圧に耐えきれなかったのであろう。それにしても現任の評定衆安達時盛（三十六歳）が突如として遁世するというのはただごとではない。安達氏一族にとっても、また時宗にとってもショッキングな事件であったろう。

翌建治三年四月には、今度は現任連署北条（塩田）義政がやはり忽然と出家し、家人にも告げずに遁世し信濃国善光寺に向かい、そのまま信濃国塩田荘に籠居してしまった。当然所帯は収公されたことは、前の例をみるまでもなかろう。自由出家・遁世の例はすでに建長三年十二月足利泰氏の場合があるが、これも同様のケースで背景は異なるにしろ、その経過や処分は酷似している。時の連署がまったく秘密のうちに出家・遁世というのは、ことの真相は別としてもやはり一大事件というべきである。まさに内外仰天であった。さきの安達時盛の件や、この連署義政の一件もさらに詳しく検討する必要があり、同時にそれによって時宗政権の実態に近づくことになるわけだが、これらの問題は後日を期したい(74)。金沢顕時をして「如踏薄氷」しと言わしめた不安を、この時期の幕府要人は誰しもが感じていたのではなかろうか。だから下総配流が決定したとき、ついに自分の番が来たと半ば観念したようにもみえるのである。論述がややさきばしってしまった感があるが、顕時が感じた不安こそ霜月騒動の伏線であると、相田二郎氏・多賀宗隼氏など、先学は解されているのである。合戦の規模や誅殺された人数などからみても霜月騒動は決して突発的な事件ではなく、当事者の顕時がみていたように、それ以前から醸成されていたのである。この点については大方も異存のないところであろうが、『保暦間記』は次のように伝えている。

爾ルニ弘安ノ比ハ。藤原泰盛権政ノ仁ニテ。陸奥守ニ成テ無竝人。其故ハ相模守時宗ノ舅也ケレバ也。然ル所ニ。弘安七年四月四日時宗三十四歳ニシテ出家。于時法名道杲。号宝光寺。同日酉刻死去畢。嫡子貞時于時左馬権頭。生年十四歳ニテ。同七月七日彼ノ跡ヲ継テ将軍ノ執権ス。泰盛彼ノ外祖ノ儀ナレバ彌憍リケリ。其比貞時ガ内官[管]領平左衛門尉頼綱不知先祖人。法名果円。ト申有リ。又権政ノ者ニテ有ケル上ニ。憍ヲ健クスル事泰盛ニモ不劣。同八年四月十八日貞時任相模守。爰ニ泰盛。頼綱。中悪シテ互ニ失ハントス。共ニ種々ノ讒言ヲ成程ニ。泰盛ガ嫡男秋田城介宗景ト申ケルガ。憍ノ極ニヤ。曾祖父景盛入道ハ右大将頼朝卿ノ子成ケレバトテ。俄ニ源氏ニ成ケリ。其時頼綱入道折ヲ得テ。宗景ガ謀反ヲ起シテ。将軍ニ成ラント企テ源氏ニ成由ヲ訴フ。誠ニ左様ノ気モ有ケルニヤ。終ニ泰盛法師法名覚真。子息宗景。弘安八年十一月十七日誅セラレケリ。兄弟一族天(之歟)外刑部卿相範。三浦対馬守。隠岐入道。伴野出羽守等志有ル去ルベキ侍ドモ。彼方人トシテ亡ニケリ。是ヲ霜月騒動ト申ケリ。其後平左衛門入道頼綱法師法名果円。今ハ諍方モ無テ。一人シテ天下ノ事ヲ法リケリ。

また『北条九代記』によれば、

今年十一月十七日申時。城陸奥入道覚真一族悉被誅。但丹(マヽ)波守頼景法師脱灾訖。合戦之日餘炎移将軍御所。焼失訖。越後守顕時為泰盛入道縁坐之間。左遷総州垣生庄永仁四年被召返。合戦之時非分被誅輩。刑部卿相範。三浦対馬前司。

懐島隠岐入道。伴野出羽入道。太宰少弐。大曾弥〔祢〕上総前司。足利上総三郎。南部孫次郎等。云々。

とある。一応この二つが霜月騒動を伝えるまとまった記述のあるものである。そのほか『武家年代記』にも、

十一十七。城陸奥入道（泰盛法名覚真）一族（同城介宗景　美濃入道長景　舎弟弥九郎已上輩）被誅了。依余火御所炎上了。越後守顕時流刑。永仁元四二十七。被召返赦免。

とみえている。事件の発端や経過は『保暦間記』が詳しいが、それを考察する前に、この合戦に関係した武士が以上にとどまらず、なお多く存在したことが明らかにされているのでそれから始めたい。すなわち熊谷直之氏旧蔵梵網戒本疏日珠抄裏文(75)がそれである。この文書はすでに多賀宗隼氏が紹介されており、本章の論述でもかなりの部分が多賀氏と重複すると思われるが、便宜上次に引用することにする。

一〇一六　安達泰盛乱自害者注文

弘安八年十一月十七日於鎌倉合戦人々自害

前陸奥入道（覚真、安達泰盛）	秋田城介（安達宗景）
前美濃入道（海智、安達長景）	秋田夫〔城大〕判官入道（智玄、安達時景）
前上総守（大曾祢宗長）	大曾祢左衛門入道
伴野出羽守（長泰）	小笠原十郎
田中筑後五郎左衛門尉	田中筑後四郎（知泰カ）
殖田又太郎入道（大江泰広）	小早河三郎左衛門尉
三科蔵人	和泉六郎左衛門尉（天野景村）
筑後伊賀四郎左衛門尉（伊賀景家）	同子息
葦名四郎左衛門尉	同六郎

足立大郎(直元)左衛門尉　武藤《於武蔵自害》少卿左衛門尉
同大宰少弐(武藤景泰)　有坂三郎
□□□□　□□(伊藤カ)太郎左衛門尉

一〇一七　安達泰盛乱聞書

城入道(覚真、安達泰盛)并城助(安達宗景)・美乃入道(智海、安達長景)・十郎判官入道(智玄、安達時景)、一門被伐了、奥州入道十七日(弘安八年十一月)巳剋マテハ松か上(谷カ)ニ住、其後依世中動、塔ノ辻ノ屋方ヘ午時ニ被出けるニ、被参守殿(北条貞時)云々、死者卅人手ヲイハ十人許□テ城十郎入道ユヤマヘ

一〇一八　安達泰盛乱聞書

陸奥入道(覚真、安達泰盛)　城介(安達宗景)　三乃入道(智海、安達長景)　城大夫判官入道(智玄、安達時景)
上総介　大宰少弐　同四郎左衛門尉
隠岐《懐島》入道　出羽守　対馬《三浦》前司
加賀太郎左衛門尉　同六郎
殖田又太郎入道　城左衛門次郎
大曾祢太郎左衛門入道　上総三郎左衛門入道(覚然、大曾祢義泰)
葦名四郎左衛門尉　美作三郎左衛門尉
綱島二郎入道　池上藤内左衛門尉

行方《ナメ》少二郎（マヽ）　　伊東三郎左衛門尉
足《ア》立六郎左衛門尉　　南部孫二郎
和泉六郎左衛門尉
□其人を始として五百人或自害、

一〇一九　安達泰盛乱聞書

越後守（金沢顕時）殿被召籠、
宇治宮（マヽ）　対嶋入道子ヨセテ

一〇二〇　安達泰盛乱自害者注文

上総三郎（吉良満氏）右衛門尉　　加賀太郎左衛門尉
同六郎　　三浦対馬守（頼連カ）
城七郎兵衛尉　　鎌田弥藤二左衛門尉
小笠原四郎　　於遠江自害 城太郎左衛門尉（安達宗顕）
於常陸自害 城五郎左衛門入道（安達重景）　　伴野三郎
於信乃自害 同彦二郎　　武田小河原四郎
鳴海三郎　　隠岐入道（道願、二階堂行景）
城三郎二郎（大室義宗カ）　　城左衛門太郎

秋山人々

此外、武蔵・上野御家人等自害者不及注進、先以承及許注之、

同(弘安八年)十二月二日到来

まず人名比定をするのが順序であろうから可能なかぎり考えてみたい。安達氏の一族では泰盛・宗景（泰盛息）・長景・時景・重景（以上泰盛弟）・宗顕（顕盛息）・城七郎兵衛尉・城左衛門太郎（以上実名不明）、また城三郎二郎とあるのは大室義宗であろう。(76) この注文中にはみえないが、『尊卑分脈』にはこれらの者以外に、盛宗・宗景（泰盛息、岩門合戦に関係あり。後述）・時長（時盛息）などがある。安達氏の一族は実名不明の者をいれて実に十一名にのぼり、ほとんど一族族滅に近い状態となっている。わずかに頼景だけが「但丹波守頼景法師脱灾訖」であった。この頼景は『系図纂要』によれば、すでに文永九年二月騒動に連座して「所帯二所収公」とみえており、『関東評定衆伝』でも同様の記載がみられる。したがって該時点では政治の一線からは後退していたものと考えられ、このことが逆にこの難に遭遇しないですんだおもな理由であったろう。なおその没年については両書とも正応五年（一二九二）正月九日、六十四歳と伝えている。そこから逆算により、その生年は寛喜元年（一二二九）となる。

安達氏と同系の大曾祢氏や足立氏では、上総介大曾祢宗長・上総三郎左衛門入道義泰（法名覚然）・大曾祢太郎左衛門入道・大曾祢左衛門入道がみえ、(77) 足立太郎左衛門尉直元がある。(78)

次にとくに注意を引くのは文書中にもみえている「伴野出羽守」＝長泰である。彼一人としてはあまり問題とすべきことはないようであるが、しかし系図Ⅳ（二一三頁）を参照すれば、明らかなごとく実に興味深い事実がうかびあがってくる。それは甲斐源氏一統の問題であり、また信濃国とも大いにかかわりの深い問題でもある。伴野長泰については『尊卑分脈』第三篇三四一頁によれば「依城陸奥入道事、於鎌倉被誅畢」とあり、これは事実と符合する。小

笠原十郎は同書三三六頁にある長基であろうか。伴野三郎、同彦二郎はともに長泰の子であろうが、同書では彦三郎長道・二郎盛時とあって、両者が逆で伴野彦三郎・同二郎ならば全く都合が良いのだが、いずれにしろ「父同時被誅了」とあるから、あるいはどちらかの呼称が誤っていたのかもしれない。小笠原四郎は長泰の弟（あるいは兄か）泰直であろうか。これも同書に「舎弟共伊野被誅了」とある。また同書第二篇二八六頁によれば安達泰盛の母は小笠原時長女であり、長泰・泰直は従兄弟の関係となるのである。武田小河原四郎については今のところそれに相当する者は明らかでない。鳴海三郎は小笠原の一族で余一三郎を名乗る長時であろうか。また秋山人々というのもこれも甲斐源氏で加賀美遠光の子、秋山太郎光朝の子孫であり、人々とあるから複数ということでこの一族の数名ということになろう。同書三三二頁によると、光朝の孫実定が上田蔵人と称し、その子や孫も上田を名乗りとしていることから推定すると、信濃国上田に所領を有していたか、あるいは何らかの関係があったのではなかろうか。この点は後述する上田（大江）泰広との関係も推測されるからであり、さきの伴野彦二郎が「於信乃自害」とあり、甲斐・信濃が焦点になっていることからも考慮に入れるべき事実なのである。南部孫二郎は同書三三三頁にある政光がそれにあたると考えられる。さらに注目すべきことは、同書三三六頁に小笠原長氏について次のようにみえていることである。「伴野出羽守被誅之後、小笠原捴領職管領」として、霜月騒動の結果、小笠原氏内部の問題に惣庶関係の逆転をみてとることができ、このことから逆に霜月騒動以前においては、小笠原氏の嫡流が時長の系統であったことが推定され、それは安達氏との結びつきのなかで保障されてきたと考えられるのである。この点については管見の及ぶかぎり、先学は何ら触れるところがなかったので今改めて強調しておきたい。以上の点については〔系図Ⅳ〕を参照。同じく源氏としては上総三郎右衛門尉があり、これは『吾妻鏡』にもみえている吉良（足利）満氏である。前掲『北条九代記』に足利上総三郎とみえているのがそれで、義氏孫・長氏子である。この満氏を含めて前述の甲斐源氏一統といい、当該事件に

系図Ⅲ

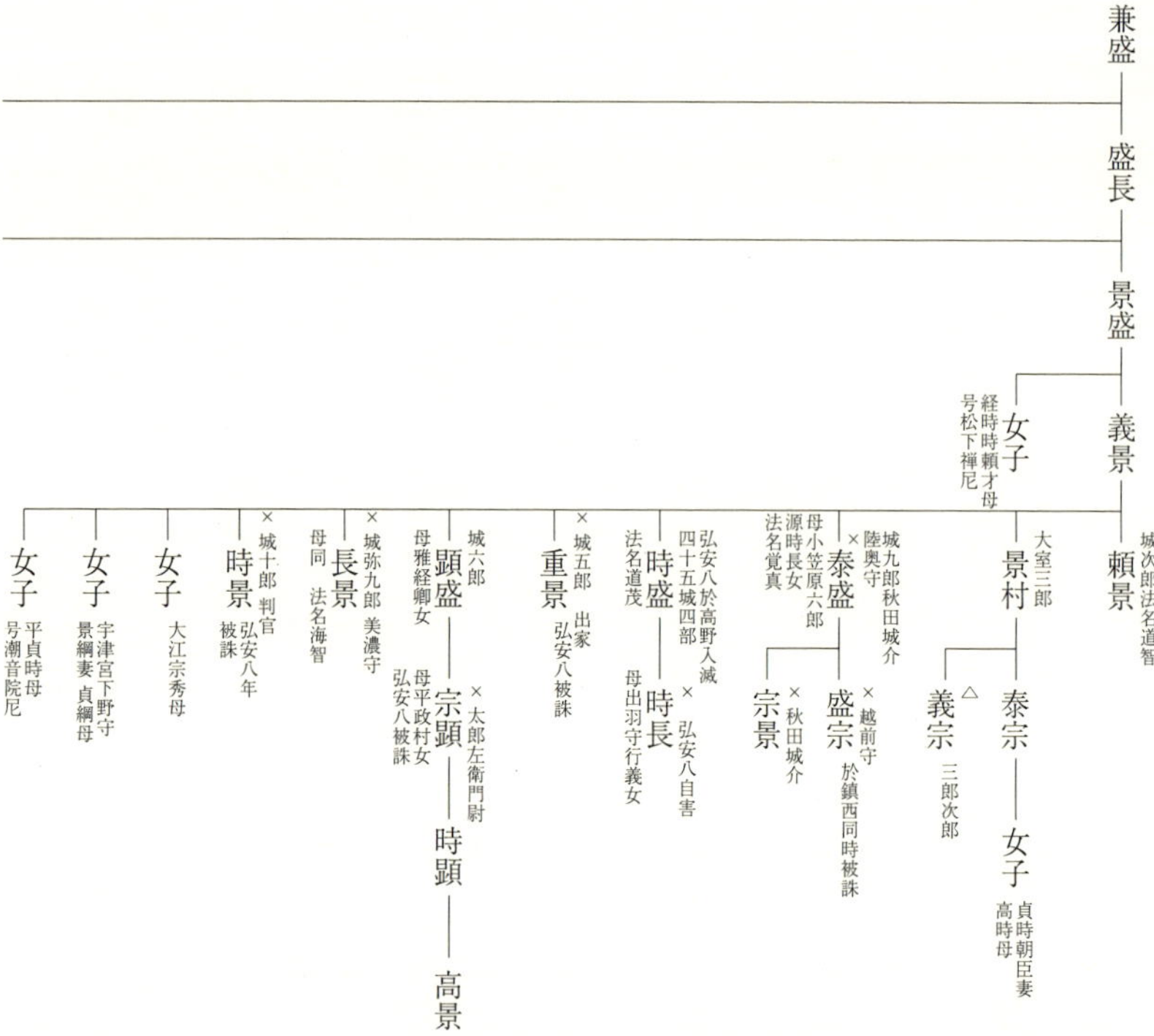

おいて源氏が非常に目立つ。この点については後述する。次に注意を引くのは三浦氏一族である。すでに宝治合戦で三浦氏本宗は滅亡しており、このときは安達氏の徴発に乗せられ敵対するものであったが、今度の事件に際しては逆に安達氏側として目されている。三浦対馬守は佐原頼連であろうし、芦名四郎左衛門尉は泰親であろうか。『系図纂要』(平氏三)によれば、泰親について、「会津四郎左衛門尉、弘安中滅亡」とあり、その兄弟の盛次について「五郎左衛門尉、同上亡」とある。また交名中に同(芦名)六郎とあるのは同じく兄弟の時守であろうか。もしそうならば泰親・盛次・時守の三人の兄弟がこの乱で倒れたことになる。さきの宝治合戦において安達氏とは完全に敵対したのに、今度の合戦において安達氏と命運をともにしたというのも、まさに皮肉なことであったといえよう。(補註12)

　大宰少弐とあるのは武藤景泰(景頼息)であり、

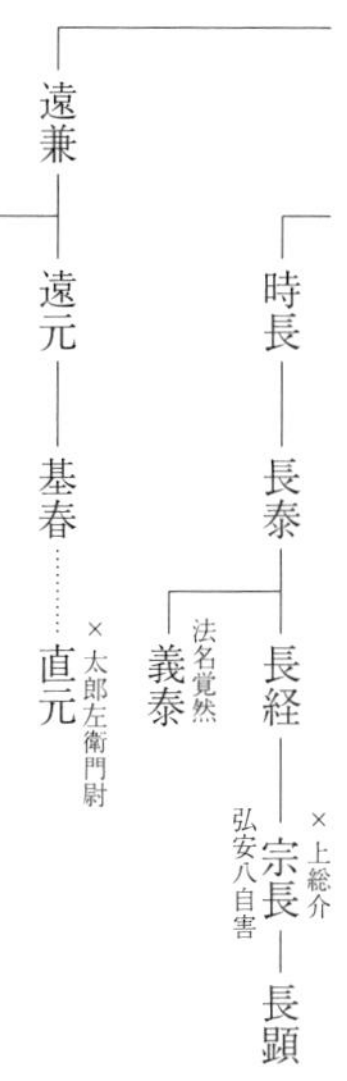

×印は霜月騒動で討たれた者　△印は討たれたことが推定される者
○印は霜月騒動で恩賞に預った者

系図Ⅳ

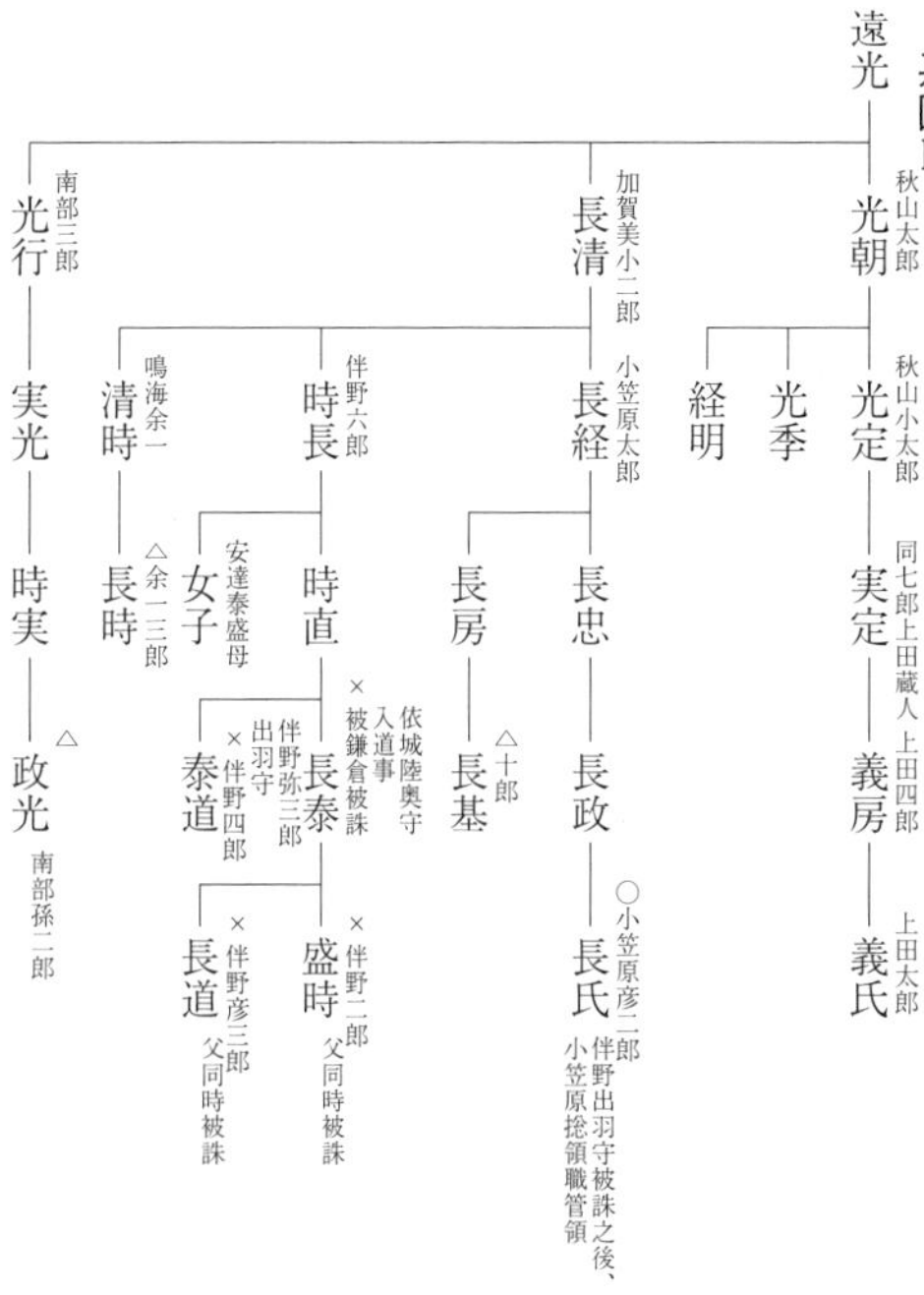

武藤少卿左衛門尉は頼泰であろう。『吾妻鏡』では頼泰は景泰よりも年長のようにみえているが、『武藤系図』および『尊卑分脈』では頼泰は景泰の子としている。詳細は別の機会に譲りたいが、武藤氏が関東で誅滅されているのは注目すべきである。これはいわゆる岩門合戦で一族の少弐氏の内訌があったこととも関連するからである。

そのほかには、田中筑後四郎は県史の編者は知泰に比定されており、したがって田中筑後五郎左衛門尉はその兄弟ということになろう。和泉六郎左衛門尉は天野景村、筑後伊賀四郎左衛門尉は伊賀景家、同子息とあるのはその息であろう。また有坂三郎は『工藤二階堂系図』（『続群書類従』第六下）に「祐経—祐時—祐朝」とあり、また『系図纂要』十一、藤氏五には「祐長—祐光」とあり、実名は割り出せないが、いずれにしても伊東氏であろうと思われる。また伊

系図Ⅴ

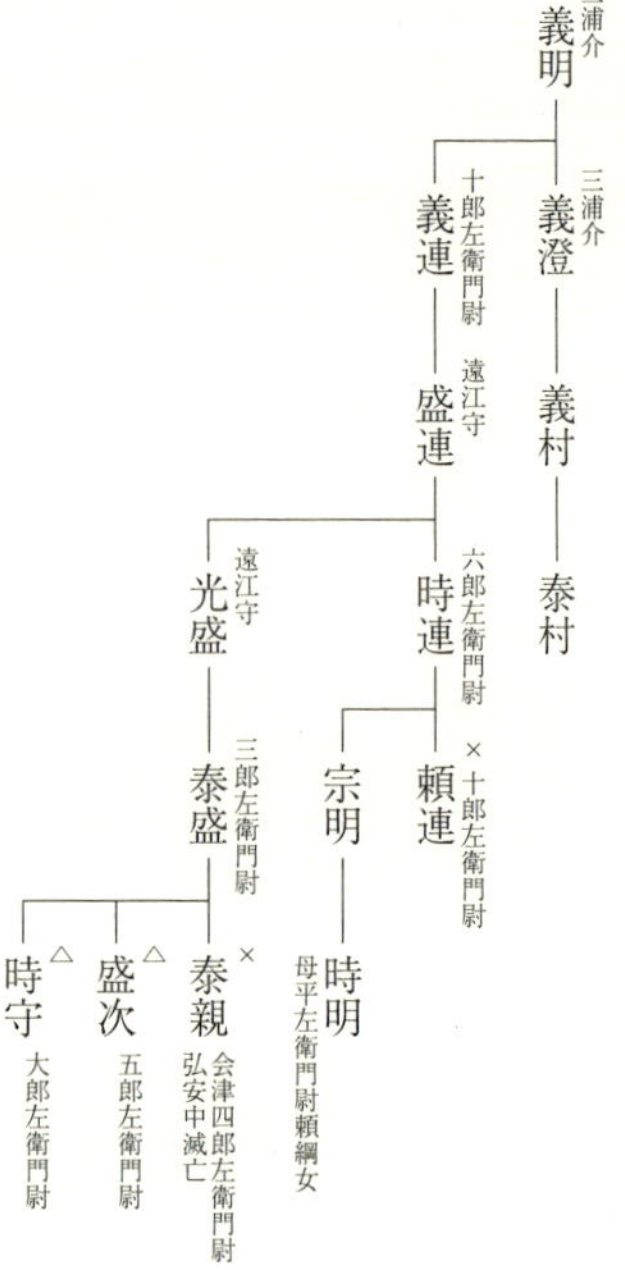

東三郎左衛門尉とあるのもこれと近い者であろう。あるいは同一人物であろうか。また幕府要人では懐島隠岐入道＝二階堂行景がある。二階堂氏諸流ではほかには合戦に関係した者がみあたらず、この点は今後の課題としておきたい。

さきに甲斐源氏を考察したところで触れたように秋山氏の一族が上田を名乗りとしていた事実に注目し、信濃国上田に所領を有していたか、あるいは何らかの関係があったのではないかと推定したが、この点については殖田又太郎入道すなわち大江泰広がいる。『大江系図』（『続群書類従』第七下）によると、泰広の二人の子盛広・泰元がともに「弘安八年十一月父同時滅亡」とある。これと関連して、佐泰の兄弟佐時の孫宗清が泰盛に同意して鎌倉で討死したことが『佐々木系図』（『続群書類従』第五下）によって知ることができる。それによると、

系図Ⅵ

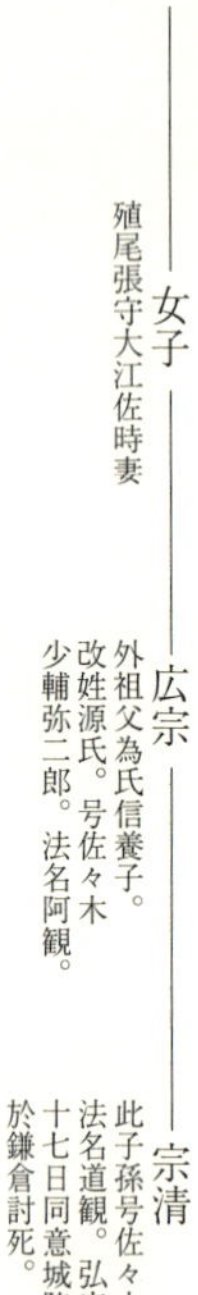
氏信
此子孫号佐々木少輔。
法名道観。弘安八年十一月
十七日同意城陸奥守。

とある。殖田又太郎入道大江泰広と、鎌倉で討死した宗清の父広宗とは従兄弟の関係となる。佐々木氏は、朽木氏を称する頼綱、京極氏を称する頼氏がともに恩賞に預かっていることからみて、佐々木氏一族の問題としても注目すべ

き史料である（後述）。

他にまだ考察すべき人名は多く残っているが、以上おもだったものをあげてみた。安達氏の一族はほとんど族滅といってよく、わずかに宗顕の子や孫が幕府滅亡まで命脈をつなぐにすぎない。また安達氏の一族大曾祢氏も命運をともにしたことになる。また三浦氏の一族佐原氏もこの乱の中に幕政中枢から大きく後退していくことになる（補註13）。しかしこの佐原氏の系統から戦国期における三浦義同の系統につながるものが残っているのもまた注目すべきである。このほか二階堂氏や武藤氏といった幕府のそうそうたる御家人が含まれていることも見落すことができない。とくに武藤氏の場合、九州では一族の少弐氏が筑前国岩門において、はげしい合戦をして幕府軍の前に破れていることもあってこの乱の性格の一端をのぞかせている。

この乱を論ずるに際して注目すべきは、安達氏の一族滅亡とならんで顕著な問題はさきにも触れた源氏の動向であろう。この問題については多賀氏がすでに指摘されているが、前引の『保暦間記』の記載にもあったように、泰盛と頼綱が互いに讒言をしあううちに、泰盛の嫡子宗景が憍りの極みに俄かに〝源氏〟を名乗った。これは宗景自らが将軍になろうとしたためだと頼綱がまことしやかに貞時に訴えた。これが乱のそもそものの発端だというのである。この話はありうることだとされている。それは安達氏が日ごろ源家将軍に深い心を寄せ、故右大将家頼朝の名剣〝鬚切〟をひそかに所持していたというのである。『相州文書』所収『法華堂文書』の北条貞時寄進状(79)に、

御剣入状公朝状

右大将家（源頼朝）御剣号鬚剪　後御上洛（建久六年）之時、依或貴所御悩、為御護被進之、其後被籠或霊社之処、陸奥入道（安達泰盛）真覚（マヽ）令尋取之

云々、去年（弘安八年）十一月合戦之後、不慮被尋出之間、於殿中被加装束或作、為被籠法花堂御厨子、以工藤右衛門入道杲禅、

昨日被送之、入赤地錦袋　仍令随進（身）、奉籠御堂之状如件、

弘安九年十二月五日　（北条貞時）（花押）

別当法印公朝

系図Ⅶ

系図Ⅷ

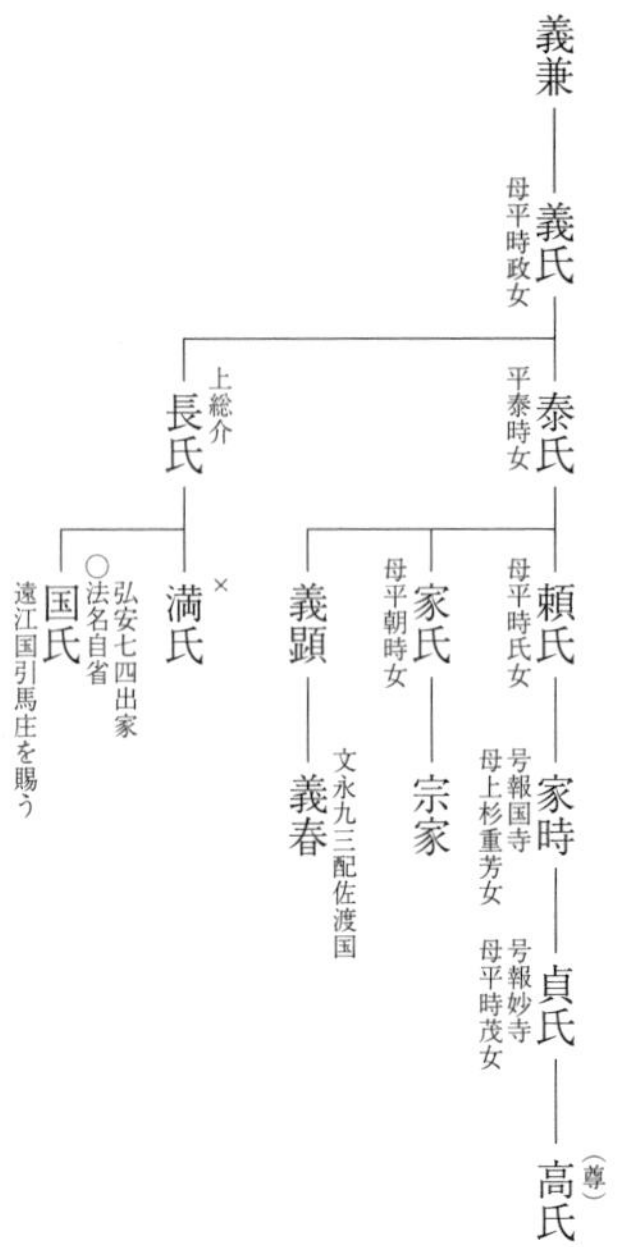

とある。これによれば安達氏に現将軍にとって代わろうとする意思が少なからずあったことにもなろうが、問題の核心は当時において御家人たちの心のなかに源家将軍の復活という期待があったのではないかと思わせることである。ことに前述したところで甲斐源氏諸流の動向がつとに興味深いが、遠光の子孫のほとんどがこの乱に関係していることは見のがすことができない事実である。さらに泰盛を支持した伴野氏が従前まで嫡流と目されていたのが長氏の系統に代わるなど、甲斐源氏諸流にとっての物庶間の交替、ないしは逆転といった事態をそこに見出すことができるのである。また足利氏の一族の吉良満氏が乱に与同した者として討たれていることも、源氏一流の被災者として注目せねばならない。

さらに注目すべきことは、満氏の弟国氏（今川氏）がこの合戦の功により恩賞として遠江国引馬庄を得ているらしいことである（『今川家譜』）。兄満氏が泰盛方として誅戮された事実からするときわめて対照的なことであるが、こうしたところにも源氏を名乗る御家人の一族内の物庶をめぐる対立が浮彫りにされているとみることができよう。この乱が御家人たちの源家将軍に対する懐古的な心情のみから惹起されたものではないにしても、背景にはそうした動きがあったことをみなくてはなるまい(80)。

このほかにもさきにも触れた佐々木氏では、合戦の戦功によって受領に補任された旨が『佐々木系図』にみえている。すなわち佐々木氏信の子頼氏について、「城陸奥守追討之賞。豊後守」（『尊卑分脈』）として豊後守になったといっている。さらに同書で一族の朽木頼綱についても同様に「追討城陸奥守之賞任出羽守」とある。『朽木古文書』によれば、

次男五郎源義綱(朽木)ニ譲渡所領事

一、近江国(高島郡)朽木庄承久勲功　祖父近江守信綱拝領也、

一、常陸国(真壁郡)本木郷弘安勲功頼綱拝領所也、

右、彼両所ハ勲功庄也、小所なりといへとも、他にことなる所領なり、そのむねを存知して、知行すへき状如件、

弘安十年二月廿八日

左衛門尉源頼綱(佐々木)御在判

次男五郎源義綱ニ譲渡物具事

系図Ⅸ

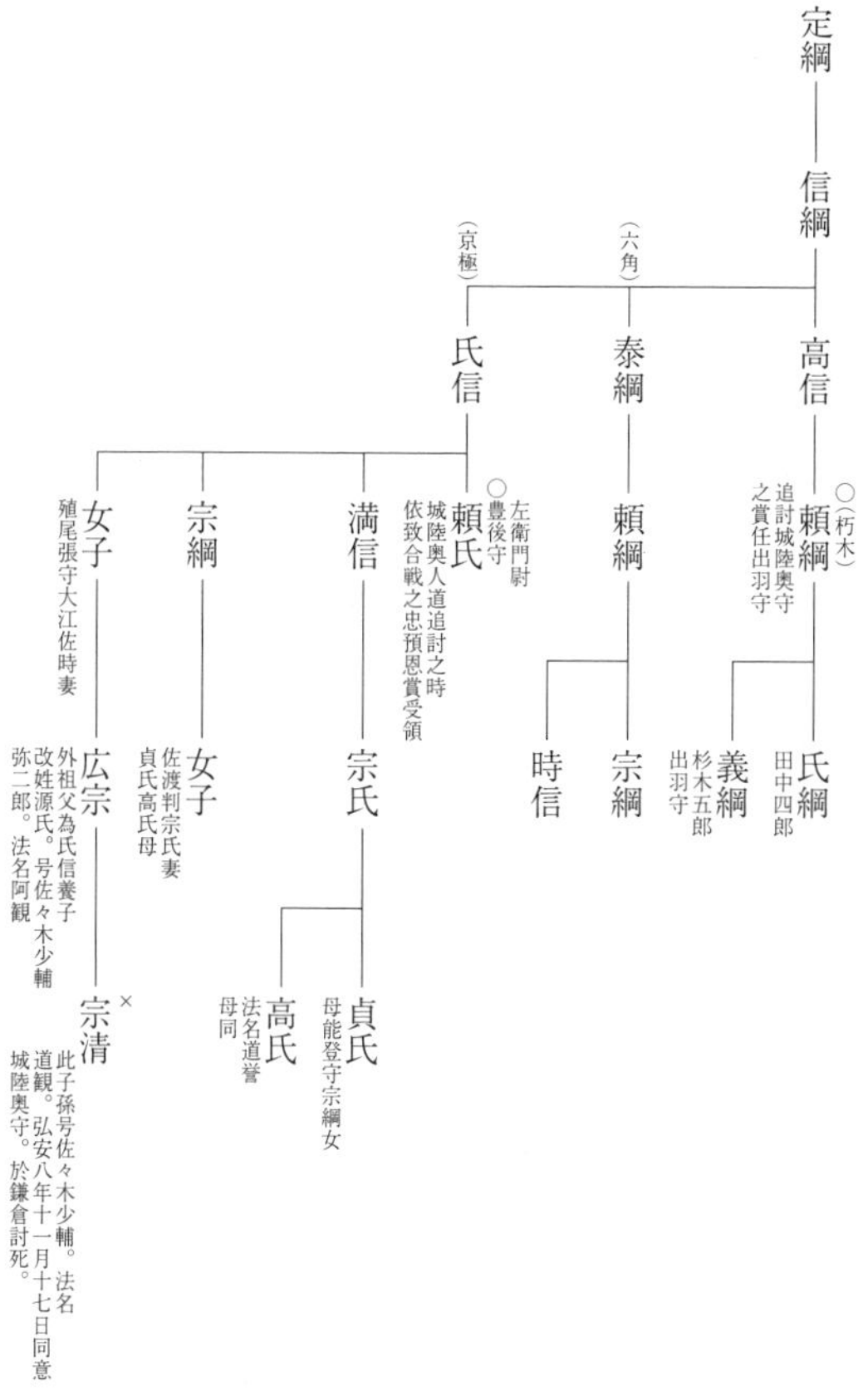

一、大刀一各明剣　　同ほろ(母衣)一

此大刀ハ、弘安八年十一月十七日の合戦の時(霜月騒動)、かたき(敵)をあまたうつといへとも、聊もしらます、つたへ(伝)たる
宝物也、身をはなつへからす、ならひにほろ一相具して所譲渡如件、

弘安十年三月三日　　左衛門尉源頼綱 御在判

大刀明剣事、義綱に雖譲、奥州禅門(覚真 安達泰盛)合戦之時、身にあて、、戦を所致の大刀をもつあひた、此明剣をハ、
氏綱(田中)にとらせ早、同合戦之時、かくるところのふさしりかい一具を義綱ニとらする所也、

正応二年五月廿日　　同判

とある。[81] 前述した大江氏との姻戚関係をもつ佐々木宗清が安達氏に与同して誅殺されているのとは対照的に、朽木氏は「小所なりといへとも」勲功の賞として常陸国真壁郡本木郷を獲得しているのである。ただし『佐々木系図』にみられるように頼綱が安達氏追討の恩賞として出羽守に任じたかどうかは疑問で、もしそうであれば前掲の譲状では、左衛門尉よりは格上の出羽守を名乗るはずであると考えられる。霜月騒動関係の恩賞が打ち切られたのは永仁二年(一二九四)であり、それについて『北条九代記』は次のように記している。

六月廿九日評云。弘安合戦事。賞罰共以不可有其沙汰。八月廿五日被召連署起請文。(傍点論者)

この記事にみられる「弘安合戦」を霜月騒動と看破されたのは相田二郎氏であり、傍点部分の「賞罰共以不可有其沙汰」というのも、異国との合戦において賞こそ望むべきものを罰があろうはずがないとされ、罰があることから霜月騒動と考えることによってはじめて理解できるとされた。[82] そうなると『佐々木系図』の記載が事実ならば朽木頼綱の出羽守補任は、厳密には正応五年五月二十一日以後、永仁二年六月二十八日以前ということになろう。また頼氏の豊後守任官については今のところ他によるべき史料もないので、一応『佐々木系図』の所伝を認めておきたい。

さらに大きな問題として岩門合戦を考慮せねばならまい。『武藤系図』（『続群書類従』第六上）の「景資伝」によれば、

弘安蒙古出来時、蒙古大将於百道原射留ラル。其後城殿一所ニ。於岩門城切腹。

とある。城殿というのは安達盛宗であり、「弘安の役」の際少弐景資は肥後国の守護代安達盛宗と行動をともにしており、霜月騒動の波紋が地方に波及するにいたって、そのまま盛宗と命運をともにしたのである。ここにも武藤氏・少弐氏の一族間における物庶関係の矛盾が如実にあらわれている。鎌倉における武藤景泰、九州における少弐景資といい、この乱の犠牲者たるにとどまらず、弘安の役の恩賞に苦しんでいた幕府に大きな恵みを与えたのである。

以上前述の甲斐源氏の小笠原氏一統、足利氏流の吉良氏・今川氏、佐々木氏一族、三浦氏一族の佐原氏等や、この武藤氏・少弐氏はいずれも一方が泰盛余党として誅戮され、他方が抽賞されている。いずれの氏族もともに惣領制の矛盾のうちにこの乱の惹起をみているのである。いってみれば平頼綱を支持した勢力はほかならぬ御家人層が数多くいたことになるのである。確かに政権上層部では得宗外戚安達泰盛と内管領平頼綱の対立の表面化とうけとれるであろうが、この乱が「外様勢力」対「御内勢力」の衝突であったとすることには少なからず疑問を感じるのである。

系図X

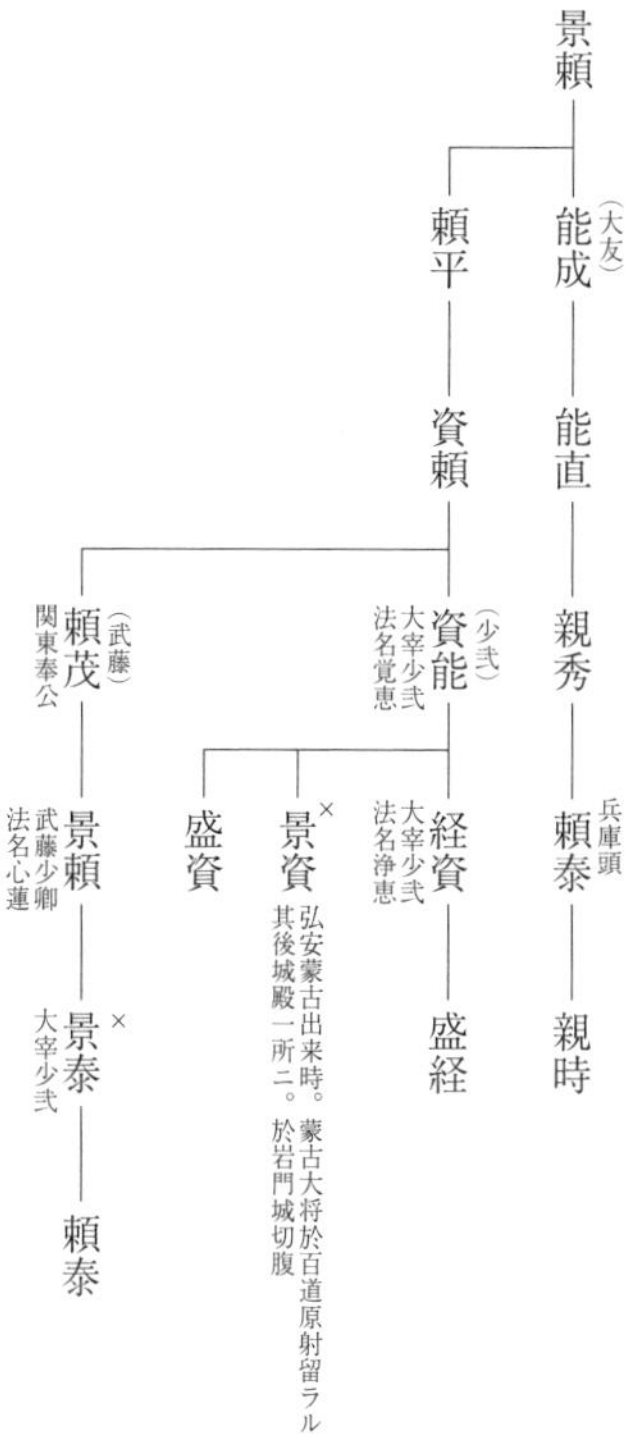

この乱について最初にとりあげられたのは多賀宗隼氏であった。(83) 多賀氏は一連の研究のなかでこの問題に本格的に取りくまれ、鎌倉後期政治史に視角を設定されたのである。それによれば、執権政治と興亡をともにしてき

た安達氏の立場を重視され、霜月騒動により幕府政治に大きな光芒をはなってきた巨星が落ち、執権政治はこれ以後衰退に向うことになる。多賀氏はいわば北条氏と安達氏の一帯化＝執権政治の存亡という立場で論じられたのであり、安達氏の存在こそが執権政治の屋台骨を支えてきたものと理解された。

佐藤進一氏はこれを批判され、多賀氏の説では本質的にこの乱の持つ意義が、和田氏の乱や三浦氏の乱と何ら変わるところがないとされ、この事件が御家人と得宗被官との勢力争いである点において、和田・三浦の乱とは本質的に相違するものであるとされた。そして幕府政治のとらえ方についての多賀氏との見解の相違を、幕府政治＝執権政治ではなく、執権政治から得宗政治への移行という点で異なることを明らかにされた。(84) さらに佐藤氏は『幕府論』で時頼から時宗の代にかけて執権政治の中核が「評定合議政体」の時代から鎌倉末期の政治形態である「得宗専制政体」の準備の段階にいたるとされ、鎌倉幕府末期政治史把握上の視角を明示された。続いて『鎌倉幕府守護制度の研究』のなかで、およそ元寇前後のころから諸国に北条氏一門の守護が大量進出するようになる事実を検証された。これは各国別に守護の沿革を研究されたもので、得宗の一門が全国の半数以上に達するようになる事実と、しかもそれらがいずれも軍事的要国であって、京都を中心として考えた場合や対蒙古関係であり、北条氏分国の経営が対朝廷関係という政治的目的を第一義として行われたことを明らかにされた。以上の事実をふまえて、「鎌倉幕府政治の専制化について」において、北条氏の専制化、それも北条氏の家督が義時の別号にちなんで「得宗」とよばれたから、この北条氏中心の新しい政治体制を便宜「得宗専制」と称したいとされた。

この佐藤氏の所説を批判されたのは奥富敬之氏であった。(85) 奥富氏は、得宗専制成立そのものを「寛元・宝治の乱」に求め、「弘安八年霜月騒動」は、すでに成立していた得宗専制政権の純化発展の一過程としてとらえられ、得宗専制から得宗被官専制への契機とされた。そして霜月騒動については、安達泰盛を支持した一派は得宗専制という武断的・強圧的な体制で臨んでいくことに反対し、より穏健な方策をとり、合議制を復活することによって幕府から離反しつつあった御家人層を再び結集して、社会の新情勢に対応していこうとする一派であり、その多くは一般的な御家人層であったと考えられるとされた。これに対して平頼綱を中心とする一派は、北条氏得宗の地位の一層の強化によって、さらに強圧的な支配を継続し、得宗・および得宗被官上層部の政治的利害を第一義とする一派であるとされた。すなわち霜月騒動を得宗専制の変質と評価されているのである。

論者は基本的には佐藤氏の説に従っているが、前述したごとく疑問点もいくつかあるので、次にそれを述べておきたい。第一にこの乱が「外様」と「御内」の対立であるとされる点である。確かに政権上層部においては安達泰盛と平頼綱の権力闘争であり、その結果内管領平頼綱の専権が確立した。前掲の熊谷直之氏所蔵文書にみるごとく、多くの御家人層が安達氏と命運をともにしたことで、彼らが安達氏を支持する広汎な御家人層であり、しかもそれは全国的規模の波紋をまきおこし、単なる政権上層部のクーデター程度のものではなかったことは事実であろう。しかし平頼綱を支持したのはいかなる人々であったろうか。彼らがすべて御内人＝得宗被官層であったのであろうか、無論対立・抗争した勢力が単純明快に外様御家人対得宗御内人などという図式はできようはずはない。けれども少なくとも両勢力の対立・抗争というのであれば、平頼綱の側には得宗被官の勢力が結集したと考えた方が自然である。しかし前述したように平頼綱側に与した者には少なからず御家人が存在するのである。第二にやはり前述したことだが源氏の動向である。ことに甲斐源氏諸流の物庶関係の逆転を思わしめる小笠原氏・伴野氏、吉良氏・今川氏の兄弟の抗争、等々である。林屋辰三郎氏の説かれるごとく、足利家時の置文が作られる背景や、足利氏による幕府創設の機運が今や熟そうとする素地が除々に醸成されつつあったというべきかもしれない。

第三に惣領制の矛盾の問題である。内乱期において兄弟間の対立がまま見られることは、今に始まったことではなく、幕府草創期の治承・寿永の内乱、中期の承久の乱でもみられることで特にそれ自体がめずらしいことではない。しかし今度の合戦は事情がややちがうことは前述の小笠原長氏の「伴野出羽守被誅之後、小笠原捴領管領職」という事実や、今川国氏について『今川家譜』が伝える「此国氏ニ弘安年中ノ事ニヤ城陸奥守入道逆心ヲ起シ合戦ニ及フアリ。国氏父名代ニ鎌倉ニ有合テ、自身太刀打高名抜群ノ忠節アリキ鎌倉殿御教書御感ノ御恩ニ遠江国引馬ノ庄ヲ賜リキ」というのは、兄弟の吉良満氏がこの合戦で誅された人々のうちにはいっているのと対照的である。

また佐々木氏の一族も大江氏との関係で興味深いし、朽木氏もこの合戦で浮かび上がってきていることなど前述したごとくである。

少弐氏・武藤氏についても同じような事情があったことは前述したごとくである。鎌倉では、平穏に武藤景頼の跡を継いだ子息頼泰がいた一方で、九州の岩門に拠っていた少弐景資が安達盛宗と命運をともにしている。景資は兄経資と対立していたのである。かつて文永・弘安の役では将として戦闘を指揮した武士であった(86)。霜月騒動の波紋として地方に波及した最大の少弐氏の内部矛盾がそこにあざやかに露呈している。論者は霜月騒動の一断面を以上のようなところにみるのである。すなわち安達泰盛を支持した一派は、この内乱が惣領制の矛盾という背景のうちに解体期にあった物領制による御家人体制を、従来の惣領制に基づく幕府支配体制にもどすことによって、これからの社会の情勢に対応しようとする志向性を有していたのではなかったか。それによって御家人制を中心とする体制―合議制の復活―を志向する安達泰盛を支持する一派であり、それには初期の源家将軍家鎌倉殿を頂点とする体制への懐古復活ではなかったか。他方頼綱を支持した一派はすでに解体過程にあった惣領制を社会の矛盾として認め、後に「惣領庶子可相並」という方式で広汎な御家人層を再編成する意図があったのではなかろうか。泰盛の時代に惣領と目された者がこの乱によって没落し、一族のなかから他の者がそれにとって代わって出てきた御家人が多数いるのである。一方頼綱は以後専権を確立したが彼は結局わずか八年後、正応六年には子の飯沼助宗とともに討たれてしまうのである。いわゆる「平禅門の乱」がそれである。

おわりに——北条貞時政権への展望——

得宗専制という鎌倉後期から末期の政治形態は時宗のほとんど全生涯をかけて除々に成立していったといって良いであろう。時宗に政権の座がまわってきたとき彼は若冠十四歳であった。このとき彼を側面からサポートしたのが一門中の最有力者政村であり(87)、実時であった。また得宗外戚安達泰盛であったわけである。そしてわずか数年後には蒙古の使者来日と続き、ついに時宗は執権に就任するのである。すでに述べたごとく時宗が庶兄時輔を六波羅に誅戮したのも外圧から誘発されるようにして起こった必然的な時の動きであったといえよう。時流からしてやむをえない犠牲であり、外部からの圧力に対する内部への専制というパターンに向かっていくことになったのである。しかもこのころから時宗は自らの幕政中枢での支持者を相次いで失うのである。まず文永十年（一二七三）五月政村が、建治二年（一二七六）十月には実時が没し、幼少年期においてはその強力なバックアップをし、青年期においては政治上はその実質的な相談相手であったであろう北条氏一門中の重鎮が数年を経ずして相次いでこの世を去ったのである。時宗は得宗として困難な情勢を一身に引き受けなければならなくなった。無論安達泰盛も外戚として幕府中枢に存在していた。しかし以前とは状況が明らかに異なる。以後時宗自らが中心となって対モンゴルという防衛体制の強化と幕府支配体制の強化という道を進んでいったのである。二月騒動に際して庶兄時輔やその余党名越教時らを誅戮したことも、外圧に直面して内部の指揮・命令系統の一本化、すなわち専制体制を通じての防衛力強化ということで、それは時代の趨勢がそうさせたものでやむをえなかったというべきかもしれない。北条氏一門の内部矛盾の克服という側面からは、なるべくしてなった必然であったといえるであろう。こうして強化された得宗権力を行使して防衛体制の充実に臨んでいったわけであるが、それは守護を通じてなされていった。北条氏一門の守護が西国の軍事的要国を中心に大量進出していくのと軌を一にしていることはすでに述べたが、対蒙古の実質的な戦闘力は西国の有力守護＝有力御家人及び九州に所領をもつ多くの御家人たちであり、彼らは少弐・大友・島津・武田ら、九州・西国の守護＝有力御家人の指揮下で戦闘に参加していったのである。いかに得宗が権力を強化しても、彼ら御家人の戦功にこたえてやらねばならない。彼らを力でおさえることは時宗の専制力をもってしてもできないことである。それは具体的には恩賞＝所領を与えることである。時宗個人はこうした御家人たちの切実な、しかも自然な要求に対して満足に答えることができずにあわただしく没してしまうのである(88)。

時宗は結果からすると得宗に強大な権力を集中することに成功した、と言ってよいであろう。すでに泰時の時代からくすぶりつづけてきた北条氏の家督をめぐる一族の内部矛盾も完全に克服され、以後はこの種の事件は皆無となった。将軍の権威は、まったく骨ぬきにされ、それと連携する有力御家人もみなほとんど滅び去っていった。ここにいたってもはや得宗に対抗する何らの反対勢力はまったく存在しないかにみえる。しかし問題の根源は権力体の内部に存在していた。それが得宗外戚安達氏と内管領平氏との対立だったのである。時宗はその対立・矛盾を顕在化させることはどうにか抑止できた。というよりも平頼綱にはなおその時機が熟していなかったのではなかろうか。しかし権力上層部における対立・矛盾は時が解決してくれるような問題ではなく、むしろ時がたてばなお一層その対立・矛盾は激化していく。

貞時は時宗が残した課題を結局受けつがなければならなかった。第一に権力上層部における深刻な対立・矛盾であり、その政治的事件としての帰結は前述した「弘安八年霜月騒動」であったわけである。平頼綱を支持した勢力の詳細な分析や、頼綱の政治の具体相などは今後の課題とするが、十四歳で時宗の跡を襲うて執権となった貞時政権の幕あけは、実に内管領平頼綱の専権の時代に始まるのである。しかし畢竟、頼綱の専権も得宗貞時を拠り所とした権力にすぎず、彼がどこまで貞時の意思を無視して政治を行ったのだとしても、それはあくまで形の上では得宗の意思の代行者にすぎなかったというべきである。それは次代得宗の高時の時代において長崎円喜・高資父子のように、もはや高時の意思とはほとんど無関係のところで政治を行っているのとは異質のものである。

第二に御家人問題である。それは広義には物領制の問題を含めた鎌倉幕府御家人制全体のあり方をめぐる問題ではあろうが、より切実なのは元寇に対する恩賞問題であったろう。御恩奉行として、この問題の実質的権限を掌握していたのは安達泰盛であった。泰盛が御家人たちの希望に答えるべく公正な立場をとったということはよく聞かれることである。ところがそのあとを受けついだのは平頼綱であって、彼によって時宗・泰盛時代の施策がかなりの範囲にわたって蹂躙されたであろうことが推測される。(89)「平禅門の乱」によって平頼綱一派が倒れたあと、貞時は政治路線の変更にとりくみ、頼綱専権の残した歪曲を大幅に修正していかねばならなくなるのである。抬頭する御内人をしりめに貞時はひきつづいて御家人保護の政策を継続していかねばならないのである。ここに貞時政権の大きな矛盾がある。

第三には異国防禦の継続である。結果的にはもはや三度目の日本来寇はなかったけれども、幕府為政者としてはこれを怠ることは決して許されざることであった。石築地修造や異国警固結番等、間断なく継続されていくことになるのである。

以上のごとく、時宗政権から受けついだ課題はそのどれ一つをとってみても、決してなまやさしいものではなかった。その幕あけが幕政中枢での激しい軋轢として霜月騒動の惹起をみて、その結果として平頼綱一派による専権の時代をひらいた。やはり貞時政権はその成立の当初より前途の多難をかかえていたというべきなのである。けれどももう一つの側面はわすれられるべきではない。すなわち時宗によって開かれた得宗家の強大な権力集中の面である。平禅門の乱ののち、貞時の絶大な権力は完全に幕政中枢に定着したことをみなければならない。そこにはいかなる勢力の介在をも許さない絶対的存在としての得宗があり、幕府中枢においてはすべてが得宗の前には拝跪する姿があった。たとえ北条氏一門といえども、それは例外ではありえなくなってきているのである。それらのいくつかの点について、北条貞時政権の具体相については今後の課題としたい。

註

（1）石母田正氏は、鎌倉幕府草創に集結した武士を三つの類型に分け、それぞれの規模に従って、豪族的領主層、地頭的領主層、田堵名主的地主層に分類されている。『古代末期政治史序説』（「第二節　封建的諸関係の成長」）一三六～一三七頁、一九五六年。

（2）御家人六十六名連署による梶原景時糾弾の書状を、十数日にわたって大江広元がにぎりつぶしていたことは有名である。将軍独裁制の下では、御家人自らの意見を具申するにも側近官僚を通さなければならなかったわけである。なお、ひとくちに文官系側近吏僚層とはいっても、そのなかでもまだ分類する必要があることを付言しておきたい。

（3）侍所だけはやや事情を異にする。和田義盛、梶原景時以後、北条義時が別当に任じてからは代々その嫡流の世襲となったことは注目すべき事実である。侍所が軍事・警察機関の中核であり、御家人統率の要であったことはいうまでもなく、この点については佐藤進一氏が述べておられる。「鎌倉幕府政治の専制化について」（竹内理三氏編『日本封建制成立の研究』所収）一九五五年。

（4）執権北条泰時・連署北条時房以下、評定衆に中原師員・三浦義村・二階堂行村・中条家長・町野康俊・二階堂行盛・矢野倫長・後藤基綱・太田康連・佐藤業時・斎藤長定などである。いわゆる文官系側近吏僚層が最も多いが、三浦義村・中条家長らの豪族御家人も含まれている。

(5) 佐藤進一氏、前掲論文。

(6) 本書第三部第一章。

(7) 康元元年以来一番引付頭であった大仏朝直はこの年の五月、五十九歳にして没している。一番頭人には名越時章が二番頭人から昇格している。

(8) 林屋辰三郎氏「中世史概説」(第二次岩波講座『日本歴史』中世1所収)一九六二年。

林屋氏はこのなかで次の点に注意されている。「有力御家人の守護職はすべて得宗一門に吸収するのをつねとし、結局、頼朝以来の豪族御家人の存在を否定するのであるから、その結果、必然的に執権制下の幕府の基盤としては、土豪的な領主にいっそう強く頼らざるを得ないのである。そこでこの前後から積極的に地頭的領主を保護する方策が考えなければならないわけである。ここに惣領制という問題を理解する鍵があるのである」と述べられている。

(9) 佐藤進一氏、前掲論文。

(10) 本文引用のなかで、「尾藤太平三郎左衛門尉」なる人物がみえているが。これは「藤」と「平」からして「尾藤太」と「平三郎左衛門尉」にわけて解すべきであり、名乗りはそれぞれ景氏・盛時と考えられる。なお同様の記載は五月二十五日条にも「尾藤太平三郎左衛門尉」とみえており、御家人制研究会編『吾妻鏡人名索引』(吉川弘文館刊)では同一人物として扱っている。おそらくこれは後年における『吾妻鏡』編纂上のミスではあるまいか。

(11) 本章では便宜上時宗政権を第一・第二の段階に分け、時宗の連署就任の文永元年(一二六四)から文永九年(一二七二)までと、文永十年(一二七三)から弘安七年(一二八四)の時宗の死までとに区分しておく。その理由等については本文で触れる。

(12) 問注所執事太田康有の日記である。『建治三年記』については龍粛氏『鎌倉時代』上、二一七〜二三一頁。一九五七年。

(13) 同時期の太田康有が、時宗を指して「相太守」といういわば尊称を用いているが、あるいはこの時期から得宗の地位の絶対性が確立してきたものではあるまいか。

(14) 『永仁三年記』については川副博氏「永仁三年記考証」(『史潮』第五〇号所収、一九五三年)。

(15)『北条九代記』によれば、赤橋久時・北条時村（政村息）・大仏宗宣・北条熙時（時村孫）などが「寄合衆」に任じていたことがわかる。
(16)前掲拙稿、前註（6）。
(17)「二月騒動」という名は『保暦間記』によっている。
(18)『北条九代記』。
(19)これらの五人が当時幕府政治上どのような立場の武士であったか、なお検討の余地がある。すなわち御家人なのか御内人なのかを検討しなければならない。大蔵頼季は『武蔵七党系図』（『続群書類従』第五上）にその名があり、正嘉元年閏三月一日条によれば引付衆三番の末席にその一族と思われる大蔵四郎則忠の名がみえている。渋谷新左衛門尉は、幕府草創以来の御家人であるが、この段階ではどうであったろうか。四方田瀧口左衛門尉は有道姓児玉党である。石河神次左衛門尉は小野姓横山党である。薩摩左衛門三郎は当時薩摩守にちなむ名乗りは安積（伊東）祐長であり、その息に薩摩七郎左衛門尉祐能がいる。おそらくはその息か兄弟であろうか。とすれば系譜的には御家人である。
(20)文応元年二月二十日条によれば、廂御所結番の三番の筆頭に「中御門少将」とみえている。また同十一月二十七日条にもみえている。文永三年宗尊親王帰洛後も鎌倉にとどまっていたのであろう。
(21)時章の嫡子公時にはまったく累は及ばなかった。
(22)佐藤進一氏『鎌倉幕府守護制度の研究』一九七一年。
(23)石井進氏「九州諸国における北条氏所領の研究」（竹内理三先生還暦記念会編『荘園制と武家社会』所収）一九六九年。
(24)佐藤進一氏、前掲論文。
(25)『吉続記』文永十年閏五月四日条によれば、「関東左京大夫政村、去月二十七日死去云々。東方遺老也。可惜。々々」とある。なお当時の京都の公家の一人である吉田経長が政村をこのような目で見ていたことは注目される。現在一般的には政村を単なる〝つなぎ〟とか時宗の代官的立場としてしか評価されていないようだが、一考の余地があろう。当時の公家の目は幕閣の有力者としての政村をかなり正確かつ正当に見ていたものと判断できよう。

(26) 康元元年(一二五六)三月、出家隠退した重時に代わって連署に就任し、このあと十一月家督幼稚のための眼代として執権となった長時とともに、いわゆる「時頼入道治世下」を支えたときも、単なる〝つなぎ〟とか〝連署たらいまわし的人事〟ではなく、その政治的力量がかわれて起用されたものと考える。前掲拙稿、前註(6)。

(27) 越訴方〔過誤救済機関〕については、佐藤進一氏『鎌倉幕府訴訟制度の研究』(一六六～一九六頁、一九四三年)。佐藤氏はこのなかで、「当代訴訟の制は、原審裁判所の判決に対する不服申立を、これと全然別個の上級審裁判所に対して行い、これに対して当該上級審裁判所が原判決に少しも羈束される所なく判決を下す現行の上訴制とは全く性質を異にする」と述べられ、「原判決に対する不服申立を許し、而もその申立が然るべき理由なくして却下される事のないように、越訴頭の員数及び任命に意を用いた事は注目すべき所」と論じられている(一七六頁)。

(28) 『北条九代記』(『続群書類従』第二十九上所収)。

(29) 「追加法」四三三、四三四、四三五条(佐藤進一氏、池内義資氏編『中世法制史料集』第一巻『鎌倉幕府法』)。

(30) 三摩耶戒壇については、本書第二部第三章において若干触れておいた。

(31) 前掲拙稿、前註(6)、および前註(30)。

(32) 前掲拙稿、前註(6)。

(33) 石井清文氏「執権北条長時と六波羅探題北条時茂――鎌倉中期幕政史上における極楽寺殿重時入道一統の政治責任――」(『政治経済史学』第一一二号)一九七五年。

(34) 『関東往還記』(関靖氏編『金沢文庫本』)によれば、武州長時母を「治部卿」、左近大夫義政母を「少納言＝小御所」の二人を奥州禅門後家として載せている。

(35) 政村の別業が常葉にあったことは康元元年(一二五六)八月二十日条にみえている。また建治三年(一二七七)十二月、時村が六波羅探題北方に就任したおり、その常葉の邸から門出したことがみえている。しかし政村の子孫は常葉を名乗っていない。『永仁三年記』閏二月十二日条に「常葉備州」とみえているのは極楽寺流の時茂の孫、時範の息範貞である。これはかつて論者が推定したごとく、北条氏一門で常葉氏を称したのは重時の四子四郎時茂の系統である。『北条九代記』によれば、時茂の息時範の母は政村女である。また『永仁三年記』に「常葉備州」の名がみえ、川副博氏はこれを時範に比定されている。同氏「永仁三年記考証」(『思潮』第五〇号、二二八頁。一九五三年)。以上をもとにして次のように推定してみたい。北条政村女が時茂に嫁し、その所生として時範が生まれる。政村女が時茂に嫁したとき常葉の所領の一部が時茂の下に入った。下って政村の跡を襲うていた時村が嘉元三年の政変でたおれ、その跡の大部分は時村の嫡孫熙時が受けたであろうが、一部は時範のものとして伝えられ、以後時範の系統が常葉氏を称したのではあるまいか。政村の子孫を常葉氏とするのは誤りである。本書第三部第一章参照。

(36)『関東往還記』によれば、越州旧妻を実村・篤時の母として載せており、『北条系図』(『続群書類従』第六上)には顕時の母を政村女としている。実村・篤時は同母で、顕時とは異腹であったことになる。

(37)『系図纂要』第五十によれば師時母としている。

(38)足利氏を他の御家人と同一視することはできない。頼朝の正統が絶えたあと、足利氏の幕府内における立場は微妙なものであり、源家御一族として常に北条氏と連携してきたことは周知の事実である。北条時氏女所生の足利頼氏を最後として北条氏得宗と足利氏嫡流との姻戚関係が絶え、代わって安達氏との姻戚関係が緊密になることに注意しておきたい。ちなみに鎌倉期における足利氏の代表的な論考を次に掲げておく。八幡義信氏「鎌倉幕政における足利義兼の史的評価」(『歴史教育』第一六巻第一二号)一九六八年。彦由三枝子氏「承久の乱前後における前武蔵守足利義氏」(『政治経済史学』第一〇〇号)一九七四年。同「足利泰氏出家遁世の政治史的意義——摂家将軍藤原頼嗣廃立への一契機——」(『政治経済史学』第一〇九、一一〇号)一九七五年。臼井信義氏「尊氏の父祖——家時・貞時年代考——」(『日本歴史』第二五七号)一九六九年。

(39)文暦元年六月三十日条に、

陸奥五郎依病痾。辞小侍所別当。而此事為重職。子息太郎実時年少之間。難譲補之由。雖有其沙汰。武州雖重役。雖年少。可加扶持之由。依令申請給。所被仰付也云々。

とある。

(40)小侍奉行というより、執権・連署になぞらえて、実時が別当であるから時宗はそれにならんだものと解せられる。

(41) 正嘉元年十一月二十三日条によれば、顕時は初号時方と称していたこと、時宗より三歳年長であったこと、また理髪を安達泰盛の弟頼景が役していたことがわかる。顕時は安達泰盛女婿であり、後年霜月騒動に連座し、下総国埴生庄に隠棲している。金沢氏と安達氏との関係も深かったことがうかがわれる。なお、時宗と顕時については、前掲拙稿前註（6）のなかでも触れておいた。

(42) 前註（36）。

(43) 本書第六部第三章。

(44) 佐介時盛の日蓮帰依と大仏宣時の日蓮弾圧事件がほぼ同時期に相当していることが注目されよう。拙稿、前註（43）。ただし、現在ではこの部分は全面改定し、認識を新たにしなければならない。大野達之助氏は、『日蓮上人遺文』にみえる北条弥源太入道を北条時盛とし、佐介時盛とされている。しかし時盛は建治三年（一二七七）五月に八十一歳にして没している。弘安元年（一二七八）八月十一日、日蓮が北条弥源太入道に与えた書状がある。このことから明らかに佐介時盛と北条弥源太入道は別人であることがわかる。

(45) 『保暦間記』（『群書類従』第二十六）。

(46) 佐藤進一氏、前掲書、前註（22）。

(47) 佐藤進一氏、前掲論文、前註（3）。

(48) 元仁元年九月五日条に、

故奥州禅室御遺跡庄園。御配分于男女賢息之注文。武州自二品賜之。廻覧方々。各々有所存者。可被申子細。不然者。可申成御下文之旨被相触。皆歓喜之上。曾無異儀歟。此事。武州下向最前。内々支配之。潜披覧二品之処。御覧畢之後。仰曰。大概神妙歟。但嫡子分頗不足。何様事哉者。武州被申云。奉執権之身。於領所等事。争強有競望哉。只可省舎弟等之由存之者。二品頻降御感涙云々。仍今日為彼御計之由。及披露云々。

とある。文言どおり解すれば、泰時の弟思いの美談としてかたづけられてしまいそうである。しかし正反対の見方からすれば、いまだ北条氏一門の成長が不完全なのであり、こうしなければ一門を納得させることができなかったと考えられ、同時に執権北条氏対他の諸有力御家人の勢力の均衡という執権政治基本路線を保持していくこともむずかしくなったと考えられる。ここに泰時の惣領権の限界をみることができる。

(49) 前掲拙稿、前註(6)。

(50) 時房流北条氏の二代主流として、長子時盛の系統である佐介氏と、四子朝直の系統である大仏氏がある。いずれも氏を称したのは後年のことであると考えられるが、便宜上この二人をもって氏祖としておきたい。

(51) 『吾妻鏡』によれば、越後次郎時員とあり、同時期に越後五郎時家がみられるが、混入してあらわれることがあり、この越後五郎時家は『北条系図』『尊卑分脈』ともにその名がなく、これはおそらく『吾妻鏡』の編纂上のミスで、越後守実時の子に五郎時家があり、これと混同してしまったものではあるまいか。

(52) もし本文の後者のような立場をとるとすれば、時輔の六波羅探題南方就任以来、南方には軍事力がなく、いわば北方の監視下におかれたという解釈もなりたつ。しかりとすれば、時輔から時国にかけての六波羅探題南方の性格は得宗時宗にとって都合の悪い人物を左遷するためのポストであったとも考えられる。なおこの点に関しても今後の研究を期したい。

(53) 『建治三年記』にみられる評定には、「老」「若」の区別があるが、これは議事内容によっての区別なのであろうか。またこの区別が単に年齢的なものなのか、あるいは議事内容によるものなのか、すぐには論断できない。また「式評定」というものもあるが、これもどういうものなのか判然としない。いずれにしても、評定衆制度が形骸化していくといわれる一方で、その制度自体が新たに整備されているということもあわせて考えなければならない。

(54) 佐藤進一氏は、『帝王編年記』にみる実政の鎮西下向をもってただちに鎮西探題の成立とみることはできないとされている(前註(27))。文永十年以後豊前守護職が少弐資能から越後守に替えられ、越後守はその近親越後六郎を守護代として現地に送ったと想定されている(前註(22)、二二一頁)。しかりそのとおりであると思う。しかし佐藤氏はこの「越後守」を疑問をはさみながらも金沢顕時に比定されている。論者はこの「越後守」を顕時の父実時に比定する。というのは、顕時が越後守に任ずるのは『関東評定衆伝』によれば弘安三年のことであり、実時はその死没建治二年十月までは終始越後守であったからである。なお越後守については『建治三年記』五月五日条に、弾正少弼業時が任じたことがみえている。いずれにしてもこの業時（重時子息）を前出の越後守に比定することには無理があろう。

(55) 佐藤進一氏、前掲書、前註（22）。

(56) 佐藤進一氏、前掲書、前註（22）。

(57) 佐藤進一氏、前掲論文、前註（3）。

(58) 佐藤進一氏、前掲論文、前註（3）。

(59) 前掲拙稿、前註（6）。

(60) 相田二郎氏『蒙古襲来の研究』九頁。一九三六年。

(61) 前註（29）。

(62) 相田二郎氏、前掲書、前註（60）、一二八～一四七頁。

(63) 佐藤進一氏、前掲書、前註（22）「守護交代注文」（一〇四～一一〇頁）を中心としてまとめたものである。

(64) 佐藤進一氏、池内義資氏編前掲書、前註（29）補遺四、五、六所収。

(65) 『追加法』（前註（29））四六六条に、

　長門国警固事、御家人不足之由、信乃判官入道（二階堂行忠）行一令言上之間、所被寄周防、安芸也、異賊襲来之時者、早三ケ国相共、
可令禦戦之状、依仰執達如件、

　建治元年五月十二日　　武蔵守（義政）在判
　　　　　　　　　　　　相模守（時宗）在判

　武田五郎次郎殿（信時）　　　東寺百合文書ヨ至十二

とある。

(66) 龍粛氏『蒙古襲来』二〇四～二〇五頁。一九五九年。

(67) 相田二郎氏、前掲書、前註（60）、九頁。

(68) 佐藤進一氏、前掲書、前註（22）、二〇二頁。

(69)『関東評定衆伝』によれば、その没年は文永七年（一二七〇）三月一日、没年を七十一としている。したがって生年は元久二年（一二〇〇）となり、政村よりも五歳年長である。

(70)佐藤進一氏・池内義資氏編前掲書、前註（29）四一一頁。

(71)これらの諸機関は当代末にいたって長門探題・鎮西探題とよばれるようになったらしいが、設置当初はそれぞれ長門国警固役、鎮西特殊合議訴訟機関とよばれていた。この問題は川添昭二氏が先学をふまえて詳細に論じておられる。「鎮西特殊合議訴訟機関」（『九州大学文学部史淵』第一一〇輯、一九七三年）、「鎮西談議所」（『九州文化史研究所紀要』第十八号、一九七三年）。

(72)『神奈川県史』資料編2所収文書、一〇二三号文書。

(73)本文書は案文（写し）ではあるが、名越時章・同教時兄弟の被誅を正月十四日とはっきり書いている。『北条九代記』『武家年代記』『保暦間記』等は時輔と同じ二月としている。顕時自身の記憶ちがいであろうか。しかし事件当時鎌倉にいたであろうし、また北条氏一門で幕府当事者の一人として存在していた者、つまり事件当時に少なくともその場にいあわせたであろう本人の書いたものなので信憑性は非常に高いものといえるであろう。この点は今後の課題としたい。なお、二月騒動については、前掲拙稿、前註（6）参照。北条義政の出家遁世事情については、石井清文氏「建治三年における鎌倉幕府連署武蔵守北条義政の出家遁世事情――極楽寺流塩田氏の消長について――」（『政治経済史学』第一四六号、一九七八年）参照。なお塩田荘については、多賀宗隼氏「信濃国塩田庄とその文化――塩田氏及常楽寺・安楽寺その他」（『歴史地理』第七七巻第六号、一九三九年）参照。また足利泰氏の出家遁世については、彦由三枝子氏前掲前註（38）参照。

(74)一〇一六、一〇一七、一〇一八、一〇一九、一〇二〇号文書前註（72）の編纂者は、「城三郎二郎」を大室義宗に比定されているが、『尊卑分脈』によれば、義景息景村の子を義宗とし註に三郎二郎とある。論者もこの比定に異存はないので従っておきたい。大曾祢左衛門入道はあるいは同一人物であろうか。しかし今のところほとんど確証もないので別人としてあつかっておく。

(75)前註（72）、一〇四三号。

(76)　前註(72)の編者は「城三郎二郎」を大室義宗に比定されている。『尊卑分脈』によれば、義景息景村の子を義宗として、注に「三郎二郎」とある。論者もこの比定に異存はないので従っておきたい。

(77)　大曾祢左衛門入道はあるいは同一人物であろうか。しかし今のところほとんど確証もないので別人としてあつかっておく。

(78)　『尊卑分脈』『系図纂要』ともに足立氏には直元の名がみえておらず、したがって系譜関係も明らかではないが『吾妻鏡』にはその名を見出すことができる。足立氏の一族とみてもさしつかえなかろうと思う。

(79)　前註(72)一〇四三号。

(80)　林屋辰三郎氏は、前掲書(前註(8))三〇頁で次のように述べておられる。

それだけにこの乱を宝治合戦と同じような執権制下の粛清に対する反発と考えるだけでは充分でなく、蒙古襲来後の御家人層の窮乏という現実を背景に、執権政治の政策の行きづまりを不満として、のちに述べるような討幕運動の条件が徐々に形成されつつあった事実をみなければならない。従ってこの乱は、さきに和田氏の乱の原因となった泉親衡以来七十年ぶりであり、それだけに幕府にとってはその存立をおびやかす重大な内乱として重視されたと考えられるのである。そうしてみるとこの乱は少なくとも源氏を名乗る御家人には一種の刺激を与え、かの足利家時の置文などがつくられる社会情勢をつくり出したのであって、元弘の変における足利・新田氏などの蹶起と相通じ、その祖型というべきものが考えられると思う。

蓋し慧眼である。さらに氏は論を続けて惣領制の矛盾の問題について触れておられるが、論者もこの点については本文の方で検討したい。

(81)　相田二郎氏前掲書前註(60)、二九二〜二九六頁。

(82)　『朽木古文書』第一四軸　甲一二号　一四六譲状案、一四七、一四八　佐々木頼綱譲状案。なお、同文書一三五、一三六、一三七号によれば池殿頼盛流平氏の平顕盛が佐々木(朽木)経氏に所領を譲った旨がみえており、さらに『系図纂要』にも頼氏について「池大納言頼盛卿七代河内次郎顕盛猶子」とあるが、池殿流平氏と朽木氏との関係が具体的にはどのようなものであったかは今後の課題である。池大納言頼盛と源頼朝の関係は著名なる池禅尼とのいきさつや、その恩に酬いるための家領三十四ヶ所の保障（元暦元年四月六日条）、子息（保業ヵ）の本官還任に対する尽力（元暦元年六月二十一日条）、帰洛に際しての餞別（元暦元年六月二十一日条）等、かなり知られている。因みに同文書所収の『平氏系図』を次に掲げておく。

忠盛―播磨守 正三位 清盛―左衛門佐 中務大輔 重盛―維盛
　　―三河守 大納言 頼盛―河内守 保業―宮内大輔 光度―為度―河内大夫 維度―顕盛

『吾妻鏡』の所見保業（元暦元年六月二十日条）光度（建長四年十一月十一日条）為度（所見なし）維度（所見なし）

池大納言 頼盛―池河内守 保業―池宮内大輔 光度―宮内大輔 為度―河内大夫 維度―河内大夫 宗度―河内次郎 顕盛―万寿丸

系図　丹後国倉橋庄内与保呂村相伝事

宮内大夫 為度―河内大夫 維度―河内新大夫 宗度―河内次郎 顕盛―佐々木出羽守 経氏 童名万寿丸 為養子相伝之

（83）多賀宗隼人「秋田城介安達泰盛」（『史学雑誌』第五十二巻第十八号『論集中世文化史』法蔵館　一九八五年）。同氏「北条執権政治の意義」（『歴史教育』十五ノ六）、同氏「弘安八年霜月騒動とその波紋」（『歴史地理』七十八―六。一九四一年）。のち『鎌倉時代の思想と文化』一九四三年に収録。

（84）佐藤進一氏、前掲書、前註（27）、第三章　訴訟対象を基準とする訴訟制度の分化、同、前註（3）『幕府論』（『中世社会』新日本史大系第三巻）。

（85）奥富敬之氏「得宗専制政権の研究」（『目白学園女子短期大学研究紀要』第一、二、三、四号、一九六三～一九六六年）。

（86）川添昭二氏「弘安八年筑前国岩門合戦について」（『九州史学』第十六号、一九六〇年）、同「岩門合戦再論――鎮西における得宗支配の強化と武藤氏――」（森克己博士古稀記念会編史学論集『対外関係と政治文化』第二所収、一九七三年）。川添氏によれば、九州におけるこの乱が単なる武藤氏内部の嫡庶間の争いではなく、武藤氏のもつ守護職権や鎮西支配に占める行政的地位の高さから、鎮西の支配的地位にかかわる権力闘争的性格をもつものであると指摘されている。また岩門合戦が霜月騒動の単なる余波ではなく、北条氏の鎮西支配とくに蒙古襲来を機とするその支配に規定された構造的特質をもつものと解されている。

(87) 田口卯吉氏「北条政村」(『史学雑誌』一〇―一〇)。政村に対するほぼ正当な理解は明治期における田口卯吉氏によって最初になされた。それまでは時宗をあまりにも前面に出しすぎて政村については全く顧みられることもなく、ただ〝つなぎ〟とか、時宗の引立て役程度にすぎない者とされ、さらにその存在すら気がつかれずにいたとさえいえるだろう。田口氏は政村の存在価値を積極的に認められ、元使来日後幕府の打った諸施策については政村の意思が多分に働いていたものとみなされている。細部にわたっては今は省略するがするどい着眼であるというべきである。

(88) 相田二郎氏、前掲書、前註(60)によると、文永の役の勲功の賞として建治元年十月、肥前国の御家人松浦党の一族山代諧の子息亀丸(栄)を、父諧の討死の恩賞として同国恵利の地頭職に補任したとしている。なおこの竹崎季長の『蒙古襲来絵詞』によると百二十余人が恩賞に預ったといわれているが、時宗花押の将軍政所下文が今日に伝わっているのはこの一例のみであるという(二六〇～二六二頁)。

(89) 前註(81)と同じ。

(補註1) 幕府草創から中期にかけて幕府政治の展開過程の権力闘争のなかで、多くの御家人たちが北条氏によって粛清されていった。幕府を支えるべきはずの御家人が滅んでいったということは、幕府自体の弱体化を意味する。かつて御家人たちが有していた所領・諸職は必然的に北条氏やその一門に帰していくことになる。その一方で、幕初以来の御家人たちは、次第に幕政中枢から疎外されていくようになる。他方かれら御家人たちの側からすれば、いくら幕府に忠誠を誓い忠勤に励んでもその見返りが期待できなくなっていた。特に承久以後、東国以外に所領・諸職を得た御家人たちは、必然的にその地での在地経営に邁進していくことになる。すなわち自らの生活の拠点を地方に移していくことになる。幕府に出仕してそこでの栄達を望むより、必然的に在地での生活を重視していくようにシフトしていくことになるのである。幕政中枢は北条氏一門や得宗外戚、さらには得宗被官たちによって主要なポストは独占され、もはや執権政治以来の道理に基づく〝公平〟かつ〝公正〟な政治は期待できなくなりつつあったのである。建長年間から時頼入道治世下において、幕府行事の際に御家人たちが故障と称して供奉を忌避・拒否という行為が横行することが目立つ。こうした事実は何よりもすでに御家人たちの心がすでに幕府から離れつつあったことを端的に示している。

（補註２）　時宗政権の第一段階において、それを強力にサポートしたのは前述のごとく政村・実時・安達泰盛であった。時宗はかれらに対して全幅の信頼を寄せながら、権力確立に邁進してきたのである。特に政村・実時は長らく泰時・経時・時頼らと政権中枢にあって、その政治方針を尊重しつつ概ね時宗の政権確立を強力にバックアップしてきた。その方向性は安達泰盛とてほぼ同じであったであろう。それが第二段階に入って、政村・実時らが相次いで没したことにより、政権内部のバランスが大きくくずれてしまったということが考えられる。平頼綱がいつごろ勢力をもつようになったのかはわからないが、おそらくはこの第二段階に入ってからのことではあるまいか。政村・実時の存命中は、幕政中枢における対立や矛盾をおさえていたのであろう。それだけこの二人の存在が大きかったのである。安達泰盛と平頼綱の対立・矛盾は顕然化することはなかった。この二人の相次ぐ卒去が次の霜月騒動の伏線になったと思う。

（補註３）　康元元年（一二五六）四月、執権就任のために鎌倉にもどった兄長時に代わって六波羅探題南方の任についた。これら一連の人事は執権・連署、南北六波羅探題といった政権中枢部の最重要人事であり、それに極楽寺流の一門がかかわっているのである。この時期におけるその重要性に注意しておく必要がある。論者はやはり時頼の政権は北条氏一門によって支えられた翼賛体制の性格が非常に強いものであったと思う。石井清文氏「執権北条長時と六波羅探題北条時茂――鎌倉中期幕政史上における極楽寺殿重時入道一統の政治責任――」（『政治経済史学』一一二号）参照。一九七五年。

（補註４）　当初発表したものは鎌倉末期としたが、やはり厳密には後期・末期としたほうが学問的にもより正しいものと考え、表記のように改めた。文意そのものまで変わってしまうような改訂は論者の意図するところではないし、それはフェアなことではないと考える。

（補註５）　本書第五部第一章、第二章、寛元・宝治年間における北条政村および、北条政村の研究を参照。

（補註６）　時宗が権力を確立した時代において、それに比肩しうるような存在となることは、非常に危険なことであった。現任の連署であった極楽寺流の北条（塩田）義政が、建治三年（一二七七）四月四日、病により出家し、五月二十八日、信濃国善光寺をめざし、塩田庄に遁世逐電してしまった。さまざまな説が出されているが、やはり最も大きな理由は、身の危険を義政が感じたことがあげられるであろう。得宗外戚安達泰盛と内管領平頼綱との対立のはざまにあって、執権時宗とならんで連署義政は、その立場のゆえの重圧にたえられなくなっていたのではあるまいか。石井清文氏の指摘のごとく、義政の意思とはかかわりなく権力伸長が危険視されたためであろう。やはりここにも時宗政権の第一段階における北条氏一門のありかとは異なっていることをみることができるであろう。「建治三年における鎌倉幕府連署武蔵守北条義政の出家遁世事情――極楽寺流塩田氏の消長について――」（『政治経済史学』一四六号）一九七八年。

（補註7）村井章介氏はこの引付廃止について、合議制という執権政治の根幹が大きく変質し、政所と問注所とくに後者の地位上昇、問注所執事太田康有が評定衆の上位にすら位置づけられたと評価されている。引付衆廃止が得宗勢力による評定衆合議制の圧迫にほかならないととらえている。同氏『北条時宗と蒙古襲来――時代・世界・個人を読む』ＮＨＫブックス、五八～五九頁。二〇〇一年。

（補註8）野辺本『北条系図』によれば、母は「備後局」とする。安田元久氏編『吾妻鏡人名総覧』五一二頁。二〇〇〇年。

（補註9）仁治二年十一月二十五日条に、

今夕。前武州御亭有御酒宴。北条親衛。陸奥掃部助。若狭前司。佐渡前司等着座。信濃民部大夫入道。太田民部大夫等。文士数輩同参候。此間及御雑談。多是理世事也。亭主被諫親衛曰。好文為事。可扶武家政道。且可被相談陸奥掃部助。凡両人相互可被成水魚之思之由云々。仍各差鐘。今夜御会合。以此事為詮云々。

とある。

（補註10）『関東往還記』（関靖氏編『金沢文庫本』、一九三三年）弘長二年三月二十一日条に「越州本妻家」、同七月十八日条に「越州室相州女　顕時母」とある。また同七月二十九日条に「越州旧妻室実村篤時等母」とある。以上から政村女所生の顕時が金沢氏の家嫡を継ぎ、「越州旧妻」を母とする越後太郎実村・越後次郎篤時らは、庶腹ゆえに庶兄とされたわけである。なおこの部分はかつて発表したものではここまでの認識がなかった。ここに改めて訂正しておきたい。

（補註11）名越朝時が、嘉禎二年（一二三六）九月十日、評定衆に任じたが、本望ではないとして辞退している。これはなぜなのか。北条氏の父祖以来の名越邸に住し、またその受領名たる遠江守に任じていることからわかるように、自分こそが北条氏の家督を継ぐべき存在であり、執権・連署の後塵というべき評定衆など、はじめから眼中にはなかったと、役不足であるとの思いが強かったであろう。

（補註12）　論者は得宗専制の成立の指標を「文永九年二月騒動」においている。本章はその前提で論をすすめてきている。本文のなかでも述べたようにこの時期をさかいとして、第一に、幕政での北条氏一門の在り方が明らかにかわること、第二に、次第に評定衆制度にかわって寄合が幕政の最重要事を決定する機関となっていくこと、第三に、さらにその寄合の中心メンバーには御内人が参画し、北条氏一門は一人もいなくなっていくこと、第四に、幕府を支える御家人が、幕初以来の豪族御家人がほとんど姿を消していること、第五に、この時期を前後して惣領制の解体過程にはいって、幕府が御家人支配の方式を転換していくこと、などがその論拠となる。

（補註13）　さきの宝治合戦で、三浦氏本宗は滅亡したが、佐原氏一統は本宗とは行動をともにせず、かえって得宗＝安達氏側として行動している。芦名氏は会津佐原氏であり、本文で述べたことは再検討の余地がある。すなわち佐原氏流の三浦氏は、宝治合戦以来、安達氏と協調的姿勢をとってきたものと考えられる。

第四部　北条貞時政権

第一章　北条貞時政権の研究序説
――弘安七年の諸法令にみる鎌倉幕府の政策と「弘安七年佐介の政変」について――

はじめに――問題の所在

弘安七年（一二八四）四月四日、執権北条時宗は三十四歳の若さにして没した。「文永・弘安の役」を乗り切り、北条氏得宗の権力の絶対性を確立した時宗の力量はそれなりに評価されるべきであろう。「元寇」といういわば国難は、それまでの社会の内部に潜在していた矛盾を露呈させ、それらの矛盾が鎌倉幕政にはねかえってきたのである。本章は、元寇後鎌倉幕府がかかる状況の下で、財政の逼迫化が深刻になっていくなかで、恩賞問題や御家人保護・異国警固の継続といった問題をかかえていたなかで、執権時宗没後に成立した貞時政権の実態について、弘安七年に出された諸法令を中心にして考察を試みるものである。論者の関心は鎌倉後期の政治史、とくに時頼・時宗・貞時と続く、いわゆる「得宗専制論」にあり、本書第二部第三章および第三部第二章などをもとに、本章を貞時政権研究の出発点にしたいと思う。現在までの一般的な理解においても、元寇をさかいとして鎌倉幕府は次第におとろえ、元寇で働いた御家人たちへの恩賞問題・貨幣経済流入にともなう御家人の窮乏化によるその保護の問題・悪党問題等、いくたの問題をかかえていたのである。その後幕府はかかる難問に対しての諸施策にもかかわらず、ついには御家人たちの支持を失い、幕府滅亡にいたるのである。時宗政権は大概以上のような難問をかかえつつ、元寇という国難とその処理のみに忙殺され、とくに御家人の恩賞問題についてはそのほとんどを解決することなく、時宗はあわただしく没してしまうのである。わずか十四歳にして執権の座に就いた貞時は、時宗政権が残した課題を解決すべく政権を担当することになったわけである。すなわち、貞時は、時宗が残した懸案事項を解決していかなければならない使命を帯して登場したといえるのである。それは、具体的には何よりも現実に元寇で働いた御家人たちに、恩賞＝所領をもってこたえてやることを急務としており、御家人保護の一環としてそれが眼目であったのである。弘安七年にみる諸法令もそのことに関連したものが多いことは、以上のことをものがたっているといえよう。

鎌倉幕府政治史は通常「将軍独裁制＝鎌倉殿専制」「執権政治＝評定合議体制」「得宗専制」と展開してきたと理解されている。佐藤進一氏によって提起されたいわゆる「得宗専制」という概念はすでに定着したかの感があり、鎌倉後期から末期の政治史の視角を提示された点で大きな業績であったといえよう。しかし、その理解のしかたや内容、成立時期となると必ずしも一致していない(3)。論者はかかる観点から、本書第二部第三章および第三部第二章の論文をもとに時頼・時宗の政権について考察を続けてきた。その結果、現在までのところ次のような結論を得ている。得宗専制という鎌倉後期から末期にかけての政治体制は、時宗のほとんど全生涯をかけて確立された。その間文永九年二月騒動で時宗の得宗権が確立し幕政での絶対性が確立され、その支配力は一段と強固なものとなった。元寇という外圧要因があって内部への専制化の契機となり、北条氏一門による西国重要拠点への守護の大量進出や、幕府の本所一円地住人に対する動員令など、枚挙にいとまがないほどの多くの課題を克服してきた。以上のような過程のなかで、時宗は一方で得宗に強力な権力を集中することに成功し、他方でその施策や対策に苦慮しながら没してしまうわけである。翌年いわゆる弘安八年霜月騒動の惹起をみるわけであるが、佐藤氏によればこのときをもって得宗専制が成立したとされている。論者も基本的には佐藤氏の所説に従っているが、いくつかの疑問点もあり、それらの点については本書第二部第三章および第三部第二章の論文をもとに問題提起として述べておいた。本章は以上のことをふまえて、この得宗専制論の再検討ということを課題とするものである。かかる前提のもとで、北条貞時政権の実態にせまることを目標としている。鎌倉幕府後期政治史の理解の一助になれば幸いである。

一　貞時政権の人的構成

前述のごとく、執権時宗は三十四歳にして没した。「天下之重事、何事如之哉」と勘解由小路兼仲はその日記に記している。(4) その死没が急なものであったらしいことと、その事後処理のこともあって、そのあと七月までは後任の執権が任命されず、時宗の時代から連署の任にあった業時がその間、形の上ではその職務を代行していたのである。したがって七月七日に貞時が執権に就任するまでは、厳密にいえば貞時政権は成立していないことになる。後述の「新御式目」三十八ヶ条は貞時執権就任以前に出されたものであり、これを貞時政権の下で出された法令とみることはできないかもしれない。しかし一応本章では前述の観点から、時宗死没をもって便宜上、貞時政権が成立したものとあつかっておきたい。以下、順次貞時政権の人的構成（『関東評定衆伝』による）について述べていくことにする。将軍は第七代の惟康親王（現源惟康、弘安十年親王宣下、第六代将軍宗尊親王息、母は近衛兼経女）である。時に十二歳。文永三年（一二六六）、宗尊親王鎌倉放逐後、その後任として将軍に推戴されていた。周知のごとくすでに将軍はほとんど名目的な存在となっていた。七月七日、時宗の嫡子貞時が執権に就任し、ここに貞時政権が成立することになる。貞時は文永八年（一二七一）に生まれた。母は安達義景女・泰盛妹で、堀ノ内殿・潮音院殿とよばれ、世に縁切寺、あるいは駆込寺として有名な鎌倉の松岡山東慶寺の開基としても知られている。当時貞時十四歳。この若年でこれからの政局を担当していくことになるわけである。その貞時を補佐するのは連署の業時である。業時は極楽寺殿重時の四男として仁治二年（一二四一）に生まれた。[5]母は筑前局、時茂の異母弟である。時宗政権は、建治三年（一二七七）連署塩田義政出家・遁世のあと、[6]しばらく空位であった。業時は弘安六年（一二八三）四月、連署に就任する。業時の妻は政村女である。[7]時に四十三歳。次に幕閣中枢を構成する引付頭人を見ておこう。

一番は大仏宣時である。宣時は初号を武蔵五郎時忠といい、名乗りからすると長男ではなかったようだが、朝直の嫡男とされた。宣時には太郎朝房・四郎時仲などの兄がおり、なぜ宣時が嫡男とされたのかはわからない。確証はないけれどもあるいは泰時女の所生であったのかもしれない、しかも他の北条氏一門の有力者とちがって、叙爵年齢もきわめておそい三十歳であり、しかるべき官途もなかった。また幕政中枢で活躍するようになるのもおそかった。このような事情から推察するに、かつて論証した「大仏」と「佐介」の時房流北条氏の二大主流の競合関係の時期に、彼の成長期が相当していたためであったのかもしれない。[8]時に四十七歳。

二番は名越公時である。文永九年二月騒動で、時宗の庶兄六波羅探題南方北条時輔が誅戮され、鎌倉でもその余党と目された公時の叔父教時が誅され、その際父時章も誤殺されてしまった。それが明らかに誤殺であったのでその討手五人はかえって首をはねられ、公時や時章の弟の時基に全く累が及ばなかった。[9]没年は永仁四年（一二九六）であるが、年齢は管見に入っていない。

三番は名越時基である。時基は前述したように公時の叔父、時章・教時の弟にあたる。現在までのところ、生没年ともに管見に入っていない。後考に俟ちたい。

四番は金沢顕時である。時に三十七歳。顕時は初号越後四郎時方といい、金沢文庫の創始者として一般にもよく知られている実時の四男として、建長二年（一二五〇）に生まれた。実時には『関東往還記』によると太郎実村・次郎篤

安達氏

盛長─┬─景盛─┬─義景─┬─泰盛──宗景
　　　│　　　　│　　　　├─景村──泰宗──女子
　　　│　　　　│　　　　├─長景──政茂
　　　│　　　　│　　　　├─時景
　　　│　　　　│　　　　└─女子
　　　│　　　　└─女子
　　　└─時長──長泰─┬─長経──宗長
　　　　　　　　　　　└─義泰

大江氏

広元─┬─（上田）親広──佐房──佐泰──泰広
　　　├─（長井）時広──泰秀──時秀──宗秀──貞秀
　　　├─（那波）宗元──政茂
　　　└─（毛利）季光

宇都宮氏

宗綱──朝綱──成綱──頼綱──泰綱─┬─景綱──女子
　　　　　　　　　　　　　　　　　└─貞綱──公綱

時らの兄がおり、前述の宣時とやや似たような事情があったようである。なお『尊卑分脈』によれば、実村について「太郎、早世」とあることから、兄の早世にともなって金沢氏の嫡男となったのかもしれない。詳細は今は保留しておく。顕時は翌年の弘安八年霜月騒動で安達泰盛の縁者たるによって、下総国埴生庄に配流されることになる。

五番は安達泰盛である。泰盛五十四歳。引付頭人五人のうち、ただひとりの有力御家人である。やはりそれは前述のごとく彼の妹が時宗の正室となり、得宗貞時の生母になっているという事情によるものである。得宗外戚という特殊な地位に加えて、父祖景盛以来伝統ある東国豪族御家人の地位を保持せしめてきたことによるものである(10)。彼の事績は枚挙にいとまがないほどなので詳細は省略するが(11)、宮内庁御物『蒙古襲来絵詞』の中で、肥後国の御家人竹崎四郎季長が御恩奉行安達泰盛の館に日参して談判している様子は有名である。翌年の弘安八年霜月騒動で内管領平頼綱のために誅戮されて果てた。なお、

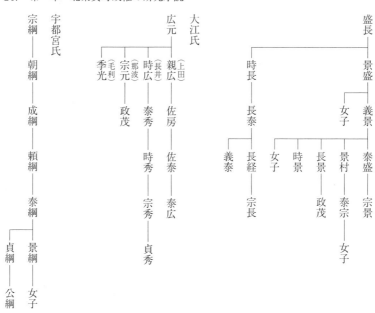

泰盛は弘安七年五月、五番引付頭人を嫡子宗景（二十六歳）に譲り、自らは御恩奉行となっている。しかし得宗貞時の後見役の地位にはかわりなく、さらに注目すべきことには従来まではほとんど北条氏一門が独占してきたところの官途である陸奥守に任じていた。『保暦間記』によれば、

爾ル二弘安ノ比ハ。藤原泰盛権政ノ仁ニテ。陸奥守ニ成テ無竝人。其故ハ相模守時宗ノ舅也ケレバ也。

とある。得宗外戚としての彼のゆるぎのない地位を象徴しているといえよう。

次は評定衆である。現在一般的な理解では、評定衆制度は次第に形骸化し、栄爵化していき、幕政における最重要事項は寄合に委ねられるようになっていくという論があるけれども、論者としてはかかる論にはすぐには与しがたい。やはり評定衆制度は幕府機構上での位置は、いまだそれほどには低下していないと思う。(12)一応前記五人の引付頭人をのぞいておく。前備前守長井（大江）時秀が頭人の次に出てくる。幕初活躍した大江広元の子孫である。ここにはみえていないが、大江氏の子孫としては、ほかに戦国期に活躍する毛利氏、弘安八年霜月騒動で討たれている殖（上）田氏などがある。

次いで近江守佐々木氏信（宇多源氏）が出ている。彼を祖とするこの系統は後年京極氏となり、近江国の半守護として兄の泰綱を祖とする六角氏と並ぶ勢力を保持することになる。

三位に左衛門少尉二階堂行忠が出ている。彼は政所執事を兼任し、また当時越中・越後の両国の守護であったことが知られている。

四位には前備中守二階堂行有が出ているが、元徳元年（一三二九）幕府の使節として上洛する貞藤の祖父である。

五位に前下野守宇都宮景綱がいる。景綱は戦国期における分国法の源流ともいうべき『宇都宮家弘安式条』(13)を制定したことで知られている。

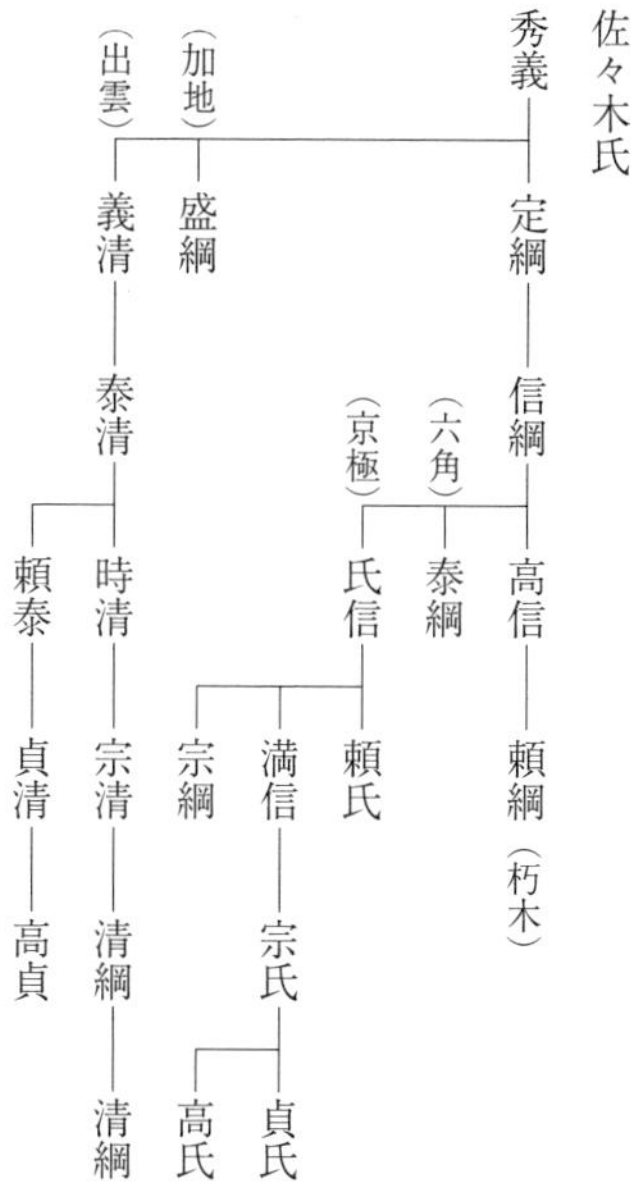

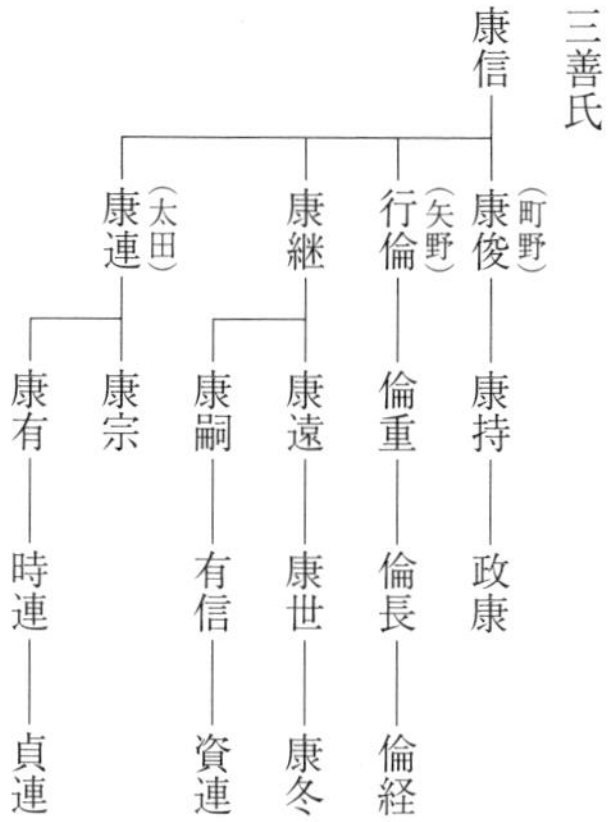

六位に前隠岐守佐々木時清がいる。時清は出雲・隠岐の守護として知られているが、後年この出雲・隠岐地方を本拠とする佐々木氏は、祖父義清のときからかと思われる(14)。後に嘉元三年（一三〇五）四月、時の連署北条時村暗殺事件の際、同時に御所において北条宗方のために誅戮されている。弘安七年の時点で時村と同年齢で四十三歳。

七位は前摂津守中原親致である。親致は文官系側近吏僚層の系譜をひいている。翌年彼は太田康有に代わって問注所の執事に就任する(補註1)。

八位には前述の秋田城介安達宗景がおり、五月には五番引付頭人に昇進する。時に二十六歳。翌年彼も父泰盛とともに霜月騒動で倒れることになる。

九位には壱岐守矢野倫経（三善氏）。矢野氏は室町幕府の奉行人として活躍することになる。

十位は加賀権守佐藤業連である。御成敗式目制定の際、連署の起請に名を連ねた相模大掾佐藤業時の息である。『建治三年記』にみえる「寄合」には、平頼綱とともに彼の名がしばしば出てくる。

最後十一位にはこの年正月、新たに引付衆から昇進した式部大夫北条政長がいる。彼は政村の子息で時村の弟である。八月に駿河守に就任。以上を整理すると、引付頭人一番から五番までのうち四人の頭人が北条氏一門、一人が得宗外戚安達氏（泰盛から宗景に交代）、評定衆では前述四人の北条氏一門に加えて北条政長を入れて五名、ほかに安達氏・佐々木氏・二階堂氏の進出が目立つといったところである。

佐藤氏
文行――公光――公清――公郷――公広
　　　　　　　　　　　　　　└公明――明時――業時――業連――業氏

次に引付衆をみておこう。筆頭に北条政長が出てくるが、前述のごとくすでに正月には評定衆に昇任している。さらに『北条九代記』弘安九年条によれば五番引付頭人として出ており、評定衆に加わってからわずか二年後には引付頭人となっているわけである。彼の幕政上での出世ぶりは注目されよう。次いで右馬助北条宗房が出てくるが、彼は時村・政長の弟である。三月、土佐守に就任。前述の政長とあわせて、後述の六波羅探題北方時村というように、政村流北条氏の進出もめざましい。

三位に左近大夫将監北条忠時が出てくるが、そこにみえる略伝によれば、陸奥守北条重時すなわち時宗の外祖父たる極楽寺殿の十男で、十月二日に三十六歳で卒したとある。

四位には二階堂行宗であり、前述の評定衆行忠の子息である。母は天野義景女で、弘安九年七月十一日に没している（『尊卑分脈』）。

五位に前能登守佐々木宗綱が出てくる。宗綱は前述評定衆佐々木氏信の子息である。他の佐々木氏一門を検討しなければならないが、該時点では京極氏流佐々木氏が他の一門を一歩リードしているかのようである。

六位には美濃守安達長景、彼は安達泰盛の弟で、翌年霜月騒動で一族とともに誅されている。

七位に宮内権大輔長井（大江）宗秀がみえているが、彼は前述評定衆長井時秀の嫡男、母は安達義景女＝泰盛妹であり、貞時とは従兄弟の関係になる。

八位に隠岐守行景がみえているが、彼は管見のかぎり二階堂氏では唯一誅された人物であり、その交名は懐島隠岐入道となっている。あるいはその名乗りたる「行景」からして安達氏と何らかの姻戚関係があったのかもしれない。

二階堂氏

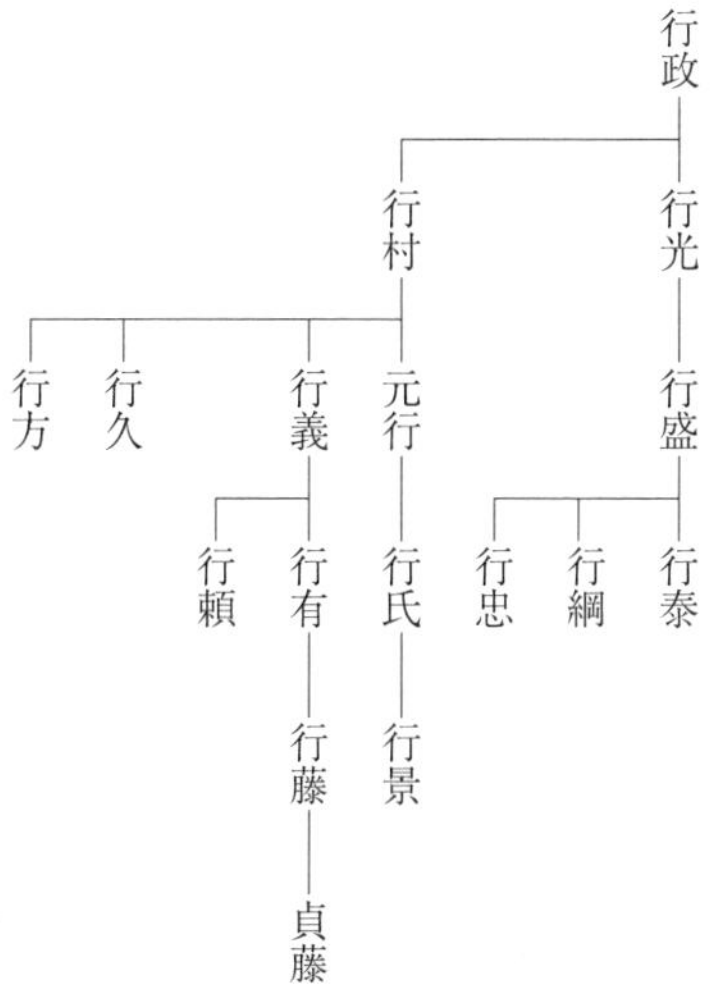

武藤氏

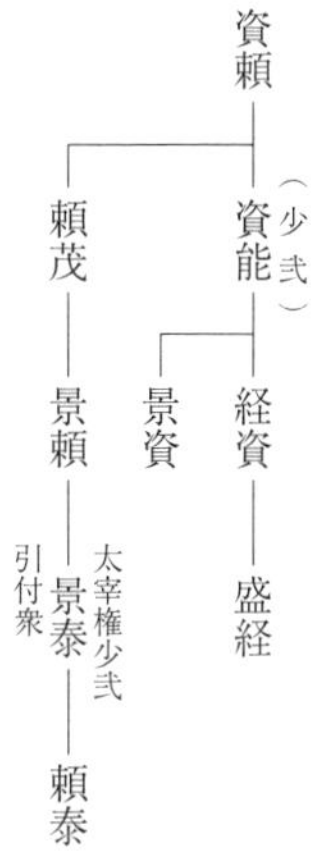

九位には左衛門少尉安達時景がいる。(15) 時景もやはり霜月騒動で誅されている。

十位に左衛門尉二階堂行頼がいる。前述の評定衆二階堂行有の弟である。

十一位に左衛門少尉二階堂行藤を載せている。行藤は前述の評定衆二階堂行有の嫡男である。

十二位に大宰権少弐武藤景泰がみえている。景泰は霜月騒動のとき鎌倉で誅されており、九州の筑前国岩門でも武藤氏の一族少弐氏の内訌があり、少弐景資は兄経資に攻められて安達盛宗とともに誅されている。(16)

十三位に左衛門尉大曾祢宗長がみえている。大曾祢氏は安達盛長の子時長にはじまる系統であり、盛長の玄孫になる。遠いけれども安達氏の一族である。この宗長は上総介に任じている。やはり翌年の霜月騒動で誅されている。十四位は町野（三善）宗康。町野氏もやはり矢野氏と同じく室町幕府の奉行人として活躍する。最後十五位に右衛門尉大曾祢義泰が十一月に加わっている。義泰は宗長の叔父である。彼もやはり霜月騒動で安達氏とともに討たれている。

以上を整理すると、評定衆十六名、引付衆十四名、執権・連署を加えて総勢三十二名ということになる。また注意しておかなければならないことは時宗卒去にともなって出家した者が、評定衆では名越公時（道鑒）・金沢顕時（恵日）・名越時基（道西）・安達泰盛（覚真）・長井時秀（西規）・佐々木氏信（道善）・二階堂行有（道証）・宇都宮景綱（蓮瑜）・中原親致（道厳）・矢野倫経（善厳）と、十六名中十名、引付衆では北条宗房（道妙）・二階堂行宗（行円）・安達長景（智海）、安達時景（道願）、二階堂行頼（道静）と十四名中の六名というように、あわせて三十二名中半数の十六名が法体となったわけである。

またここでは触れ得なかったが、内管領平頼綱を筆頭とする得宗被官層＝御内人の活動も見落としてはなるまい。『保暦間記』によれば、前引の部分のあとをうけて、

> 然ル所ニ。弘安七年四月四日時宗三十四歳ニシテ出家。于時法名道杲。号宝光寺。同日酉時死去畢。嫡子貞時于時左馬権頭。生年十四歳ニテ。同七月七日彼ノ跡ヲ継テ将軍ノ執権ス。泰盛彼ノ外祖ノ儀ナレバ彌憍リケリ。其比貞時ガ内管領平左衛門尉頼綱不知先祖人。法名果円。ト申有リ。又権勢ノ者ニテ有ケル上ニ。憍リヲ健クスル事泰盛ニモ不劣。同八年四月十八日貞時任相模守。爰ニ泰盛。頼綱。中悪シテ互ニ失ハントス。共ニ種々ノ讒言ヲ成程ニ。泰盛ガ嫡男秋田城介宗景ト申ケルガ。憍ノ極ニヤ。曾祖父景盛入道ハ右大将頼朝ノ子成ケレバトテ。俄ニ源氏ニ成ケリ。其時頼綱入道折ヲ得テ。宗景ガ謀反ヲ起シテ。将軍ニ成ラント企テ源氏ニ成由訴フ。誠ニ左様ノ気モ有ケルニヤ。終ニ泰盛法師

法名覚真子息宗景。弘安八年十一月十七日誅セラレケリ。兄弟一族天（之歟）外刑部卿相範。三浦対馬守。隠岐入道。伴野出羽守等志有ル去ルベキ侍ドモ。彼、方ノ人トシテ亡ニケリ。是ヲ霜月騒動ト申ケリ。

とある。得宗被官の幕政中枢での活動について、論者は現在までのところ具体的な検討をほとんどしていないが、『建治三年記』にみえる平頼綱、[17]『永仁三年記』にみえる長崎光綱などが活躍している様子をうかがうことができる。今後イメージができ次第、順次公表したいと考えている。

二　弘安七年佐介の政変

前節で幕政中枢の人的構成について述べた。論述がやや前後してしまったが、執権・連署に次ぐ重職として南北六波羅探題のことを忘れてはならない。特に対外的緊張状態が続いているなかで、この人事は非常に重要なことであった。まず北方には建治三年（一二七七）十二月から北条時村が在任していた。時に四十三歳。時村は、時宗の時代にその政治的手腕を発揮した老練な政村の嫡子で、前述の評定衆政長や引付衆宗房の兄にあたる。のちに時村は弘安十年（一二八七）鎌倉にもどり、一番引付頭人となり、正安三年（一三〇一）大仏宣時引退のあとを受けて連署に就任するにいたる。彼の力量は父政村ゆずりのものであったと察せられる。南方は建治元年（一二七五）十二月、父時盛（翌年五月、八十一歳にして没）をともなって佐介時国が就任していた。この時国の六波羅探題南方就任事情はすこぶる疑問があるもので、あたかも文永元年（一二六四）十月、北条時輔が鎌倉を放逐されるがごとくして六波羅探題南方の任に就いたときの事情と酷似している。[18]時国も時輔と同じく、やはり無位・無官のままの急な上洛であった。しかも泰時の時代に、時房流北条氏の二大主流の一統としての地位を保持し、得宗家の地位を虎視眈眈とねらっていた時盛、かかる前歴をもつ時盛をともなっての六波羅探題南方就任であった。論者はかつてこの点に注目し二つの論文を発表したが[19]、今改めてここでもう一度検討しなおしておきたい。時国が南方に就任した時もやはり三年あまりも南方空位で時輔が文永九年二月騒動で誅されたあと、その後任は任命されていなかったのである。そしてこの時国は、この年六月「日来悪行」によって関東に召換され、鎌倉に入ることも許されず、八月には常陸国に移され、十月二日には誅されてしまった。一体この間何があったのだろうか。また佐介時国の六波羅探題南方罷免、さらには誅戮事件とならんで、今一つ注目すべき事件があった。それは佐介の同族時光の配流事件である。『北条九代記』弘安七年条によれば、

　八月比修理権亮時光。越後守時盛息。陰謀事露顕之間。経種々拷訊之後。配流佐渡国。満実法師同意云々。

とあり、また『保暦間記』によれば、

　同(弘安四年)八月修理亮時光越後守盛時(マヽ)男。時房孫也。隠犯事顕テ佐渡国へ遠流セラル。満実法印同意云々。

とある。史料の性質上一応前者に従って考察を進めることにする。前述の時国が六波羅探題南方を罷免され誅戮された事件といい、この時光の佐渡国配流事件といい、そのいずれもが時宗死没から貞時執権就任に相前後して起こっていることに注目しなければならない。やはりそこに〝何か〟があったのでは、という疑いを持たざるを得ないのである。論者はこの疑問を次のごとく推定してみたい。佐介氏も名越氏と同じく、得宗家に対抗して折りあらばその地位をおびやかしたり、あるいはうかがったりするような動きをみせたり、またその勢力や可能性を充分もっていたのではなかろうか。鎌倉中・後期を経過する政治過程で、政変のあるごとにその動向は幕府中枢の要人たちにとっては、まさしくあなどりがたいものであったのである。ことに時宗死没と貞時執権就任と相前後しておこったこの二つの佐介氏の事件は、やはり〝外圧〟を契機とする内部への専制という歴史的なテーゼのなかで、そのことを象徴しているのである。得宗の権力の伸長の過程でその犠牲として消えていったのではある。あるいは佐介氏一統にその気がな

かったのだとしても、得宗貞時をとりかこむ幕府中枢の要人たちにとってみれば、それは自らにとって脅威でもあり、また将来に禍根を残すものとして映じていたのである。いわんや、それが他の御家人の反体制分子、不満分子の頂点にでもまつりあげられるような事態にまでたちいたることにでもなれば、それは幕府の存亡にもかかわってしまうことにもなりかねない。かかる危機意識が当時の幕府中枢にあったのではあるまいか。論者はこの二つの事件を「弘安七年佐介の政変」とよんでおきたい。(補註2)一方、六波羅探題南方の後任には、北条兼時が就任した。兼時は宗頼の一男で、宗方の兄にあたる。宗頼は時宗の弟であるから貞時には従兄弟にあたる。時に二十一歳。この南北六波羅探題の人事は、佐介時国の〝血の粛清〟をもって定まった。論者はこの人事について、当時六波羅探題北方にあった時村の意思が多分にはたらいていたものと推測している。時村の政治的力量は老練な父政村によって培われていたものと思われる。皮肉なことにこの時村は嘉元三年（一三〇五）五月、兼時の弟宗方のために暗殺されてしまう。時村については父政村にもまして興味深いので後日の検討課題としたい。

三　幕府倹約令と御家人保護政策

貞時政権の人的構成、弘安七年佐介の政変について述べてきた。元寇という〝外圧〟は国内において北条氏得宗を中心とする専制化の方向に一層の拍車をかけ、文永九年二月騒動では時宗の兄時輔が六波羅で誅戮され、鎌倉でもその余党名越教時が誅され、その兄時章も誤殺されてしまった。また佐介氏も前節で述べたごとく、「弘安七年佐介の政変」で幕政中枢から駆逐されてしまった。かかる政治的事件は、当時における社会情勢を反映したもので、元寇という〝外圧〟とその下での社会全体の矛盾として顕現化していくことになるのである。本節ではそのことを中心に述べてみたい。弘安七年に幕府が発した法令は、時宗没直後五月二十日に発せられた「新御式目」三十八ヶ条、八月十七日に発せられた「御新制十一ヶ条新御式目」、十月二十二日に発せられた「御新制」三ヶ条を含めて、『追加法』[20]四九一条から五九〇条の一〇〇条にも及ぶ膨大なもので、その内容は多岐にわたっており、限られた紙数でその全部に触れることは到底できない。そこで本節の題名にそって幕府倹約令と御家人保護政策にしぼって論ずることにする。まず新御式目三十八ヶ条をとりあげる（四九一条〜五二八条）。次にその全文を掲げる。

新御式目

弘安七五二十　卌八ヶ条

(1)一　寺社領如旧・被沙汰付、被専神事仏事、被止新造寺社、可被加古寺社修理事

(2)一　御祈事、被撰器量仁、被減人数、如法被勤行、供料無懈怠可被下行事

(3)一　可有御学問事

(4)一　武道不廃之様、可被懸御意事

(5)一　内談三箇条・可被聞食事

(6)一　被定申次番衆、諸人参上之時急申入、可然人々、可有御対面、其外可有御返事・

(7)一　殿中人々、毎日可有見参事

(8)一　可被止僧女口入事

(9)一　毎物可被用真実之倹約事

(10)一　殿中人礼儀礼法、可被直事

(11)一　在京人幷四方発遣人々進物、一向可被停止也、

其外人々進物、可被止過分事

⑿一　可被止雑掌事

⒀一　可被止造作過分事

⒁一　御行始、御方違之外、人々許入御、可有猶予事

⒂一　依諸人沙汰事、殿中人、不可遣使者於奉行人許事

⒃一　知食奉行・廉直、可被召仕事

⒄一　可被止臨時公事々

⒅一　御領御年貢、毎年被遂結解、可被全御得分事

条々公方

⒆一　九国社領止甲乙人売買、如旧可致沙汰事

⒇一　自今以後、被止新造寺社、可被興行諸国々分寺一宮事

(21)一　可被行倹約事

(22)一　闕所随出来、所領替、巡恩、旧恩労、可有御恩事

(23)一　越訴事、可被定奉行人事

(24)一　鎮西九国名主、可被成御下文事

(25)一　在京人幷四方発遣人・所領年貢、可有御免事

(26)一　御年貢・定日限可徴納、若過期日者、可被召所領事

(27)一　臨時公事、不可被充御家人事

(28)一　可被止大御厩事
(29)一　出羽陸奥外、東国御牧可被止事
(30)一　路次送夫可被止事
(31)一　垸飯三日之外、可被止事
(32)一　御評定初五日、直垂折烏帽子
(33)一　御的七日、直垂立烏帽子
(34)一　屛風、障子絵、可被止事
(35)一　衣裳絵可被止事
(36)一　御所女房上﨟者二衣、下﨟者薄衣
(37)一　贄殿御菜於浦々所々、不可・取事
(38)一　念仏者・遁世者、凡下者、鎌倉中騎馬可被止事

この三十八ヶ条はすべて簡略で要点のみを記している。前半十八ヶ条は将軍惟康親王（現源惟康）に対する意見具申の体裁をなしており、後半二十ヶ条はそれに対応する条文として出されている。そしてそのいずれの条文も次の二つを骨子としている。その第一は政治のひきしめ、すなわち幕府倹約令であり、その第二は御家人の保護である。幕府の財政基盤はいうまでもなく御家人にあり、鎌倉中期以降幕府財政は、いわゆる関東御公事に依存するようになっていた。関東御公事とはいわば御家人役で、所領を有していなければ勤仕できないものである。鎌倉中期以降、いわゆる無足御家人がますます増加する傾向にあった。しかも元寇という防衛戦争では、いうまでもなく従来のように新たに獲得すべき所領があったわけではなく、現実に異国警固に働いた御家人たちに対する恩賞＝所領に窮していた。いわ

ゆる一所懸命といわれる所領の要求は御家人たちにとってみれば切実なものであり、またきわめて当然のことでもあった。これに対して、幕府としてはもはや充分に答えてやることができなくなっていたのである。時宗政権の苦悩の一端はそこにあり、その問題に一番腐心していたのである。時宗はそれに忙殺されつつ、ほとんど未解決のままにあわただしく没してしまうのである。貞時政権は、前々節で述べた得宗外戚安達泰盛らの人的構成をもってこの難問に立ち向かうことになるのである。三十八ヶ条全文を検討するいとまはないが、前述の二つの骨子にそって順次みていくことにしたい。

まず一条で、寺社領を旧のごとく沙汰付し、神事仏事を専らにせよと命じている。これは『御成敗式目』第一条にも通ずるものがあるが、単なるきまり文句としてではなく、寺社の荒廃あるいは地頭等の押妨が目立つ史料として受け取ることもできよう。その後半部分で、新たな寺社の造営を禁じ、古寺社の修理を加えるべきことを命じている。寺社造営費用の節限と同時に、その所領の給付を配慮してのものであろうと思われる。いわばこれも倹約令の一環である。

三条と四条はセットとして出されたものと解してよかろう。将軍に対しての御学問あるべしというよりも、むしろ御家人たちへの警告として解釈できるのではなかろうか。四条で、武道がすたれようとしている現状に対して御意にかけらるべしというのは、ぜいたくな生活に甘んじ武道をないがしろにするような風潮が御家人たちの間に流れていたであろうことを推測せしめる。幕府為政者のかかる風潮に対する警告ではあるまいか。

七条では殿中の人々に毎日見参せよといっている。すでに時頼の時代から「有障」と称して供奉するのを忌避する御家人が増加してきており、(補註3)これも御家人のサボタージュに対する警告を意味するものではなかろうか。

八条では僧女の口入の禁止をいっている。すなわち該時点までに政道に口ばしを入れる僧侶や女房たちが多数いたものと思われる。幕府為政者にとっては、政治の煩いとなるような事態を食いとめたいと思うのは当然のことである。

九条は文字通り毎物に真実の倹約せよといっている。文言自体は短いものであるが、内容的には重要である。当時相当な奢侈が浸透しており、それに対する危機感のようなものがあったのであろう。やはり奢侈に対する戒めである。

十条は殿中の人々の礼儀礼法を直せといっているが、礼儀礼法の乱れもひどくなっていたことをうかがわせる。

十一条では在京人と四方発遣の人々に対する進物を一切禁じており、その他の人々の進物も過分にならないようにということを命じている。在京人とは京都大番役を勤仕する御家人のことであり、四方発遣の人々とは幕府の使節のことである。できるだけ無駄な出費を御家人たちにさせないための配慮と思われる。

十三条は造作の過分の禁止を命じている。すなわち館の造営について華美にはしることのないようにという意図をもったものと解することができる。御家人に対する倹約令としても解することもできよう。

十四条では、将軍に対し、正月恒例の御行始と御方違以外は御家人宅への入御を猶予してほしいと勧告している。鎌倉在住の御家人の負担を考慮し、その出費をできるだけ軽減しようとの配慮から発せられたものであり、将軍に対して自粛を求める形式をとっている。

十七条は御家人たちに直結する切実な問題である。幕府としては、臨時の公事をとどめることによって御家人の負担の軽減を意図したのである。御家人保護令と解してよかろう。

十八条では、所領の年貢は毎年結解を遂げ、得分を全うせよといっている。年貢出納の健全化を期したものである。やはりこれも御家人保護という側面がある一方、他方では政治のひきしめ、財政再建を意図しているのである。

十九条は、九国の社領で、甲乙人の売買を禁止し、旧のごとく沙汰せよといっているが、『追加法』五四四条に関連史料があり、それによると「鎮西為宗神領事」として、幕府側から明石民部大夫行宗・長田左衛門尉教経・兵庫助三郎政行らを派遣し、在地の守護大友頼泰・安達盛宗・少弐経資を合奉行として、子細を尋ね明し旧のごとく返付せよとしている。(21)幕府が九州の寺社領に意を用いていたことをうかがわせる。

二十条は前述の一条に対応する条文であり、諸国の国分寺興行を打ち出していることは興味深い事実である。

二十一条は九条に対応する条文であり、執拗なまでに「倹約」を訴えている。それだけ当時相当深刻な問題になっていたであろうことが察せられる。

二十二条は闕所地の給与に関するものである。元寇後その恩賞地の給付に腐心していた幕府が、闕所地がみつかり次第、戦功ある御家人に対して、それを給付する方策として打ち出したものである。

二十三条は越訴奉行を定めよといっているが、『北条九代記』『武家年代記』ともに越訴奉行のことは見えていない。(22)後考に俟ちたい。

二十四条は十九条と関連するものである。九国の名主に御下文を成さるべしというのは、彼らを御家人化(23)することを意味する。幕府の意図は、異国警固の最前線たる九州の軍事力の拡大にあったのではあるまいか。それとともに彼ら名主を御家人化することによって、九国寺社領に対する名主層の押妨を食いとめるための措置ではなかったかと思われる。

二十五条は十一条と関連するものである。京都大番役を勤仕する御家人や使節として地方に派遣される者たちの所領の年貢を免除するというもので、彼らの負担の軽減を意図したものである。

二十六条は十八条に対応し、一方で御家人保護を打ち出しながら、他方年貢納入にはけじめをつけよ、とするものである。幕府財政の基礎をなす年貢には当然のことながら幕府は意を用いなければならなかったのである。

二十七条は十七条に対応する。幕府としては何としても無足御家人の増加はくいとめねばならなかったのである。

三十一条は垸飯は正月三ヶ日以外はやめるというものである。歳首垸飯献儀は、元旦・二日・三日は、得宗・執権・連署、あるいはそれに準ずる北条氏一門中の有力者、最有力御家人によってなされていたわけであるが[24]、それ以外はとりやめるということであれば、幕府主催の公的な垸飯以外はすべてなくなるということになる。したがってやはり御家人への負担軽減と幕府倹約令ということになる。

三十二条から三十六条までは、衣服・調度品などのぜいたく品を禁止したものであり、やはり幕府倹約令である。評定や御的の服装を直垂・折烏帽子・立烏帽子に規制したり、屏風や障子の絵・衣裳の絵を禁止したり、御所の女房の衣服の規定を定めたり、かなり細かなところまで配慮がなされている。

三十八条はやや趣きの変わった史料である。念仏者・遁世者・凡下の鎌倉市中での騎馬を禁じたものである。文応元年（一二六〇）、日蓮が松葉谷の草庵を焼打ちされたときには、襲撃したのは念仏者であってその背後には極楽寺入道重時が黒幕として存在していたとされている[25]。当時鎌倉市中には念仏の信徒が多数いたものと思われるが、それから二十数年を経ており、鎌倉宗教界もこの間にかなり情勢が変化しているものとみなければなるまい。したがって、ここでもう一度改めて北条氏一門・御家人・得宗御内人などの仏教信仰を検討しなおす必要があろう。禅宗の僧侶たちがもたらした大陸文物の移入[26]にしても、得宗被官安東蓮聖などの活動なども、単に宗教的次元にとどまらず、社会全体の問題として、また政治経済全般にまでわたる広汎な課題として考えなければならないであろう。

以上大概三十八ヶ条を検討してみた。総じていえることはやはり幕府政治のひきしめ財政の健全化と、御家人保護が最優先とされていることである。すでに述べたごとく、抬頭する御内人をしりめに、幕府としてはその財政基盤の根幹をなす御家人の保護を最優先しなければならなかったのである。それではこの三十八ヶ条以外には幕府が発した法令にはどのようなものがあったのであろうか。次にそれを検討したいが、紙面の都合により弘安七年全部をとりあ

げることはできない。特に論者が目についたものをとりあげて論ずることにしたい。『追加法』五二九条に、

一　関東御領事、非御家人幷凡下之仁、或称相伝号請所、或帯沽券質券等、多以領作之由、有其聞、尋明越中越後両国之当知行之交名、田畠在家員數、可被注申之状、依仰執達如件、

弘安七年五月廿日　　駿河守（業時）　判

尾張入道（名越公時）殿

とある。関東御領で非御家人や凡下の仁が、あるいは相伝と称し、あるいは請所と号し、あるいは沽券質券を帯し、多くもって領作しているということが鎌倉に伝わっている。すなわち御家人身分以外の者が、関東御領で押領を行っていることがうかがわれ、してみれば多くの御家人たちがその中で所領を失っているということになる。また五月二十七日の評定では次のことが決められている（『追加法』五三〇～五三九条）。

弘安七　五　廿七評

一　沽却質券地幷他人和与所領事

御家人等、以所領或沽却・入流質券、或和与他人之時、雖載子細於証文、有限公事者、相加本領主跡、可被致其沙汰、至年貢等者、随分限可進済・

一　諸人所領百姓負物事・

就訴人申状、被懸負人在所之間、有難渋輩之時、不知子細之領主、致非分辨歟、於自今以後者、或領主、或代官、非加署状者、不及尋沙汰、

守護人幷御使可存知条々（弘安七年五月廿七日）

一　夜討強盗山賊海賊殺害罪科事　　弘安七　五　廿七
於御家人者、召進其身於六波羅、可令注進所領、至非御家人凡下輩者、随所犯軽重、可有罪科浅深也、両人相議、可令計沙汰之、

一　悪党由有其聞輩事　　弘安七　五　廿七
所犯之条、雖無分明証拠、有聞之説者、相尋地頭御家人之処、聞及之由差申者、於御家人者、可令召進六波羅、至非御家人凡下輩者、同可令計沙汰、

一　博奕輩事
為守護人御使沙汰、可加禁遏、有違犯之輩者、於御家人者、可被召所領也、非御家人凡下輩事、同前、

一　依難遁罪科、捨本在所、逃去他国悪党事
国雖令各別本在所相触事由、先祖互召渡之、余党事同可致其沙汰、

一　就犯人在所、可斟酌事　　弘安七　五　廿七
於本所一円之地者、可召渡犯人之由、可相触彼所、若不叙用者、可注申事由、至関東御分所者、守護之綺雖無先例、於今度者、可致其沙汰、

一　獄舎事

一　官食事

一　兵士事

以上三ヶ条、為守護役可致沙汰、

五三〇条・五三一条によると、御家人が進退に困り、所領を売却したり、質に入れて流してしまったり、他人に和与

したりしたときに、その間の事情を証文に書き載せていたとしても、公事はもとの領主、すなわち御家人に相加えよといっている。また年貢についても、その分限にしたがって納入せよといっている。幕府の基本方針としては、いかなる事情があろうとも年貢・公事は原則として免除しないということである。当時の幕府財政の逼迫化の中ではきわめて当然のことであったといえる。換言すればそのことは御家人たちに対して、その所領を手ばなすことを禁じているのであり、前述のごとく無足御家人の増加を食い止めんとする措置であったといえよう。

五三二条によると、夜討強盗山賊海賊殺害の罪科について、御家人と非御家人とで明確に区別し、御家人の場合は六波羅探題に護送して所領の注進を命じているが、非御家人・凡下の輩の場合には所犯の軽重によって守護と幕府使節とによって罪科を決定せよといっている。これは一つには訴訟の山積している幕府や六波羅にこれらの事項をもってこられても困るといった側面もあろう。また一つには、非御家人・凡下に対する守護の権限の拡大ともみてとることもできる。

五三三条によれば、悪党の取締りをきびしくするということをのせており、地頭御家人の証言があれば前条と同じ手続きをすべきことを命じている。

五三四条は博奕の輩に関する法令である。博奕流行の背景には様々な要素が考えられようが、総じて社会が相対的安定時＝平和で概ね不景気な状態である場合が多い。戦争状態であれば恩賞として手に入れるべき土地があったともいえようが、相対的に平和な時、ないしは不景気な時には概して一獲千金を夢見るのが一般的傾向であろう。すでに述べたごとく、元寇後御家人に対する恩賞が不充分であったことや、貨幣経済の流通にともなって御家人たちがそれにいやおうなくまきこまれ、窮乏化していったことなどもその背景として考えることもできよう。こうした博奕流行は当時の社会の趨勢上やむを得ない現象であったのかもしれない。

また五四五条には、

一　所領年貢事　弘安七　六

遠国者、翌年七月以前令究済、可遂結解、近国者、同三月中可遂結解、縦雖無未進、期日以前、不遂其節者、別納之地者、可落政所例郷、於例郷者、可令改易所帯也、

とある。所領年貢について、遠国は翌年七月以前、近国は結解を遂げよといっている。年貢納入の期日厳守と、遠国に対する猶予期間の設定を考えたものであろう。やはりこれとても幕府財政の健全化にほかならない。

八月十七日、「十一ヶ条新御式目」（五四八〜五五八条）が出された。

条々　十一ヶ条新御式目　弘安七　八　十七

(1)一　評定引付評議漏脱事

近日多以有其聞、頭人糺明之可申沙汰、漏脱之条無所遁者、以其人可被処罪科、訴人申状於虚誕者、可被行不実咎、

(2)一　引付衆幷奉行人引汲訴人事

背道理有引汲之儀勢者、頭人随見及可注申、

(3)一　引付勘録事

止二途三途、可勘申一途、

(4)一　付内外致沙汰口入事

執進権門状之条、被載式目之処、猥致口入、頗背制法歟、有如然之輩者、頭人已下引付衆可注進交名、

(5)一　当参訴訟人事

頭人連々注置交名、於貧道無縁幷京下雑掌及遠国之仁者、急速可申沙汰、凡奉行人緩怠、殊可令加精好、

(6)一　頭人幷奉行人、相互譲子細、不申沙汰事

訴人愁申頭人之時者、可触奉行人之由返答、触訴奉行人之日者、可申頭人之旨称之、不事行云々、止此儀、頭人一向可加催促、

(7)一　憚権門不事切事

雖為理非顕然、憚権門不事切之由、令謳謌歟、不憚人、不依事、無遅怠之儀、可致其沙汰、

(8)一　安堵奉行事

称召調訴陳状、徒送年月之条、尤不便、為譲状顕然者、早成与御下文、於有子細事者、即可賦出引付、

(9)一　表裏証文事

貧道御家人等、相逢富有之輩、内即書渡沽却質券状、外亦誘収親子契約之譲状云々、所存之趣、奸謀之至也、如此地者、或返与本主、或可為闕所、

(10)一　頭人退座事

頭人訴訟幷退座之沙汰、既被賦之分者、可渡他引付、自今以後、可守此旨、

(11)一　六波羅幷鎮西守護人注進状事

訴人雖不参向、随到来、早速可申沙汰、

以前条々、固可守此旨、且先々雖有如此被定下之法無沙汰歟、今条々、違犯輩事、不注申者、頭人可被処緩怠、

前述の新御式目三十八ヶ条と全く異なることは、十一条にそれぞれ内容が書かれていることである。

一条では、評定引付の評議内容が外部に漏れていることをあげている。あるいは故意に外部に漏らす者の存在が考えられるかもしれないが、いずれにしても御家人保護とは、すなわち公正な裁判と表裏の関係をなしている。かかる事態は幕府の威信にもかかわる重大事であったといえる。

二条では、引付衆が引汲・加勢・ひいきするといった不正がみられるといっている。これらについて引付頭人（前々節参照）に対してきびしくチェックすべきことを命じている。

三条では引付が作成した勘録（判決案）について、一つの案件に対して二種・三種の判決案を評定に送ることをやめ、一種だけを送るように指示している。これによって評定はその内容を検討し、非となれば引付にもどし、是であればそれをそのまま判決とすることにした。すなわち引付は自己の作成する原案に完全な責任を負わされたことになり、単なる準備手続機関から、判決手続機関へと変身したのである。(27)

四条では、権門の書状をとりつけて裁判に口入するという不正行為があることを告発しており、これも二条と同じく引付頭人以下評定衆に厳重にチェックするように命じている。

六条では、(補註4)頭人と奉行人とが互いに責任をなすりあって、訴訟審理を進行させようとしないということをいっている。当時の裁判は、幕府の行事、被告側の引き延ばし戦術、あるいは奉行人の故意等によって、結審まで数年を要したといわれる。(28)してみれば、五条・六条ともに引付頭人の権限が大幅に拡大されていることがうかがわれ、裁判一切をとりしきるようになってきたようにも思える。

これらのことからすると、得宗貞時、北条氏一門中の有力者、得宗外戚安達泰盛ら幕府中枢の実力者たちの権力が大きく拡大していったものと解することができる。最後に「御新制三ヶ条」（五六三～五六五条）を検討してみたい。次にそれを引用する。

御新制　三ケ条　弘安七　十　廿二　政所張文

(1)一　倹約事

元三狩衣可用一具、五位以上狩衣可用縠、止単可為帷浅黄幷地白、直垂、帷不可入紺、兒女房裳止精好可用麁品、同衣小袖浮線料、綾立文、格子以下懸織綾止之、可用筋幷染綾練貫等、但凡下輩者、不可許之、上童美女止重袙、可為薄袙、力者装束、止浄衣可為直衣、凡下輩烏帽子懸足袋可止之、

(2)一　物具事

鞍具、止重文可為遠文、色革表敷、水豹皮切付、組緒取付可止之、太刀鑾神事幷晴時之外、交銀事可停止之、棙、手洗、燈台、炭取可止金物、

(3)一　畳事

寝殿之外、可止高麗縁、

政所御張文　自明年正月可被行、

(4)一　所当公事対捍事

右、支配寄子等之処、対捍之間、惣領勤入之、訴申之時、有其沙汰、或以一倍令辨償之、或依時儀雖被裁許、所詮於前々分者、以一倍可致辨、自今以後者、未済之条無所遁者、以彼所領可被分付惣領仁、但惣領寄事於左右致煩者、可被仰付穏便之輩也者、依仰執達如件、

弘安七年十月廿二日

(貞時)左馬権頭平朝臣

(業時)陸奥守

ここにみえるごとくかなりこと細かく規制をしている。

一条はずばり「倹約事」である。特に衣装関係についての規定であり、華美なものを禁止し、質素なものにせよといっているのである。

二条では物具、すなわち武具に関するもので、鞍・太刀などについてぜいたくなものの制限である。三条は畳である。寝殿以外は高麗縁を使用してはならないといっている。こうした規制の対象となるのは御所もしくは上級武士の館であろうが、当時畳がかなり普及しはじめていたであろうことがうかがわれる。

いずれにしても、華美なもの・高価なものを禁止し、できるかぎりの倹約をせよといっているわけである。やはり当時幕府の財政は相当逼迫化していたことを推測することができる。まだこのほかにも弘安七年には数多くの法令が出されている。が、叙上のごとく本節のポイントは、幕府倹約令と御家人保護にあったので、そのほかの法令については別の機会にゆずりたいと思う。

おわりに

以上述べてきたごとく、弘安七年には時宗死没にともなって、またその処理とも相まって、「佐介の政変」の惹起をみる一方、膨大な法令が発せられた。貞時は北条氏一門や得宗外戚安達泰盛・内管領平頼綱らに支えられて、時宗が残していった懸案事項を処理していくことになったわけである。それらは非常に大きな難問であった。本文でも述べたごとく、佐介時国の六波羅探題罷免からその誅戮事件や、時光の佐渡国配流事件は時宗死没の直後におこっていることに注目すべきである。この処理にあたっては、当時六波羅探題北方にあった北条時村（政村嫡子）の意思が多分にはたらいていたものと論者は考えたい。

また、鎌倉中・後期の政治過程で、幕府草創以来の豪族御家人はほとんどその姿を消し、より一層地頭御家人に依存しなければならなくなってきているのである。そしてその一方で得宗御内人がすでに抬頭してきている。けれども幕府財政の基盤はあくまでも御家人層にあり、抬頭する御内人層をしりめにひき続いて御家人層を保護しなければならないという、大きな矛盾と苦悩をかかえていたのである。元寇後その恩賞に躍起になっている幕府にも叙上のごとく当然の理由があったわけである。本文でも触れたように、闕所地ができればそれを恩賞地とするような苦肉の策も打ち出されている。やがて幕府は隠物田（隠田）の摘発にも乗り出してまで、御家人の戦功に答えてやろうというところまで行きつく。したがって幕府はこれら隠物田の所有者からもうらみをかうということにもなるのである。しかしそれでもまさに焼石に水で恩賞は足りず、この問題はついには幕府滅亡まで尾を引いていき、やがて肝心の御家人たちの支持さえ失い、幕府滅亡の一因をなすことになるのである。

貞時政権がかかえる今一つの大きな課題は悪党問題であった。周知のごとく悪党とはいかなる既存の秩序にも従わない、いわば無法の集団＝アウトローのことである。朝廷・公家・寺社ともに、その蜂起にはまったく手を焼き、しばしば幕府にその取締りを訴えている。当然幕府もその対策には苦慮してはいたが、なかなかこれといった決定策は打てなかったのである。やがて時流はこうした社会の底から徐々に動きはじめ、幕府をはじめ朝廷・公家・寺社などをゆり動かしはじめるのである。すでに南北朝期への胎動ははじまっていたのである。

このほかにまだ多くの問題があるが、本章では触れ得なかった問題も含めて後日の課題としたい。

註

（1）本書第二部第三章参照。

（2）本書第三部第一章、本書第三部第二章所収。

（3）得宗専制という概念の一般的理解は、北条氏得宗が執権という公的地位にかかわりなく、得宗であるがゆえに権力を有する、執権という地位に準拠して権力を行使するのではなく、得宗といういわば私的な地位に拠って権力を行使する、というものである。しかしその理解のしかたとなると必ずしも一致しておらず、たとえば貞時の時代に専権をふるった平頼綱や、高時の時代の長崎円喜（高綱）とその子高資の例から、実際は得宗被官専制であるという説が出されている。またその成立時期についても、「弘安八年霜月騒動」成立説の佐藤進一氏、「寛元・宝治の乱」成立説の奥富敬之氏などがある。論者としては基本的には佐藤氏の説によっていることは既述のごとくである。佐藤進一氏「鎌倉幕府政治の専制化について」（竹内理三氏編『日本封建制成立の研究』所収）一九五四年。奥富敬之氏「得宗専制政権の研究」（『目白学園女子短期大学研究紀要』一、二、三、四号）一九六三、一九六五、一九六六、一九六七年。

（4）『勘仲記』弘安七年四月八日条。

（5）川添昭二氏「日蓮遺文にみえる北条氏一門」（『棲神』第五二号所収）一九八〇年。生年については仁治元年（一二四一）説があるが、川添氏の所説に従っておく。

（6）石井清文氏「建治三年における鎌倉幕府連署武蔵守北条義政の出家遁世事情――極楽寺流塩田氏の消長について――」（『政治経済史学』第一四六号）一九七八年。

（7）『吾妻鏡』文永三年三月十一日条に、「弾正少弼業時朝臣室左京兆姫君。男子御平産」とある。

（8）本書第六部第三章参照。

（9）前掲拙稿、前註（2）。

（10）系図参照。

（11）川添昭二氏「安達泰盛とその兄弟」（『棲神』第五三号所収）一九八一年。川添氏はこの中で、泰盛も含めて彼の兄弟の事績について詳しく述べておられる。

（12）『関東評定衆伝』弘安七年条の時宗の卒伝の記載によれば、初めてとは書いていないが「文永五年（一二六八）三月五日評定出仕」とある。してみればそれまでは連署であった時宗は評定には参加していなかったのではなかろうか。少なくとも文永五年当時までは、幕政の実質上のリーダーシップをとっていたのは当時まで執権であった政村であったと思われる。なお『関東評定衆伝』は弘安七年条をもって断筆している。時宗卒去と何らかの関係があるのだろうか。同様に貞時についても『北条九代記』弘安七年条の貞時の略伝の中に、「正応元年（一二八八）二月一日評定出仕始」とある。したがって貞時も執権就任後すぐに評定に参加していなかったのである。しかもこの両者はいずれも十八歳ではじめて評定に参加したことになり、いまだ評定衆制度は形骸化していなかったものとみなければなるまい。

(13)　佐藤進一氏・池内義資氏編『分国家法』1（『中世法制史料集』第三巻）。

(14)　佐藤進一氏『鎌倉幕府守護制度の研究』一四四～一四八頁。一五一～一五二頁。一九七一年。佐藤氏によれば、佐々木時清が、嘉元三年五月北条宗方に討たれたあと、従前まで出雲・隠岐の守護職は、出雲は時清の弟頼泰の系統が相伝し、隠岐は宗清が継いだとしておられる。なお、現在島根県隠岐郡の笠置家、後鳥羽上皇ゆかりの村上家には、それぞれ時清の父泰清の袖花押の下文が伝えられている。

(15)　川添昭二氏前掲、前註（11）によれば、『吾妻鏡』建長二年（一二五〇）七月十八日条は、秋田城介義景の男子平産を記しているが、年齢的には時景が最も近い。かりにそうだとすると、弘安八年、三十六歳で没したことになる、としておられる。

(16)　川添昭二氏「岩門合戦再論」（森克己博士還暦記念会編『史学論集対外関係と政治文化』二所収）一九七四年。

(17)　『保暦間記』では平頼綱について「不レ知二先祖人一」としているが、『尊卑分脈』第四編三四頁に、平清盛の子資盛の孫に盛綱がおり、その傍書に「長崎流」とある。かつて論者はこれに注目してその世系をたどってみたことがある。本書第四部附録参照。

(18)　前掲拙稿、『政治経済史学』第一一〇、一一一号。

(19)　前掲拙稿、前註（8）。

(20)　佐藤進一氏・池内義資氏編『鎌倉幕府法』（『中世法制史料集』第一巻所収）。以下本書の『追加法』からの引用は条数のみを示す。

(21) 川添昭二氏「鎮西特殊合議機関」(九州大学文学部『史淵』第一一〇号所収) 一九七三年。
(22) すでに金沢実時・安達泰盛が越訴奉行に任じている例がある。
(23) このような御家人を国御家人という。国御家人については、奥富敬之氏「鎌倉幕府国御家人制の研究」(『目白学園女子短期大学研究紀要』第五号、一九六八年) がある。
(24) 八幡義信氏「鎌倉幕府垸飯献儀の史的意義」(『政治経済史学』第八五号) 一九七三年。
(25) 大野達之助氏『日蓮』六七〜七一頁。一九五八年。
(26) 川添昭二氏「鎌倉時代の対外関係と文物の移入」(『第二次岩波講座日本歴史』6　中世2所収) 一九七五年。
(27) 佐藤進一氏『鎌倉幕府訴訟制度の研究』七〇頁。一九四三年。
(28) 『追加法(手続法)』笠松宏氏校注を参照。『日本思想史大系』21所収『中世政治社会思想』上、一一三頁。
(補註1) この系統は後年摂津氏を称し、室町幕府の奉行人として活躍する。

(補註2) 佐介氏が北条氏のなかの疎族であるとするのは、佐藤進一氏(『鎌倉幕府守護制度の研究』一二頁、一九七一年)が提起されて以来の漠然とした先入観であると論者は考える。なぜ佐介氏を疎族とされたのかといえば、それは氏祖時盛が六波羅探題南方の任にあったときは時房流北条氏の家嫡と目されていたが、その後弟の朝直の系統たる大仏氏に圧倒され、ついに大仏氏が家嫡となるといった事情によると思われる。すなわち、佐介氏はその盛房が六波羅探題南方の任をはなれ、また丹波国の守護職もこのころ失ったことにより、幕府中枢から疎外されていった事実のみに幻惑されたものと思われる。幕府中枢で要職に在ったから家格が高かったとか、佐介氏が家格が低かったゆえに要職に就かなかったのだという論は結果から導き出されたものである。

　幕府中枢の要職を歴任していなくても、佐介氏は時盛以来の勢力は温存されていたものと論者は考える。それが幕府権力中枢の人々にとってみれば大いなる脅威であったのである。この点で佐藤氏とは見解を異にする。

(補註3) すでに、時頼入道治世下(康元元〜弘長三＝一二五六〜一二六三)において、明らかに御家人のサボリムードが蔓延し、各儀式の際に、時の時頼・重時を中心とする体制に対して、「故障」と称して供奉を忌避・拒否する御家人が続出していた事実がある。それは体制そのものを破壊しようとか、打倒しようとか、そういう意図の下で仕組まれたものではなかったとはいえ、少なくとも幕府の威信にかかわるゆゆしき事態であった。当時の幕閣首脳はまさしく躍起になって体制の立て直しをはかっていたのである。当時の幕政中枢は北条氏一門中の有力者、得宗外戚＝安達氏、文官系側近吏僚層、得宗被官層（但し泰時・時頼時代ころまでは、いまだ政治的進出にはいたっていない）等によって独占されていた。すなわち幕初以来の東国の豪族的領主層＝有力御家人はほとんど姿を消していたのが実態である。

第一に既述のごとく幕初以来の東国の豪族御家人の存在を否定するのであるから、幕府としては中小の御家人に一層強く頼らざるをえなかったのである。

第二にすでに御家人は幕府中央での活躍の場がなく、またいわゆる武士団の西遷ということのほかに、東国出身の武士団で地方に所領・所職をえて、そこに拠点を移し、むしろそこでの活動を在地経営に移行する努力をしていくといったケースが非常に多くなることがみられる。すなわち生活そのものの拠点を東国から地方にシフトしていくことになるのである。

第三に幕初に「将軍独裁制」の時代においては、独裁者の将軍頼朝は少なくとも御家人の利害を代表すべき存在であった。その路線は「執権政治体制」の合議制の下でもそれは踏襲され、御家人の利害を保護すべく努力がなされた。しかしこうした路線はやがて廃棄される傾向をたどることになる。それは得宗被官の抬頭とともに次第に顕著となっていく。

（補註４）　弘安七年当時の引付頭人は以下のとおりである。一番大仏宣時・二番名越公時・三番名越時基・四番金沢顕時・五番安達宗景。

第二章　北条貞時政権の研究

——弘安末年における北条貞時政権の実態分析——

はじめに——問題の所在

本章は「北条貞時政権の研究序説——弘安七年の諸法令にみる鎌倉幕府の政策と「弘安七年佐介の政変」について——」(1)の続編をなすもので、鎌倉後期から末期にかけてのいわゆる「得宗専制論」の再検討のために、弘安末年における北条貞時政権の政治形態や政治過程の実態分析を試るものである。論者のこれまでの研究課題は鎌倉幕府政治史、とくに鎌倉中期の時頼・時宗、さらに貞時へと続く時期の政治史、すなわち「執権政治＝評定合議体制」から「得宗専制」へと展開する鎌倉後期の政治史にある。前章でも述べたことだが、佐藤進一氏によって提起されたいわゆる「得宗専制」という概念はすでに定説化した感があり、鎌倉幕府政治史を概観する場合、現在では通常、幕府初期における「将軍独裁制＝鎌倉殿専制」「執権政治＝評定合議体制」「得宗専制」と展開してきたと理解されている。しかしそのいずれの時期にしても、その実態や内容、あるいはその理解のしかたなどについては必ずしも一致しておらず、なお各時期における詳細な分析を要するものと思われる。(2)かかる観点からすれば「得宗専制」という鎌倉後期から末期にかけての政治形態を示すこの語もやはり各時期ごとにその実態を詳細に分析し、さらに再検討しなければならない段階にきているものと思われる。

鎌倉幕府は一般的な理解にしたがえば、東国の武家政権として十二世紀末葉に成立した。そしてその展開の過程は前述のごとく三つの段階としてとらえるのが一般的である。鎌倉幕府政治史を検討する上でより包括的な概念としては、以上のように考えるのは大方も異存はないであろう。その際より厳密には各時期における個別的、具体的な検討が何よりも要請されることはいうまでもない。源家将軍三代の時期においても、幕府草創期の頼朝の時期、頼家・実朝それとでは当然その政治のあり方は異なる。きわめて当然のことながら、頼朝・頼家・実朝の各時期における具体的な検討は不可欠である。執権政治の段階においてもしかりであり、義時・泰時・経時・時頼の各段階、おのおの個別に検討する必要がある。執権政治が旧来の氏族的伝統の所産にささえられて成立したものではなく、これから構築せんとするものであったため、その成立頭初から専制化する危機をはらんでいたものとする指摘は適確であろう(3)。しかし北条氏が源氏からの権力の簒奪者としてのみとらえたり、他の有力御家人と覇を競うためにのみ権勢を振るったとすることもまた誤りであろう。成立当初の執権政治の基本的性格は、執権北条氏と他の有力御家人との諸勢力の均衡にあったと考えるのが妥当であろうし、源家将軍断絶後、武家の政権を維持し幕府の屋台骨をささえていくために必然的に生まれてきた政治形態として、「執権政治」という体制であったということもできる。父時政との確執・承久の乱・元仁政変など、義時執権の時期においてそのために多くの苦悩があったということができよう。泰時が執権に就任した年においては、執権義時の時期におけるかかる事情を受けて、頼朝以来の先例を権威として執権北条氏が主導する御家人主体の鎌倉幕府の理想を体現したといえよう。嘉禄元年（一二二五）の評定衆設置、貞永元年（一二三二）の御成敗式目の制定は以上のことを象徴している。しかしそうだからといって、やはり各時代のよりグローバルな概念は研究の出発点として欠くことはできない。「得宗専制」という概念は鎌倉後・末期の幕府政治史の視角を提示された点で大きな業績であったといえる。論者は叙上の観点から、鎌倉後期の政治史の検討にとりくんでいきたいと思う。

鎌倉後期から末期にかけての政治史の視角として設定された画期的な業績は、佐藤進一氏によって提起されたいわゆる「得宗専制論」であった。佐藤氏による法制史的な研究成果はその後、社会経済史の立場から得宗専制論を分析しようとする方法や、(4)得宗専制の経済的な基盤としての得宗領の国別検出の方法、在地領主層とのかかわりのなかで追求しようとする方法など、(5)現在に至るまで様々な立場や方法によってなされている。今その逐一について論じているいとまはないが、この得宗専制論が提唱されるまでの鎌倉後期から末期にかけての主として政治史的な分析のあとを概略ながらたどっておくことにする。

まず最初にあげるべき業績は多賀宗隼氏であろう。多賀氏の所説は、基本的には鎌倉幕府の政治史を、源氏将軍三代と北条氏執権十六代という図式で概括的にとらえられているところに特徴がある。すなわち源氏将軍家滅亡後のその跡を受けた執権北条氏と、その翼賛者としての安達氏の地位・役割を高く評価され、弘安八年霜月騒動により従来まで執権政治の屋台骨をささえてきた〝巨星〟が落ち、以後執権政治は衰退に向かうことになったとされた。(6)また奥富敬之氏は、「極楽寺殿消息」にみられるがごとく、得宗は「おやかた」であるという意識が一門中に浸透してきており、得宗権は確立していたものとみなされた。そして「弘安八年霜月騒動」については、すでに成立していた得宗専制が純化発展して「得宗被官専制」に移行するメルクマールであるものとみなされた。すなわち安達泰盛は準得宗であり、そのめざすところはより穏健な方策をもって、これからの政局に対処していこうとする一派であり、これに対して平頼綱に代表される一派は、より専制的・高圧的な方法で乗り切ろうとする強硬派であるとされた。

大概、以上が得宗専制の成立に関する所説の概略である。詳細はもちろんこれから具体的に検討しなければならないが、論者としては基本的には佐藤氏の所説によっている。以下、本章においては「弘安八年霜月騒動」を中心として論じていくことにしたい。第三部第二章の「得宗専制体制の成立過程――文永・弘安年間における北条時宗政権の実態分析(7)――」とかなりの箇所が重複すると思われるが、大方の御許容を願っておきたい。

一　弘安八年霜月騒動の再評価

秋田城介の乱ともよばれるこの乱については、多賀宗隼氏をはじめ多くの先学がある。今それらの業績に屋上屋を架するようなことはさけたいが、いずれにしてもこの内乱の意義については、やはり鎌倉幕府後期から末期の政治史を検討する上で非常に重要なものである。この内乱の性格づけをすることが、これ以後展開する幕府政治の性格を決定する上でも大きなかかわりがあるからである。また鎌倉中期から後期へかけての政治史の過程においては、その間に惹起せる内乱の分析も不可欠であることはいうまでもない。すなわち該時においては、寛元四年名越の政変・宝治合戦（三浦氏の乱）・文永九年二月騒動がそれであり、霜月騒動に先行する内乱である。それまでの論者の関心から時頼・時宗の政権の考察を続けてきた結果、現在一般に考えられているごとく、およそ時頼の時代から執権政治は変質し、いわゆる得宗専制への段階に至るものと結論づけることができた。そして少なくとも時頼の時期にはまだ得宗専制は成立しておらず、その過渡的段階であると考えられ、得宗専制という支配体制はモンゴルの〝外圧〟を契機としてほとんど時宗の全生涯をかけて確立したものと考えた。その間文永九年二月騒動で時宗の得宗権が確立され、その幕政での支配権は絶対的なものへと近づいていった。時頼の時期においては、いまだ北条氏家督＝得宗が一門内部で一門の支配権を通じて幕政での支配権が完全なものとなっていたとは考えがたいのである。それが時宗の時期に、モンゴルの〝外圧〟に催促されるがごとくして、その絶対性が確立していったものと評価したわけである。その一応到達点としての位置に文永九年二月騒動があったと考えたわけである。さらにその延長線上に「弘安八年霜月騒動」があったと考えられるのである。論者が以上のように考えた理由は、「得宗専制が一門の支配を通じて幕府支配を行う（あるいは血縁的支配の擬制化）体制である」という点に即して、単に時宗の若年のみを根拠とせずとも、時宗がその全生涯をかけて確立しえた得宗の絶対性も、それに強大な権力を付与したのは北条政村・金沢実時など一門中の最有力者および得宗外戚たる安達泰盛などであり、彼らの力を看過してはならないからである。特に北条氏一門のあり方については、かつておよそ文永十年をさかいとしてそれが明らかに異なることを指摘したことがあったが[(8)]、この文永十年というのが北条政村の死没の年なのである。時宗が一門支配の面でもその独自性をみせはじめるのがおよそこのころからであり、西国重点諸国への北条氏一門守護の大量進出はこれを裏づけているものと解したいのである。

モンゴルの外圧という一大問題に忙殺されつつ、執権時宗は弘安七年（一二八四）四月四日没した。享年三十四。跡は嫡子貞時が十四歳で七月七日執権に就任し一応形は整ったかにみえた。その翌年十一月にいわゆる霜月騒動の惹起をみるわけである。十四歳の得宗＝貞時に実質的権力が存したかどうかの議論はさておき、特にこの乱が得宗専制を論ずる上できわめて重要な意味をもつことは言をまたない。既述のごとく霜月騒動は当時幕政中枢に在った要人にとってもおよそ二月騒動と一連の事件としてとらえられていた。二月騒動から霜月騒動に至る十数年間に、二度にわたる「元寇」を経ることにより、いわゆる得宗専制体制の成立を認めることができると思われる。以上のことは当時幕府中枢にあった一門の金沢顕時がかなり適確にとらえていたということができる。すなわち『賜蘆文庫文書所収称名寺文書』の「金沢顕時書状案」[(9)]がそれである。この顕時書状案は時宗政権の幕政中枢の状況を数年にわたって言いえている。二月騒動と霜月騒動を同一軌上に位置づけし、最後は自分の身の不運を歎きつつ、観念したかのようにみえる。ことに文書中にみえるごとく名越尾張入道時章・遠江守教時が「倶非分被誅」というのは、時宗政権がなした処置に対するいわば批判であるともとれる。それはともかくこの顕時が北条氏一門として幕政中枢の要職（四番引付頭人）にあっても、十数年間薄氷を踏む思いですごさなければならなかったのはなぜであろうか。それは外圧を契機とする幕府政治の専制化であり、それを貫徹させるための幕府の施策であった。そしてそれをめぐって幕府中枢における具体的施策を強行する際におこったであろう軋轢であったとみられる。異国の脅威＝外圧に直面してもはや幕府としてもその対策について時を浪費している時期ではなくなっていたと考えられる。(10) こうした事態にいたって、幕府の対策なり、方針なりが誰を頂点に据えるにしろ、指揮・命令系統の一本化は当然必至であり、またたくみにそれを逆用しつつ専制的権力で臨んでいったのである。得宗としての絶対性が確立するや、かかる傾向に時宗を中心として一層拍車がかかっていくのである。

しかしこうした不安を感じていたのは何も顕時ひとりのみではなかった。幕府中枢をとりまく重苦しい雰囲気は、ことに幕府要人にとっては耐えがたいものであったに相違ない。建治二年（一二七六）九月、評定衆安達時盛（泰盛弟）は遁世しこっそり寿福寺へはいった。時盛は弘長三年（一二六三）十一月時頼死没の際すでに出家しており、この時の遁世というのは評定衆その他の幕府の職務からはなれたことをさしているのであろう。『関東評定衆伝』によれば、「所帯悉収公」されたといい、弘安八年六月高野で卒した際には義絶の故、時宗妻（貞時母、義景女）や泰盛以下の兄弟は皆喪に服さなかったという。所帯を悉く収公され、その上兄弟一族すべてに義絶されることを覚悟しながらも、評定衆という職務を棄て、あえて遁世しなければならなかったのはなぜか。これこそまさに顕時をして言わしめた薄氷を踏むがごとき不安ではなかったろうか。あるいは安達氏の内部矛盾とみるべきであろうか。

翌建治三年四月には今度は現任の連署北条（塩田）義政がやはり忽然と出家し、家人にも告げずに遁世し、そのまま信濃国善光寺に籠居してしまった。当然所帯は収公されたことは前の例をみるまでもない。自由出家遁世の例は、建長三年（一二五一）十二月の足利泰氏の場合があるが、これも同様のケースで背景は異なるにしろ、その経過や処分は酷似している。時の連署がまったく秘密のうちに出家遁世というのは細かな事実経過は別としてやはり一大事件というべきで、まさに「内外仰天」であった。さきに安達時盛の件や、この連署義政の一件もさらに詳しく検討する必要があり、同時にそれによって時宗政権の実態に近づくことになるわけだが、これらは別の機会に譲ることにしたい。[11]金沢顕時をして「如踏薄氷」しと言わしめた不安を、この時期の幕府要人は誰しもが感じていたのではなかろうか。だから下総配流が決定したとき、ついに自分の番がきたと半ば観念していたようにもみえるのである。

論述が前後してしまったが、霜月騒動の政治史的評価はその発端や経過は『保暦間記』が詳しいので、それをもとに考察をすすめたい。これによれば事件の原因となったのは得宗外戚安達泰盛と内管領平頼綱の対立にあったということになる。そして事件の直接の契機となったのは、泰盛の嫡子宗景が将軍の地位をねらって源氏になったということを平頼綱が貞時に訴えたというのである。また『北条九代記』にも同じような記述があり、事件の経過と関係した人物が以上にとどまらず、なお多く存したことはすでに指摘されており、それを分析することによって事件の性質を明らかにすることができると思う。それは熊谷直之氏所蔵文書[12]が知られている。

以上の三種の史料をもとに関係した人物の人名比定、遭遇した地などがつかめる。安達氏では、陸奥入道は泰盛、秋田城介は宗景、前美濃入道は長景、城大夫判官入道は時景、城太郎左衛門尉あるいは加賀太郎左衛門尉と同一人物で宗顕（徴証として父顕盛の官途が加賀守）、同六郎はその弟ということになろう（実名不明）。城七郎左衛門尉・城左衛門太郎・城左衛（門）次郎の三名は実名が不明（後二者は兄弟であろう）。城三郎二郎は大室義宗であろう。またここには見えていない者として、越前守盛宗をあげることができる（泰盛息、岩門合戦に関係がある）。このうち鎌倉以外で事件に遭遇したのは、「於遠江自害」の宗顕、岩門合戦に敗れた盛宗の二人である。安達氏の一族はこの乱によってほとんど族滅といってさしつかえないであろう。わずかに頼景（泰盛兄）だけが「但丹後守頼景法師脱灾訖」ということであった。頼景は『系図纂要』によればすでに文永九年二月騒動に連座して「所帯二所収公」とみえており、『関東評定衆伝』でも同様の記載がみられ、もはや引退したものと解され、そのことが逆にこの事件にまきこまれずにすんだのではなかろうか。なお没年はこの両書とも正応五年（一二九二）正月九日、六十四歳と伝えている。このあと安達氏は宗顕の息時顕が秋田城介となり、かろうじて幕府滅亡まで命脈をつなぐにすぎない。

安達氏と同系の大曾祢氏では、上総介が宗長、上総三郎左衛門尉が義泰、大曾祢左衛門入道がみえ、足立太郎左衛門尉直元がある。安達氏だけをとりあげてみても、鎌倉・遠江・筑前というようにかなりの広範囲にわたっている。

次にとくに注意を引くのは文書中にみえている伴野出羽守長泰である。章末掲載の系図を参照すれば明らかなごとく実に興味深い事実がうかび上がってくる。それは甲斐源氏一統の問題であり、また信濃国とも大いにかかわりの深い問題である。伴野長泰については『尊卑分脈』第三編三四一頁によれば、「依城陸奥入道事、於鎌倉被誅早」とあり、同書三三六頁には小笠原長氏について「伴野出羽守被誅之後小笠原捴領職管領」とある。このことから霜月騒動の結果、甲斐源氏一統の内部で小笠原氏の惣庶関係の逆転をみてとることができ、さらには霜月騒動以前においては小笠原氏の嫡流が時長の系統であり、それは安達氏との結びつきの中で保障せしめられてきたものと推測されるのである。また他の交名について比定してみたい。小笠原十郎は同書三三六頁にある長基であろうか。伴野三郎・同彦二郎はともに長泰の子であろうが、同書によれば彦三郎長直・二郎盛時とあって、両者が逆で伴野彦二郎長直・同三郎盛時ならば全く都合が良いのだが、いずれにしろ「父同時被誅早」とあるから、あるいはどちらかの呼称が誤っていたのかもしれない。小笠原四郎は長泰の弟泰直であろうか。これも同書に「舎弟共於伊野被誅了」とある。また同書第二編二八六頁によれば安達泰盛の母は小笠原時長女とあり、長泰・泰直は泰盛とは従兄弟の関係であったことになる。武田小河原四郎は今のところはっきりしていない。いずれにしても武田氏の一族であろう。鳴海三郎は小笠原氏の一族で余一三郎を名乗る長時であろうか。また秋山人々というのはやはり甲斐源氏で加賀美遠光の子秋山太郎光朝の子孫であり、人々とあるからこの一族のうちの数名ということになろう。同書第三編三三二頁によると光朝の孫実定が上田蔵人と号し、その子孫が上田氏を名乗っていることから推定すると、信濃国上田に所領を有していたか、あるいは何らかの関係があったのではあるまいか。この点は後述する上田（大江）泰広との関係がどのようなものであったのかが一つの課題となるであろう。南部孫二郎は同書第三編三三三頁にみえる政光がそれにあたると考えられる。(13)以上のように甲斐源氏一統はこの事件に多くの者が関係していたことがわかる。このほかに同じく源氏の一族として足利氏がかかわっていたことも見のがすことができない。『北条九代記』にもみえている足利上総三郎がそれで、『吾妻鏡』にもその名がみえている吉良満氏である。やはりこの満氏が霜月騒動で誅されているのに対し、弟の国氏（今川）が抽賞されている事実は注目に値する。後年の史料になるが『今川家譜』によれば、この合戦の功により恩賞として遠江国引馬庄を得ている。もしこれが事実ならば、満氏が誅戮されているのに対し、国氏が恩賞を得ていることはきわめて対照的なことである。こうしたところにも源氏を名乗る御家人の一族内部の惣庶間をめぐる対立が浮彫りにされているとみることができよう。源氏を名乗る御家人の問題についてはあとでまた述べるとして、交名の分析を続けることにする。三浦対馬守は佐原頼連であろう。佐原氏は宝治合戦の際に本宗三浦氏が滅亡しており、このときは安達氏の挑発に乗せられて北条氏に敵対したが、今度の事件に際しては逆に安達氏側に立っている。『系図纂要』平氏三によれば、泰親について「会津四郎左衛門尉、弘安中滅亡」とあり、その兄弟の盛次について「五郎左衛門尉、同上亡」とある。また交名中に同（芦名）六郎とあるのは同じく兄弟の時守であろうか。もしそうであれば泰親・盛次・時守の三人の兄弟がこの乱で倒れたことになる。さきの宝治合戦においては安達氏とは完全に敵対したのに、今度の合戦においては安達氏と命運をともにしているというのはまさに皮肉なことであったといえよう。大宰少弐とあるのは武藤景泰（景頼息）であり、武藤少卿左衛門尉というのはその息頼泰であろう。後日の検討課題としたい。武藤氏が関東で誅滅されている一方、他方九州でも筑前国岩門で一族の少弐氏の内訌があったことに注意すべきである。いわゆる岩門合戦がそれである。そのほかには、田中筑後四郎左衛門尉は『神奈川県史』の編者は知泰に比定されており、したがって田中筑後五郎左衛門尉はその兄弟ということになろう。和泉六郎左衛門尉は天野遠景の孫景村（『吾妻鏡』にみえる和泉前司政景の息）、筑後伊賀四郎左衛門尉は伊賀景家、同子息はその息であろう。また有坂三郎は『工藤二階堂系図』に「祐経―祐時―祐朝」とあり、『系図纂要』十一藤氏五に「祐長―祐光」とあり、ともに有坂とみえている。実名が乗っていないので割り出すことはできないが、いずれにしてもこの近親者で伊東氏であろうと思われる。伊東三郎左衛門尉とあるのもこれと近い者か、あるいは同一人物であろうか。また幕府要人では引付衆二階堂行景＝懐島隠岐入道がある。二階堂氏諸流ではほかに合戦に参加した者がみあたらず、あるいはその名乗り行景からして安達氏と何らかの姻戚関係があったのかもしれない。さきに甲斐源氏を考察したところで触れたように、秋山氏の一族が上田を名乗りとしていた事実に注目し、信濃国上田に所領を有していたか、あるいは何らかの関係があったのでないかと推定してみたが、この点に関係して殖田又太郎入道大江泰広をあげることができる。『大江系図』によると泰広の二人の息盛広・泰元がともに「弘安八年十一月父同時滅亡」とみえている。さらにこれに関連して、佐泰の兄佐時の孫宗清が泰盛に同意して鎌倉で討死したことが『佐々木系図』によって知ることができる。それによると、

氏信――女子――広宗――宗清

女子：殖尾張守大江佐時妻

広宗：外祖父氏信為養子。改姓源氏。号佐々木少輔弥二郎。法名阿観。

宗清：此子孫号佐々木少輔。法名道観。弘安八年十一月十七日同意城陸奥守。於鎌倉討死。

とある。殖田又太郎入道大江泰広と鎌倉で討死した宗清の父広宗とは従兄弟の関係となる。佐々木氏は、朽木氏を称

する頼綱、京極氏を称する頼氏がこの合戦の功によりともに恩賞にあずかっていることからみて、後述するごとく佐々木氏一族の問題としても注目すべき事実である。公卿の中では刑部卿相範が前述『北条九代記』にみえているが、『尊卑分脈』その他の系図類や『公卿補任』にもその名がみえていない。最近佐藤進一氏によってこの人物の系譜が明らかにされた(14)。それによると、文章道の家、藤原南家の出身で兄茂範は建長五年院宣によって関東に下向、宗尊親王に仕えた。相範はその弟で兄と同じく将軍に仕えたことが窺われるとされている。他にまだ実名を割り出せない者を含めて、安達氏が守護であった上野・信濃の多くの御家人約五百名がこの乱で討たれている。安達氏について言えば、わずかに宗顕の子孫が幕府滅亡まで命脈をつなぐにすぎない。一族の大曾祢氏もこの乱で滅亡している。また佐原氏もこの乱によって没落を余儀なくさせられるが、この系統から戦国期における三浦義同につながるものが残っていることにも注意しておかなければならない。この乱の性格を論ずるに際して注目すべきことは、安達氏一族や多くの御家人たちが誅戮された事実とならんで、論者が特に着目したいのは源氏を名乗る御家人たちの動向である。前述のごとく甲斐源氏一統と足利氏があげられよう。前述の『保暦間記』の記載にもあったように、泰盛と頼綱が互いに讒言をしあううちに、泰盛の嫡子宗景が憍りの極みに曾祖父景盛が頼朝の子であったとして俄かに〝源氏〟を名乗った。これは宗景自らが将軍になろうとしたためだと頼綱がまことしやかに貞時に訴えた。これがこの乱のそもそもの発端だというのである。それは安達氏が日ごろから源家将軍に深い心を寄せ、故右大将頼朝の名剣〝鬚切〟をひそかに所持していたというものである。『相州文書』所収『法華堂文書』の北条貞時寄進状(15)に、

御剣入状公朝状

右大将家(源頼朝)御剣号鬚剪(建久六年)後御上洛之時、依或貴所御悩、為御護被進之、其後被籠或霊社之処、(安達泰盛)陸奥入道真覚令(マヽ)尋取云々、

去年(弘安八年)十一月合戦之後、不慮被尋出之間、於殿中被加装束或作、為被籠法華堂御厨子、以工藤右衛門入道杲禅、昨日

被送之、入赤地錦袋、仍令随進〔身〕、奉籠御堂之状如件、

弘安九年十二月五日　　　　（北条貞時）（花押）

別当法印公朝

とある。これによれば『保暦間記』の記載が非常に信憑性が高く、安達氏に現将軍にとって代わろうとする意思が多分にあったことを推測せしめる。それと同時に問題の核心は、当時において御家人たちの心の中に源氏による将軍の復活という期待が少なからずあったのではないかと思わせることである。前述の甲斐源氏諸流の動向がつとに興味深いが、遠光の子孫のほとんどがこの乱に関係していることは見のがすことができない事実である。伴野氏が従前まで嫡流と目されていたのが小笠原長氏の系統がそれに代わった事実、吉良満氏が誅戮されて今川国氏が抽賞されていることなど、そこに惣庶間の交替ないしは逆転といった事実を見出すことができる。以上のことから、この乱の背景には源氏を名乗る御家人の一族内の惣庶間をめぐる対立が浮彫りにされているとみることができよう。この乱が御家人たちの源家将軍に対する懐古的な心情のみから惹き起されたものではないにしても、背景にはそうした動きがあったことをみなくてはなるまい(16)。このほかにも御家人の一族内部における惣庶間の問題が乱の根底にあったと推定させられることがある。さきにも触れた佐々木氏では、氏信の息頼氏が合戦の勲功によって受領に補任されたことがみえている。すなわち『尊卑分脈』によれば「追討城陸奥守之賞。豊後守」とある。さらに『佐々木系図』によれば一族の朽木頼綱についても同様に「追討城陸奥守之賞。任出羽守」とある。『朽木古文書』には常陸国本木郷を拝領したことがみえている(17)。

前述したごとく、大江氏との姻戚関係をもつ佐々木宗清が安達氏に与同して誅殺されているのとは対照的に、朽木氏は「小所なりといへとも」勲功の賞として常陸国真壁郡本木郷を獲得しているのである。ただし頼綱がこの合戦の

勲功として出羽守に任じたかどうかは疑問で、もし事実とすれば前述の事情から左衛門尉よりは格上の出羽守を名乗るはずであると考えられる。霜月騒動関係の恩賞が打ち切られたのは永仁二年（一二九四）であり、それについて『北条九代記』は次のように記している。

六月二十九日評云。弘安合戦事。賞罰共以不可有其沙汰。八月廿五日被召連署起請文。（傍点論者）

この記事にみられる「弘安合戦」を霜月騒動と看破されたのは相田二郎氏であり、傍点部分の「賞罰共以不可有其沙汰」というのも、異国との合戦において賞こそ望むべきものを罰があろうはずはないとされ、罰があることから霜月騒動と考えることによってはじめて理解できるとされた[18]。してみれば朽木頼綱の出羽守補任が事実ならば、正応二年五月二十一日以降、永仁二年六月二十八日以前ということになろう。また頼氏の豊後守任官についてはいまのところ他によるべき史料がないので一応『尊卑分脈』の所伝を認めておきたい。

さらにまた別の問題として「岩門合戦」をあげねばならない。『武藤系図』（『続群書類従』第六上）景資伝によれば、

弘安蒙古出来時。蒙古大将於百道原射留ラル。其後城殿一所ニ。於岩門城切腹。

とある。城殿というのは安達盛宗であり、「弘安の役」の際少弐景資は肥後国の守護代安達盛宗と行動をともにしており、霜月騒動の波紋が地方に及ぶに至ってそのまま盛宗と命運をともにしたのである。ここにも武藤氏・少弐氏の一族間における惣庶関係の矛盾が如実にあらわれている。鎌倉における武藤景泰、九州における少弐景資といい、単にこの乱の犠牲者たるにとどまらず、弘安の役後の恩賞の不足に悩んでいた幕府に大きな恵みを与えたという。

以上前述の甲斐源氏の小笠原氏一統、足利氏流の吉良氏・今川氏、佐々木氏、三浦氏一族の佐原氏等や、武藤氏・少弐氏はいずれも一方が泰盛余党として誅戮され、他方が抽賞されている。いずれの御家人も一族の惣領制の矛盾をかかえていたなかでこの乱の惹起をみているのである。いってみれば平頼綱を支持した勢力にはほかならぬ御家人層

が多数いたことになるのである。確かに政権上層部で得宗外戚安達泰盛と内管領平頼綱の対立の表面化とうけとれるであろうが、この乱が「外様勢力」対「御内勢力」の衝突であったとすることには少なからず疑問を感じざるをえないのである。

この乱について最初にとりあげられたのは多賀宗隼氏であった(19)。多賀氏によれば、執権政治と興亡をともにしてきた安達氏の立場を重視され、霜月騒動により幕府政治に大きな光芒をはなってきた巨星が落ち執権政治はこれ以後衰退に向かうとされた。多賀氏の論は、いわば北条氏と安達氏の連帯＝執権政治の存亡という立場で論じられたのであり、安達氏の存在こそが執権政治の屋台骨を支えてきたものと理解された。しかしこの多賀氏の所説は鎌倉後期政治史の視角を設定された点で画期的な業績であったといえる。

佐藤進一氏は多賀氏を批判され、多賀氏の説ではこの乱の持つ意義が和田氏の乱や三浦氏の乱と何ら変わるところがないとされ、この事件が御家人と得宗被官との勢力争いである点において、和田・三浦の乱とは本質的に相違するものであるとされた。そして幕府政治のとらえ方についての多賀氏との見解の相違を、幕府政治＝執権政治ではなく、執権政治から得宗政治への移行という点で異なることを明らかにされた。さらに佐藤氏は、時頼から時宗の代にかけて幕府政治の中核が「評定合議政体」の時代から、末期の政治形態である「得宗専制政体」の準備の段階に至るとされ、鎌倉幕府末期政治史把握の視角を明示された。続いておよそ元寇前後のころから諸国に北条氏一門の守護が大量進出するようになる事実を検証された(20)。これは各国別に守護の沿革を研究されたもので、得宗の一門が全国の半数以上に達するようになる事実と、しかもそれらがいずれも軍事的要国であって、京都を中心として考えた場合や対蒙古関係であり、北条氏分国の経営が対朝廷関係という政治的目的を第一義として行われたことを明らかにされた。以上の事実をふまえて、北条氏の専制化、それも北条氏の家督が義時の別号にちなんで「得宗」とよばれたから、この北条氏中心の新しい政治体制を便宜「得宗専制」と称したいとされた。

この佐藤氏の所説を批判されたのは奥富敬之氏である。[21] 奥富氏は、得宗専制成立そのものを「寛元・宝治の乱」に求められ、「弘安八年霜月騒動」は、すでに成立していた得宗専制政権の純化発展の一過程としてとらえられ、得宗専制から得宗被官専制成立の契機とされた。そして霜月騒動について、安達泰盛を代表とする一派は得宗専制という武断的・強圧的な体制で臨んでいくことに反対し、より穏健な方策をとり、合議制を復活させることによって幕府から離反しつつあった御家人層を再び結集して、社会の新情勢に対応していこうとする一派であり、その多くは一般的な御家人層であったと考えられるとされた。これに対して平頼綱に代表される一派は、北条氏得宗の地位の一層の強化によって、さらに強圧的な支配を継続し、得宗および得宗被官上層部の政治的利害を第一義とする一派であるとされた。すなわち霜月騒動を得宗専制の変質と評価されたわけである。論者は基本的には佐藤氏の説に従っているが、前述のごとく疑問点もいくつかあるので次にそれを述べておきたい。

第一にこの乱が「外様」と「御内」の対立であるとされる点である。確かに政権上層部においては、安達泰盛と平頼綱の権力闘争であり、その結果内管領平頼綱の専権が確立した。前掲の熊谷直之氏所蔵文書にみるごとく、多くの御家人層が安達氏と命運をともにしたことで彼らが安達氏を支持する広汎な御家人層であり、しかもこの乱がほぼ全国的な波紋をまきおこし、単なる政権上層部のクーデター程度のものではなかったことは事実であろう。しかし平頼綱を支持した一派はいかなる人々であったろうか。彼らがすべて御内人＝得宗被官層であったのだろうか。無論対立・抗争した勢力が単純明快に外様御家人対得宗御内人などという図式はできようはずはない。けれども少なくとも両勢力の対立・抗争というのであれば、平頼綱の側には得宗被官の勢力が結集したものと考えた方が自然である。しかし前述したように平頼綱の側に与した者には少なからず御家人が存在する。論者自身の考え方からすれば当時まだ得宗被官層は一大勢力は結集しえていなかったのではないかとみている。

第二に前述したごとく源氏の動静に注意しておかなければならない。甲斐源氏諸流の惣庶関係の逆転を思わしめる小笠原氏・伴野氏の問題や、吉良氏・今川氏の兄弟間の問題、等々である。当時の御家人の心情の中に源家将軍に対する懐古的な意識があったとも考えられる。林屋辰三郎氏の言われたごとく、足利家時の置文が作られる背景や、足利氏による幕府創設の機運が今や熟そうとする素地が除々に醸成されつつあったというべきかもしれない。

第三に第二のこととも関連するが惣領制の矛盾の問題である。内乱期において兄弟間の対立がまま見られ、どちらか一方が生き残ろうという氏族的ないわば本能がはたらくというのは、今に始まったことではなく、幕府草創期の治承・寿永の内乱、中期における承久の乱でもみられることで、特にそれ自体めずらしいことではない。この内乱についても事情はやや似かよっているかもしれない。小笠原氏・伴野氏の甲斐源氏諸流、今川氏・吉良氏の足利氏一族など、いずれも惣領制の矛盾の問題である。佐々木氏・朽木氏・大江（上田）氏なども同様である。少弐氏・武藤氏も鎌倉と九州で一族の内部矛盾が露呈している。

論者は霜月騒動の性格の一端を以上のような点にあったと考える。すなわち、この内乱が惣領制の矛盾という背景のうちに惹き起され、安達泰盛を支持した一派は、解体期にあった惣領制の御家人体制を従来の惣領制に基づく幕府支配体制にもどすことによって、これからの社会の情勢に対応しようとする志向性を有していたのではなかろうか。それによって御家人制を中心とする体制―合議制の復活―を志向する一派であり、さらには初期の源家将軍家鎌倉殿を頂点とする体制への懐古的な心情も複雑にからんでいたのではなかろうか。これに対して平頼綱を支持した一派はすでに解体過程にあった惣領制を社会の矛盾として認め、後に「惣領庶子可相並」という方法で広汎な御家人層を新編成する意図があったのではなかろうか。泰盛の時代に惣領と目されていた者がこの乱によって没落し、一族のなかから他の者がそれにとって代わって出てきた御家人が多数いたことは前述のごとくである。

平頼綱はこの乱以後専権を確立したかにみえたが、決して広汎な支持をうけていたわけではなく、わずか八年後の正応六年（一二九三）には子の飯沼助宗とともに討たれてしまうのである。いわゆる「平禅門の乱」がそれである。

二　貞時政権の課題

貞時政権は時宗政権が残した懸案事項を解決すべき使命を帯して登場したと言える。弘安七年四月に時宗があわただしく没し、その年には百条にものぼる膨大な法令が発せられており（補註）、それらを分析することで当時の課題がいかなるものであったかをうかがうことができる。その中心となっていたのは幕府財政の逼迫化にともなってその立て直しの問題すなわち倹約令と、御家人の窮乏化にともなうその保護などであった。前章において論者はこの二つの問題を中心に論述を試みた。ここではその他の問題として元冠後の恩賞問題と悪党問題について論じてみたい。

第一にあげるべき問題は恩賞問題である。時宗は元寇という国難に際して、その防衛体制を強化することに多大の努力をしたとみられる。西国に所領を有する御家人の下向、本所一円地の住人に対する戦闘動員令・石築地役（防塁築造）・異国警固番役の継続などがそれである。しかし一般にも広く理解されているごとく、防衛戦争では新たに獲得した土地があるべきはずもなく、幕府は元寇で働いた御家人に恩賞＝所領をもって答えてやることが充分にはできなかったのである。霜月騒動の翌年弘安九年七月十六日、幕府は次のような命令を発した。『追加法』五九四条に、

一　鎮西輩訴訟事　弘安九　七　十六

守護人可令尋沙汰之由、先日被仰畢、雖然猶地頭御家人、寺社別当神主供僧神官、所々名主庄官以下企参訴、

於自今已後者、非別仰之外、不可参関東六波羅、令住国可致異国警固、有訴訟者、少弐入道《(経資)》、兵庫入道《(大友頼泰)》、薩摩入道《(宇都宮通房)》、渋谷権守入道《(重郷)》寄合、可令尋成敗、若於国難裁許者、可令注進、雖為越訴、尋究可注申、関東居住輩訴申鎮西族者、令下向可経沙汰、於関東不可有其沙汰、

同五九五条に、

鎮西輩訴訟事、守護人可令尋沙汰之由、先日被仰下畢、而尚地頭御家人、寺社別当神主供僧、所々名主庄官已下、令参訴関東云々、於自今以後者、非別仰之外、不可参関東六波羅、有訴訟者、兵庫入道《(大友頼泰)》、少弐入道《(経資)》、薩摩入道《(宇都宮通房)》、河内権守入道《(渋谷重郷)》寄合、可令裁許、於国難成敗者、可注進子細、雖為越訴、早尋究可注申也、但奉行人中有敵対事者、残人々可令尋沙汰、以此旨可令相触之状、依仰執達如件、

弘安九年七月十八日　相模守《(貞時)》在判
陸奥守《(業時)》同

大友兵庫入道《(頼泰)》殿

この二つの史料はいわゆる「鎮西特殊合議機関」のことである[22]。すなわち内容的には書かれてはいないが元寇の恩賞をめぐる訴訟に関係していることは疑いない。九州在国の守護大友頼泰と少弐経資に対し幕府から宇都宮通房・渋谷重郷を派遣し、九州における訴訟を寄合＝合議によって決裁させようとしたものである。文言にもある通り、関東・六波羅への参訴を禁じたわけである。それだけ九州において所領・恩賞をめぐる訴訟が山積しており、直接幕府・六波羅に提出されてもその処理に窮していたための措置であったことがうかがわれる。関連史料として同五九九条に、

蒙古合戦勲功賞事、交名幷田数注文遣之、早遂検注、守注文可令分付之、屋敷在家畠地等者、追田数分限、可令省充、次神社仏寺免田幷甲乙人給分、河海野畠山等者、暗難配分、然者所出幷所務之故実、分明可令注進、彼状

到来之時、面々可成御下文也、但於今年所当者、令収納、可注申員数状、依仰執達如件、

弘安九年十月十九日　　相模守（貞時）

陸奥守（業時）

兵庫頭入道殿（大友頼泰）

大宰少弐入道殿（経資）

とある。当時幕府が恩賞問題にいかに腐心していたかをうかがわせる史料である。九州の御家人の訴訟をとりあつかうについては前出の四人の合議の下で直接現地で行うこと、その細目について指令しているのである。このように幕府が苦慮しなければならなかったのはそれだけ御家人たちの要求が切実で、しかも当然のものであったからにほかならない。時宗はそうした要求にほとんど答えてやることがなく没してしまったのである。それにしてもこの恩賞の給付がいかに大変なことであったかはこれらの史料をみるまでもないことである。この課題を解決しないかぎり御家人たちの心はしだいに幕府からはなれていくことになるのである。

次に考えなければならないのは悪党問題である。いかなる既存の秩序にも従わない、いわば無法の集団がすなわち当時悪党と称されていた。これに対しては幕府のみならず朝廷・公家・寺社ともにほとんどその対策が打てずにいたのである。社会の底流から動くエネルギーに対し、幕府としてもその対策に躍起となっていった。しかもすでにこのころから悪党と御家人が場合によってははなれあい、ないしは結託していたかのような事態さえ想像させる。五九一条によると、

一　隠置悪党於所領内輩事　　弘安九　二　五

自身者関東参住之間、在国事不知及之由、依令申之、前々遁罪科歟、於自今以後者、令隠置悪党於所領内之由、

令露顕者、自身雖不在国、可被召所領三分一也、但来住所領、百日計居住之族、雖為悪党、不可存知之間、鎌倉参仕之仁、不可及罪科、至代官者、為在国之間、依不可遁其咎、永不可召仕之、若猶召仕者、主人可有其科也、正員又令在国者、雖為百日居住之浪人、可被改所帯、

とある。自己の所領に悪党を故意にかくまっていた御家人が相当数いたであろうことがうかがわれる。自分自身が関東に参仕していたので在国のことは全く知らなかったために、以前には罪科とはならなかったというのである。これに対し今後は所領の三分の一を収公するといったきびしい方針でのぞんでいくことを明言している。さらに代官については永く召仕うことを禁じているのである。こうしたところにもはや御家人の心が幕府から離反しつつあったような素地を見出すことができる。またそれと同時に当時御家人は悪党の取りしまりについてあまり積極的ではなかったようにみえるふしもある。五九三条によると、

一　遠江佐渡両国悪党事

守護人無緩怠可令沙汰、於御使者、明春可令帰国也、就白状相触子細於地頭之処、兼日逐電之由依令申、不及其科歟、此日来経廻之悪党令逃散云々、其所地頭致清廉沙汰者、何可令退散哉、是又領主雖難遁其科、自今以後者、至如此所者、地頭可有罪科、次押買、迎買、沽酒以下事、禁制条々、先度被仰下畢、云彼云是、於違犯之輩者、可令注申、不注進者、守護人可有其科之状、依仰執達如件、

弘安九年三月二日

相模守《貞時》判

陸奥守《業時》判

とある。遠江・佐渡の両国に関して悪党がはびこるのは「其所地頭致清廉沙汰者、何可令退散哉」というのである。すなわち地頭が悪党の取りしまりに本腰を入れないばかりか、ほとんど黙認していたのではないかとさえ思わせる。

文言にみえるごとく幕使を派遣しているくらいだから、かなりこの両国では深刻であったのであろう。しかしこうした情勢はこの両国のみではなく、他の国々においても前の史料にもある通りおそらく同様の事情であったと思われる。さらにこうした情勢は一片の法令で鎮圧に向かうどころか、さらに年次が下るに従って一層活発化していくことになるのである。貞時政権の苦悩の一端をここにみることができよう。

おわりに

時宗政権の時代には、二度にわたる元の来寇があって、その外圧を契機として幕府（得宗）に強大な権力を集中することに成功した。国内の矛盾は外寇という要因があって、社会の目を外にそらせることができたともいうことができよう。しかしながらやがてその事後の処理の段階になると、それまで社会の内部に潜在していた矛盾は一挙に表面にあらわれてくる。そしてそれらの矛盾がいやおうなく鎌倉幕政にはねかえってくることになるのである。時宗は元寇という外圧を乗り切ることに一応成功はしたが、その事後処理には全く手をつけずに没してしまった。貞時はその時宗が残していった課題を何としても解決していかなければならなかったのである。時宗が没した弘安七年には実に百ヶ条にも及ぶ膨大な法令が発せられている。これは一般に弘安の改革といわれ、当時幕府がかかえていた問題を解決すべく発せられたものと解することができる。いまだその全文を具さに検討していないが、中心になっているのはやはり御家人保護と財政問題である。今後さらにその逐一について検討しなければならないが、それらの問題のほかに本章であつかった恩賞問題と悪党問題がある。霜月騒動はそうした多くの問題や矛盾のはざまの中で惹起した事件であったといえる。今後鎌倉後期の政治過程と政治形態を分析していくために、この前後の法令の具体的な検討を進め、その実態に近づいていきたいと思う。

註

（1）港区中学校教育研究会編『教育研究発表集録83』一九八三年二月に発表、訂正加筆して『政治経済史学』第二〇二号に収載。一九八三年。

（2）幕府草創期の「将軍独裁制＝鎌倉殿専制」の時期にしても、より包括的な概念としては適当であろうが、その実態は決してそんなに単純なものではないと思われる。また「執権政治＝評定合議体制」にしても、複数執権制とよんだり、集団指導体制といったりしているが、これとてもやはり泰時の執権時代を代表していっているにすぎず、ことに御家人制のあり方については同じ執権政治とはいっても時期によってはかなり性格が異なることを銘記しておかなければならない。当然「得宗専制」にしても大まかな理解としては、得宗であるがゆえに権力を有する、すなわち北条氏が執権というといわば公的地位に準拠して政務を執るのではなく、得宗という私的な地位によって権力を握るというものである。しかしその成立時期については、寛元・宝治の乱にもとめる説と弘安八年霜月騒動にもとめる説とがあり、またその理解のしかたにしても、得宗被官が専権をふるった時期をも含めて得宗専制と考える説もあるようである。いずれにしてもこうしたことがらについては整理が必要となっているると思う。

（3）佐藤進一氏「鎌倉幕府政治の専制化について」（竹内理三氏編『日本封建制成立の研究』所収）一九五四年。

（4）島田次郎氏「在地領主制と鎌倉幕府法」（『中世の社会と経済』所収）一九六二年。

（5）国別に得宗領、北条氏一門領を検出しようという試みは今までにかなりなされている。石井進氏「九州諸国における北条氏所領の研究」（『荘園制と武家社会』所収）一九六九年。豊田武氏・遠藤巌氏・入間田宣夫氏「東北地方における北条氏の所領」（『日本文化研究所研究報告』別巻第七集所収）一九七〇年。奥富敬之氏「陸奥国得宗領の研究」（『目白学園女子短期大学研究紀要』六号所収）一九七〇年、などをあげておく。

（6）多賀宗隼氏「北条執権政治の意義」（『歴史教育』十五―六所収）一九四〇年。同「弘安八年霜月騒動とその波紋」（『歴史地理』七八―六所収）一九四一年。
（7）『政治経済史学』第一六五号。一九八〇年。
（8）本書第三部第二章。
（9）『神奈川県史』資料2一〇二三号文書。『鎌倉遺文』一一一巻一五七六六号文書。
（10）網野善彦氏『蒙古襲来』（『日本の歴史』10所収）一九七四年。
（11）石井清文氏「建治三年における鎌倉幕府連署北条義政出家遁世事情――極楽寺流塩田氏の消長について」（『政治経済史学』第一四六号）一九七八年参照。
（12）前註（9）一〇一六、一〇一七、一〇一八、一〇一九、一〇二〇号文書。『鎌倉遺文』二十一巻所収、一五七三五～一五七三九号文書。
（13）『鎌倉遺文』では政連に比定している。
（14）佐藤進一氏『日本の中世国家』二二八～二二九頁。一九八三年。
（15）前註（9）一〇四三号。
（16）林屋辰三郎氏「中世史概説」（第二次岩波講座『日本歴史』中世1所収）一九六二年。
（17）『朽木古文書』一四六、一四七、一四八号。
（18）相田二郎氏『蒙古襲来の研究』九頁。一九五八年。
（19）多賀宗隼氏、前掲、前註（6）。
（20）佐藤進一氏『鎌倉幕府訴訟制度の研究』九六―九七頁。一九四三年。同『鎌倉幕府守護制度の研究』一〇四～一一〇頁。一九七一年。同「鎌倉幕府政治の専制化について」（『日本封建制成立の研究』所収）一九五五年。
（21）奥富敬之氏「得宗専制政権の研究」（『目白学園女子短期大学研究紀要』一、二、三、四号）一九六三、一九六五、一九六六、一九六七年。同『鎌倉北条氏の基礎的研究』一九八〇年。
（22）川添昭二氏「鎮西特殊合議機関」（『九州大学文学部史淵』百十輯）一九七三年。

（補註）これを現在、一般に弘安の改革という。弘安七年（一二八四）四月、元寇後の恩賞請求や訴訟が殺到し、再度の蒙古襲来の可能性など諸問題が山積する中で時宗が死去する。十四歳の嫡子貞時は北条一門が平頼綱と連動して不穏な動きを見せるなか、七月に九代執権に就任した。時宗に追随して出家した泰盛は法名覚真と称し、幕政を主導する立場となると後に弘安徳政とよばれる幕政改革を行い、「新御式目」とよばれる新たな法令を矢継ぎ早に発布した。その規模と時期から見て、時宗存命中からその了承のもとに準備されていたものと見られる。将軍権威の発揚を図り、引付衆などの吏員には職務の厳正と清廉を求めた。得宗には実務運営上の倫理を求め、御内人の幕政への介入を抑制する事、伊勢神宮や宇佐神宮と言った有力寺社領の回復に務める事、朝廷の徳政推進の支援などが行われた。これによって伝統的な秩序を回復させて社会不安の沈静化に務めるとともに、本所一円地住人の御家人化を進めて幕府の基盤の拡大と安定を図り、幕府の影響力を寺社・朝廷にまで広げて幕府主導による政治運営の強化、国政改革を行おうとしたと考えられている。ほぼ同時期に京の朝廷でも亀山上皇による朝廷内の改革・徳政が行われており、泰盛と上皇の連動性が指摘されている。だが、御内人の抑制はその代表である内管領平頼綱と対立し、性急な寺社領保護によって寺社への還付を命じられた一部御家人や公家の反感を招き、泰盛は次第に政治的に孤立していくことになる。「弘安の改革」は、その主体となったのが安達泰盛であることが現在通説となっている。その眼目となっていたのは、すでに離反しつつあった御家人を以前のような将軍独裁制の体制にもどすことによってたてなおしをはかることにあったといわれる。

これに対して平頼綱を中心とする一派は得宗専制体制の維持・教化をはかりつつ、さらに強権を発動することをもって御家人を支配しようとしたと考えられる。

『保暦間記』にみられるごとく、安達宗景が源氏重代の宝刀鬚切をひそかに所持していたこと、また俄かに源氏を名乗ったということなどは、ことの真偽はともかく、こうした空気が安達氏を支持した一般御家人層の間にひろまっていたことを象徴している。こうした源家将軍家に対する懐古的な空気やある種の期待感が御家人層中にあったことをうかがわせる。

系図Ⅰ

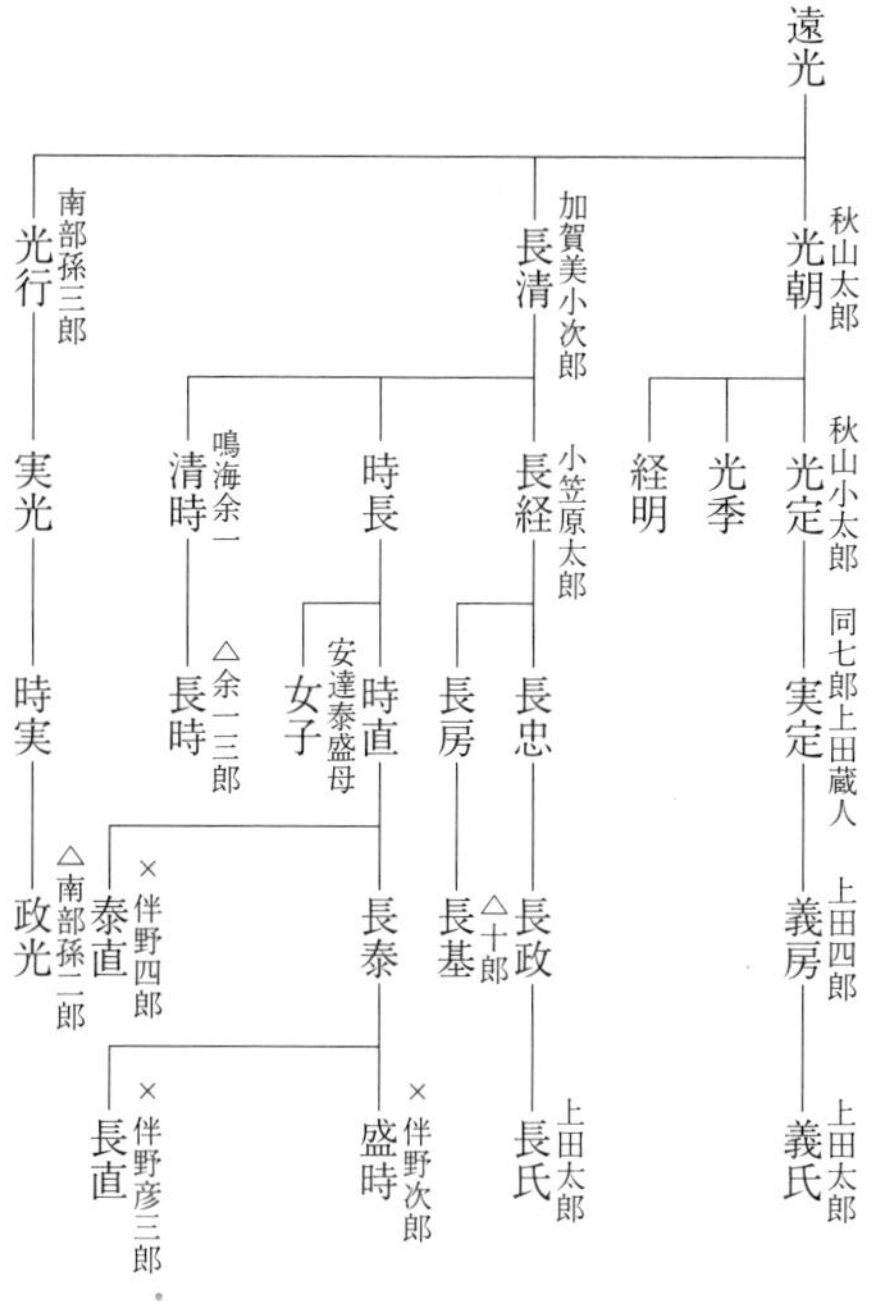

系図Ⅱ

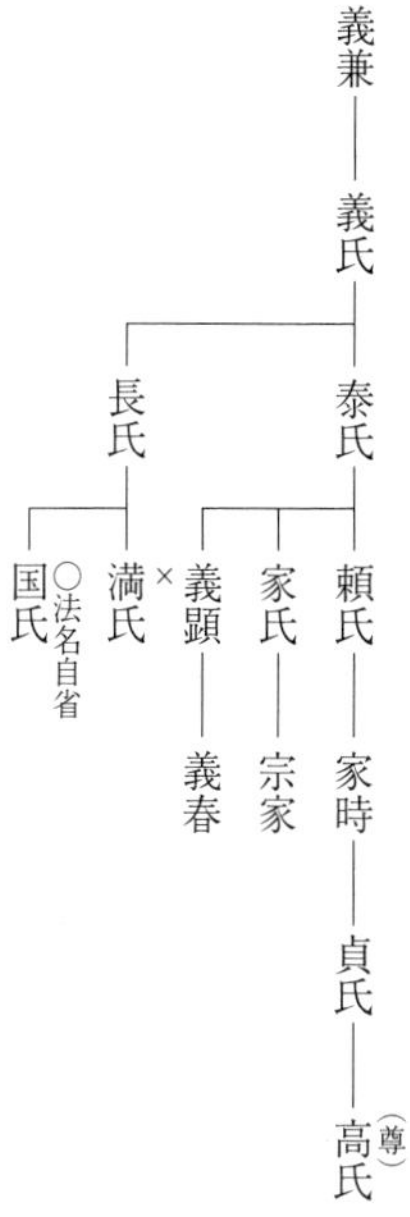

×印は霜月騒動で討たれた者。　△印は討たれたことが推定される者。　○印は霜月騒動で恩賞に預った者。

附　録　得宗被官平氏および長崎氏の世系について

一

鎌倉幕府家臣団は少なくとも当代末において御内と外様の二種に画然と区別されていた。[1]鎌倉末期の成立とされる『沙汰未練書』[2]に、

一、御内方トハ。相模守殿御内奉公人事也。

とあるごとく、相模守すなわち得宗家に仕える者を「御内」という。これに対して将軍直属の臣について同書は、

一、外様。将軍家奉公地頭御家人等事也。

と記している。すなわち両者の相違はそれぞれ伺候する主家が得宗家か将軍家かという本質的な相違によるものであった。すでに明らかにされているごとく、もとは御家人身分でありながら、後に得宗被官化したものがかなり存在する。それらを含めて鎌倉末期に至るまでに確認される得宗被官は五十数氏を数えるという。[3]そしてその筆頭がいわゆる御内の管領、すなわち「内管領」なのである。元仁元年（一二二四）閏七月泰時が設置した「家令の職」[4]はこの前身にあたるものと考えられ、当初その任にあったのは藤原秀郷の後裔と伝える尾藤景綱であった。やがて景綱は文暦元年（一二三四）八月、所労によって職を辞し、その闕は平盛綱が襲うた。[5]ここに平氏が家令の職を世襲化するにいた

る端緒を見出すことができる。

下って正嘉二年（一二五八）三月、侍所司平盛時の名がみえる。(6) そこで当面する課題はこの盛時と前出盛綱との系譜関係であり、また「家令の職」と「侍所司」との関係である。まず前者の関係であるが、盛綱が平左衛門尉を称していた時期において盛時は平左衛門三郎を称していた。したがって他に平左衛門尉を称する平氏が存在しないかぎり、盛綱と盛時との関係は父子となろう。またさらに下って、盛時が平新左衛門尉を称していたときには頼綱は平新左衛門三郎を称している。よって、

盛綱――盛時――頼綱

ということになる。この世系が正しいかどうか速断はさけねばなるまい。(7) 一応仮定にとどめておく。次に後者の関係であるが、家令の職とは得宗家の公文所統轄の責を負う者である。そして侍所司とは侍所の次官であり、長官たる執権に代わって実質上はその最上位に位置する者をいう。この両者がイコールで結ばれるならば、一方では得宗家の家務をその意の下で一任され（いわば得宗の私的行為の代行者）、他方では侍所の実質的権限を委任されたということができる。内管領と称する者の内容が以上のようなものをさすとすれば、それはまさしく御内人＝得宗被官の筆頭ともいうべきものであったに相違ない。やや後年のことになるが、『保暦間記』には北条宗方をして、

貞時ガ内ノ執権ヲシ。侍所ノ代官ナンドヲシテ。大方天下ノ事ヲ行ケリ。（傍点論者）

と記しており、内ノ執権すなわち家令の職、侍所ノ代官すなわち侍所司として権勢を誇っていた様子がうかがわれる。ここに御内方の筆頭とは「家令の職」と「侍所司」とを兼帯したものをいうことが推測される。しかりとすれば、内管領の職掌およびその地位は盛綱から盛時の時期にかけて成立したことになる。すなわち御内方の筆頭・得宗公文所の統轄、侍所の所司といったように、以上の地位および職権がまったく平氏・長崎氏の掌中に帰していったのである。

前述のごとく家令としての職掌内容は、得宗家の家務執行機関たる得宗公文所の統轄である。しかるに尾藤氏に代わった平氏は、前記家令の職のほかに侍所司となっている。さらに長崎氏は内管領と称されている。すなわち得宗の権力伸長の過程に、得宗被官―ことに御内宿老層[8]―の成長を認めることができる。以上を整理すると、「内管領」とは、得宗家の家務執行機関たる公文所を統轄するとともに、幕府御家人＝外様の統率機関たる侍所の次官＝所司として実質上その責務を負うものであった。内に、外に、得宗の意の下に最高の権力行使しうる実力者に成長していた存在にほかならなかったのである。

しかしそれがなぜ尾藤氏より平氏―後にその一族の長崎氏―に移ったのか、明確な理由はまったく知るべくもない[9]。ともあれ結果からみれば、家令の職が尾藤氏から平氏に移ったことにより、中央における得宗被官の地位が、得宗の権力伸長とともに飛躍的に高くなるのである。その後は「平禅門の乱[10]」に倒れ、その一族長崎氏がこれに代わり幕府滅亡にいたる。次に平氏と長崎氏の系譜関係について考察することにする。

二

論述が前後してしまったが、平氏および長崎氏の系譜関係について可能なかぎりたどってみることにする。『尊卑分脈』第四編によれば、

清盛――重盛――惟盛――妙覚
　　　　　　└資盛――盛綱

とある。また『系図纂要』四十七所収平氏系図関一流系図に、

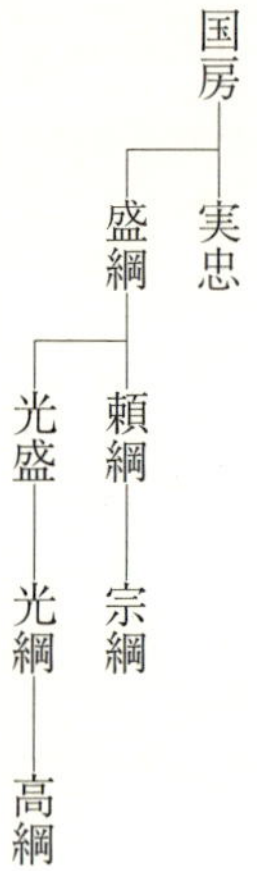

とある。すでに指摘されているが、関・平・長崎の諸氏が相互に相隔つ事遠くない関係にあったものと認めうるであろう。[11] しかしながら即座に小松内府の末裔とすることは断言しえまい。[12] ただ「平氏」を称することは編纂書たる[補註1]『吾妻鏡』に所見することで、一応信頼しておきたい。

また『保暦間記』によれば、

彼ノ内官[管]領長崎入道円喜ト申スハ。正応ニ打レシ平左衛門入道ガ甥。光綱子。

とあり、以上から頼綱と光綱とは兄弟になる。そして前節に述べたことを照合して整理すると、盛綱と盛時の父子関係、盛時と頼綱の父子関係などが想定され、ここに中期から末期における平氏および長崎氏の主たる血脈が一応たどれたことになる。

これらを総合して整理してみると、

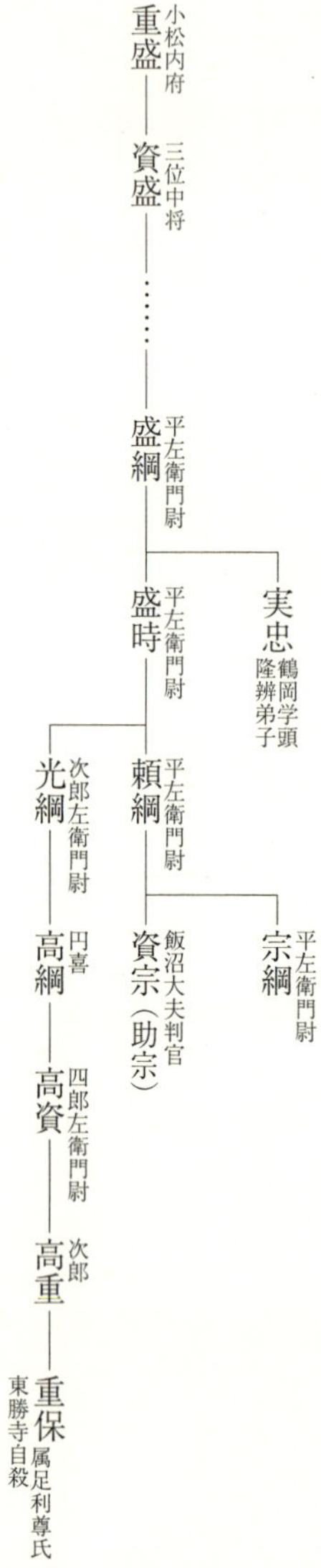

以上のようになる。

平氏および長崎氏の世系は幕府草創期のことがほとんどわからず、(13) 平氏は泰時の時代になってから『吾妻鏡』に所見するようになる。長崎氏についても同様で弘長年間に入って『吾妻鏡』に所見する。そしてその後の世系についても不明な点が多い。(補註2) さらにいわゆる「平禅門の乱」についても検討しなければなるまい。別途稿を改めたいと思う。

註

（1）佐藤進一氏『鎌倉幕府訴訟制度の研究』一〇四頁。一九四三年。

（2）『沙汰未練書』の成立年代については、石井良助氏「中世の訴訟法史料二種について」（『大化改新と鎌倉幕府の成立』増補版所収、創文社）参照。一九五八年。

（3）佐藤進一氏、前掲書、一〇四〜一一一頁。

（4）『吾妻鏡』元仁元年閏七月二十九日条に、

　又尾藤左近将監景綱為武州後見。以前二代無家令。今度被始置之。是武蔵守秀郷朝臣後胤。玄番頭知忠四代孫也云々。

とある。

（5）『吾妻鏡』文暦元年八月二十一日条に、

　武州家令尾藤左近入道々然。依所労辞職。平左衛門尉盛綱補其闕云々。同廿二日。左近将監藤原景綱法師法名道然。死去云々。

とある。家令の職が一族に伝えられずになぜ平氏に移ったのか検討の余地があろう。

（6）『吾妻鏡』正嘉二年三月一日条に、小侍所司として平岡実俊、侍所司として平盛時が所見している。

（7）盛時と盛綱が父子であったと推定されたのは大野達之助氏である。「ここに日蓮は、平の左衛門尉頼綱の父で当時侍所の所司（長官）で権柄を握っていた平左衛門入道かと思われる法鑑に面会して」とされている。同氏『日蓮』（一九五八年）九五頁。

また同書一一五頁に「頼綱の叔父は安楽房盛辨で、鶴ヶ岡八幡宮寺の学頭をつとめ、同寺の別当大納言僧正隆辨の高弟であった」とされている。大野氏は出典を示しておられないが、盛時と頼綱の父子関係は論者も本文で推定したごとくである。一応大野氏に従っておく。

(8) 奥富敬之氏は得宗被官層を二つの類型にわけ、中央において活動するいわば政治活動を主務とするものを「御内宿老」、在地において経済活動を主務とするものを「御内之仁」と、それぞれ称することを提起されている。同氏「得宗専制政権の研究その一」(『目白学園女子短期大学研究紀要』第一号所収) 一九六八年。

(9) 当時、平氏のほかには工藤氏・諏訪氏などの有力な得宗被官がいる。

(10) 従来史料的制約もさることながら、この事件を中心にまとめられた論考は管見のかぎり存在しない。弘安八年のいわゆる霜月騒動の反動としてとらえられているだけに、該時における幕府中枢の動静を解明するためにも研究が要請される。

(11) 太田亮氏『姓氏家系大辞典』(一九六三年) 四一六四〜四一六八頁。太田氏はこのなかで、長崎氏が平姓であることは誤りがないとしても、小松内府の裔とすることは容易に信じ難く、関氏とも別であろう、と述べておられる。ただ太田氏も注目されているように、古くから伊豆にあって、北条氏と密接な関係をもっていたであろうことは想像されよう。

(12) 佐藤進一氏、前掲書、一〇九頁。

(13) 尾藤氏から平氏に家令の職が譲られたときに、尾藤氏は秀郷流藤原氏であることが明記されている。しかし平氏については何も伝えていない。

(補註1) 『吾妻鏡』の編纂に得宗被官がかかわっていたであろうことは周知の事実である。当時の編纂者たちが、幕政中枢を牛耳っていた平氏や長崎氏の権勢にはばかって、平氏の流れをくむ一族としたことは充分考えられる。その点『保暦間記』の「先祖ノ人ヲ知ラズ」というのが、あるいは正しいのかもしれない。平頼綱や長崎円喜・高資らは資盛流を主張したかったのであろう。

(補註2) 本附録を公表後、山川智応氏「平左衛門尉頼綱の父祖と其の位置権力及び信仰」(『日蓮上人研究』一、一九二九年) を知った。未見なので先学を無視した結果となってしまったが、論旨にはかわることがなかったので、本書収載にあたっては字句の訂正にとどめた。

本附録を収載した意図は、内管領の平氏とその一族の長崎氏の出自についての関心からであった。奥富敬之氏は、この平氏を宝治合戦で本宗が滅亡した三浦氏の一族佐原氏に比定された。すなわち三浦介盛時＝平左衛門尉盛時とされたのである。これは同時期に両名が『吾妻鏡』に所見する事実があり、佐原盛時と平盛時を混同したためであると考えられる。これは明らかに誤りであると断定せざるをえない。その理由は、何よりも幕初より伝統的にその本宗が名乗ってきた「三浦介」を一族の佐原氏が受け継いだ事実は無視できない。三浦介＝相模介と左衛門尉とでは明らかに三浦介のほうが格上である。格下の左衛門尉を名乗るはずはないのである。論者は三浦（佐原）盛時が得宗被官化したという考えには賛成できない。よって論者は三浦介盛時と平左衛門尉盛時は別人であると考える。

奥富敬之氏『鎌倉北条氏の基礎的研究』一六五～一六六頁。一九八〇年。

第五部　北条政村の研究

第一章　寛元・宝治年間における北条政村

一

北条政村は、北条義時の子として元久二年（一二〇五）六月に生まれた(1)。母は義時後妻伊賀朝光女、泰時・朝時・重時の異母弟にあたる。他に実泰・有時・時尚らの弟がいる。泰時は言うまでもなく北条氏の嫡流家（得宗）、朝時は名越氏、重時は極楽寺四流の祖、実泰の系統は金沢氏、有時は伊具氏の祖である。これらについては、本書の序章および第一部にすべてを譲っておく。

この政村については、従来までほとんど顧みられることがなかったといっても過言ではないであろう。それは得宗の権力伸長の過程で、その真の政治的実力が看過されてしまったためである。またその活躍の場が地味ではなばなしさに欠けていたことも考えられよう。その結果、政村の存在というのが単に北条氏の一族であり、得宗家のひき立て役、〝つなぎの役〟(2)としてのみの評価となっている。このような考え方に対して論者はかつて政村の主体的な政治的役割を評価し、時頼・時宗(3)の政権を側面から支えた影の実力者として政村の位置について論述したことがある。そのなかで論者は、時頼政権の成立についても政村や実時らの北条氏一門中の有力者や安達氏らの強力な支持があってこそ、その権力の確立が可能なものとなったと考え、もし彼らの支持がなかったなら時頼政権の成立はおぼつかないものであったであろうことを指摘した。また時宗政権の場合でも、第二の名越氏の事件ともいうべき「文永九年二月騒動」の際にリーダーシップをとっていたのは政村であったこと、蒙古国書到来後の対策に主体的に行動したのは政村であったことなどを指摘しておいた。(4)

周知のごとく政村は、元仁元年（一二二四）伊賀氏の変の際には兄泰時と家督の地位をめぐって競合している。この事件に際して政村の意思は別としても、泰時と敵対する立場に立ったことはまぎれもない事実であり、その処遇が注目されたが泰時のはからいによってことなきをえた。(5)その後泰時政権のもとでは特に目立った動きは見られない。泰時に対する恩義の気持ちから政村は行動を自粛したと考えるのは妥当ではあるまい。元仁政変以後政村が歩んできた過程は非常に慎重であることには相違ない。いずれにしても政村が政治的に頭角をあらわし出すのは泰時の晩年からであり、その政治的力量が認められるようになるのである。この間の政村については別途検討をする必要があるがここでは触れない。本章は、寛元・宝治の二つの乱を通して政村の果たした主体的な役割について考察するものである。

二

北条氏が主導する執権政治体制は、執権泰時の治世において軌道に乗り、幕府政治は相対的な安定期と考えて大過ないであろう。泰時個人の政治的な力量のみを過大評価する意図はないが、一応執権北条氏と諸御家人との勢力均衡のバランスが保持され、合議体制が確立されたことは、泰時・時房ら幕府首脳の努力に負うところが大であったといえよう。北条氏の権力がはじめから確立されていたものではなく、これから確立されようという性格を有していたために、その権力は頭初から専制化する危機をはらんでいたことは、すでに指摘されているごとくである。また、そのために北条氏一族間における家督としての観念も幕府政治内部では必ずしも確立したものではなかったのである。それゆえに、北条氏の執権交代時においては執権と家督の地位とをめぐる一族内部での対立・抗争が必然的なことであり、それにともなう幕府政治の動揺はあとをたたなかったのである。泰時の執権時代においては、こうした動きはさして大きな矛盾とならずに未然に防がれていたが、その晩年においてはかなり大きな矛盾としてあらわれてきたのである。仁治元年（一二四〇）正月の時房、仁治三年六月の泰時の相次ぐ卒去のころにはこの矛盾は最も顕著なものとなった。その一つのピークが寛元四年名越の政変であり、宝治合戦であったわけであり、北条氏得宗としてはいわば一大危機であったといってもさしつかえない。この寛元・宝治年間に幕政における矛盾がふき出すことになるが、経時・時頼が得宗としていかに権力を伸長させていたとしても、かれら単独の力ではもはやその矛盾はおおいがたいものになっており、得宗を強力に支持する勢力が背景にあったことを認めなければならない。と同時に反得宗ともいうべき勢力も当然ここに結集していたということになるのである。そこで、経時から時頼の執権交代時すなわち寛元四年（一二四六）における幕政中枢の人的構成をみておく。（　）は寛元四年における年齢。

将軍　九条頼嗣　（八）
大殿＝前将軍　九条頼経　（二十九）
執権　北条経時　（二十三）　閏四月没
執権　北条時頼　（二十）　三月二十三日就任
評定衆　北条政村　（四十二）
　大仏朝直　（四十一）
　北条資時　（四十八）

中原師員　（六十二）
毛利季光　（四十五）翌年六月被誅
大江忠成　（？）
伊賀光宗　（六十九）
二階堂行盛（六十六）政所執事
長井泰秀　（三十五）
三浦泰村　（四十三）翌年六月被誅（補註1）
後藤基綱　（六十六）翌年六月罷免
二階堂行義（四十四）
宇都宮泰綱（四十四）
安達義景　（三十七）
狩野為佐　（六十六）翌年六月罷免
三浦光村　（四十二）翌年六月被誅
千葉秀胤　（？）　六月罷免、翌年六月被誅
町野康持　（四十一）六月罷免、問注所執事も罷免
太田庫連　（五十四）八月任問注所執事
矢野倫長　（三十七）
清原満定　（五十二）

六波羅探題北方　北条重時（四十九）翌年七月任連署

ほかに小侍所別当として金沢実時（二十三）をあげることができる。以上の人的構成を概観してわかることは、評定衆二十一名中八名がこの年と翌年に、何らかの形で関係していることである。幕政中枢において執権・連署に次ぐ最重要メンバーたる評定衆でこれだけの数にのぼる者が処罰されているというのは前後にあまり例をみない。これだけをとってみてもいかに寛元・宝治の乱が大きなものであったかが知られよう。またこのなかにみられる北条氏一門についても目立つことがいくつかある。評定衆の筆頭に北条政村、ついで時房の息が二名、すなわち大仏朝直・北条資時が位置しているのである。このランクは、執権・連署および南北六波羅探題をのぞけば、当時北条氏一門中の最有者が誰であったかを示している。北条重時が京洛で六波羅探題北方たる要職についており、いずれは鎌倉にむかえられることになるが、現時点において鎌倉幕政の屋台骨を支えているのは、この三人ということになる。その筆頭に政村が存在していたのである。延応元年（一二三九）、政村は評定衆に就任するがその時点からその筆頭という地位についたのである。[6] そのほか北条氏については、名越氏が一名も評定衆となっていないことがあげられる。やはり泰時と朝時とは日来から疎遠であり、得宗の地位にとって名越氏は敵対する勢力ということになるのである。[7] 名越氏を中核とする勢力に対抗するためには、得宗を中心としてその勢力を結集する必要があったのである。そのリーダーシップを握っていたのは経時でも時頼でもなかった。ここに政村の存在意義があったというべきなのである。

三

寛元四年（一二四六）三月二十三日、執権経時は弟時頼に執権職を移譲し、閏四月一日没した。享年二十三。この直後執権の地位と家督とをめぐって名越氏との対立・暗闘が表面化するのである。いわゆる「寛元四年名越の政変」、さらにはそれに連動する「宝治合戦」である。[8]これらの事件も経時から時頼への執権交代に際しておこったもので、前に若干触れた「元仁元年伊賀氏の変」を思わせるものがある。周知のごとく伊賀氏の変もやはり執権交代時に惹起したもので、執権義時の死の直後、その後室たる伊賀氏が所生政村（泰時の異母弟）を執権に、女婿一条実雅を将軍に擁立せんとした陰謀事件である。事件の真相やいきさつは別として、その背景となったのは義時没後の執権交代という政局の混乱時にあった。[9]このとき、兄泰時と執権と家督の地位をめぐって競合したのがほかならぬこの政村だったわけである。かつて自らが事件の渦中の人物とされ、その意思は別として、はからずも兄泰時と対立せざるをえなかった経歴をもっているのである。その後泰時執権時代には、政治上はさして重要な役割を果たしていないかのように思われるものの、官位は確実に昇進していく。[10]そして政村が幕政上枢要な地位に就くようになるのは泰時の晩年からである。一旦は泰時と対立せざるを得ない立場になってしまったとしても、その後の政村の行動は非常に慎重でかつ冷静であり、時に当って適確な対応を常にとることができたものと評価され、当時そうした政村の手腕を泰時はいちはやく見ぬき、むしろその晩年においては重時とならんで最も信頼していたのではないかと考えられる。しかもかかる信頼感が当時幕府首脳部に十分ゆきわたっていたものと察せられる。してみると、泰時が晩年に憂慮しなければならなかった事態—名越朝時以来の宿命的な対立・暗闘、三浦氏との対決への兆候等—に際して、自らの孫たち—時氏はすでになく、次男時実も家人高橋次郎に殺害され、幼い経時・時頼の成長を待つという状況—の将来をひそかに託していたのではないかと考えられる。政村の側からすれば、老齢の泰時の死後に好機到来とばかり自らが権力を一手に握ろうという考えはみじんもなく、むしろ泰時の孫を家督の地位に据えることによって、自らは幕政の表面に出なくても、自他ともに認める政界の重鎮として、今後の政局の運営を主体的に行うという方向を選んだのである。またそうした政村の存在がなければ、これからおこるべき事態―名越氏との対立・暗闘、三浦氏との軋轢等―に得宗側＝経時・時頼が対処しきれなかったのではないか。若年の経時・時頼を側面から強力にサポートし、もって得宗を中心とする体制を盤石なものとすることこそ、該時期における重時・政村らを中心とする幕府首脳たちの急務だったのである。伊賀氏の変後家督を継いだ泰時は、北条氏の家督家＝得宗に「家令」を置き腹心尾藤景綱をもってこれに任じた(11)。またその家督家を他の一門と厳格に区別すべく「家務之条々」を定めた(12)。これは将来における得宗の地位の動揺を未然に防がんとしたもので、泰時が打った布石として最善のものであった。しかしいかに泰時が家督家の地位の安泰をはかり、将来における得宗の地位の動揺を未然に防止しようとしても、北条氏内部（さらには幕政内部）での力関係の均衡が保持されなければ、ないしはそれが逆転すれば、泰時の意思に反してそれは反故同然となってしまう可能性は十分にあった(13)。そして得宗にとってその最大の危機が、寛元・宝治年間に集中的にあらわれたのである。またこれを乗り切らなければ得宗の地位の安定、ひいては幕府そのものの安定は決してありえなかったのである。得宗の地位の安定・強化、さらには権力伸長に強力にバックアップしたのが政村であり、重時であり(14)、大仏朝直であったのである。わけても政村は在鎌倉（重時は宝治元年まで六波羅探題北方として在任中）の北条氏一門の重鎮・長老として、若年の得宗＝執権経時・時頼を補佐すべき最右翼に位置しており、六波羅探題北方に在る兄重時と連絡を密にとりながら、該時点における鎌倉の政治的主導権を実質上握っていたのである。そのことは当時の鎌倉では誰しもが認め、かつ納得しており、政村の政治的力量・手腕に対する期待感ないしは信頼感が存在していたのである。

寛元四年三月二十三日条に、

於武州御方。有深秘御沙汰等云々。其後。被奉譲執権於舎弟大夫将監時頼朝臣。是存命無其恃之上。両息未幼稚之間。為止始終窄籠。可為上御計之由。真実趣出御意云々。左親衛即被申領状云々。

（傍点論者）

とある。得宗経時の私邸において公職たる執権の移譲が秘密のうちに行われているのである。文言通り素直に解すれば、余人をまじえずに経時・時頼の兄弟のみで事を運んだということになる。おもてむき「上御計」としてすなわち将軍の上意によって執権移譲が行われたとしている。そしてその理由として経時の存命の見込みがなく、しかも両息がいまだ幼稚なので、始終の牢籠を止めんがためなのだというのである。果たしてこの件に関して本当に文言通り経時・時頼兄弟のみで相談されたことなのであろうか。確かにこの日についてだけいえば、この両者しか経時私邸にはいなかったのかもしれない。しかしこの移譲は前後の事情から考えて、時頼を支持する一派が動いていたものとみてよかろう。(15) 経時二十三歳・時頼二十歳、という両者の年齢をとってみても、この二人だけでかかる大事を決し、しかもこのあと起こるべき事態＝名越の政変・宝治合戦に対処していくということは至難のことである。もちろん年齢だけを根拠にしてすべてを論じてしまうことはさけねばなるまいが、この直後に惹起せる事態に適確に対応しえたのは、やはり若年の時頼の単独の力とはどうしても考えられない。時頼を側面から強力に支えた一派の中心は、六波羅探題北方に在った重時と鎌倉に在った政村であったというべきである。政村にまったく権力欲がなかったのかというと、そうとは断言はしえまいが、伊賀氏の変後の政村の生き方や指向性などから察するに、権力の表面に立つことを忌避するようになったのではないかと思われる。いずれにしても、北条氏の家督家＝得宗を側面から支持し、自らは表面にこそ出なかったが実質的な主導権を握っていたとみるべきである。そしてここにこそ政村の幕政中枢での存在感や政治的指向の特性がみられるのである。その一つの証左として、この時点で鎌倉幕政の中心的存在であったことは次のようなことで裏づけされる。名越の政変の事後処理を行った得宗私邸における秘密会議＝深秘沙汰がそれである。

寛元四年五月二十六日条に、

今日於左親衛御方。内々有御沙汰事。右馬権頭。陸奥掃部助。秋田城介等為其衆云々。

とある。前日の二十五日に名越氏一族の陰謀があらわれて光時は出家し、他の弟時章・時長・時兼らは野心なき旨を時頼に誓い、ここに名越氏一統の結束はくずれ去った。同日時幸は出家し、六月一日に没した(16)。その翌二十六日には敏速に時頼邸に内々で会議を行っているのである。参加者が時頼・政村・実時・安達義景（得宗外戚）であり、時頼をのぞけば筆頭は政村である。この順位は重時が帰鎌して連署にすわるまでは不変なのである。このときの会議の内容は書かれていないが前後の状況から推して名越の政変の事後処理に関するものであることは確実である。そしてこの会議のリーダーシップをとったのは政村であったことも疑いを入れない。そして時をおかずして得宗私邸における秘密会議が三たび出てくる。寛元四年六月十日条に、

於左親衛御亭。又有深秘沙汰。亭主。右馬権頭。陸奥掃部助。秋田城介等寄合。今度被加若狭前司。内々無御隔心之上。可被仰意見之故也。此外。諏訪入道。尾藤太。平三郎左衛門尉参候。（傍点論者）

とある。三浦泰村を新たに加え、得宗被官の諏訪盛重・尾藤景綱・平盛時らが参候している。時頼・政村・実時・安達義景ら、主要なメンバーは前回の五月二十六日とまったくかわっておらず、順位も固定したかのごとくである。ここでも会議をリードしたのはやはり政村であったろう。しかも三浦泰村を自らの陣営に引きこむことによって、名越の政変の処分についてその責任の一端を担わせているというべきである。六月七日条によると、この事件に際して大量の処分者を出すという結果となった。後藤基綱・狩野為佐・千葉秀胤・町野康持ら四名は評定衆を罷免され、康持は問注所執事も止められてしまった。

十三日には名越光時は越後の国務以下の所帯を収公され、伊豆国へ配流とされた。すでに十日の寄合以前に、執権・連署に次ぐ重職たる評定衆に大量の処分者を出し、さらに十三日に名越光時の処分へと続いている。前後にそうした処分をはさんでの十日の寄合は、やはり張本たる光時の処分と名越氏の問題、さらにはこれからの幕政運営のあ

り方にからんでいたものにちがいない。いずれにしてもこの間における政村の存在は、まことに重いものであったことは容易に察せられる。いかに時頼が年若くして老練で、後世名執権とうたわれ、善政をしいた政治家と回顧・美化されようが、このときはいまだ二十歳になったばかりの青年である。政村は時頼にとって良き相談相手というよりは政治的最重要事についてはその指示をあおぐべき政治上の師ともいえる存在であったといえるのではなかろうか。政村自身は得宗家＝嫡流家をもりたてていくことが自らの〝ぶん〟と承知していたからこそ、自らは表面に立たず的確なアドバイスを時頼におくり、それに従ってことをよりベターな方向へ動かし、政局を導き運営していくことができたのである。名越の政変を乗り切るということは、政村の存在なくしては語れないと論者は評価している。

翌宝治元年には政村の所見はわずか三回のみで、うち一回は元旦の垸飯・御剣を役している記事である[17]。歳首垸飯献儀について三ヶ日は執権・連署とそれに次ぐ実力者というのが相場となっている。さらにそれに続いて御剣・調度・行縢とあるが、御剣が最も高いことはいうまでもない。してみると政村の地位・役割について、この御剣役というのがそれを象徴しているということができる。執権・連署に次ぐ〝ナンバー3〟の存在であったわけであり、建長元年（一二四九）に新設された引付衆の一番引付頭人となるのもうなづけるところであろう。

あとの二回の所見は、宝治合戦[18]が終わったあとの事後処理のときである。宝治元年六月二十六日条に、

今日。内々有御寄合事。公家御事。殊可被奉尊敬之由。有其沙汰云々。左親衛。前右馬権頭。陸奥掃部助。秋田城介等参給。諏方兵衛入道為奉行。　（傍点論者）

とある。なぜこのとき〝公家御事〟について幕政中枢の首脳が寄合をしなければならなかったのであろうか。それは、宝治合戦によって三浦氏を中心とする旧秩序が失われた所が多数にのぼったことを意味し、その処理についての会議だったのではあるまいか。〝尊敬〟というのが、原則的には公家側の所領の保証にあったのではなかろうか。してみれ

ば、特に京都をにらみながらその問題を中心として、従来のバランスがくずれさった地方に対して、ないしは所領問題等で三浦氏にかかわりをもつところなど、新しい支配体系＝新秩序を築き直すために、慎重に対処せんことを幕府が痛感したからにほかなるまい。京洛における重時はそこでその力量をいかんなく発揮し、その処理には全力をあげて取り組んだものと思われる。おそらく重時の脳裏にはきたるべき三浦氏との対決のことがよぎっていたであろうことが察せられる。鎌倉の状況については弟政村との連絡もさることながら、非公式には最大のブレーントラスト＝の政僧〝隆弁〟[19]の情報が重時のもとにはもたらされていたに相違ない。もはや重時は鎌倉にもどる時期・タイミングをはかっていた、ないしはかかる構想のもとで六波羅探題ですごしていたのである。こうしたところに、当時京洛に在った重時の非常に大切な役割があったといえるのである[20]。いっぽう鎌倉では、ここでもまた政村が筆頭にいることに注意しなければならない。政村が六波羅に在る兄重時と綿密に連絡をとりながら、寛元・宝治の乱とそれをめぐる政情に対応していたのである。いわば京都に重時がいることで西国の備えは万全であると政村をはじめとして幕府首脳は考えていたに相違ない。重時が京都にいたからこそ、鎌倉での動きに対処することに専念できたのである。翌二十七日には合戦の後の評定始が行われている。その日の条に、

合戦之後。今日所被始評定也。神社仏寺等㕝。有其沙汰云々。

着座次第

一方

左親衛(時頼)　武蔵守(大仏朝直)　甲斐前司(長井泰秀)

下野前司(宇都宮泰綱)　信濃民部大夫入道(二階堂行盛)　清左衛門尉(清原満定)

一方

（北条政村）前右馬権頭　（北条資時）相模三郎入道　（二階堂行義）出羽前司
（安達義景）秋田城介　（康連）太田民部大夫

とあるように、時頼を筆頭とする一方と対置して、政村を筆頭とする一方を設置し、双方の着座次第を定めている。(21)ここにも政村の地位がどのようなものであったかを伺い知るに十分なものがあるというべきである。くりかえすまでもなかろうが、政村自身にはこのとき得宗にとって代わろうという意思はなく、得宗をもりたてていくところにこそ政村の存在・役割があったし、自らもそう考えていたといえよう。したがって、表面上は時頼の専制的権力が確立していたかにみえても、その実態は重時・政村の強力なサポートに支えられたものであり、すでにこの時期に時頼の専制的な権力＝得宗権が確立していたとする考え方には論者としてはくみしがたいのである。翌宝治二年（一二四八）、幕府は六波羅探題北方から重時を連署として鎌倉に迎え着々と陣容をととのえていく。宝治二年正月七日条には評定衆の老若着座次第(22)がみえている。

於広御出居。始被定評定衆老若着座次第。
老座
（重時）相州（五十一）　（北条資時）相模三郎入道（五十）
（中原師員）摂津前司（六十四）　（伊賀光宗）伊賀式部入道（七十一）
（二階堂行盛）信濃民部大夫入道（六十八）　（康連）太田民部大夫（五十六）
（清原満定）清左衛門尉（五十四）
若座
（時頼）左親衛（二十二）　（北条政村）前右馬権頭（四十四）

武蔵守（大仏朝直）（四十三）　　尾張前司（名越時章）（三十四）
甲斐前司（長井泰秀）（三十七）　　秋田城介（安達義景）（三十九）
出羽前司（二階堂行義）（四十六）　　下野前司（宇都宮泰綱）（四十六）
天野（マヽ）外記大夫（矢野倫長）（三十七）
以上依仰所定如斯。但城介与出羽前司者。一日者上。一日者下。各相替可着座者。
（数字＝年齢、宝治二年時点）

老座の筆頭は前年の七月に連署に就任した重時、以下資時（時房息）・中原師員・伊賀光宗・二階堂行盛・太田康連・清原満定ら、すべて年齢は五十歳以上、また若座の筆頭に執権時頼、以下政村・大仏朝直・名越時章・長井泰秀・安達義景・宇都宮泰綱・矢野倫長ら、いずれも五十歳未満、という順になっている。ここでは連署重時が老座の筆頭の位置にいること、若座の筆頭が執権時頼で、次位が政村であることなどが注目される。こうしてみると、宝治二年には執権時頼・連署重時という体制が一応成立し、その体制をかためるための努力がなされて、ある程度は軌道に乗ってきたかのようにみられる。ここにいたって時頼の政権は反対派を一掃し一時相対的安定をみたといってよかろう。けれども翌建長元年（一二四九）は『吾妻鏡』全文が欠文なのであり、[23]まだまだ決して絶対的な安定とはなりえなかった。北条氏一門中から、朝時以来くすぶり続けた名越氏を血の粛清をもって落着させ、さらに北条氏に比肩しうる雄族の三浦氏本宗を滅亡させ、大量の処分者を出した幕府の内情は当然大きな反動があったとみなければならない。そしてこうした反動が翌年の〝欠文理由〟へと大きくかかわっていたことを銘記しておかなければならない。

四

政村が鎌倉中期幕政史上枢要な地位を占めていたことは大方も異論のないことであろう。最後に政村の父母及び子女を含めた家族関係・系譜関係全般を検討しておきたい。義時の子息、すなわち政村の兄弟は七人が知られており、そのすべてが『吾妻鏡』によって確認できる。嫡男・太郎はいうまでもなく泰時（寿永二～仁治三〈一一八三～一二四二〉、享年六十）である。『北条系図』（『系図纂要』）によれば母は阿波局とするが、『吾妻鏡』によれば阿波局は時政女で阿野全成（頼朝弟）妻とあり、矛盾する。いずれにしろ今のところ不明である。

次郎は名越氏の祖朝時（建久四～寛元三〈一一九三～一二四五〉、享年五十三）である。母は『北条系図』（前掲）によれば比企朝宗女である。この名越氏は鎌倉中期から後期にかけて、前出の兄泰時の系統すなわち得宗との間で宿命的ともいえる対立・抗争をくりかえしていく、それは氏祖朝時の代にすでにはじまっていたのであり、京都の人々もまたすでに知るところであった[24]。

三郎は重時（建久九～弘長元〈一一九八～一二六一〉、享年六十四）である。重時の母は、『北条九代記』によれば、前出朝時と同母の比企朝宗女である。しかしそれにしては得宗家に対する対応は名越氏とは正反対というべきである。それは母方の出自というより、次の世代の姻戚関係が因子となっているからである。重時は長らく六波羅探題北方を勤め、宝治合戦以後連署の重責を担うことになるが[25]、周知のごとく重時女が時頼に嫁しており、のちに時宗・宗政が誕生することになるわけで、得宗との姻戚関係がもっとも深く、その一統は幕政中枢において常に得宗と強く合体していたのである。

五郎は実泰（承元二〜弘長三〈一二〇八〜一二六三〉、享年五十六）である。母は今のところ不明である。(補註2) 実泰は、寛喜二年（一二三〇）兄重時が六波羅探題北方として上洛するのに際し、その職であった小侍所の別当に就任し（二十三歳）、その後五年間同職を勤めたものの、生来の病弱ということを理由としてその職をわずか十一歳の嫡子実時に譲り、二十七歳の若さで政治上から引退している。そのため官途には最後までついておらず、没する弘長三年まで『吾妻鏡』には所見しない。時頼・時宗政権の下で華々しく活躍し、文化史上でも金沢文庫の創始者としても名高い嫡子実時と比較すると非常に対照的で興味深い。

六郎は有時（正治二〜文永七〈一二〇〇〜一二七〇〉、享年七十一）である。六郎ではあるが、四郎政村・五郎実泰の兄にあたる。『関東評定衆伝』によれば母は伊佐朝宗女で、貞永元年（一二三二）「今年以後無出仕」とあり、いつ評定衆に任じたかは不明だが貞永元年には辞した（三十三歳）ことになる。しかし『吾妻鏡』には所見しており（多くは供奉関係である）、官位も駿河守に至っている。有時の末を伊具氏というが、伊具氏が幕政史上どのような活動をしたのかは今のところ不明である。

七郎は時尚である。生没年、母ともに不明である。『吾妻鏡』では陸奥七郎の交名で六回所見するが、うち五回は正月垸飯の馬引の役であり、最終所見たる寛元元年七月十七日条は、将軍家臨時御出の供奉人結番の人数の中に入っている。そこでは下旬の第九位であり、北条氏一門でしかも義時の子としては異常ともいえるほどの冷遇である。名乗りの点でも早く引退した実泰をのぞいて、他の兄弟がすべてしかるべき官途を得ているのに対し、陸奥七郎というように無位無官で、おそらく最後まで官位すら与えられずにおわったようである。

四郎は政村（元久二〜文永十〈一二〇五〜一二七三〉、享年六十九）である。前出の六郎有時の弟にあたり、実泰の兄ということになる。母は前述のごとく伊賀朝光女で、光季・光宗らは伯父にあたる。『吾妻鏡』の所見はその出生の記事か(26)

らはじまる。次の所見が元服の記事である。建保元年（一二一三）十二月二十八日条に、

今日入夜相州鍾愛若公九歳。当腹。於御所元服之儀。三浦左衛門尉義村為加冠也。号四郎政村云々。

とある。三浦義村を烏帽子親とし、その一字〝村〟を受けてのものであった。当時の一般的通念からいっても、烏帽子親子の関係は実父子の関係にも擬せられ、養子・猶子の関係とほぼ同様に考えられている。すなわち伊賀氏を母にもち、三浦氏をもそのバックとなりうべき存在として、今後の政村の立場はいわば非常に微妙なものとして兄泰時にはうつっていたものといえよう。(28)

次に政村の家族関係・婚姻および子女等について検討する。現在まで管見に入っているかぎりでは政村の妻は二人が知られる。いずれも『関東往還記』(29)にみえている。まず同書四月十三日条に、「相州、室入道大納言家中将」とあり、七月八日条に、「相州妻両人、本妻中将給法名如教、新妻左近大夫時村母、法名給遍如、」とある。前者は入道大納言家とあるから元将軍藤原頼経に仕えていた通称中将といわれた女房であったということになる。この本妻との間に子女があったかどうかは確定しえないが、あとで推定するように何人かの所生の子女がいたと考えるのが普通である。後者は政村流の家嫡を継いだ時村の母である。『北条系図』（『続群書類従』第六上）によると時村の母は三浦重澄女となっている。(30)したがって政村の新妻とはこれにあたることになる。とすれば政村は自身が三浦義村を烏帽子親にもち、妻には三浦義澄女をむかえてその所生に嫡子時村がいるのである。重澄は宝治合戦で一族と命運をともにしており、かかる関係からも政村の立場としては非常に微妙なものであったろうが、宝治合戦においては情実に流されることなく的確な対応をしていたであろうことが察せられる。次に政村の子息について検討する。『吾妻鏡』には時村・厳斉の二人のみが所見する。弘長元年（一二六一）六月二十三日条に「相模禅師厳斉入滅畢」とあり、同二十七日条によれば時村兄とある。母や年齢等については不明である。後述するごとく政村の子息としては次郎から五郎までが確認される。とすれば厳斉は年齢的には長男

で、本来は太郎と称すべき者であったのかもしれない。あるいはその母は前述した政村の本妻中将であったのではあるまいか。こうした生母の関係かまたは病弱であったためか家嫡とはされず、出家したのではないかと推測される。またその生年としては、三郎時村が仁治三年（一二四二）生まれであり、その兄ということから仁治二年以前ということになる。『吾妻鏡』や諸系図等にも所見せず、わずかに『関東往還記』によってその存在を認めることができるのが次郎時通である。同書六月二十九日条に、「相模次郎時通、相州子」とあって、政村の子であることがわかる。家嫡とされた時村が弘長二年正月十九日左近将監に任じ叙爵しており、[31] 時通はその同じ年に無位無官の相模次郎であるという事情から推して時村とは異腹であった可能性が高い。あるいは厳斉と同腹であったとも考えられる。『北条系図』（『続群書類従』第六上、『系図纂要』）には、時村・厳斉のほか宗房・政長を載せている『系図纂要』所収の『北条系図』によれば、宗房を新相模四郎、政長を新相模五郎としているが、政村が正嘉元年六月十二日陸奥守から相模守に遷任したのち時村は新相模三郎を称しているから、この称からはその時のものであり一応信に足りるものである。『関東評定衆伝』によれば、政長はその後弘安七年（一二八四）評定衆となり、同九年には五番引付頭人に至っている。一方宗房は弘安七年四月出家しており、以後は全く出てこない。時宗卒去を機に引退したのであろう。

政村流の家嫡を継いだのは前述のごとく時村である。時村はまさに政村の後継者にふさわしく幕政史上めざましい活躍をしている。そのすべてをここに書くわけにもいかないと思うので省略するが、弘安元年（一二七八）から弘安六年（一二八三）まで六波羅探題北方を勤め、正安三年（一三〇一）には連署に至っている。

次に政村の女子について検討しておく。『北条系図』（『続群書類従』第六上）によると政村女は五人いる。その順に従って見ていくことにする。まず、政村とともに時頼政権に欠くことのできない人物として実時がいるが、彼に嫁した女子が筆頭にいる。寛元四年現在実時は二十歳、政村は四十二歳であるから、この女子は実時とほぼ同年齢かやや年下になるくらいであろうか。『関東往還記』七月十八日条によると「越州室相州女。顕時母。」とある。所生に顕時があり、生年は宝治二年（一二四八）で、この顕時が金沢氏の家嫡を継ぐことになるのである。(32)

二人目は時宗の弟宗政に嫁し、師時を生んだ女子である。この婚姻がいつごろ成立したかは不明であるが、宗政の叙爵が文永二年（一二六五）十三歳であるから、おそらくこのころではあるまいか。なお所生の師時は建治元年（一二七五）に誕生している。(33)

三人目は唯一北条氏以外の安達顕盛に嫁した女子である。所生に宗顕がいる。安達氏一族は弘安八年（一二八五）の霜月騒動でほとんど滅亡してしまうわけであるが、顕盛はその以前弘安三年に卒している。しかしその子宗顕は一族と命運をともにしている。

残りの二人は極楽寺流との姻戚関係である。そのうちの一人は重時息業時に嫁した女子である。業時の子時兼はその所生である。(補註3)

最後の一人は時茂に嫁した女子である。『関東往還記』六月十八日条に、「相州室申云、一人之女子付夫左近大夫時茂、六波羅守護故奥州禅門子」とあり、『北条系図』（『続群書類従』第六上）の所伝と符合する。『北条九代記』嘉元元年（一三〇三）条で時範について「陸奥守時茂男。母左京大夫政村女」とある。政村女と重時息時茂との婚姻関係が認められ、所生に時範がいたこともわかる。この時範の息範貞の代から「常葉氏」を称するようになる。この点に注目して論者は次のように推測したことがある。政村の鎌倉での邸は小町と常葉にあり、政村女が時茂に嫁してその常葉の所領の一部が時茂に入った。以後この系統が常葉氏を称するようになった、と。(34)政村が長きにわたって鎌倉幕政の重鎮として存在していたファクターの一つとして以上のような姻戚関係も見おとすことができない。(補註4)もちろん政村の政治家としての手腕も高く評価されるべきで、決して従来のように単なる代官的存在とか、〝つなぎ〟程度の理解では時頼政権はもとより政村＝時宗政権の実態はつかみきれないというべきである。

註

（1）　政村の誕生と元服について、『吾妻鏡』（以下『吾妻鏡』引用については年月日条のみ記す）には興味深い記述がともに見られる。

元久二年六月二十二日条（誕生）

今日未剋。相州室伊賀守朝光女。男子平産。左京兆是也。

この前段の省略の部分は畠山重忠の乱であり、重忠父子が誅戮されており、その日に生まれているのである。

建保元年十二月二十八日条（元服）

今日入夜相州鍾愛若公九歳。当腹。於御所元服之儀。三浦左衛門尉義村為加冠也。号四郎政村云々。

同じ年の五月に和田合戦があり和田義盛一族が誅されているが、それと同族の三浦義村を烏帽子親としてその一字を受けて元服しているわけである。政村は生誕と元服、すなわち幼少のころから血腥い鎌倉幕府の抗争のなかで成長していたということになる。

（2）　本書第二部第一章。

（3）　本書第三部第一章、第二章。

（4）　元寇に際して、幕府が出した諸施策について政村の主体的な意思が多分に働いていたことを最初に指摘されたのは田口卯吉氏である。「北条政村」（『史学雑誌』第一〇―一〇所収）一八九九年。

（5）　元仁元年伊賀氏の変については改めて検討したいと考えている。なおこの事件を扱った論考としては次のようなものがある。高田豊氏「元仁元年鎌倉政情の一考察――北条義時卒去及び伊賀氏陰謀事件をめぐって――」（『政治経済史学』第三六号）一九六六年。奥富敬之氏「鎌倉幕府伊賀氏事件の周辺」（『文科研究誌』日本医科大学）第二号、一九七三年。

（6）　『関東評定衆伝』によれば、翌仁治元年から政村は評定衆の筆頭として位置している。実質的に就任当初から筆頭と考えてさしつかえあるまい。

(7) 名越氏一統の動向については、前掲拙稿、前註（2）を参照。

(8) 前掲拙稿、前註（2）。

(9) いわゆる「伊賀氏の変」については、高田豊氏・奥富敬之氏、前掲論文、前註（5）。

(10) 『関東評定衆伝』『北条九代記』等によると政村の官歴はおよそ次のごとくである。寛喜二年正月十三日常陸大掾、同閏正月四日式部少丞、同十月十五日叙爵（以後式部大夫とよばれる）、嘉禎二年三月四日右馬助、同四月十四日右馬権頭、同三年九月十五日従五位上、暦仁元年八月二十八日正五位下、仁治元年四月五日右馬権頭を辞す（以後前右馬権頭を称す）、寛元二年六月二十二日従四位下、建長元年十一月十三日一番引付頭、康元元年三月三十日連署（年五十二）、同四月五日陸奥守、正嘉元年五月七日越後国務、同六月十二日相模守、文永元年八月五日執権、同十二月二十二日従四位上、同二年三月二十八日右京権大夫、同三年三月二日正四位下、同十年五月十八日出家（法名覚崇）、同二十七日卒（年六十九）。（文中の傍点は幕府の職制）。また後述のごとく政村は御剣役を長く勤めており、決して必ずしも政治的に不遇であったとはいえない。

(11) 元仁元年閏七月二十九日条に、

又尾藤左近将監景綱為武州後見。以前二代無家令。今度被始置之。是武蔵守秀郷朝臣後胤。玄蕃頭知忠四代孫也云々。

とある。

(12) 元仁元年八月二十八日条に、

又家務条々被定其式。左近将監景綱。平三郎兵衛尉盛綱等為奉行云々。

とある。

(13) 「我ハ義時ガ孫也。時頼ハ義時ガ彦也」（『保暦間記』）という名越光時の言葉はことの真偽はともかく、泰時の遺志に反しその遺志を否定するものであり、北条氏の家督の絶対性（血統の正統性）を認めていないことになる。また義時の孫としての自らの地位と、義時の彦としての時頼とを比較対置しており、自分の方がより義時に血の上から近いという点を主張し、家督の継承者としての優越性を訴えているのである。この点泰時の家督としての地位を否定していることにもなるのである。

(14)　石井清文氏「中世武家家訓にあらわれたる倫理思想――北条重時家訓の研究――」Ⅰ、Ⅱ、Ⅲ（『政治経済史学』）第一〇八、一〇九、一一九号所収、一九七五、一九七六年。同「執権北条長時と六波羅探題北条時茂――鎌倉中期幕政史上における極楽寺殿重時入道一統の政治責任――」（『政治経済史学』第一一二号所収）一九七五年。同「建治三年における鎌倉幕府連署武蔵守北条義政の出家遁世事情――極楽寺流塩田氏の消長について――」（『政治経済史学』第一四六号所収）一九七八年参照。

(15)　経時から時頼への執権移譲の事情については前掲拙稿、前註（2）で述べておいた。

(16)　『葉黄記』寛元四年六月六日条によれば、修理亮時幸は「自害」したとあり、これの方が事実に近いかもしれない。首謀者光時は伊豆配流となり、他の兄弟たちはいわば名越氏一統をうらぎって時頼側に対して野心なき旨を誓ったのである。名越氏一族の犠牲として自害した時幸はいわば詰腹を切らされたかっこうとなったわけである。この間の事情についても前掲拙稿、前註（2）で若干触れておいた。

(17)　歳首垸飯献儀に際して、政村は貞永元年（一二三二）以来、『吾妻鏡』欠文の年があるものの、建長七年（欠文）まで二十五年間御剣役を勤めている〈政村を中心とする垸飯〈御剣〉関係年表参照〉。垸飯沙汰の主体が執権・連署であるならば御剣役はそれに次ぐ格を有するものであることになろう。この点からも政村は常に〝ナンバー3〟の存在であったことを伺わせる。そして同時に幕府にとってやはりなくてはならない非常に重要な存在であったこと、政村の役割の一端をみることができよう。またこのほか供奉関係の記事でも、政村が御剣を役している例は、康元元年（一二五六）の連署就任以前は非常に多い。なお垸飯献儀については、八幡義信氏「鎌倉幕府垸飯献儀の史的意義」（『政治経済史学』第八五号所収）一九七三年参照。

(18)　高田豊氏「鎌倉宝治合戦における三浦氏一族」（『歴史教育』第一六巻第一二号所収）一九六八年。

(19)　加藤功氏「建長四年における僧隆弁の政治的役割」（『政治経済史学』第五七号所収）一九六七年。同「鎌倉の政僧」（『歴史教育』第一六巻第一二号所収）一九六八年参照。

(20)　この処理が一応一段落ついてから約二ヶ月後の七月十七日鎌倉に到着し、同二十七日に執権時頼と相ならんで連署に就任するのである。

(21)　本文引用の史料で人名を比定しておいたように、一方の第二位に大仏朝直、もう一方の第二位に北条資時というように、ともに時房子息の兄弟が配されている点が注目される。

(22)　この日の条をみるかぎり評定衆の着座次第の老若の区別が、老＝五十歳以上、若＝五十歳未満というように明白である。当時一応五十歳というのが長老という年齢として意識されていたのであろうか。下って『建治三年記』『永仁三年記』の時代には評定そのものに老若の区別が出てくるが、あるいはこの記事がその源流となるのであろうか。いずれにしてもその時代の老若の区別が意味するところが何か今は論断できない。

(23)　『吾妻鏡』建長元年（一二四八）の欠文理由については、高田豊氏「吾妻鏡における『建長元年』欠文理由の一考察——閑院御所炎上に始まる全国的政情不穏と幕政不安を背景として——」（『政治経済史学』第一一四号）一九七五年。高田氏は、『吾妻鏡』建長元年欠文理由として、京洛における閑院皇居炎上、「宝治合戦」終了後の鎌倉における政治上の空白、全国的規模での不穏（三浦の残党や悪徒・悪僧・不良外人など）、鎌倉における重時の指導体制との対立を根底とする政情不安等をあげておられる。

(24)　前掲拙稿、前註（2）でも引用したところだが、『平戸記』仁治三年五月十七日条で平経高は次のように伝えている。

泰時朝臣出家之時、彼従類五十人許同出家、翌日〈十日〉入夜遠江守朝時〈泰時朝臣舎弟〉又出家云々、雖兄弟日来疎遠、而忽有此事、子細尤不審、世以驚、旁此等文子細、自将軍未被申云々、只飛脚行逢途中、彼使入京有其説、如何、

（傍点論者）

名越朝時の出家事情もすこぶる疑問が多く、詳細は別途検討しなければならないが、あるいは朝時は出家しなければ自らの保身ができないような状況にあったのであろうか。またこの問題は『吾妻鏡』仁治三年条の〝欠文理由〟ともかかわっているともいえよう。

(25)　重時については、石井清文氏「北条重時と三浦寶治合戦」（Ⅰ）（『政治経済史学』第二三二号）一九八五年、のほか前掲、前註（14）の一連の業績があり、あわせて参照。

(26)　前註（1）ですでに引用したが、元久二年六月二十二日条に次のようにある。

今日未剋。相州室〈伊賀守朝光女。〉男子平産。〈左京兆是也。〉

ちなみに政村が左京権大夫であった時期は文永二年（一二六五）からその死没の同十年までである。八代国治氏は、これをも

とにして、『吾妻鏡』前三代将軍記（頼朝・頼家・実朝）は文永二年から同十年までの間に編纂され、この間は政村・時宗が相次いで執権、連署であったから、この両人が編纂を企画したものであろうとされている。八代国治氏『吾妻鏡の研究』一九一三年。そのほかには次のような研究・論考がある。和田英松氏「吾妻鏡古写本考」（『史学雑誌』第二三編一〇号、一九一二年。のち『国史説苑』に収む。一九三九年）。なお前半の省略した部分は畠山重忠父子の誅殺の記事である。

(27)　周知のごとくこの年の五月に和田合戦があり、和田義盛が滅ぼされている。偶然といってしまえばそれまでだが、政村の生誕と元服の直前にかけてはどうも血腥い事件が起こっている。

(28)　元仁元年七月十八日条に、

駿河前司義村謁申武州云。故大夫殿御時。義村抽微忠之間。為被表御懇志。四郎主元服之時。以義村被用加冠役訖。以愚息泰村男為御猶子。思其芳恩。貴殿与四郎主。就両所御事。争存好悪哉。只所庶幾者。世之安平也。光宗日者聊有計略事歟。義村尽諷詞之間。漸帰伏畢者。武州不喜不驚。下官為政村更不挿害心。依何事可存阿党哉之旨。返答給云々。

とある。義村と政村の立場がここによく集約されていることが読みとれる。

(29)　『関東往還記』の活字本としては『史籍雑纂』所収のものがあるが誤謬が多く使いにくい。本書では関靖氏校訂『校訂増補関東往還記』（便利堂、一九三四年刊）によっている。

(30)　『系図纂要』によると、三浦重澄女を「大津尼」としている。

(31)　『北条九代記』正安三年条。

(32)　『関東往還記』三月七日条に、「越後太郎実村、越州子」、同十二日条に、「越後次郎篤時、実村舎弟」とあり、七月二十九日条に、「越州旧妻実村、篤時等母」とある。諸系図には実村・篤時ともに見えているが、『吾妻鏡』には不見である。本文で触れた顕時の母は政村女で、ここにある旧妻とは明らかに別人である。なおこの系譜関係については、関靖氏「金沢氏系図について」（『日本歴史』第一一号所収、一九四八年）参照。

(33)　師時が政村女の所生であることは『系図纂要』による。また師時の生年は『北条九代記』『将軍執権次第』の没年応長元年（一三一一）三十七歳より逆算。

（34）本書第二部第一章、第三部第一章参照。また石井清文氏は拙稿を援用され、政村流と極楽寺流とは競合関係というよりはサポーターであったと思われる、としている。前掲、前註（14）、「執権北条長時と六波羅探題北条時茂」参照。

（補註1）三浦泰村の生没年については検討を要する。『関東評定衆伝』宝治元年条によれば享年六十四とする。しかし『承久記』（古活字本）の宇治橋合戦の場面で泰村が「生年十八歳」と名乗っている。宝治合戦で死亡した泰村の次男景泰が十三歳、九男皆駒丸が四歳である事から、『承久記』の年齢が妥当と考えられる。『承久記』の年齢に従えば元久元年（一二〇四）生まれで享年四十四。

（補註2）『桓武平氏』（『中条町史』資料編第一巻所収）では母を政村と同母で伊賀朝光女とする（安田元久氏編『吾妻鏡人名総覧』四三二頁）。

（補註3）『尊卑分脈』第四編「平氏」二〇頁に、「永仁四六十四卒卅一才」とある。文永三年三月十三日条に、「彈正少弼業時朝臣室。左京兆姫君。男子御平産云々」とある。年齢の符合により、この男子が時兼であり、政村女所生であることはまずまちがいあるまい。

（補註4）本章は決して政村を中心とする姻戚関係を主題とする研究ではなく、別表を参照すれば明らかなごとく、政村が二十五年間の長きにわたって垸飯の御剣役を勤仕している事実からもうかがえるとおり、幕政における政治的地位の高さを強調したものである。執権・連署に次ぐ〝ナンバー3〟の位置にいたことを提起したものである。

また、その女子を北条氏一門（極楽寺・金沢）や安達氏に嫁がせていることは、政村の幕政でのネットワークともいうべきものであって、当然これらの女子は単独で相手の家に入るわけではなく、多くの「侍女や侍（家人）」が政村から付けられていったはずである。嫁した女子をはじめ、その侍女や侍たちを通じて、そのもたらす情報は、政村の政治活動に大いに役立ったであろう。

表　政村を中心とする垸飯（御剣）関係年表

年号	西暦	日	交名	備考	年齢
貞永元年	一二三二	一日	陸奥式部大夫	この年以後、垸飯における御剣役として二十五年間所見	28
天福元年	三	二、三日	式部大夫		29
文暦元年	四	二日	陸奥式部大夫		30
嘉禎元年	五	二日	陸奥式部大夫		31
〃二年	六	一日	陸奥式部大夫		32
〃三年	七	三日	右馬権頭	九月十五日叙従五位上	33
暦仁元年	八	三日	右馬権頭	八月二十八日叙正五位下	34
延応元年	九	二日	右馬権頭	十一月任評定衆	35
仁治元年	一二四〇	一日	右馬権頭	正月二十四日、連署時房没(66)	36
〃二年	一	一日	右馬権頭		37
〃三年	二	欠文		六月十五日、執権泰時没(60)	38
寛元元年	三	一日	右馬権頭		39
〃二年	四	一日	前右馬頭		40
〃三年	五			一日条のみ所見。沙汰経時、御剣時頼、御調度三浦光村、御行縢三浦資村	41
〃四年	六			一日条のみ所見。沙汰経時。他の記載なし	42
宝治元年	七	一日	前右馬権頭		43
〃二年	八	一日	前右馬権頭		44
建長元年	九	欠文		十二月九日為一番引付頭	45
〃二年	一二五〇	一日	前右馬権頭		46
〃三年	一	一日	前右馬権頭		47
〃四年	二	一日	前右馬権頭		48
〃五年	三	一日	前右馬権頭		49
〃六年	四	一日	前右馬権頭		50
〃七年	五	欠文	欠文		51
康元元年	六	一日	前右馬権頭	三月一日任連署。四月五日任陸奥守。十一月二十三日長時任執権	52
正嘉元年	七			一・二・三日とも垸飯に所見せず。六月十二日任相模守	53
〃二年	八	三日	相州	この年以降、垸飯沙汰として所見。一日＝時頼、二日＝重時	54
正元元年	九	欠文			55
文応元年	一二六〇	三日	相州	一日＝時頼、二日＝重時	56
弘長元年	一	三日	相州	一日＝時頼、二日＝重時	57
〃二年	二	欠文			58
〃三年	三	二日	相州	一日＝時頼、三日＝長時。十一月二十二日時頼没(37)	59
文永元年	四	欠文		八月五日任執権。八月二十一日長時没(35)。十二月二十二日叙従四位上	60
〃二年	五	二日	相州	三月二十八日任左京権大夫	61
〃三年	六	二日	左京兆	三月二日叙正四位下	62

欠文とあるのは『吾妻鏡』該年条が全条欠文のもの。
正嘉元年以後は垸飯沙汰の主体。

政村を中心とする姻戚関係図

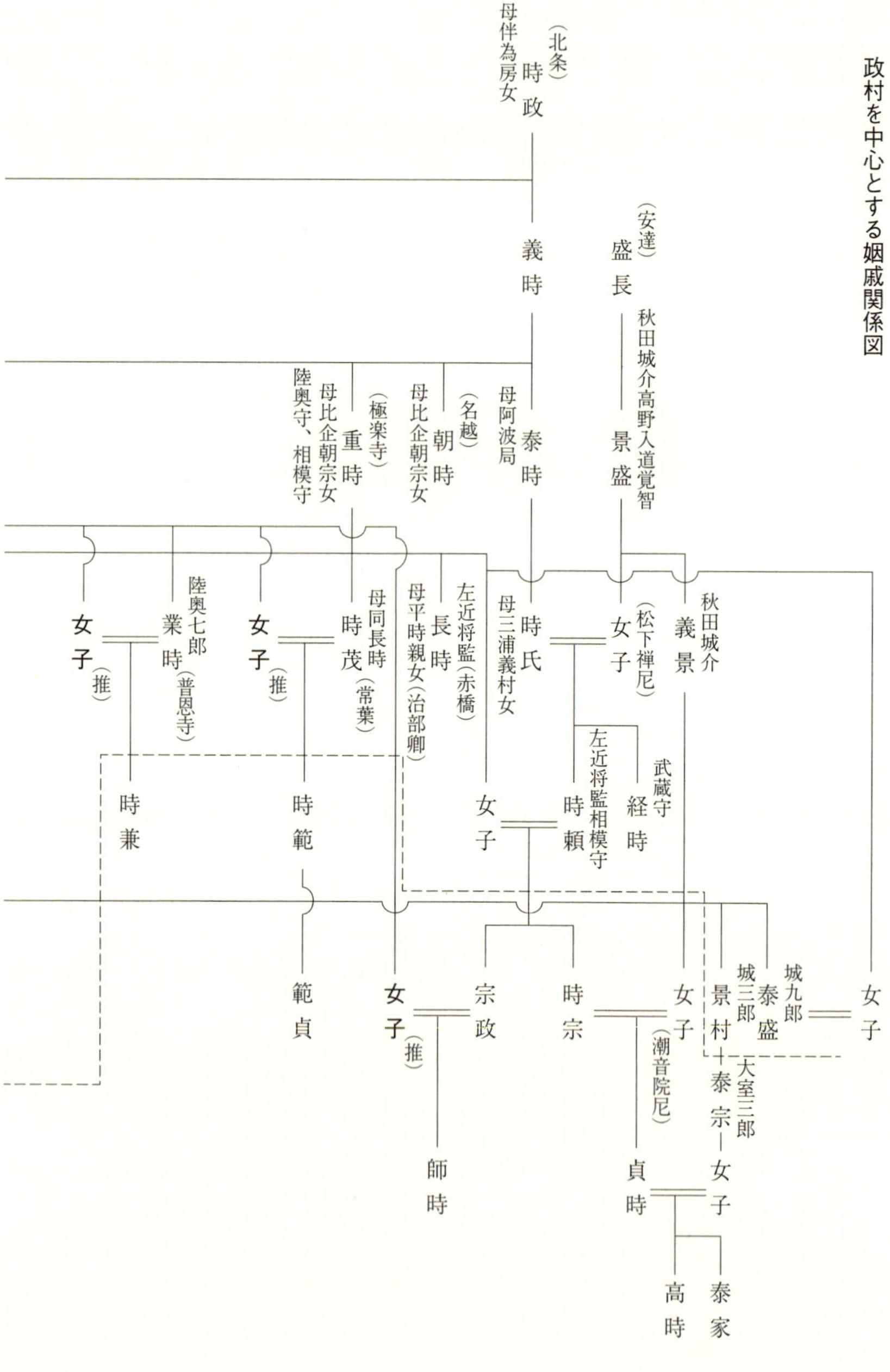

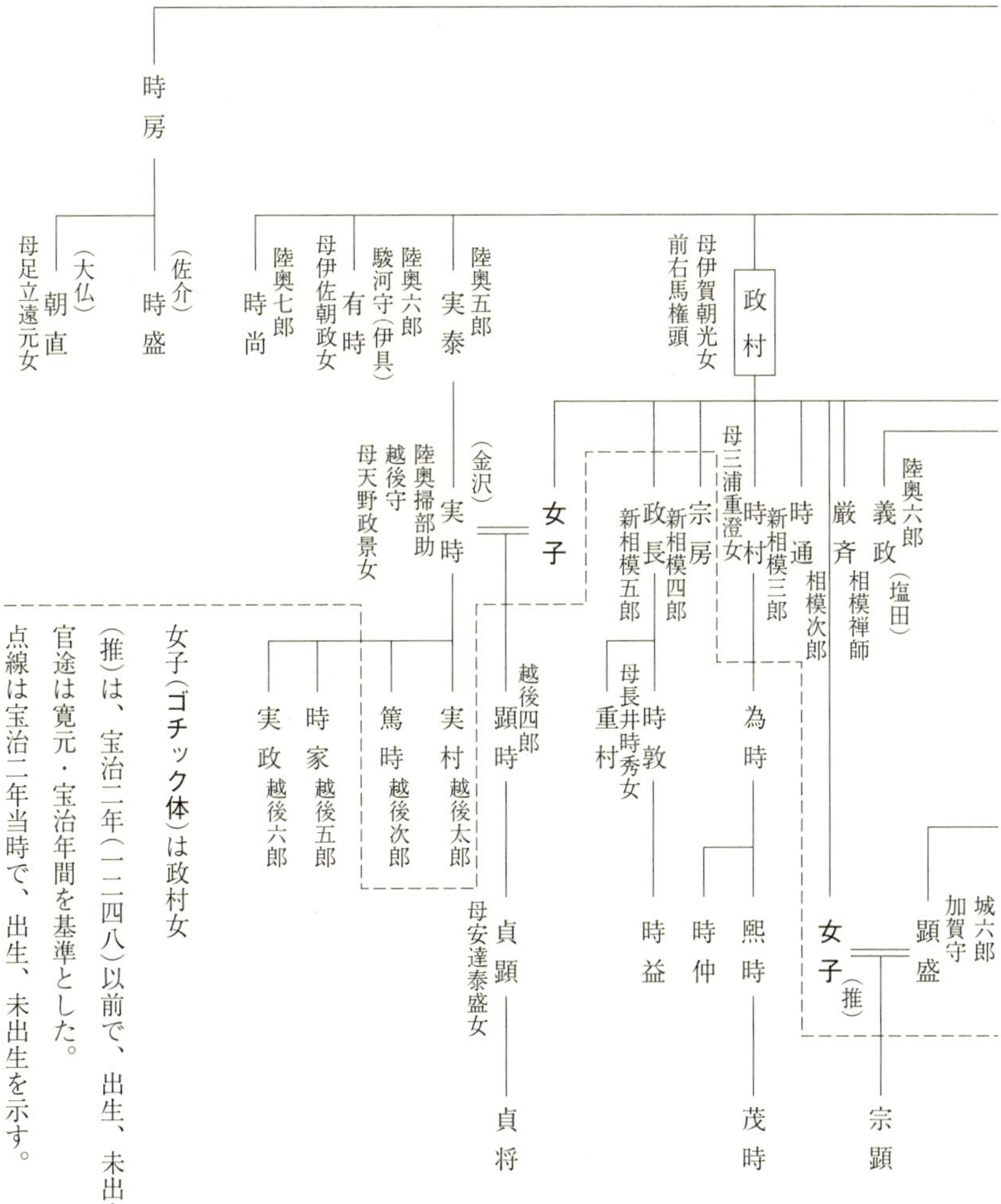

女子（ゴチック体）は政村女

（推）は、宝治二年（一二四八）以前で、出生、未出生の推定。

官途は寛元・宝治年間を基準とした。

点線は宝治二年当時で、出生、未出生を示す。

第二章　北条政村の研究

はじめに

鎌倉幕府政治史上、北条氏の果たした役割は非常に大きい。なかんずく北条氏得宗のそれについては、これまでその政治的主導者としての観点から、多くの研究業績が発表されている。しかしその一方で、この北条氏には多くの一門があったわけで、それら一門については必ずしも豊富な個別的な研究があるとはいえない。本章はかかる観点から、北条氏一門の個別的な研究の一環として、北条政村とその一統についての論究を試みるものである。

一　生誕〜少年期

北条義時には七人の男子がいた。長子は太郎泰時で、寿永二年（一一八三）生まれ、母は阿波局とするが不明である。次子は次郎朝時で、建久五年（一一九四）生まれ、母は比企朝宗女である。三子は三郎重時で、建久九年（一一九八）生まれ、母は朝時と同じである。五子は五郎実泰で、承元二年（一二〇八）生まれ、母は不明である。六子は六郎有時で、建仁元年（一二〇一）生まれ、母は伊佐朝政女である。七子は七郎時尚で、生没年・母ともに不明である。(1)

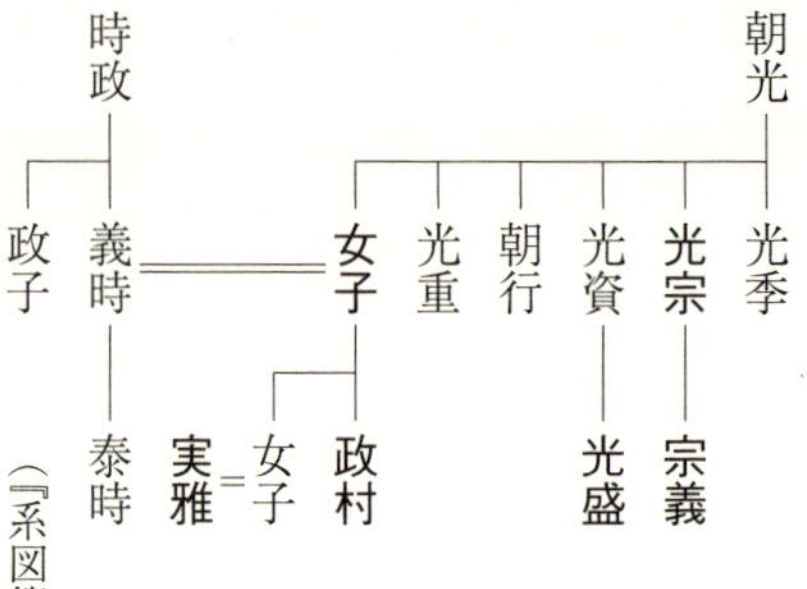

（『系図纂要』より作成。ゴチック体は、伊賀氏の変の関係者で、『吾妻鏡』に人名が見える者。）

政村は義時の四子として元久二年（一二〇五）に生まれた。母は伊賀朝光女である。『吾妻鏡』（以下特記のない以外は『吾妻鏡』を使用）元久二年六月二十二日条は次のように伝えている。

今日未剋。相州室伊賀守朝光女。男子平産。左京兆是也。

その日の条の前半はおりしも畠山重忠の乱の真っ最中であり、政村の生誕は鎌倉での血腥い戦闘の中でのことであったのである。

政村の幼年時代のことはまったく伝わっていない。次に出てくるのは元服の記事である。建保元年（一二一三）十二月二十八日条には、

今日入夜。相州鍾愛若公当腹九歳。於御所元服之儀。三浦左衛門尉義村為加冠也。号四郎云々。

とある。「相州鍾愛若公」という言葉が示すように、義時が日頃からよくかわいがっていたことがうかがわれる。政村

という名乗りは、三浦義村が烏帽子親となって、その一字を受けたものである。(2) その後、この義村との関係は、政村の立場を微妙なものにしていくことになる。この年の五月には和田義盛が討たれており（和田合戦）、政村は元服の時も戦闘のその年のことであったのである。

承久の乱がおこったとき政村はすでに十七歳になっていたが、政村がどのような活動をしたか明らかではない。(3) 政村の幼年期や少年期はほとんど不明のことが多いが、次の事実は注目すべきことである。貞応二年（一二二三）九月十六日条に、

若君渡御讃岐中将亭。駿河守。陸奥四郎。駿河二郎。周防前司。少輔判官代供奉。有小笠懸等云々。

とある。将軍頼経が、一条実雅の亭に渡御するのに際し、三浦義村・同泰村・藤原親実・大江佐房らとともに、政村が供奉していることである。のちの伊賀氏の変を暗示するような非常に意味深長な記事である。

同十月十三日条によれば、

為駿河守奉行。撰可祗候近々之仁。被結番。号之近習番。

一番駿河守　　　結城七郎兵衛尉
　三浦駿河三郎
二番陸奥四郎　　伊賀四郎左衛門尉
　宇佐美三郎兵衛尉
三番陸奥五郎　　伊賀六郎右衛門尉
　佐々木八郎
四番陸奥六郎　　佐々木右衛門三郎

信濃二郎兵衛尉
五番三浦駿河二郎　同四郎
加藤六郎兵衛尉
六番後藤左衛門尉　嶋津三郎兵衛尉
伊藤六郎兵衛尉

とある。全文引用したのは、各番ごとにまたは全体としてある傾向がみられるからである。一番では三浦義村・光村父子と結城朝光、二番では北条政村（十七歳）を筆頭に伊賀朝行と宇佐美三郎兵衛尉（実名不明）、三番では北条実泰（十五歳）を筆頭に伊賀光重と佐々木信朝、四番では北条有時（二十二歳、伊具氏祖）を筆頭に佐々木右衛門三郎（実名不明）と信濃二郎兵衛尉（実名不明）、五番では三浦泰村・家村兄弟と加藤景長、六番では後藤基綱・島津忠義・伊東（安積）祐長というようになっている。氏族別では、三浦氏が四名、北条義時の子三人が二番・三番・四番の筆頭となっており、伊賀氏が二名、佐々木氏が二名、伊藤氏（伊東氏）が一名、宇佐美氏が一名ということになっている。三浦義村が奉行となりその主導のもとに三浦氏や北条氏を配して編成しているのである。将軍の近習になるにはそれなりの技量の人物であったわけで、単なる凡庸の人物は選ばれるはずもないのである。そしてやはり注意しておくべきことは三浦氏とともに北条氏の若者三名が近習になっていることなのである。

二　元仁元年伊賀氏の変

高田豊氏は元仁元年について次のように述べておられる。(4)「元仁元年（一二二四）における鎌倉政情は恐らく承久三年（承久の乱）以降における一つのピークを形づくっている。政治的には執権義時の卒去・伊賀氏の乱・北条泰時―時房の執権連署就任などであり、経済的社会的には承久乱後における守護・地頭の権限・禁令など処理すべき幾多の問題を山積していたのである」と。そしてこの年最も注目され、渦中の人物となったのがほかならぬ政村であったのである。本節はこの政村を中心に論述するものである。

元仁元年六月十二日条に、

雨下。辰尅奥州義時病悩。日者御心神雖令違乱。又無殊事。而今度已及危急。仍招請陰陽師国道。知輔。親職。忠業。泰貞等也。有卜筮。不可有大事。戌尅。可令属減気給之由。一同占申。然而始行御祈禱。天地災変二座。国道。忠業。三万六千神祭。知輔。属星祭国道。如法泰山府君祭。親職。此祭具物等。殊刷如法儀之上。十二種重宝。五種身代。馬牛男女装束等也。悉有其沙汰。此外。泰山府君。天曹地府祭等数座也。是存懇志之人面々所令修也。但随移時弥危急云々。

とある。陰陽師は一旦はもち直すという占いを出しながらも、義時の病気はますます重くなり、陰陽師たちの懸命な祈禱にもかかわらず、いよいよ危急に及んでいくことになるのである。翌十三日条に、

雨降。前奥州病痾已及獲麟之間。以駿河守為使。被申此由於若君御方。就恩許。今日寅尅。令落餝給。巳尅。若辰分歟。遂以御卒去。御年六十二。日者脚気之上。霍乱計会云々。自昨朝。相続被唱弥陀宝号。迄終焉之期。更無緩。丹後律師為善知識奉勧之。結外縛印。念仏数十反之後寂滅。誠是可謂順次往生歟云々。午尅。被遣飛脚於京都。又後室落餝。荘厳房律師行勇為戒師云々。

とある。義時は六十二歳にして卒去したのである。日ごろから脚気をわずらっていた上に、霍乱計会で、すでに手のほどこしようがなかったようである。この義時の死因について、後妻伊賀氏による毒殺説がある。承久の乱のときの

京方の首謀者の一人であった二位法印尊長が京都で捕えられたときの言葉として、『明月記』安貞元年四月十一日条は次のように伝えている。

只早頭をきれ、若不然ば、又義時か妻が義時にくれ遣さむ薬されこる（誤脱アラン）てくはせて早ころせ、衆中頗驚此詞、

これについて上横手雅敬氏は、尊長が実雅の兄であり、義時の妻が伊賀氏であることを考えると、妻による毒殺説は容易に黙殺し得ぬものがある、とされている(5)。また近習による殺害説もある。『保暦間記』によれば、

爰ニ元仁元年六月十三日于時六十三歳。左京大夫義時思ノ外ニ近習ニ召仕ケル小侍ニツキ害サレケリ。

とある。奥富敬之氏は義時の死因に関しては、このように諸説が紛々としているが、現在ではほとんど真相を究めることは不可能に近いが、六月十二日の辰刻に病臥し、翌日の巳刻に死去したというのは、まさに〝急逝〟と呼んでしかるべきであり、死ぬまで、外縛印を結び、念仏数十返を繰り返し、「誠是可謂順次往生歟」とわざわざ注記されているのは、かえって義時の死の周辺になにかがあったことを感ぜしめるだけでなく、前記のような脚気と霍乱という病気のもたらす症状と一致しないのである。そこには、たしかになにかがあったのである、とされている(6)。義時卒去に際し後室伊賀氏は落餝し、形の上ではその菩提を弔っている。また葬送について同十八日条に、

戌剋。前奥州禅門葬送。以故右大将家法華堂東山上為墳墓。葬礼事。被仰親職之処辞申。泰貞又称不帯文書故障。仍知輔朝臣計申之。式部大夫。駿河守。陸奥四郎。同五郎。同六郎。并三浦駿河二郎。及宿老祇候人。少々着服供奉。其外御家人等参会成群。各傷嗟涙云々。

とある。供奉の筆頭に名越朝時、ついで北条重時・同政村・同実泰・同有時・三浦泰村らが名をつらね、さらに宿老祇候人が少々つづき、その外多くの御家人が参会している。当時在京していた泰時をのぞいて、義時の子息たちがすべて供奉しており、三浦泰村をのぞいて他の宿老祇候人は実名をすべて載せていない。義時の葬送に関して陰陽師の

親職・泰貞は故障を申したものの、知輔が計らい申し、義時子息がすべて供奉に参加し一応無事に行ったといえよう。泰時は、十六日に鎌倉からの飛脚により訃報を受け、十七日丑剋に出京し二十六日に鎌倉の由比辺に宿している。また時房は十九日に出京し、足利義氏とともに同時に鎌倉に着いた[7]。翌二十七日に泰時は鎌倉の亭に移るのである。同日条に、

依為吉日。武州被移鎌倉亭。小町西北。日者所被加修理也。関左近大夫将監実忠。尾藤左近将監景綱両人宅。在此墎内也。

とある。関実忠・尾藤景綱はともに泰時腹心の被官であり、後年得宗被官とよばれるようになる。泰時はそうした亭へ入ったのである。同二十八日条に、

武州始被参二位殿御方。触穢無御憚云々。相州。武州為軍営御後見。可執行武家事之旨。有彼仰云々。而先々為楚忽歟之由。被仰合前大膳大夫入道覚阿。々々申云。延及今日。猶可謂遅引。世之安危。人之可疑時也。可治定事者。早可有其沙汰云々。前奥州禅室卒去之後。世上巷説縦横也。武州者為討亡弟等。出京都令下向之由。依有兼日風聞。四郎政村之辺物忩。伊賀式部丞光宗兄弟。以謂政村主外家。内々憤執権事。奥州後室伊賀守朝光女。亦挙聟宰相中将実雅卿。立関東将軍。以子息政村。用御後見。可任武家成敗於光宗兄弟之由。潜思企。已成和談。有一同之輩等。于時人々所志相分云々。武州御方人々粗伺聞之。雖告申。武州称為不実歟之由。敢不驚騒給。剰要人之外不可参入之旨。被加制止之間。平三郎左衛門尉。尾藤左近将監。関左近大夫将監。安東左衛門尉。万年右馬允。南条七郎等計経廻。太寂莫云々。　（傍点論者）

とある。義時没後の後継について、その決定の権限は政子が握っていたのである。そしてその助言者としての大江広元に注目すべきである。文言にあるとおり、人心をおちつかせるためには、これこそ早く決定せねばならないと言い

切っているのである。また広元の言葉として、世上巷説を後半部分にのせているのである。泰時は弟等を討ち亡ぼすために京都をたち鎌倉に下向したのだとか、それによって政村の辺りが物忩であるとか、伊賀光宗兄弟が政村の外家の謂をもって、女婿の一条実雅を将軍に、政村を執権に据え、伊賀氏が武家の権を握ろうとしたとか、そうしたうわさがとびかっていた。しかもこのようなうわさは現在伝えられている伊賀氏の変のほとんど核心的な部分である。泰時は「不実」といってあえて驚きも騒ぎもしなかったという。しかしこれからのことについては十分な対処がなされていたものと思われる。だからこそ悠然として沈着・冷静にふるまうことができたのであろう。しかしこの世上巷説は単なるうわさではなく、伊賀氏を中心とする反泰時派は政村をかつぎ出すべく、着々と準備をしていたのである。まさに鎌倉は一触即発の状況にあった。かかる状況の中で空白となった南北六波羅探題の欠をうめるべく、佐介時盛・北条時氏が上洛するのである。六月二十九日条は次のように伝えている。

掃部助時盛。相州一男。武蔵太郎時氏。武州一男。等上洛。去廿七日出門。両人共就世上巷説。雖称可在鎌倉之由。相州。武州被相談云。世不静之時者。京畿人意。尤以可疑。早可警衛洛中者。仍各首途。相州。当時於事不被背武州命云々。

（傍点論者）

こうして京都にも意を配して万全を期したのである。承久の乱から三年、京畿を中心として京方のかなりの残党がいたであろう。世情不安なおりに、京畿の人意を疑うのは当然であった。泰時を中心とする一派はこのような手を打ちつつ、これからおこるであろう事態に対処せんとしていた。七月になると事件はいよいよ具体化してくる。七月五日条によれば、

鎌倉中物忩。光宗兄弟頻以往還于駿河前司義村許。是有相談事歟之由。人怪之。入夜。件兄弟群集于奥州御旧跡。後室居住。不可変此事之旨。各及誓言。或女房伺聞之。雖不知密語之始。事躰不審之由。告申武州。々々敢無動揺之気。

彼兄弟等不可変之由。成契約。尤神妙之旨被仰云々。

とある。注目すべきは三浦義村の存在である。光宗兄弟が頻りに義村のもとに足を運び、何事か相談しているというのである。義村と政村との関係は前述のごとく烏帽子親子の関係であって、三浦氏の実力はまさに誰一人知らぬ者はいないほどのものであったわけである。光宗兄弟はこの三浦氏を味方につけることこそ肝要なことというべきなのである。義村に対する工作がある程度功を奏しかけ、義村も半ばその気になりかけたのであろうか。光宗兄弟は義時の旧邸（義時の後妻伊賀朝光女が居住）へ群集し、各々誓言に及んだ。泰時はある女房からそれらの始終を聞いたが、別段動揺もしなかったという。やはりこうした事態は泰時の頭の中に入っており、すべて予想通りの展開になることを承知していたのである。そして七月六日・九日・十一日・十三日と天変と祈禱がくりかえされていくなか、事件は核心的な部分へ入っていく。七月十七日条に、

近国輩競集。於門々戸々ト居。今夕大物忩。子尅、二位家以女房駿河局計為御供。潜渡御于駿河前司義村宅。義村殊敬崛。二品仰云。就奥州卒去。武州下向之後。人成群。世不静。陸奥四郎政村。幷式部丞光宗等。頻出入義村之許。有密談事之由風聞。是何事哉。不得其意。若相度武州。欲独歩歟。去承久逆乱之時。関東治運。雖為天命。半在武州功哉。凡奥州鎮数度烟塵戦。干戈令静謐訖。継其跡。可為関東棟梁者。武州也。無武州者。諸人争久運哉。政村与義村。如親子。何無談合之疑乎。両人無事之様。須加諷諫者。義村申不知之由。二品猶不用。令扶持政村。可有濫世企否。可廻和平計否。早可申切之旨。重被仰。義村云。陸奥四郎全無逆心歟。光宗等者有用意事云々。尤可加制禁之由。及誓言之間。令還給云々。（傍点論者）

とある。近国の輩が競い集まり、門々戸々に卜居する大物忩となった。政子は真夜中の午前零時ごろに女房駿河局のみを供として、潜かに義村の宅に入った。この果断な行動が功を奏した。政子の言葉として、義時卒去に際して泰時

下向後、世情がおだやかでない。その原因はつとに次のことにある。政村と光宗が頻りに義村の宅に出入りして何事か密談しているとの風聞がある。泰時をおとしいれてそれにとって代わる意志があるのか。承久の乱の勝利の功の大半は義時にある。それればかりでなく義時は数度の戦いを鎮め、世を平和におさめてきている。そのあとを継ぐのは泰時をおいてほかにはいない。以上のように政子は言いきっている。さらに続けて政村と義村は親子のごとく親密となり、なぜ談合の疑いがないと言えようか、と。これに対して義村は「知らない」と答えたが、政子はさらに追求し、政村を扶持して濫世の企をなすのか、和平の計をめぐらすのか、二つに一つの返答をせまったのである。ここに至って義村は、政村には全く逆心はないとかばい、光宗らは用意の事があるので制禁を加うべきであると誓言におよんだ。

政村は二十歳になったばかりの青年である。政村が二十二歳年長の兄泰時と積極的に事をかまえようとしたかどうかはさだかでない。しかし政子の言葉の中にもある通り、光宗とともに頻りに義村宅に出入りしていることや、義村と親子のような親密な関係になっていることからして、伊賀氏を中心とした陰謀に全く無関心でいたわけではないであろう(8)。あるいは政村に何がしかの意思がなかったであろうか。伊賀光宗兄弟や三浦義村らの勢力にかつがれていることを自覚しうる年齢であり、権力への野望が脳裏をかすめたとしても不思議ではない。翌十八日条に、

駿河前司義村謁申武州云。故大夫殿御時。義村抽微忠之間。為被表御懇志。四郎主御元服之時。以義村被用加冠役訖。以愚息泰村男為御猶子。思其芳恩。貴殿与四郎主。就両所御事。争存好悪哉。只所庶幾者。世之安平也。光宗曰者聊有計略事歟。義村尽諷詞之間。漸帰伏畢者。武州不喜不驚。下官為政村更不挿害心。依何事可存阿党哉之旨。返答給云々。

とある。義村はさらに泰時に会い、故義時の〝御懇志〟に報いるために政村の元服の際の烏帽子親をつとめ、子息泰村を義時の猶子としたこと、泰時と政村の両方に好悪の感情がないこと、世の安平を願っていること、光宗は日ごろ

から計略のことがあったので諷詞をつくしてようやく説得したことを述べた。泰時は普通の態度で接し、政村については陰謀には加担していないものとしてあつかうことを返答した。この時点で勝敗は決定的なものとなった。七月三十日義時の四十九日の仏事が行われた。仏事が無事終わったというのも大勢が泰時のものになったことの証明であろう。その日夜に入って騒動があり、御家人らが旗を上げ甲冑を着て競い走ったが、その事実がなかったので明け方には静まった。その翌日の閏七月一日に政子の主導のもとでさらに大勢は決定的なものとなっていく。その日の条に、

若君。幷二位家御座武州御亭。連々遣御使於義村之許。被仰可鎮世上濫吹之由上。驚去夜騒動。招寄義村。被仰含云。吾今抱若君。与相州。武州等。在一所。義村不可各別。同可候此所者。義村不能辞申云々。其外。召壱岐入道。出羽守。小山判官。結城左衛門尉已下宿老。以相州被触仰云。上幼稚之間。下謀逆難禁。吾愁以活老命。太雖無由。各盍存故将軍記念儀哉。然者随命於成一揆思者。有何者蜂起乎云々。

（傍点論者）

とある。将軍頼経と政子は泰時亭に入り連々と使者を義村のもとにおくり、ここに候すべきことを促している。連々とあるから義村ははじめはしぶっていたが、それに従わざるをえなかった。そのほか壱岐入道[9]・中条家長（六十一歳）・小山朝政（六十七歳）・結城朝光（五十七歳）以下の宿老を召し、将軍（七歳）が幼いことを良いことにして謀叛のたくらみがあった。時房を介して自分はもう年であり、何の役にもたたないが、故頼朝の恩義を大切にして、諸将が協力すれば、誰が蜂起することがあろうか。まさしくあざやかな政子（六十八歳）の機先を制した行動であった。泰時（四十二歳）・時房（五十歳）、そして幕府の宿老を集め、その中での政子の言葉には重みがあった。義村だけが「不可各別」で、幕府宿老の一人としての存在を自覚するようにさせたのである。こうして政子主導のもとで事件は未然に防ぐことができた。さらに同三日条に、

於二品御前。世上事及御沙汰。相州被参。又前大膳大夫入道覚阿（広元）扶老病応召。関左近大夫将監実忠注記録云々。

光宗等令宰相中将実雅卿。欲立関東将軍。其奸謀已露顕訖。但以卿相以上。無左右叵之処罪科。進其身於京都可伺奏罪名事。至奥州後室。并光宗等者。可為流刑。其外事。縦雖有与同之疑。不能罪科云々。

とある。伊賀氏の変の処罰である。しかも政子が将軍頼経の御前で沙汰している。ここにも政子の絶対的な権威をうかがい知ることができるのである。しかも頼朝時代以来の遺臣たる大江広元が老病をおして参向しているのである。そして記録をとったのが後年の得宗被官と目される関実忠であった。一条実雅は卿相の身分であったため、京都に伺奏という形式をとった。その後同月二十三日に上洛。十月十日越前国配流が決定し、同二十九日解官され、越前国に配流されている。(10)

後室伊賀氏は八月二十九日政子の仰せによって伊豆国北条郡に流された。十二月十二日以降病悩、二十三日から危急に及んだ。(11)

また伊賀光宗は閏七月二十九日、政所執事職を罷免され、所領五十二ヶ所を没収され、外叔父（母の兄弟）に預けられた。八月二十七日に入って伊賀光宗を誅するという巷説があって鎌倉が物忩となったがその事実はなくすぐにおさまった。同二十九日、光宗は信濃国へ配流された。(12)光宗の弟朝行と光重は、一条実雅に従って上洛をとげたので、当時南北六波羅探題の任にあった佐介時盛と北条時氏の預けとされ、直ちに鎮西配流と決定し、十一月九日に出発している。(13)閏七月二十三日、実雅上洛に際してともに上洛した伊賀宗義（光宗息）はこのあと全く所見していない。処罰を受けたかどうかも不明である。同光盛もここだけの所見でこれまた不明である。伊賀氏以外では、一条実雅の上洛に際してさしたる仰せもなかったのに私に扈従していった源親行と伊具盛重らは、その科によって十一月十四日出仕をとどめられ、所領を召し放たれている。おもだった処分者は以上であるが、前引の閏七月三日条にもあるごとく、「縦雖有与同不能罪科」であったのは、政子や広元・泰時・時房らが寛大な方針でのぞんだのみならず、敵の層が相当厚く多かったことが推測される。八月二十七日の鎌倉中物忩の伊賀光宗誅殺の巷説、おそらく罪のおよぶ輩が多かったのであろう。その筆頭は義村であったと思われる。九月九日子刻義村の西御門の家が焼失している(14)。泰時は伊賀氏の変という家督をめぐる反省から次の策をうった。閏七月二十九日条には伊賀光宗の処分を行ったあとの後半部分に、

又尾藤左近将監景綱為武州後見。以前二代無家令。今度被始置之。是武蔵守秀郷朝臣後胤。玄番頭知忠四代孫也云々。

とある。尾藤景綱の家は泰時亭の敷地内にあり、腹心中の腹心である。時政・義時の代にはなかった家令を置いたことは、泰時の後見代官として活動をしていくことになるのである。いわば一門支配に対する布石の第一歩であった。

さらに泰時は次の布石を打っていく。八月二十八日条に、

武州故《マヽ》政所吉書始云々。又家務条々被定其式。左近将監景綱。平三郎兵衛尉盛綱等為奉行云々。

とある。これらによって北条氏家督＝得宗の家格を他の一門と厳格に区別し、将来における得宗の地位の動揺を未然に防がんとするものであった。すでに指摘されているごとく、執権政治そのものが北条氏の従来の氏族的伝統による所産なのではなく、これから構築せんとするものであったため、執権政治はその頭初から専制化する危機をはらんでいた(15)。家令の職設置や家務条々制定などはその萌芽であるということになろう。政村は変後から翌嘉禄二年五月十二日まで約十ヶ月程全く出てこない。この間どうしていたか知る由もない。あるいは変のことを肝に命じ、深く反省し、自ら謹慎していたのであろうか。

以上述べてきたごとく、伊賀氏の変の中で最も積極的に行動したのはほかならぬ政子であった。彼女のはたらきは本当に目を見張るものがある。政村を不問に付したのは政子であったのではなかろうか。この将来ある若者を単に切

り捨ててしまうのはしのびないと判断したためではなかったろうか。しかしその政子は翌嘉禄元年七月十一日没している。[補註1]それより前六月一日には大江広元が没している。こうして頼朝時代を知る人々は相次いで世を去り、泰時を掣肘する者はいなくなった。幕府政治は新段階に入るのである。政村は泰時の晩年にその政治的手腕を発揮するようになるのである。その点は次節で述べる。

三　政治的活動

かつて政村の存在は単なる〝つなぎ〟とか〝補佐役〟としての評価しかなされていなかった。こうした認識の背景には、北条氏は初めから得宗が中心であって、一門はその政治体制（執権政治・得宗専制）の一翼を担う存在であり、あくまでひきたて役でしかなかったという前提があったと考えられる。(16)この考え方をたどっていくと、北条氏は時政・義時・泰時の直系がすなわち嫡流であるという漠然とした先入観があったためであろう。しかしかかる先入観は一面的にすぎないことは、元仁元年伊賀氏の変・寛元四年名越の政変・文永九年二月騒動など、北条氏一門の家督をめぐる内部矛盾でもあきらかである。現在のわれわれはそれらの結果を知っており、逆にその結果からすべてを判断してしまいがちである。論者はこのような考え方には与しがたい。やはり北条氏の一門にはそれぞれ相対的に独立性をもっており、志向性をもっていたものと理解している。そしてこの考え方はひとり政村にかぎらず、他の一門にも同じくいえることである。(17)かかる視点がなければ、鎌倉中期における北条氏の実態把握はできないものと考える。この視点から政村の政治的活動を見直していきたい。政治的活動を知る上での手がかりは官歴であるから、まずこれを整理しておこう。寛喜二年（一二三〇）正月十三日常陸大掾（二十六歳）、同閏正月四日式部少丞、同十月十五日叙爵（以後式部大夫とよばれる）、嘉禎二年（一二三六）三月四日右馬助（三十二歳）、同四月十四日右馬権頭（以後右馬権頭・右典厩）、同三年九月十五日従五位上、暦仁元年（一二三八）八月二十八日正五位下（三十四歳）、延応元年（一二三九）十月評定衆（三十五歳、翌年に評定衆の筆頭となり、以後康元元年連署就任にともなって評定衆を辞すまで十七年間評定衆の筆頭の地位を保持し続ける）、仁治元年（一二四〇）四月五日右馬権頭辞任、寛元二年（一二四四）六月二十二日従四位下（四十歳）、建長元年（一二四九）十二月九日一番引付頭（四十五歳）、康元元年（一二五六）三月三十日連署（五十二歳）、同四月五日陸奥守、正嘉元年（一二五七）五月七日越後国務を賜う（五十三歳）、同六月十二日相模守、文永元年（一二六四）八月十一日執権（六十歳）、同十二月二十一日従四位上、同二年（一二六五）三月二十八日左京権大夫（六十一歳）、同三年（一二六六）三月二日正四位下（六十二歳）、同五年（一二六八）三月五日連署（六十四歳）、同十年（一二七三）五月十八日出家、同二十七日卒す（六十九歳）[18]。以上の官歴から、叙爵の年齢が二十六歳であることは、当時としては北条氏の中で特におそい方でもない。むしろ順調に朝廷・幕府ともに昇進していったことがうかがわれる。特にこのなかでは、評定衆・一番引付頭人・連署・執権、連署（再任）等に観点をしぼっておく。

　延応元年、政村は大仏朝直・安達義景・清原満定・二階堂基行らとともに評定衆に加えられた。これは、同月十一日卒去した斎藤長定[19]（享年四十三）の欠を補う措置であったと考えられるが、それにしても評定衆の大幅増員である。これによって前年の暦仁元年に評定衆となっていた北条資時（時房の息、朝直の兄、延応元年当時四十一歳）、大仏朝直（三十四歳）とあわせて北条氏の評定衆は三名となったのである。北条氏として最初に評定衆に任じたのは嘉禎二年の名越朝時（当時四十四歳）である。しかしこの朝時は『関東評定衆伝』によれば「九月十日加。初参之後即辞退。但年紀不分明」とあるから、実質的には評定衆としての任は勤めていなかったようである。したがって実際上北条氏の評定衆は北条資時が最初であった。そこに政村と朝直が加わったわけである。以後年次が下がるにしたがって評定衆中に北条氏の占める割合が増加していく。この三人はその先駆的存在であった。政村・朝直の評定衆就任は、時盛・重時が南北六波羅探題に在任しているとはいえ、やはり大きな抜擢であったといえよう。しかも政村は前述のごとく翌仁治元年（一二四〇）には評定衆の筆頭の地位になり、以後康元元年（一二五六）連署就任に至るまでそれは不動のものとなっている。やはり鎌倉において執権・連署に次ぐ〝ナンバー3〟を保持していたのである。それではこのことは単に偶然的な人事であったのであろうが、論者はその前提には次の事実があったと考える。すなわち、歳首垸飯[20]献儀に際して三ヶ日のうち、いずれかの日に必ず御剣を役していることである。[21]それは貞永元年（一二三二）以来、『吾妻鏡』の欠文のある年はあるものの、連署就任の康元元年まで二十五年間やはり不動のことであったのである。このことから考えても、政村はすでに貞永元年（当時二十八歳）時点で幕政内部でもかなり実力が評価されていたものと考えられる。[22]建長元年（一二四九）十二月九日、幕府は三方の引付を設置した。『関東評定衆伝』によれば、

十二月始引付。諸人訴詔〔訟〕不事行故也。

とあり、裁判の迅速化と公平化を期したものであった。その三方の一番の頭人に政村、二番に朝直、三番に資時というように北条氏一門を配したのである。このランクは評定衆の上位三名をそのまま任じたものであるが、政村のこの地位は康元元年の連署就任までかわることはなかった。やはりここにも政村の実力の一端がうかがわれるとともに、当時の執権時頼や連署重時らの信頼があつかったものとみられる。引付衆の制度は番数に若干の変動があったり、一時廃止されたりしたこともあったが、上位三、四名は北条氏一門の独占するところとなり、残る一、二名の者も得宗外戚たる安達泰盛や実務官僚的な二階堂行方などが任命され、実質上得宗の権力の基盤の一つとなっていくのである。したがってこの点でも引付頭人の北条氏による上位独占の傾向はこの時に始まったといってもよく、政村・朝直・資時はその先鞭をつけたことになるのである。

康元元年（一二五六）三月三十日、政村は出家した兄重時の後任として連署に就任した。この年幕府中枢の人事はあわただしく交代しているが、決して場当たり的なものではなく、時頼を中心として重時と政村が密接に相談をしながら周到に用意された人事であると察せられる。(23) まず三月十一日重時は出家し（五十九歳）、同二十七日には重時嫡子の長時が鎌倉に下着する。(24) この長時の関東下向はこの年の十一月の執権就任に対する準備であったとみられる。同三十日には政村が重時に代わって連署に就任する。四月に入り十三日には長時の弟時茂（常葉氏の祖）が六波羅探題北方の任に就くべく上洛した。同十四日には政村が就任後の政所始を行い、さらに同二十九日には引付頭人を一番に大仏朝直、二番に名越時章、三番には新たに金沢実時を据え、政村連署就任にともなう引付頭人の欠を補った。こうして鎌倉・六波羅を含む一連の人事は、わずか二ヶ月足らずの間にてきぱきと実施されている。それではなぜこのような人事の交代が行われたのであろうか。それは当時幕政中枢では、この時期特に顕著になってきた御家人たちの懈怠―サボリムード（中障葦）―の蔓延や、東北地方における群盗蜂起・天災による人屋や稼穀の損亡等、(25) 相当の危機意識をもっていたためであると論者は考える。そこで当時の時頼・重時・政村ら幕閣首脳はここで人事を一新し、こうした危機に対処せんとしたのではなかろうか。時頼・重時が執権・連署の任をはなれることは必ずしも政権を投げ出すことを意味するのではなく、現役の執権・連署のわずらわしい実務から解放されて、むしろ自由な立場からの幕府政治の屋台骨をかげから支えていくところに活路を見出そうとしたためであろう。この年十一月二十二日、時頼は執権を長時に譲り、翌二十三日は出家を遂げた。日頃の素懐といっているから、かねてより考えていた予定のことである。あるいは三月、四月の一連の人事の進行のなかで考えていたことではなかったか。ただ執権・連署が一度に交代することによって生じるかもしれない混乱を未然に防ぐため、時期をみはからっていたのではあるまいか。ともかくもこうして執権長時・連署政村の体制がスタートした。それではこのいずれかがリーダーシップをとったのか。それはいうまでもなくずばり政村であったろう。現在の通説では執権は連署より格上ということになっており、連署は執権の補佐役ということになっているが、はたしてそうであろうか。泰時・時房の時代、時頼・重時の時代、さらに下って時宗・政村の時代など、いずれも結論は詳細に分析したうえで慎重に出さねばならないが、単純に通説に固執することは、むしろ各時期の実態からはなれてしまうような気がしてならない。長時も宝治元年七月から康元元年三月まで十年にわたって六波羅探題北方の任にあって、幕府の指示を受けつつ、西国問題の処理にあたってきたわけで、その政治的経験や力量は看過しがたい。しかし、今まで述べてきたように政村の歩んできた政治生活には比ぶべきものではない。ただこの二人が協力してこそ、時頼・重時が描いた政治の路線が達成できたのであるといえよう。

文永元年（一二六四）八月二十一日、執権長時は三十五歳にして没した。それに先だつ十一日には時宗が十四歳で連署に就任した。時宗が家督を襲うに際して、執権ではなくまず連署になったのである。論者はかつてこの点に着目し考察を試みたことがある。(26)論者の考えは基本的にはかわっていないので、その論考によりつつ、この人事について整理しておく。『吾妻鏡』文永元年条は全文〝欠文〟である。その理由の一つとして、時宗の連署就任と庶兄時輔の六波羅探題南方就任にあったものと解釈した。時輔がすでに反得宗的一派を形成していたか、または行動をとっていたかということは断言できない。しかし時宗にとってこの兄の存在は時宗が家督を襲うに際しても、さらに将来においても非常に危険な存在であったことは否定できない事実である。その禍根を断つために時輔の処遇は時宗や政村にとってきわめて重要な課題であったというべきである。しかも誠実で信頼性の高い人柄がかわれて執権となった長時が没し、また良き相談相手であったであろう大仏朝直が没したことは、時宗や政村にとって大きな痛手であったはずである。かくて時輔は得宗時頼の子息の一人でありながら、叙爵もせず無官にして、あたかも鎌倉を追却せられるがごとくして、あわただしく六波羅探題南方の任に就くのである。ここにこそ大きな疑問があるといわざるをえないのである。時輔の立場からしても、自らの身を危険な鎌倉におくよりも、かつて佐介時盛が在職し、その後二十四年間も欠員であった六波羅探題南方の任に就く道を選んだのである。そしてより重要なことは、かかる人事と方策を決定した中心は、ずばり政村であったはずである。政村の政治的経験と力量からして、他の北条氏一門をはるかに凌駕していたというべきである。そしてこの時宗・政村を支えたのが後述するように金沢実時と安達泰盛であった。時宗の連署就任の事情も今述べてきたことと連動する。すなわち、政村が自ら執権の地位にすわることによって、時宗を政治の前面に押し出すことをさけつつ、このあとおこりうるかもしれない摩擦・軋轢を最小限のものとしようという意図がみられる。このあたりに老練な政村の政治的見識の高さがうかがわれるのである。

文永五年（一二六八）閏正月、蒙古の国書が幕府に届く。ここに幕府は敢然と意を決し、三月五日時宗は十八歳にしてついに執権に就任し、連署には政村（六十四歳）がまわった。『関東評定衆伝』には、非常に興味深い記載がある。時宗の割注に「三月五日始評定出仕」とある。時宗は連署就任以後評定に出仕せず、その間すべて政村が執権として単独で評定衆の会議を主導していたのである。かかる権限を有していた政村がはたして単なる〝つなぎ〟や〝実権のない者〟と言い切ってよいのであろうか。

以上、政村の鎌倉幕政における官歴に即して、その政治的活動について論述してきたが、総じていえることは政村が幕政上に占める政治的地位は決して偶然的なものではなく、幕閣中枢の泰時や時房、あるいは時頼・重時、またそれらをとりまく周囲の人々の人望や、期待を一身に担いながら抜擢を受けたものであったといえる。そして政村はそうした周囲の人望や期待に見事にこたえていったというべきである。まさしくこの政村の存在なくしては、鎌倉中期幕政は語ることができないといっても過言ではないであろう。次に政村が果たした政治的役割のうち、論述が若干前後することになるが、得宗権力の非制度的拠点たる、いわゆる寄合との関係について述べていく。寄合とは周知のごとく得宗私邸における秘密会議であり、鎌倉幕府政治の中に制度的に位置づけられた評定衆とは性格を異にするものである。そしてこの寄合が幕府政治の中枢に最重要事の審議・決裁機関として定着化することに、政村の政治的活動は軌を一にしているのである。換言すれば、政村はその萌芽となった時頼の時代から常にその中枢に存在し、いわばその推進者として主導的役割を果たしてきたのである。寛元四年（一二四六）年三月二十三日条に、

於武州御方。有深秘御沙汰等云々。其後。被奉譲執権於舎弟大夫将監時頼朝臣。是存命無其恃之上。両息未幼稚之間。為止始終牢籠。可為上御計之由。真実趣出御意云々。左親衛即被申領状云々。（傍点論者）

とある。この直後におこった「寛元四年名越の政変」に先んじて行われた経時から時頼への執権移譲である(27)。ここには参加者が記載されていないので何ともいえないが、経時・時頼の二人だけですべてが行われたのであろうか。仮りにこの経時邸における移譲の顚末が二人だけで行われたのだとしても、その背後に他の人の意図が介在する余地はなかったのであろうか。もう少しいえば、当時一門中の実力者たる重時（六波羅探題北方在任、四十九歳）・政村（評定衆筆頭、四十二歳）・実時（小侍所別当、二十三歳）・安達義景（経時・時頼外戚、三十七歳）といった人々の意思は全く働いていなかったのかということである。参加者の記載がないのでこれ以上のことはいえまいが、その年の直後の同種の寄合の記事からある程度類推はできよう。また、時頼の二十歳という年齢も考慮する必要があろう。同五月二十六日条に、

今日於左親衛御方。内々有御沙汰亨。右馬権頭。陸奥掃頭[部]助。秋田城介等為其衆云々。（傍点論者）

とある。経時から時頼への執権移譲と経時の死といった混乱の中に起こったいわゆる名越の政変の事後処理をめぐる秘密会議であった(28)。また同六月十日条に、

於左親衛御亭。又有深秘沙汰。亭主。右馬権頭。陸奥掃部助。秋田城介等寄合。今度被加若狭前司。内々無御隔心之上。可被仰意見之故也。此外。諏訪入道。尾藤太平三郎左衛門尉参候。（傍点論者）

とある。この会議によって、名越光時は越後国務以下所帯の大半を収公され伊豆国江馬配流となり、千葉秀胤は上総に追い下され、前将軍頼経の京都送還が決まったのである。この二つの記事では審議・決定の内容は、すこぶる重要なものばかりである。そのことはひとまずおくとして、その参加者の顔ぶれを論者は問題としたいのである。時頼を中心にして政村・実時・安達泰盛らが固定しており、三浦泰村があとから加わり、このほか得宗被官の諏方蓮仏（盛重）・尾藤景綱・平盛時らが参候している。得宗被官をのぞけば、当時時頼が最も信頼していた人々であったはずである。そしてここでもその筆頭は常に政村であったことが注目される。おそらくは重時は六波羅探題北方（京洛）にあって様々な指示を発していたであろうことは想像にかたくない。重時は時頼や政村と綿密に連絡をとりあっていたものと察せられる。しかし現実に鎌倉においてその指示および自らの判断を着実に実行していく器量をそなえていたのは、まさしく政村であったにちがいない。重時も政村こそ信頼していたはずである。[29] 寛元四年名越の政変やそれに続く宝治合戦で鎌倉において主体的に時頼の側に立って行動したのは政村であった。[30]

政村が幕政中枢にあって自らを〝副〟としての地位や〝ぶん〟をわきまえながら、実質的には〝首〟以上の働きをしていたであろうことはおおよそ理解できるものと思う。その事情は時宗政権の段階になってもかわることがなかった。文永三年（一二六六）六月二十日条に、

於相州御亭。有深秘御沙汰。相州。左京兆。越後守実時。秋田城介泰盛会合。此外人々不及参加云々。（傍点論者）

とある。審議の内容は将軍宗尊親王の廃立である。内容に即していえば、将軍廃立という最重要事項の審議、決裁を得宗時宗の私邸で、時宗とごく近い一門中の重鎮と得宗外戚のみが秘密裏に行っていることである。やはりここでも得宗時宗（十六歳）を中心に、筆頭には政村（六十二歳）、次いで金沢実時（四十三歳）・安達泰盛（三十六歳）のみが参加

し、この外の人々は参加に及ばずというのである。縷々述べてきたごとく、この記事のなかでも実質的に主導的な役割を果たしていたのは政村であったというべきである。それは参加者の年齢からしても自ずと明らかである。年齢だけを根拠にしてすべてを論じることはできない。しかし政村の政治的経験や力量は他の人々をはるかに凌駕していることは前にも述べた通りである。またこの得宗私邸における秘密会議の（後半におけるいわゆる寄合の原型）で、政村の存命中の記事はすべて筆頭に出ているのである。やはりこれも不動の事実なのである。政村が常に筆頭の地位にあることは単なる偶然ではないというべきである。かかる事実からしても、政村の実力は当時幕政中枢の人々の中に高く評価され、認識されていたというべきなのである。さらにいえば時宗政権の第一段階は実質的には「政村政権」であると、かつて指摘しておいた[31]。政村が事実上の実力者として時宗政権を支えていたことは疑いのない事実なのである。

以上述べてきたことを整理すると次のようになる。

第一に歳首垸飯献儀において、貞永元年（一二三二）から康元元年（一二五六）まで二十五年間御剣役として固定していた事実である。垸飯献儀が単なる儀式ではなかったことは明らかである。誰にでも勤まるわけではないこの役目に政村が抜擢され、しかもそれが二十五年間も続いていることは注目すべきことである[32]。政村の政治的役割の重要性の一端がうかがわれる。

第二に評定衆の筆頭の地位である。幕府職制上評定衆は執権・連署に次ぐものである。延応元年（一二三九）に就任し、翌仁治元年からやはり康元元年まで十七年間、その筆頭としての地位は不動のものであったのである。政村の実力はここにもあったというべきである。

第三に一番引付頭人である。建長元年（一二四九）にこの職に就いて以来、康元元年まで八年間不動であった。この点も決して軽視することはできない。

第四にいわゆる「寄合」のメンバーである。政村はこの最重事決定の会議に際して常にその筆頭であった。このことは政村の政治的実力に加えて、幕政中枢の人々が政村によせる信頼性の高さをものがたっているといえるのである。

以上の事実からみて、政村の実力と役割は従来比較的等閑視されていたようなものではなく、その実績からしても相当高いものであったことは十分わかることである。政村の存在を軽視することは、時頼・時宗の時代の実態を見誤ることにつながる。この時代の政村の実質的な力量を評価してこそ、その実態を解明できることになるのである。換言すれば、時頼・時宗の政権は政村の存在があってこそのものであったというべきである。しかし論者がかねがね強調してきたように、政村が実質的に政権トップの地位についたことを利用して、得宗たる時頼・時宗をおびやかしたり、あるいはそれにとって代わろうとする意思は微塵もなかったということである。やはり政村は常にあくまで得宗の補佐役という立場に徹し、その役割を十二分に全うした。政村が幕政中枢に長い間在ったことはこうしたことによるものなのである。

次に「文永九年二月騒動」でみせた政村の主体的な役割について考えておきたい。かつて指摘したように時宗政権の第二段階に入るべき象徴的な事件である。『追加法』四四八条に、(33)

一　自今以後、有蒙御勘当輩之時、追討使蒙仰不相向之外、無左右於馳向之輩者、可被処重科之由、普可令相触御家人等給之状、依仰執達如件、

文永九年二月十一日　　左京権大夫(政村)　判

謹上　相模守(時宗)殿

とある。かつて考察したように、(34)連署政村から執権時宗に宛てて出された関東御教書は、すこぶるもってタイムリーなものであったといわねばならない。時章の討手五人が斬首されるにいたるのは、(35)この法令を根拠にしているのであ

る。鎌倉での戦闘は、実は政村の内意であったのではあるまいか。教時はかつて宗尊親王に近侍し、その帰洛に際しては、甲冑の軍兵数十騎を率いて薬師堂谷の亭から塔辻宿所に至り、それを阻止せんとするかまえをみせたことがある（文永三年七月四日条）。教時は反得宗的志向性を有しており、時輔と与同する可能性は十分あった。政村は教時を危険分子と踏んでいたのである。したがって教時の誅戮はかねてから政村の内意としてあり、それを察知した者が先走ったために、「二月騒動」の戦端が開かれたのではあるまいか。しかりとすれば、はじめから全責任は政村が負っていたことになる。[補註2] ただし時章は余程無罪の確証があり、だからこそその討手五人は斬首されたのであろう。連署政村から単独の判で執権時宗に宛てる形式の関東御教書は、他には類例を認めることができない。やはり政村が自らの責任において行ったことの証左であると考える。

時宗庶兄時輔（二十五歳）や名越時章・同教時の誅戮によって、得宗時宗の反対派は完全に一掃された。それはまさしく政村の力によるものであったといってよいであろう。得宗の権力伸長の過程を背後から実質的に支えていたのは政村であったというべきである。時宗政権が名実ともに成立したのを見届けるがごとくして、翌文永十年（一二七三）に六十九歳にして没するのである。[36]『吉続記』文永十年閏五月四日条に、

関東左京大夫政村去月廿七日死去云々、東方遺老也、可惜々々、（傍点論者）

とある。政村の実力は当時京洛の人々にも知られるところであったのである。単なる〝つなぎ役〟〝得宗の代行者〟としての存在であったならば、京洛の公家吉田経長をしてこのように言わしめるはずもないのである。政村の実力は京・鎌倉ともに大方の人々が認めることであったというべきなのである。そして政村は各方面からの期待に見事に答えた政治家であったといえるのである。[37] 従来政村の実力をあまりにも軽視しすぎたきらいがある。論者はこの点にはなはだ疑問をもつのであって、その幕府職制上の地位を中心に論述してきた。また時宗政権成立の立役者としての役

割にも言及した。政村の実力の一端がここに明らかになったものと思う。

四　妻室・子孫

本節を論述するにあたって、まず政村流北条氏の系統の呼称について明確にしておく必要がある。結論から言えば、政村の子孫については現在までのところ、管見のかぎり特に史料もなく、便宜政村流を称するほかはないというべきである。この点についてまず論じておきたい。

政村が兄重時に代わって、連署に就任したのち、将軍宗尊親王がはじめて政村の常葉の別業に入御有りとの一件を伝えている。すなわち康元元年八月二十日条に、

新奥州元右馬権頭。奉執権事之後。将軍家始可有入御于彼御常葉別業之由。日来有其沙汰。治定。既依可為来廿三日。今日被催供奉人。其散状披覧之後。於御前。故障之替已下有被相加事。

足利次郎　　遠江次郎

佐渡五郎左衛門尉可催加之者

常陸次郎兵衛尉申所労之由以善次郎左衛門尉可為其替者　（傍点論者）[38]

とある。鎌倉の政村の邸宅は前述のごとく伯母である政子から譲りうけたものであり、それは小町にあった。[39] 常葉の別業というのは、いわば鎌倉の郊外の山荘（別荘）というべきものであったのであろう。ただしこの常葉の称を名乗っているのは政村個人一人のみであってその子孫にはまったくみられない。またそればかりか、かつて論者が指摘したごとく政村の女婿たる兄重時の子（したがって政村にとっては甥にあたる）時茂の子孫が常葉氏を称していることには確

実な徴証がある。このことに関連してかなり後年の江戸時代の史料ではあるが、『新編鎌倉志』巻之五に、

○常磐里附常磐御所跡。　常磐里《トキハノサト》は、大仏切通を越れば常磐里なり。『東鑑』に、建長八年八月廿三日、将軍家、新奥州政村が常磐第に入御し給ふと有。又弘長三年二月八日、政村の常磐御亭にて、一日千首の和歌の会の事あり。今此内に、里民、常磐御所と云伝る所あり。政村が亭の跡なり。政村を常磐院定或作覚崇と号す。昔此所に常磐院を建たる歟。『新後撰集』に、藤原景綱が歌に、「うつろはで、萬代匂へ山桜、花もときはの宿のしるしに」。此歌を『昌琢類聚』に、都の常磐に附たり。鎌倉無案内の故ならん。此歌の詞書には、平時範が常磐の山荘にて、寄花祝と云事をよみ侍りけると有。時範は、北条重時が孫にて、陸奥守時茂が子なり。景綱は重時が兄、泰時が家士也。按ずるに、時茂も常磐と号す。政村が姪なり。時茂より、時範に至まで、この所に山荘ありつるならん。しかれば、此歌、鎌倉の常磐をよめるならん。又此所に、常磐松《トキハノマツ》と云あり。

とある。政村の法号が常磐院覚崇であることは大方納得できるが、この核心はこの史料の末尾の部分である。時茂より時範に至るまで、この所に山荘ありつるならんという部分は、かつて論者が指摘したのとほぼ同様の内容である。すなわち常葉氏が時茂の系統ということである。さらにこの史料をうけて成立したであろう『鎌倉攬勝考』巻之九　第跡　陸奥守平重時並政村旧跡にも、

大仏切通を踰て、西の方を常盤と号す。土人呼で常盤の里とも唱ふ。重時は左京大夫義時の三男、泰時の弟なり。修理亮駿河守又陸奥守、寛喜年中京都警衛に赴きしが、宝治の始、時頼が招に依て下向し、是より両執権の始なり。康元二年（マヽ）三月辞職、其弟政村を執権となせり。重時削髪し観覚と号し、極楽寺を剏建し、其辺常盤といふ幽閑の地をトし山荘を営み、退隠し、弘長元年十一月没す六十四。法号極楽寺と号す。男子六人あり。次男左近太夫将監、長時が曾孫、相模守盛時（マヽ）は、嘉暦中高時に代り執権と成り、尊氏将軍の室は盛時（マヽ）の女にて、義詮・基氏を

うめり。然るに元弘の乱に義戦して命をおとせること、巨福呂坂合戦の条に出せり。建長八年五（マゝ）月廿三日、宗尊親王、始て常盤の別業に入御有べき由にて、今日治定入御、陸奥入道重時・新奥州政村・相州時頼・尾張前司等予候、巳刻入御といふ。文応二年四月廿四日、宗尊親王、重時が極楽寺の新建の山荘に入御、御息所も同敷渡御し給ふ。御淹留。翌廿五日極楽寺御亭にて、遠笠懸・小笠懸等有て、酉刻還御し給ふ。弘長三年二月八日、政村が常盤の御亭にて、一日に千首の和歌の会あり。政村が法号を常磐院と号せり。

『新後撰』こゝろはて万代にほへ山桜、花もときはの宿のしるしに　藤原基綱

詞かきに「平時重が常盤の山荘にて、寄花祝といふことをよめる」とあり、此歌を『類字名所』に山城に入たり。『吐懐篇』にも是を考へ残せし由、昌琢此うたを都の常盤に附せり。皆地理の不案内故なり、時範は時茂の子にて、重時が曾孫なり、時範に至る迄常盤に住せしならん。『鎌倉志』に、藤原景綱が歌とし、平泰時が家士なりとあり。されば尾藤左近将監景綱なれども、是は『東鑑』に、天福二年八月廿一日、武州家令尾藤左近入道道然、依所労辞職、翌廿二日左近将監藤原景綱法師法名道然死去とあり。泰時より先に歿し、泰時の弟の重時が孫なる時茂が頃迄は、四十年余も前に死たり。たとへ『新後撰集』に、藤原景綱とあるとも、詞書を考へ合すれば違ひなるべし。地理をも誤りあれば、其人を誤りしならん。依て茲に基綱としるせり。後藤大夫判官基綱にて、実朝・頼経・頼嗣将軍家に仕へ、和歌にたづさはれる人なれば、宗尊親王の時迄存命し、山荘にてよみしなるべし。(40)

（傍点論者）

とある。長々しく引用したのは、常葉氏に関する重要な問題を含んでいるからである。両方の史料ともに政村個人一人のみは常磐（常盤）院覚崇であるが、時茂・時範の系統も常磐（盤）と称している。『北条九代記』によれば、政村女が時茂に嫁し、所生に時範がおり、その生誕が文永元年（一二六四）であるから、その婚姻の時期はそれ以前というこ

とになり、常葉の別業ができてからそう遠くはないことが推測できる。後年この政村の常葉の別業の所領の一部（あるいは全部）が時範に譲られ、以後時範の系統を専ら常葉氏を称するに至ったのではあるまいか。(41) その証左として『永仁三年記』に、「武州」「駿州」「常葉備州」の三名がみられることである。武州とは政村嫡子の時村（当時五十五歳）のことで、駿州とはその弟の政長（同四十六歳）のことである。政村嫡子と目される時村、その弟政長らはともに常葉を称していないのである。川副博氏はこの常葉備州を時範に比定しておられる。(42) 論者もこの比定に従うべきであると思う。『北条九代記』嘉元元年条に、

時範（正五位下。遠江守、北方十二。）陸奥守時茂男。母左京大夫政村女。弘安八年三月十一日任左馬助。同日叙爵。同十年正月為引付衆。正応元年十一月十八日任備前守。永仁五年七月十六日任従[叙]五位上。嘉元々年十二月十四日為六波羅。同二年六月六日任遠江守。徳治二年正月廿九日叙正五位下。同八月十四日於六波羅卒。

とある。このなかに常葉の注記はないが、永仁三年（一二九五）の少し前の正応元年（一二八八）に備前守に任じていることからみて、川副氏の比定はかなりの信憑性がある。

時範の子が範貞である。範貞の代になると常葉という氏がよりはっきりしてくる。『系図纂要』にも範貞に常葉の注記が付してある。『太平記』巻第十、高時幷一門以下於東勝寺自害事のなかに常葉《トキハ》駿河《ノ》守範貞《ノリサダ》の名前がみえている。この段階で常葉氏が重時息の時茂の系統であることがかなり明らかになってきたと思う。官歴等を確認するために『北条九代記』元亨元年条によると、

範貞（正五位下。駿河守。北方。）遠江守時範男。嘉元二年十月二日任左近将監。同日叙爵。正和四年七月廿六日為引付衆。同五年十一月廿三日叙従五位上。元応二年十二月加評定衆。元亨元年十一月為六波羅上洛。正中二年十月廿六日任越後守。嘉暦三

年六月廿九日叙正五位下。元徳元年十二月十三日転駿河守。

とある。以上の結果、次のことが結論として導き出される。第一に、常葉院覚崇というのは政村個人一人限りのもので、氏としての常葉はその子孫には継承されなかったことである。時範が常葉備州として存在していた永仁三年（一二九五）段階で、政村子息の時村・政長は、それぞれ一番引付頭・評定衆・引付衆という幕政中枢の要職には就いていたが、ともに常葉を氏としたことの徴証はまったくない。第二に、かつて論者が指摘したごとく、時茂と政村女との婚姻によって、政村の常葉の所領の一部（あるいは全部）が所生の時範に継承され、以後時範は常葉を氏とし、その子範貞の代に至ったということである。以上より、常葉は極楽寺流の「時茂—時範—範貞—重高」の系統と考えるべきであり、論者はこの立場をとる(43)。

次に政村の妻室について検討する。本章考察中に、『吾妻鏡人名総覧』(44)（安田元久氏編、吉川弘文館、一九九八年）の刊行を知った。当然参考とした部分が多々ある。しかし本章の主要部分や立場には変動はないのでそのまま論述を進めていく。妻室は現在まで管見に入っているかぎりでは二人が知られる。そのいずれもが『関東往還記』にみえている。すなわち同書の四月十三日条に、

相州、室入道大納言家中将

とある。入道大納言家、すなわち将軍頼経に仕えていた中将とよばれる女房で、身分が高いわけではなかったらしい。単なる推測にすぎないが、その所生に厳斉、次郎時通がいたのではあるまいか。同書七月八日条に、

相州妻両人、本妻中将給法名如教、新妻左近大夫時村母、給法名遍如

とある。新妻が嫡子となった時村の母であることは確認できるが、これを誰に比定するかについては諸説がある。前出『吾妻鏡人名総覧』によって整理しておく。『北条系図』（『続群書類従』第六上）によれば、新妻である時村母を三浦

重澄女として、『系図纂要』も時村母を「大津尼、三浦重澄女」とする。しかし『三浦系図』（『続群書類従』第六上）には、大津尼と三浦胤義女とあり、「北条政村室也、時村母」としている。さらに、『諸家系図纂』も『三浦系図』と同様である。『浅羽本系図』は義村女として「北条政村室、時村母」を、胤義女として「大律（津）尼」としている。また、『佐野本系図』は重澄女を「北条政村室」とし、時村・政長・政頼等の母とする。どの説をとるかは俄かには決断できまいが、後年における幕政上の地位や政治的活動の状況からみて、最後の説をとるのが妥当ではなかろうか。すなわち、政村の新妻は三浦重澄女にして、その所生に時村[45]・宗房・政長・政頼等がいたことになる。

次に子孫について論述する。なお論述はあくまでも政村流の中心人物とし、諸系図にみられる者をすべて網羅するわけではないのであらかじめことわっておく。

北条時村

父北条政村。母三浦重澄女ヵ、大津尼。生年仁治三年（一二四二）、没年嘉元三年（一三〇五）。享年六十四。通称新相模三郎。『吾妻鏡』における初見は康元元年六月二十九日条、同（陸奥）三郎で十五歳。以後陸奥三郎で五回、政村が相模守に遷任してから以後新相模三郎の名で三十回（弘長元年十一月十一日条まで）、その後相模左近大夫将監（政村が左京権大夫に任じて以後は左近大夫将監）の名で十四回（文永三年二月九日条まで）、合計四十九回の所見がある。多くは供奉関係である。時村が若かった時期は父政村が存命中で、しかも目ざましい政治的実績もあったので、その存在はあまり目立つものがなく、特筆すべきことは少ないようである。しかし、やはり父政村のもとで将来を嘱望されつつ成長した時村は、その後の幕府中枢の中で、その政治的才能を如何なく発揮することになる。その官歴を『関東評定衆伝』『北条九代記』『将軍執権次第』等によって整理すると次のようになる。

弘長二年（一二六二）正月十九日、左近将監、叙爵（二十一歳、以後左近大夫将監と称す）。文永六年（一二六九）四月二十七日、引付衆（二十八歳）、同七年十月、評定衆、同八年七月八日、陸奥守、文永十年六月二十五日、二番引付頭（三十二歳）、建治三年（一二七七）十二月二十一日、六波羅探題北方（三十六歳）[46]、弘安五年（一二八二）七月十四日、陸奥守を辞す。同月二十三日、武蔵守、同六年九月十二日、従五位上、弘安七年八月八日、正五位下、同十年八月十四日、関東に下向（六波羅探題北方を辞す）、同十二月二十四日、一番引付頭、正応二年（一二八九）五月、寄合衆（四十八歳）、同八月七日、従四位下、正安三年（一三〇一）八月二十二日（『北条九代記』は二十三日）、連署（六十歳）、嘉元二年（一三〇四）十一月十七日、左京権大夫、同三年四月二十三日、誤って誅さる（六十四歳）。（傍点は幕府の職）

以上は官歴のみを年次を追って羅列したにすぎないが、常に幕政中枢のエリートコースにあり、政界の実力者中のトップにあったといっても過言ではない。しかもこの間の情勢は政村時代以上の難局であった。まずモンゴルによる外圧である。その前段階は父政村が存命中で、その処理は政村―時宗ラインで決していたであろうことは疑いない。しかし実際にモンゴル来寇以後の問題処理は、やはり時宗を中心とする幕府中枢部にかかっていたのである。文永の役と弘安の役にはさまれた時期の建治三年に時村が六波羅探題北方の任に就くということは、外交問題や西日本の政治をにらんでのことであったろう。またそれに続く弘安八年霜月騒動も渦中におきた事件であった。特に九州では少弐氏の内訌問題もあった[47]。やはり時村は幕府出先機関で直接・間接こうした問題に接し、その処理を具体的に行う最高の責任者の地位にあったのである。

鎌倉に帰った直後の十二月に、一番引付頭に抜擢された。執権・連署に次ぐ重職である。やはり周囲の大きな期待の中での人事であったことは疑いないところである。ここに時村の役割の大きさや一端をうかがい知ることができる。

永仁元年（一二九三）四月二十二日にいわゆる「平禅門の乱」がおこっている。当時の幕政中枢は、将軍久明親王・執権貞時・連署宣時・一番引付頭時村・二番名越公時・三番名越時基・四番金沢顕時・五番宇都宮景綱らで、これらの人々が事件を処理したのであろう。いわばこれらの人々が貞時政権の中枢であって、得宗貞時を中心とする北条氏一門による[48]翼賛体制ともいうべきものである。従来までのいわゆる得宗専制の一般的理解に従えば、相太守（時宗）・太守（貞時）[49]というように同時代の人々から最大級の尊称をもつ絶対的存在たる得宗を頂点に、その手足となって実質的権力を握って得宗御内人が専権をふるい、北条氏一門はその下にひれふしていた、ということになっている。時頼時代の重時、時宗時代の政村らの政治的役割や、その活動の実績からみて、論者は従来までの一般的理解には到底与しがたい。かかる理解の前提には、高時時代の長崎円喜と高資の専権の事実から逆にさかのぼってみている結果ではなかろうか。今ここで問題にしている時村もまたしかりである。時村の存在を過少評価することは、当時の幕政の実態を見誤ることにつながるというべきである。一方で得宗専制の非制度的拠点＝寄合が整備され、寄合衆なる呼称も生まれていることも事実で、それには北条氏一門中の有力者や御内人が多く任じていることも事実である。しかし他方で未だ執権・連署―引付頭人―評定衆―引付衆といった執権政治以来の体制の機能が全く失われたわけではないのである。いわばこの二つが得宗専制体制の両輪であったといえよう。

嘉元三年（一三〇五）四月二十三日、当時連署の地位にあった時村は、北条宗方によって誅戮されてしまった。[50]時に六十四歳。『保暦間記』によれば、

同《嘉元》三年春ノ比駿河守平宗方ト申スハ。是モ貞時ノ従弟也。時頼孫。修理亮宗頼子也。師時ニ超越セラル、事ヲ無念ニシテ。本ヨリ心武ク憍心ノ有ケレバ。師時ヲ亡サント巧ミケリ。貞時ガ内ノ執権ヲシ。侍所ノ代官ナンドヲシテ。大方天下ノ事ヲ行ケリ。其比左京権大夫平時村。義時孫。政村子。師時相合テ。将軍家ノ執権ノ連署ス。時村ガ孫右馬権頭煕時ト申ハ。是モ貞時ノ聟也。仍時村其比仁躰也ケレバ。先彼ヲ討テ。其後師時煕時等ヲモ討トスル程ニ。宗方多人ヲ語ヒテ。終ニ同四月廿三日仰ト号シテ時村ヲ夜打ニシタリケル。此事僻事ナリケレバ。合戦シタリシ輩。五月二日

和田七郎平房明以上十一人首ヲ刎ラル。此事宗方ガ所行ト治定シケレバ。科難レ遁シテ。貞時ノ為ニ同四日陸奥守宗宣（時房ノ彦。宣時ノ子。）藤原貞綱（宇都宮景綱子。）等ヲ以テ宗方誅畢。無益ノ事ヲ思立。如此ナルコソ不思議ナリ。是モ一族ノ中ニハ憍ノ故也。（傍点論者）

とある。このほか『北条九代記』『武家年代記』にも関連する記載があり、これらによれば、隠岐入道阿清（佐々木時清）が宗方のために討死にし、宗方の被官は処々においても誅された。またそのほか討死した者として備前掃部助貞宗（長井氏）・信濃四郎左衛門尉（二階堂氏カ）、下条右衛門次郎等がいる。さらに『武家年代記』によれば、討死のほか手負を八十八人としている。そして「東早馬」として、万年馬允・工藤新左衛門尉（いずれも得宗被官）らが遣わされ、同二十七日に六波羅探題に着き、これによって六波羅探題から鎮西探題（金沢政顕）・長門探題（北条時仲＝政村流）に遣わされる使節として、松田頼直・斎藤基明、六波羅探題北方の使者として神保十郎・石河弥二郎等、同南方の使者として向山刑部左衛門尉・善新左衛門尉等が京をたった。北方・南方がそれぞれ別に使者を立てているのは、鎮西・長門とは別に、西国諸国に使者を送ったためであろうか。いずれにしても、こうした措置によって鎌倉における事件が地方に波及することを未然に防いだものといえよう。してみると宗方は決して思いつきで行動に出たわけではなく、宗方の側にもそれなりの成算があって周到に準備した上での行動であったのではなかろうか。(51)

相模禅師厳斉

父北条政村。母不明。生年不明。没年弘長元年（一二六一）。『吾妻鏡』の所見は政村の子としては、時村と厳斉のみである。弘長元年六月二十三日条に、「相模禅師厳斉入滅畢」とあり、同二十七日条に「新相模三郎時村辞放生会随兵。是去廿三日兄・闍梨入滅軽服故也」とある。政村の子としては次郎から五郎（前述した政頼が政村の子であれば六郎）までが確認される。厳斉はあるいは政村の長子であって、本来は「新相模太郎」というべき存在であったのかもしれない。

またその母は政村の本妻中将であって、母の出身の関係かまたは病弱であったために家嫡とはされず、出家したのではないかと推測される。生年は時村の生年、仁治三年（一二四二）より前、仁治二年（一二四一）以前ということになろうか。

北条時通

父北条政村。母不明。生没年不明。通称相模次郎。『関東往還記』六月二十九日条に、「相模次郎時通、相州子」とある。前述の時村が弘長二年正月十九日左近将監に任じ叙爵しており、その同じ年に兄である時通が無位無官である事情からして時村とは異腹だった可能性が高い。さらに前出の厳斉もあるいは時通と同腹で、あるいはその母は二人とも本妻中将であったのではあるまいか。

北条宗房

父北条政村。母不明。生没年不明。通称新相模四郎。『系図纂要』によれば「新相模四郎」とあり、時村の弟、政長の兄ということになる。その生年は、兄時村が仁治三年（一二四二）で、弟政長が建長二年（一二五〇）であることから、一般的にはその中間くらいということになる。おそらく寛元・宝治年間（一二四三〜一二四八）ころの生まれではあるまいか。宇都宮経綱女を妻としていた可能性が高い。[52]『関東評定衆伝』弘安元年条には、弟政長とともに三月十六日に引付衆に加わっている。そして同書の弘安七年条によると、「三月任土佐守。四月出家。法名道妙」とあり、以後はまったく出てこない。時宗卒去を機に出家して政界を引退したのであろうか。

北条政長

父北条政村。母三浦重澄女ヵ。生年建長二年（一二五〇）。没年正安三年（一三〇一）。享年五十二。通称新相模五郎。政村の子として時村に次いで重きをなしたのは「新相模五郎」を称した政長である。『関東評定衆伝』によれば、政長は弘安元年（一二七八）三月十六日、兄宗房（名乗りの上では一応年長と考えられる）とともに引付衆に加わり（二十九歳）、弘安七年（一二八四）には評定衆となっている（三十五歳）。また『北条九代記』によれば、弘安九年六月、大仏宣時（一番）・名越公時（二番）・名越時基（三番）・北条（普恩寺）時兼（四番）についで、五番引付頭に任じている。引付頭人の構成は翌年も同様である。永仁元年（一二九三）には、六波羅探題北方から鎌倉に帰ってきた兄時村が一番引付頭になったとき以後、政長は引付頭人としての地位ではなくなっている。政長がいつ五番引付頭としての任を離れたのかわからないが、おそらくこのときではなかったろうか。北条氏一門の幕政上におけるポストのバランスを考慮しての人事であったのであろうか。あるいは失脚したのかとも考えられようが、『永仁三年記』には評定衆のメンバーとして「駿州政長」の名がみえている。永仁元年以降、死没の正安三年七月十四日までの九年間、引付頭人より格下の評定衆の任を果たしていたのではなかろうか。

政村の女子については本書第五部第一章(53)に譲っておくが、そのなかの一人重時の子業時に嫁した女子については、その所生に時兼がいることをつけ加えておく(54)。

北条為時

父北条時村。母不明。生年文永二年（一二六五）。没年弘安九年（一二八六）(55)。享年二十一。若くして没したためか官途は『北条九代記』によれば左近将監に任じたとあるのみである。しかもその事情もまったく伝わっていない。家嫡は子の熙時が継いだが、年齢からすると為時が十五歳のときの子ということになる。

北条熙時

父北条為時。母不明。生年弘安二年（一二七九）。没年正和四年（一三一五）。享年三十七。『北条九代記』によってその官歴をたどると、次のごとくである。

永仁元年（一二九三）七月二十日、右近将監、叙爵（十五歳）、同三年引付衆（十七歳）、同六年十二月九日、小侍、正安元年（一二九九）二月二十八日、従五位上。同三年八月二日、評定衆（二十三歳）、同二十五日、引付頭、乾元元年（一三〇二）十一月十八日、右馬権頭に任ず。嘉元三年（一三〇五）京下奉行。徳治元年（一三〇六）六月十二日、正五位下に叙す。同二年二月九日、武蔵守。延慶二年（一三〇九）四月九日、寄合衆。応長元年（一三一一）十月三日、連署（三十三歳）。同二十四日、相模守。正和元年（一三一二）六月二十日、執権。同四年八月出家法名道常、同十月九日、没（三十七歳）。（傍点は幕府の役職）

曾祖父政村や祖父時村にも匹敵するほどの実に錚々たるものである。ただしやはり三十七歳というのは早死というほかはない。熙時の事績の分析は別の機会ということにしたい。

北条時仲

父北条為時。母不明。生没年不詳。『尊卑分脈』によれば、「続千作者、近江尾張守従五位上」とある。また嘉元三年当時、長門守護の熙時の代官を務めていたようである[56]。

北条茂時

父北条為時。母北条貞時女ヵ。生年不明。没年元弘三年（一三三三）。『将軍執権次第』元徳二年条によれば、「左馬権頭。熙時一男。七月九日加判事被仰下。評定始」とあり、連署に就任している。同書元弘三年条に、「五月廿二日於殿中自害。」とある。

北条時敦

父北条政長。母長井時秀女。生年弘安四年（一二八一）、『系図纂要』によれば没年は元応二年（一三二〇）。享年四十歳。これにより生年を逆算。『北条九代記』によってその官歴を知ることができる。正安元年（一二九九）六月二十七

日、修理権亮。同日叙爵（十九歳）。乾元二年（一三〇三）四月、左近将監。徳治元年（一三〇六）八月十日、引付衆となる。同二年十二月二日、弾正少弼を兼任。延慶三年（一三一〇）五月十一日、従五位上。同七月二十五日、六波羅探題（南方）。同八月、越後守。維貞（大仏）上洛（南方）後、北方に移る。元応二年（一三二〇）五月四日、京都において没す（四十歳）。

（傍点は幕府の役職）

これによって熙時の系統が政村流の家嫡であることは認められるが、政長の系統も時敦のように、六波羅の南北を務めるなど、それにつぐ家系であったことは大略認められるところである。

北条時益

父北条時敦。母不明。生年不明。没年元弘三年（一三三三）。『将軍執権次第』元徳二年条によれば「左近将監時敦一男。七月廿一日立鎌倉住南方」とあって、最後の六波羅探題南方となっている。『太平記』巻第九に、京都東山の苦集滅道で野伏に矢で射られて絶命している[57]。

以上ここでは政村流の呼称について、子孫を常葉氏と称するのは誤りであること、政村の妻室・子孫について論じた。ただここでは大雑把な見通しを立てたにすぎない。今後別途検討を続けていく予定である。

おわりに

論者がかねてから指摘し続けてきたことは、政村は決して得宗の引き立て役や暫定的なつなぎ役ではないということである。すでに述べたごとく、政村は政子から一字を受けていたのではないかということである。義時が日頃から非常に大事に養育していたことは推測できたが、伯母政子も政村の将来を大いに期待していたのではあるまいか。

〝元仁元年伊賀氏の変〟に際して、最も積極的に行動し、果断に処理したのは政子であった。政村を不問に付したのは政子であったのではなかろうか。泰時もまたこの弟政村に内心期するところがあり、政子に従ったのではないだろうか。政村はそうした期待に十二分にこたえた。泰時の晩年に評定衆に任じて以来、その嫡孫の経時・時頼の政治的自立を支え、彼は政権の裏方としての役割に徹した。また時宗の時代にしても、その存在なくしては大きな難局を乗りこえることはできなかったであろう。いわば時宗政権の実質的プランナーが政村というべきである。だからこそ政村の子孫も幕政上で重きをなし、政村流北条氏は幕府滅亡に至るまで、常に政権の中枢部に位置していたのである。「東方遺老」の子孫もまた政村におとらぬ政治的活動と実績をもっていたというべきである。ただし本章で述べたように単なる官歴の羅列では各時期についての実態はつかめない。今後は各時期における政治的動向やその実態についての検討や分析を中心に据えていく予定である。

註

（1）元服後は通称陸奥四郎を名乗り、義時の四子ということになってはいるが、伊具の祖となる陸奥六郎有時の生年が建仁元年（一二〇一）であり、政村や五郎実泰よりも年長ということになる。このあたりに義時子息の兄弟間に内部の問題があったようであるが、詳細は不明である。本書第一部第一章参照。

（2）〝村〟の一字は義村から受けたものであるが、政の一字は誰からのものであろうか。父義時と祖父時政の確執からして、時政の「政」を偏諱とすることは考えにくい。確証があるわけではないが、あるいは政子の一字を受けたのであろうか。ちなみに安貞二年（一二二八）十月十四日条によれば、

今夜。竹御所為御方違渡御陸奥四郎政村亭。本是故二位殿御所。女房数輩候御共云々。

とある。政村の邸宅は故政子から譲り受けたものであったのである。

（3）瀬野精一郎氏「北条政村」（『鎌倉将軍執権列伝』所収、秋田書店刊）一九七四年。

（4）高田豊氏「元仁元年鎌倉政情の一考察――北条義時卒去及び伊賀氏陰謀事件をめぐって――」（『政治経済史学』第三六号）一九六六年。

（5）上横手雅敬氏『日本中世政治史研究』三九〇頁、一九七〇年。

（6）奥富敬之氏『鎌倉北条氏の基礎的研究』一二二～一二三頁、一九八〇年。

（7）奥富敬之氏は、『保暦間記』の記載を引用され、「泰時且ク伊豆ニ逗留シテ時房先鎌倉へ下テ、隠謀ノ族ヲ尋沙汰シテ後、同廿六日、泰時鎌倉へ入、時房随分ノ忠ヲ致シケリ」と一面の真実を伝えている。（中略）泰時は、遅れて京都を出発した北条時房、足利義氏を待って、ともに鎌倉に入ったのであるが、この時点で泰時がもっとも心を許していたのが、この二人だったのである。（中略）彼自身（泰時）も、北条家の本貫苗字の地である伊豆国北条の地において、直属被官を集め、軍勢をととのえた上での鎌倉入りであっただろうと思われるのである」とされている。奥富敬之氏、前掲書（一二三頁）、前註（6）。一九八〇年。

（8）瀬野精一郎氏、前掲、前註（3）。

（9）論者はこの「壱岐入道」を葛西清重に比定しておく。安田元久氏編『吾妻鏡人名索引』（吉川弘文館、一九七一年）によれば、壱岐入道、法名定蓮は実名は不明としている。『系図纂要』や『笠井系図』（『続群書類従』第六上）によると、いずれも壱岐守に任じたという記載がある。『吾妻鏡』ではほとんど兵衛尉として載せている。壱岐守に任じていれば兵衛尉より格上の壱岐守とよばれるのが普通である。承久元年正月二十七日条に「壱岐守清重」とあり、これは葛西清重ではあるまいか。なお同七月十九日条には「葛西兵衛尉」とある。これらは『吾妻鏡』編者が混乱したためのものではあるまいか。前出の『吾妻鏡人名索引』によれば、安貞二年二月十九日条の葛西二郎左衛門尉、同七月二十三日条の葛西左衛門尉、同八月十三日条の葛西左衛門尉、同十月十五日条の葛西左衛門尉、寛元元年七月十七日の葛西三郎左衛門尉をいずれも清重としている。『笠井系図』によれば嘉禎三年十二月五日に八十一歳で没したとしている。これを信用すれば、寛元元年七月十七日条の葛西左衛門尉は清重ではないことになる。なお嘉禎三年六月二十九日条から仁治元年八月二日条まで計七ヶ所に「壱岐小三郎左衛門尉時清」とあり、『笠井系図』にも清重の子とし、「小三郎時清」の名がみえる。また建長二年五月二十八日条・康元元年六月二日条に壱岐七郎左門衛尉時重の名がみえ、また建長三年正月二十日条には葛西七郎時重とある。これは同一人物ではあるまいか。なお『系図纂要』には葛西八郎左衛門尉として時重の名がみえている。清重が壱岐守に任じていた可能性は高い。論者は安貞二年二月十九日条から寛元元年七月十七日の五ヶ所の所見は清重とは別人であると考えている。壱岐入道が葛西清重であるとすればこの年七十歳である。

(10)　安貞二年五月十六日条によると、配所で三十歳にして没している。

(11)　その後の所見寛元二年二月三日条で故人として出てくる。ちょうど二十年たっている。あるいは元仁元年十二月直後に没したのであろうか。

(12)　嘉禄元年十二月二十日条によれば、許されて帰参し、本領八ヶ所を返し賜わっている。このとき式部大夫光宗法師（法名光西）として所見しており、配所で出家したようである。『関東評定衆伝』によれば寛元二年五月重職たる評定衆に任じており、幕府の中枢で活躍している。その後正嘉元年正月二十五日、八十歳にして没している。政所執事の後任として二階堂行盛が任じている。

(13)　嘉禄元年八月二十日条によれば、政子追福のための恩赦として二人とも許されて鎌倉に帰参している。

(14)　高田豊氏、前掲論文、前註（4）。

(15)　佐藤進一氏「鎌倉幕府政治の専制化について」（竹内理三氏編『日本封建制成立の研究』）一九五四年。

(16)　瀬野精一郎氏は、「政村の執権就任は家督の時宗が成長するまでの暫定的な措置であった」と述べておられる（瀬野精一郎氏、前掲書、前註（3））。

(17)　時房流の北条氏については、本書第六部第三章、第五章、第六章参照。政村については、第五部第一章等参照。極楽寺流北条氏については、石井清文氏「中世武家家訓にあらわれたる倫理思想」（Ⅰ）（Ⅱ）（Ⅲ）（『政治経済史学』第一〇八、一〇九、一一九号）一九七五年、一九七六年、同「執権北条長時と六波羅探題北条時茂——鎌倉中期幕政史上における極楽寺殿重時入道一統の政治責任——」（『政治経済史学』第一一二号）、一九七五年、同「建治三年における鎌倉幕府連署武蔵守北条義政の出

家遁世事情――極楽寺流塩田氏の消長について――」（『政治経済史学』第一四六号）一九七八年、同「北条重時と三浦寶治合戦」（Ⅰ）、（Ⅱ）、（『政治経済史学』第一九八、二三二号）一九八五年、一九九一年等参照。

(18) 以上の官歴は『関東評定衆伝』（『群書類従』第四）、『北条九代記』（『続群書類従』第二十九上）等による。

(19) 延応元年十月十一日条に、

斎藤左兵衛尉藤原長定法師法名浄円。皈黄泉。年四十三。

とある。

(20) 垸飯については、八幡義信氏「鎌倉幕府垸飯献儀の史的意義」（『政治経済史学』第八五号所収）一九七三年、参照。

(21) 本書第五部第一章前註（17）参照。

(22) 瀬野氏は、前掲論文、前註（3）において、「それまで幕府の要職に就任することはなかったが延応元年（一二三九）に評定衆に就任し幕政にたずさわることになった。時に政村三十五歳であり、それまでの政村は必ずしも恵まれた政治生活を送っていたとはいえない」と述べておられる。しかし論者はすでに政村の実力はもっと早くから幕政内部でも評価されていたものと考えている。

(23) 康元元年（一二五六）三月三十日条に、

今日。前右馬権頭為奥州出家替為連署。

とあり、周到に準備されていた人事であることをうかがわせる。

(24) 『明月記』嘉禎元年（一二三六）十月十六日条に、

駿河守重時最愛嫡男八歳疱瘡死去、其宅已穢、悲歎乳母夫妻左衛門尉、出家云々、

とある。長時の兄である。また同二十九日条には、

駿河守重時次男今日又夭、武士馳留云々、六歳、後聞虚言、

とあり、これが長時である。虚言ということで長時は生きていたのである。したがって長時も初めから嫡子ではなかったようである。しかしこのあとは実質的に嫡子であったと考えてよいと思う。ただし長時とすると、逆算から生年は寛喜二年（一

二三一）となり、没年の文永元年とすると享年三十四となる。この時期に誕生した重時の息はほかに該当する者がいない。あるいは『明月記』の記主藤原定家が年齢を間違えたのであろうか。

(25) 建長六年七月一日条に、

甚雨暴風。人屋顛倒。稼穀損亡。古老云。廿年以来無如此大風云々。

とある。翌建長七年は『吾妻鏡』が欠文なのでそこからは知るべくもないが、康元元年八月六日・八日条には、

六日甲子。甚雨大風。河溝洪水。山岳大頽毀。男女多横死云々。八日丙寅。陰。依去六日大風。田園作毛等悉損亡之由。近国申之。

とある。台風による人屋や作物に対する被害は続いていたようである。なお翌年からは正嘉の大飢饉としてよく知られているところである。

(26) 本書第三部第一章。

(27) 論者はかつてこの経時から時頼への執権移譲について考察したことがあるが、ここでは政村を中心に論述しているのでこの点については詳しくは触れない。本書第二部第一章参照。

(28) 直後、名越時幸は自害し（『葉黄記』寛元四年六月六日条）、三浦家村は謀反参加の疑いが晴れ（寛元四年六月六日条）、後藤基綱・狩野為佐・千葉秀胤・町野康持（問注所執事）らは評定衆を罷免されている（同七日条）。

(29) それを裏づけるのは、極楽寺流と政村流との姻戚関係である。重時の次子時茂に政村の女が嫁し、所生が時範で常葉氏の祖となり、四子の業時にも政村の女が嫁し、所生が時兼で普恩寺の祖となる。

(30) 本書第五部第一章前註（17）参照。

(31) 拙稿「得宗専制体制の成立過程――文永・弘安年間における北条時宗政権の実態分析――」(Ⅰ)(Ⅱ)(Ⅲ)(Ⅳ)（『政治経済史学』第一二五、一三九、一六二、一六五号）一九七六、七七、七九、八〇年。その(Ⅱ)で、時宗政権を便宜上二つの時期に分け、文永元年（一二六四）の時宗連署就任から文永九年（一二七二）二月騒動まで第一段階とし、その後死没の弘安七年（一二八四）までを第二段階とすることを提起しておいた。

(32) 八幡義信氏、前掲、前註(20)。

(33) 佐藤進一氏・池内義資氏編『中世法制史料集』第一巻『鎌倉幕府法』一三二頁所収(岩波書店刊)一九五五年。

(34) 前掲拙稿、前註(26)。

(35) 『北条九代記』『関東評定衆伝』『保暦間記』に、この間の事情を説明する記載がみられる。それらによれば、名越時章は無実であったので、討手五人の大蔵次郎左衛門尉・渋谷新左衛門尉(朝重カ)・四方田瀧口左衛門尉・石河神左衛門尉・薩摩左衛門三郎(安積氏カ)が首をはねられ、中御門中将実隆は召し禁ぜられた。名越教時の討手は賞もなく罰もなく人々の笑いものになったという。

(36) 川添昭二氏は政村の独自の地位について次のように述べておられる。政村の政治制度に占める位置について、政村の政所別当兼帯がある。政村が政所別当となったのは建長八年(一二五六)であり、五十二歳から文永十年(一二七三)五月二十七日卒去するまでの十八年間にわたって帯任していた。時宗が政所別当になるのは、政村の卒去を機としている。政村の周到な地盤確保、強化の一例を見出す。川添昭二氏「北条時宗の連署時代」(『金沢文庫研究』第二六三号)一九八〇年。

(37) 政村は文永三年三月二日に正四位下に叙している。叙位というのは多分に年功的な要素があるが、正四位下というのは将軍を除く鎌倉武士の最高位であり、管見のかぎり六名しかおらず、北条氏もわずか三名である。因みにその名を掲げておくと、大江広元・中原師員・足利義氏・北条時房・北条泰時、そしてこの北条政村である。

(38) 執権という文字に論者が注を付したのは、政村は連署たる兄重時に代わり連署に就任したのである。『吾妻鏡』が幕府末期の編纂書であることはつとに知られているが、その後年における編纂者でさえも、現在の我々がごく一般的に漠然と連署だと思っているものを執権といっているのである。しかりとすればこのあたりにも当時の幕政における政村の政治的実力の一端をうかがうことができる。またかかる事情は重時にも相通じるものがあったはずで、執権時頼＝連署重時と一般的に表向きは理解されてはいても、実態は必ずしもそうではなく、実力的にはむしろ逆で両者の力関係はそう単純なものではなかったというべきである。また交名を含め全文引用したのは、詳細は保留するが、やはり故障と称する者の存在に注意したかったからである。

(39) 文永二年七月十六日条。

(40) 論者はこの景綱を宇都宮景綱に比定しておく。詳細は後日の課題であるが、弘長年間当時、尾藤景綱・後藤基綱はともに故人であることと、父祖宇都宮頼綱は藤原定家とも親交があった和歌では名高い人物であったからである。当時本姓藤原である景綱は他にはいない。

(41) 本書第三部第一章。

(42) 川副博氏「永仁三年記考證」（『史潮』第五〇号所収）一九五三年。なお『永仁三年記』を扱った論考として、石井清文氏「北条貞時政権期に於ける評定の様相――『永仁三年記』の表示的観察を手掛りとして――」（『政治経済史学』第二二二号所収、一九八三年）がある。また随所に所見する「備州」も「常葉備州」と同一人物で時範であることは疑いない。というのはその所見が引付衆の筆頭でメンバーがおよそ固定しているからである。常葉備州の初見は閏二月十二日条であるが、なぜわざわざことわったのであろうか。この点については論者は次のように推測している。受領名はこの時期変動的で各氏で固定しているわけではないが、ある程度の傾向は認められる。そこで備前守をみると、名越氏の時長の系統に備前守補任の傾向があることがわかる。時長・定長・長頼・宗長・家政と備前守補任者がいる。こうしたところから、時長流名越氏と区別するためだったのではあるまいか。

(43) 前註（17）本書第五部第一章所収。

(44) 『吾妻鏡人名総覧』（安田元久氏編、吉川弘文館、一九九八年）五二八頁。五三八頁。前註（11）。

(45) 文永三年二月九日条と同七月四日条に「相模六郎政頼」とみえている。特に七月四日条で、宗尊親王の帰洛に際しての供奉人の筆頭に「相模七郎宗頼」とあり、次に「相模六郎政頼」とある。相模七郎はそのまま時頼の子で時宗の弟で問題ない。論者はかつてその次の相模六郎政頼もその兄弟と単純に考えてきた。ところが、同じ一族の交名が続く場合『吾妻鏡』は同という文字を使用してきている。したがってここだけが例外なのであり、ここに疑問を挿む余地がある。相模七郎のあとには同六郎とするのが普通だからである。わざわざ相模七郎のあとに相模六郎とするのはそれなりの理由があるのではなかろうか。論者は次のように推測する。相模七郎の名乗りは時頼の相模守をうけたことはまちがいなく、相模六郎の名乗りは政村が相模守の時からのものであったのではないか。だからこそわざわざ相模がつづくのに同という文字を使わなかったのではないか、ということである。したがって文永三年に所見する相模六郎政頼は時頼の子ではなく、政村の子ではなかったかということである。

(46)　時村の六波羅探題北方就任の事情について、高橋慎一郎氏は二つの可能性があるとしている。その一は、やはり政治的能力をかわれてのもので、本章でも述べたごとく西国の政治情勢に対応したものであろうとしている。その二は、当時安達泰盛派と目されていた時村を鎌倉においておくことを危険とみた平頼綱派が京都に放逐することを目論んだ人事であったとしている。しかしそのことによって時村はその両派からもともに政治的距離をおくことができ、霜月騒動にも平禅門の乱にもまきこまれなくてもすんだとされている。「北条時村と嘉元の乱」（『日本歴史』第五五三号）一九九四年。

(47)　川添昭二氏「弘安八年筑前国岩門合戦について」（『九州史学』第十六号）一九六〇年、同「岩門合戦再論――鎮西における得宗支配の強化と武藤氏――」（森克巳博士古稀記念会編『対外関係と政治文化』第二所収）一九七四年、参照。

(48)　『建治三年記』。

(49)　『永仁三年記』。

(50)　この事件を、「連署時村殺害事件」「北条宗方の乱」「嘉元の乱」などとよんでいるが、いずれも現代の語である。論者は時の連署が暗殺され、その首謀者たる宗方がすぐに討伐され、時村の討手十一人も首をはねられた事件からみて、鎌倉における政変と考え、便宜「嘉元三年の政変」としたい。しかしもとよりこれに固執する考えはまったくない。

(51)　細川重男氏「嘉元の乱と北条貞時政権」（『立正史学』第六十九号、一九九一年）に、乱前後の情勢と貞時政権の実態について詳細な分析がある。そのなかで細川氏は、貞時政権期の政治勢力として、得宗一門（得宗家の中の傍系）・得宗外戚・北条氏一門・外様御家人・得宗御内人・法曹官僚をあげておられる。このように分類されることは妥当であろうが、これらの勢力がそれぞれ独自に形成され、機能していたかは、なお、検討する必要があると論者は考える。

(52)　『吾妻鏡人名総覧』。

(53)　前註（43）。

(54) 文永三年三月十一日条に、「弾正少弼業時朝臣室左京兆姫君。男子御平産云々」とある。また『尊卑分脈』によれば「永仁四、六十四卒卅一才　尾張守　ｲ五下」とある。没年齢の符合により『吾妻鏡』記載の男子が時兼であることが証明できる。

(55) 『尊卑分脈』『系図纂要』『北条系図』ともに、弘安九年十月六日、二十二歳で没したとしている。

(56) 佐藤進一氏『鎌倉幕府守護制度の研究』一九七一年。八五頁。

(57) 『日本古典文学大系』34所収の『太平記』一の三〇三頁の頭注三〇によれば、時益の死場所として、関山（『元弘日記裏書』）・四宮河原（『梅松論』）・守山（『増鏡』・月草の花）の諸説があることをあげ、「於番馬自害」（『皇年代略記』）は誤りであろうとしている。

(補註1) 永井晋氏は、伊賀氏謀反の風聞については北条泰時が否定しており、『吾妻鏡』でも伊賀氏が謀反を企てたとは一度も明言していない。確実に記していることは、政子が伊賀家を処分したことである。伊賀氏の変は、影響力の低下を恐れた政子が義時の後妻の実家である伊賀家を謀反の咎によって強引に潰したものの、本家との信頼関係をも同時に壊してしまったのであるとされている（永井晋氏『鎌倉幕府の転換点　「吾妻鏡」を読みなおす』日本放送出版協会、一五五―一五七頁。二〇〇〇年）。

(補註2) 川添昭二氏は、二月騒動に際して時輔の誅伐主体は時宗であったとしておられる。同氏『北条時宗』（人物叢書）一〇九頁、二〇〇一年。

第六部　北条時房の研究

第一章　北条時房について

——生誕から連署就任まで——

はじめに

鎌倉幕府政治史上、その主導者としての北条氏の存在は非常に大きい。就中、北条氏得宗については注目を集め、これまで数多の研究実績が蓄積されてきており、幕府政治史上の役割や実態について、かなり解明が進んできている。しかしその研究の中心は概して北条氏の家督（いわゆる得宗）に集中したものであったといえる。かかる研究の方向性になっているのは、鎌倉幕府政治史の三段階、すなわち将軍独裁制（鎌倉殿専制）から中期の執権政治（集団指導体制＝評定合議政体）、さらに後期・末期にかけてのいわゆる得宗専制論の通説化にともない、その政治的な主導者として常に北条氏（それも得宗家）であるという漠然とした考え方を前提としており、それを反映した結果によるものであると考えられる。論者はこの点に関してはかなりの疑念をいだいている。従来までの研究の方向としては鎌倉幕府政治史全期を通じて、得宗以外の北条氏一門に関しては、あくまでも得宗の従属的・付随的な存在としてとらえられ、幕府政治の各段階において決して正当な評価を下してはいなかったと論者は考えている。

　かつて論者はこうした疑問から、北条氏一門に関する個別的な検討を試み、時房流北条氏をはじめとして論考を発表してきた[1]。

その結論として、時房流北条氏については、「佐介氏」と「大仏氏」という二大主流ともいうべき系統があり、少なくとも時房の長子時盛が生存中は、佐介氏が時房流の嫡流と目されていたが、その後次第に第四子朝直の系統に圧倒されがちとなり、順次嫡流は朝直系の大仏氏に移行していったこと、さらに大仏氏は執権政治から得宗専制へと幕府政治が展開する過程で、その羽翼としてめざましい活動が認められることなどを指摘した。こうした論者の考え方は現在大方の理解を得られているようである。

しかし、時房個人については論述の主題にあてることがなかった。そこで本章では、論者のかつての論考をふまえつつ、生誕から連署就任までを概観してみたい。鎌倉中期の執権政治から後期・末期の得宗専制政治への展望を理解するための一助となれば幸いである。

一　生誕から改名まで

北条時房は時政の三男として安元元年（一一七五）に生まれた。母は足立遠元女である。(2) 当然のことながら、幼少期のことについては全く分からない。なお元服時点で「五郎時連」と称し、建仁二年（一二〇二）六月二十五日、二十八歳の時に「五郎時房」と改名している。本章においては論述の都合上「五郎時房」の呼称を用いることにする。周知のごとく兄には義時がいるが、義時は江間小四郎を、時房は五郎を称している。さらに治承四年八月二十三日の石橋山合戦で、三郎宗時が討死にしているから、あるいは太郎・次郎ともいうべき兄たちがいたものとも推定されるが、詳細は不明である。結果的には義時・時房が、のちに鎌倉幕政史上で活躍することになるのである。また姉には源頼朝に嫁した政子がおり、他の女子には阿野全成に嫁した阿波局がいる。(3)

北条時房は幕府政治の上で鮮烈なデビューをすることになる。すなわち『吾妻鏡』（以下同書からの引用は年月日条のみを記す）文治五年四月十八日条に、

北条殿三男十五歳。於御所被加首服。秉燭之程。於西侍有此儀。武州。駿河守広綱。遠江守義定。参河守範頼。江間殿。新田蔵人義兼。千葉介常胤。三浦介義澄。同十郎義連。畠山次郎重忠。小山田三郎重成。八田右衛門尉知家。足立右馬允遠元。工藤庄司景光。梶原平三景時。和田太郎義盛。土肥次郎実平。岡崎四郎義実。宇佐美三郎祐茂等着座。東上。二品出御。先三献。江間殿令取杓給。千葉小太郎成胤相代役之。次童形依召被参進。御前蹲踞。次三浦十郎義連被仰可為加冠之由。義連頻敬屈。頗有辞退之気。重仰曰。只今上首多祗候之間。辞退一旦可然。但先年御出三浦之時。故広常与義実諍論。義連依宥之無為。其心操尤被感思食キ。此小童。御台所殊憐愍給之間。至将来。欲令為方人之故。所被計仰也。此上不及子細。小山七郎朝光。八田太郎朝重取脂燭進寄。梶原源太左衛門尉景季。同平次兵衛尉景高。持参雑具。義連候加冠。名字時連五郎。云々。今夜加冠役叓。兼日不被定之間。思儲之輩多雖候。当座御計。不能左右叓歟。

とある。時房の『吾妻鏡』の初見は元服の記事からはじまる。十五歳での元服であるから当時としては一般的な年齢であったといえよう。またこの記事により、生年が安元元年（一一七五）ということになる。さらに没年の仁治元年（一二四〇）正月二十四日条の卒去記事、享年六十六歳という記事から裏づけられることになる。それにしても非常に長く、しかも壮麗きわまる元服の儀式を示す記事である。しかしこの記載そのものが、当時行われた儀礼をそのまま表現したものであったのであろうか。確かに北条時政の三男としての存在は、決して軽視されるべきものではなかったかもしれないが、はたして本当にこのような儀式があったのであろうか。当時北条氏は他の豪族御家人を凌駕するような存在であったかどうかについて疑問視することは、すでに先学の指摘するところである[4]。論者もこうした先学

の考え方に基本的に賛意を表するのであって、こうした考え方に従えば、この記載をそのまま信用することはできないのである。将軍頼朝からみれば正室たる政子の父北条時政の三男であり、直接の血縁関係はないものの、外戚に連なる人物で、しかも将来を嘱望される若者の元服であるから、それなりの遇され方をしていたことは十分理解できる。しかしその書様はまことに異様ともいうべきであり、『吾妻鏡』による過修飾の可能性は否定できない。文治五年（一一八九）といえば頼朝挙兵以来まだわずか十年経ったにすぎない。この間に北条氏の勢力が飛躍的に伸張し、他の有力な豪族御家人に比肩しうる存在にまでの勢力を確立していたとは考えにくいのである。父の時政すらいまだ無位無官の一御家人という身分である。『吾妻鏡』にはいかにももっともらしく「北条殿」なる尊称を用いてはいるが、それは後年における編纂時点でつけられたものであることは疑いを入れる余地がない。『玉葉』にいたってはいわば蔑称としての頼朝代官「北条丸」とまでいいきっているのである。[5] 兄義時にしても同様で、元久元年（一二〇四）三月六日に相模守に任じるまでは、「江間殿」と「北条小四郎」もしくは「江間小四郎」の呼称が混在しており、当時としてはやはり一般的には「北条小四郎」「江間小四郎」が用いられている。したがって「江間殿」なる尊称にしたところで、これとても後年におけるものと考えるべきものなのである。すなわち該時点における北条時政父子は単に頼朝外戚という一応権威ある立場のみにより、幕政のなかで位置づけられた特殊な存在であったにすぎないといえるのである。この立場は時によっては重要な意味をもつ場合もあるが、該時点において他の有力な豪族御家人をしりめに、かくも盛大な儀式を挙行するだけの実質的な権威と実力を備えていたとはとても考えにくいのである。三浦（佐原）義連を烏帽子親として、頼朝の面前で元服したこと、また義連の一字を偏諱として受け時連と名乗ったことは事実である。しかし、源家一族たる武蔵守平賀朝政・駿河守源広綱・遠江守安田義定・参河守源範頼をはじめ、江間殿義時・新田蔵人義兼・千葉介常胤・三浦介義澄・同十郎義連・畠山次郎重忠・小山田三郎重成・八田右衛門尉知家・足立右馬允遠元・工藤庄司景光・梶原平三景時・和田太郎義盛・土肥次郎実平・岡崎四郎義実・宇佐美三郎祐茂ら、当時の幕政中枢の人々がこぞって参加していることなど、おそらくは後年において北条氏得宗の地位が確立した時点での元服儀礼を反映した可能性も考慮できないであろうか。確かに時連（後の時房）は後年には幕閣の中心人物（それもいわゆる連署）となる。後年に確立した北条氏の地位から、『吾妻鏡』の編纂者が北条氏の地位を誇張し、叙述したという可能性を提起しておきたい。

しかし、かえってこのことが、時房の実力（『吾妻鏡』の編纂時点における）を得宗側が自ら認めていることにほかならないといえるのである。常に得宗の引き立て役ないしは補佐役的な存在としての位置づけしか認めたがらなかった北条氏得宗も、大々的な時連の元服記事を載せざるをえなかったことに、この時期における時連の評価の高さを示すともに、編纂時点での時房流北条氏（それも大仏系）の実力の一端を見出すことができる。

このころ頼朝の面前で元服した人物に結城朝光がいる。頼朝自身が烏帽子親となり、その偏諱をうけ「小山七郎宗朝」（後に朝光改む）と称した。(6) 小山氏といえば、北関東の下野国小山を根拠とする豪族御家人の代表格であり、また秀郷流藤原氏の嫡流ともいうべき存在で、当時の北条氏とは比較にならないほどの経済力・軍事力を兼ね備えていた。挙兵当時頼朝麾下の軍勢の中核的な存在であった。

いずれにしてもここに時連は元服し、鎌倉御家人の一人に連なったのである。(7) この年時房は奥州征討（奥州合戦）に従軍し、以後幕政史上重要な地位を築くにいたるのである。奥州征討では時房が具体的にどのような活躍をしたかは明確にはわからない。十五歳という年齢からして初陣にはちがいないが、いかなるものであったかは知るよしもない。ただ合戦直前に元服し、直ちに戦闘参加であったから、周囲の期待を担っていたものであったろう。

その後時房は『吾妻鏡』にかなり頻繁に所見するが、将軍頼朝の文治・建久年間にかけては多くは供奉関係である。

その他、流鏑馬射手・御剣・随兵などがその主なものである。

将軍頼家の時代にはいると、目を引くようになるのは「鞠」関係の記事である。頼家の側近として行動が多くなるのである。いわゆる頼家側近衆（時によって構成メンバーは異なる）の一人として、将軍頼家に近侍していた。時房のこうした活動の裏づけとなっていたものは、京洛の文化に深い造詣を持つとともに、かなり日頃からそれを嗜んでいたことがうかがわれる。こうした時房の京洛の文化に対する造詣や教養の深さが、いつごろから醸成されていたものかはわからないが、義時とは異なった一面があったということができよう。京洛の文化に対する造詣の深さは、この後時房流北条氏の特色をよくあらわす指標ともなり、いわば「家の業」ともいうべきものとなっていくことが子孫の活動実績によってもわかることである。(8) 源家将軍断絶の後、次期将軍推戴に際してその準備と根回しのため政子が上洛するが、時房を伴としていることには、単に泰時が鎌倉を動けないという理由だけではなく、時房のかかる一面によるものと解することができる。

やがて時房は改名する。建仁二年（一二〇二）六月二十五日条に、

尼御台所入御左金吾御所。是御鞠会雖為連日事。依未覧行景已下上足也。此会適可為千載一遇之間。上下入興。而夕立降。遺恨之処。即属晴。然而樹下滂池。尤為其煩。爰壱岐判官知康解直垂帷等。取此水。時逸興也。人感之。申剋。被始御鞠。左金吾。伯耆少将。北条五郎。六位進。紀内。細野兵衛尉。稲木五郎。冨部五郎。比企弥四郎。大輔房源性。加賀房義印。各相替立。々(マヽ)員三百六十也。臨昏黒事訖。於東北御所有勧盃。及数巡。召舞女微妙。有舞曲。知康候鼓役。酒客皆酣。知康進御前。取銚子勧酒於北条五郎時連。此間。酒狂之余。知康云。北条五郎者。云容儀。云進退。可謂抜群処。実名太下劣也。時連之連字者。貫銭貨儀歟。貫之依為哥仙。訪其芳躅歟。旁不可然。早可改名之由。将軍直可被仰之云々。全可改連字之旨。北条被諾申之。

とある。これまたそのいきさつを非常に事細かく記している。しかしこの件はこれで終わりではなかった。翌日には政子が昨日の平知康の言動を苦々しく思い、頼家が先非を忘れての軽率さも含めて不快の念をあらわにしている。知康は頼家が追放されると帰洛するが、その後どうなったかは定かでないが、おそらくは復官することはなかったのであろう。

前述のごとく、建仁三年（一二〇三）に頼家が追放されるが、時房は罪に問われることなく、ごく自然に政治上に所見しているから、頼家の側近としてその行動を監視するために北条氏側から送り込まれたものであったと思われる。その後北条氏の一門として次第に重きをなすようになる。

さらに元久二年（一二〇五）六月、畠山重忠の乱に関戸の大将軍として出陣し（二十一歳）、功を立てる。この乱にからんでおこったのがいわゆる牧氏の陰謀事件で、時政は失脚し二度と政界に復帰することなく生涯を終えた。牧の方は義時によって伊豆に幽閉され、平賀朝政も事件後に即座に誅戮された。(9)

承元四年（一二一〇）正月十四日、時房は武蔵守に任じ、(10)同年政所別当に就任する。政所別当就任ということになれば、それはすなわち後の執権ということであり、いまだ侍所別当には手がついていないものの、幕府権力の頂点に立ったことを意味する。これがいつのことか不詳であるが、義時とならんで幕政を主導する地位に立ったことになる。

建保元年（一二一三）には和田合戦に出陣して、和田義盛を討つ戦闘に参加している。時房は単なる政治家としてのみならず、一武将としての側面にも見るべきものが多く、和歌や鞠などの文化的にもかなりの造詣の深さをうかがい知ることができる一方で、武闘的な面においても活躍したことも注目される。いわばいわゆる文武両道に通じるひとかどの人物であったといえるのである。(11)

承久元年（一二一九）正月、源実朝が暗殺されると上洛して、次期将軍となる三寅を連れて鎌倉へ帰還している。三寅は摂家将軍藤原頼経となるが、時房は政子の随行者としての上洛ではあったが、ここにもその重要な役割の一端を見出すことができる。政子の単なる護衛としてではなく、次期将軍の推戴にかかわる役目を担っているのである。兄義時が鎌倉を動けないという事情があったこともあるだろうが、誰でもいいというわけにはいかなかったであろう。かつて頼家の側近でもあった経歴からして、京都の文化にかなり精通していたであろうことが、この抜擢となったことは疑いをいれない。あるいはすでにこの時にある程度三寅の将来を時房に託していたのではなかろうか。それは頼家側近としての実績を政子が評価していたことが察せられるからである。

二　承久の乱から連署就任まで

承久三年（一二二一）、承久の乱が勃発し、時房は泰時とともに東海道を進軍して上洛し、一方の総大将として、かなりの戦績をあげる。その詳細については本章の主題ではないので省略する。この乱を通じて時房は終始兄義時の指示通りに動いていたかのようであり、そして甥の泰時とともにあたかも軌を一にしたかのような行動をとっていたという印象がある。そして乱後は京都に留まり、泰時の初代六波羅探題北方とあわせて初代六波羅探題南方となった(12)。在任中における治績について一般にいわれているごとく、該時点における南北六波羅探題の役割はかなりの重要性があったわけであるが、やはり本章の主題ではないので、別途稿を改める。

元仁元年（一二二四）六月に義時が死去すると鎌倉に帰り、同年初代連署に就任する。元仁元年六月二十八日条に、

武州始被参二位殿御方。触穢無御憚云々。相州。武州為運営御後見。可執行武家事之旨。有彼仰云々。而先々為楚忽歟之由。被仰合前大膳大夫入道覚阿。々々申云。延及今日。猶可謂遅引。世之安危。人之可疑時也。可治定事

者。早可有其沙汰云々。前奥州禅室卒去之後。世上巷説縦横也。武州者為討亡弟等。出京都令下向之由。依有兼日風聞。四郎政村之辺物忩。伊賀式部兼光宗兄弟。以謂政村主外家。内々憤執権事。奥州後室伊賀守朝光女。亦挙聟宰相中将実雅卿。立関東将軍。以子息政村。用御後見。可任武家成敗於光宗兄弟之由。潜思企。已成和談。有一同之輩等。于時人々所志相分云々。武州御方人々粗伺聞之。雖告申。武州称為不実歟之由。敢不驚騒給。剰要人之外不可参入之旨。被加制止之間。平三郎左衛門尉。尾藤左近大夫将監。関左近大夫将監。安東左衛門尉。万年右馬允。南条七郎等計経廻。太寂莫云々。

とある。一般にこの記事をもって時房の連署就任とみなしている。しかし『吾妻鏡』でも連署なる呼称は全くない。従来まではこの記事をもとに、ただ漠然とそのまま無批判に連署就任としていた。すでに上横手雅敬氏は、「泰時が承久の乱以来名コンビであった時房を連署としたのは、恐らく嘉禄元年政子の死後ほどなくであろう。さきに義時の死後、元仁元年六月に泰時・時房がそれぞれ執権・連署に任命されたと述べたが、それは通説にしたがったまでである。私が調べたところでは、この間約一年、時房は連署としての政務を行っていないばかりか、上洛して六波羅探題の実権を握っているのである。一体執権と別に連署というものがあったのではない。執権とは将軍家の政所の別当であるが、泰時・時房共に政所別当として執権であり、執権・連署制とは要するに複数執権制である。この場合にも筆頭執権たる泰時の権限が次席執権たる時房よりも大きいのは言うまでもないが、政子の死までと、死後との執権政治の違いは、単数執権制と、複数執権制との違いである。泰時は承久の乱以後の六波羅探題の複数制を、幕府の執権に適用したのであり、一人で間に合っていた執権が、二人になるという変化は軽視すべきではない。それはとりもなおさず独裁制から合議制への変化であり、父の遺領も嫡子なるがゆえに一方的に多くとらぬという泰時の態度に通ずるものがある」と述べておられる(13)。執権・連署について両者に本質的に相違があるものではないという点については、しかりそのとおりであり、論者もこの考えに基本的には賛成である。ただし泰時・時房の関係については論者の考えとは異なる。また合議制を標榜したという点についても大筋で納得できるが、当時の泰時の不安定な状況からして、遺領配分の問題も含めて、泰時の側から求めてかかる体制にせざるを得なかったことを考慮する必要があると思う。

また上杉和彦氏は、この記事を政子の幕府政治および北条氏の将来にとっての構想であると理解し、この日の条は大江広元に意見を求めたものだとし、「広元は〈時房の連署就任はまことに的確な人事でありむしろ遅すぎるくらいである〉とまで述べて、政子の考えに全面的に同意している」といわれる。すなわちこの記事は時房の連署就任の記事ではなく、政子が理想とする将来の構想であるというのである。そして時房の連署就任を翌嘉禄元年（一二二五）のこととしている。(14)しかし、かかる考え方の根底には連署はあくまでも副次的な存在としてのみとらえられており、その点では論者は考えを異にする。さきにみたように、時房はすでに政所別当に就任していることからみれば、「執行武家事」とはあとからつけた解釈ではなかろうか。第一にいわゆる「連署」なる言葉の解釈の問題である。『沙汰未練書』によれば、

執権トハ。政務ノ御代官ナリ。

とある。すなわち鎌倉最末期においては、執権補佐役としての連署の地位が定着化していたかのようである。一般に連署とは、執権の署名に合判を加える存在として考えられている。すでに指摘されているごとく、本来執権と連署には質的な相違はなく、複数執権制ともいうべきものであった。

『関東評定衆伝』嘉禄元年条に、政子が死去した七月十一日以後「被始評定」とある。そして頼経元服の加冠を泰時が役したあと、執権として相模守時房・武蔵守泰時を時房筆頭の上で並記し、中原師員以下、都合十一名の評定衆を載せている。ここには時房に『連署』の二文字が付帯していないことは単なる欠落なのであろうか。さらに翌嘉禄二

年、安貞元年、同二年、寛喜元年、同二年、同三年の六ヶ年は年譜未詳とし、貞永元年にいたって初めて相模守時房に「連署」という役職を示す文字がつくのである。事実当時の幕府が下した文書をみると、『鎌倉遺文』によれば次のようになっている。

泰時単独の署名の文書としては、貞応三年九月七日付関東下知状（『鎌倉遺文』三二八一号）、同年九月十八日付関東下知状（同三二八四号）、同年九月二十一日付北条泰時御教書（同三二八五号）、同年十一月十一日付関東下知状（同三三〇七号）、同年十一月十六日付北条泰時書状（同三三〇八号）、同年十一月三十日付関東下知状（同三三一六号）、元仁二年四月二日付関東下知状（同三三六二号）同年五月二日付関東御教書案（同三三六九号）などがある。時房が連署に就任していれば当然連名の署名になるはずである。また元仁二年二月十一日付関東下知状写（同三三四三号）、嘉禄元年五月二日付関東御教書（同三三六九号）などは時房単独の署名である。このように元仁・嘉禄年間には時房単独や泰時単独の署名の形式の文書が多くあることに気づく。両者の連名による文書は嘉禄元年十一月十九日付関東下知状案（同三四三〇号）が最初である。

したがって従来までただ漠然と嘉禄元年泰時が執権の補佐として連署を設置し、叔父時房を以ってこれに任じたという解釈はあまりにも初めから連署ありきという先入観にとらわれているのである。泰時の執権政治体制がスタートして以来鎌倉末期にいたるまで、少なくとも最末期の執権・連署の地位が空洞化した時期を除いて、幕府政治の中枢において連署とは次のような性格であったといえる。すなわち若年の得宗の執権に対して老練な一門が連署として執権を補佐するという体制をとっていることが多いのである。泰時に対する時房、時頼に対する重時、[15] 時宗に対する政村などであるが、いずれもいわゆる得宗の権力が確立するまでの段階がそれにあたっているのである。いいかえれば得宗の権力の確立にとって、重鎮にして老練な一門の連署の存在がいかに大きなものであったかということを強調しておく。得宗の権力が完全に確立し執権の地位が名目化し、連署の地位が副次的な存在と化し、発足当初の実態からかけ離れた状態になってしまった最末期の段階を除いて、幕府中枢においては、むしろ執権が「従」であり、連署が「主」であることは、各時期の実態に照らしても紛れもない事実であるというべきである。しかしだからといって連署が執権をさしおいてものごとを勝手に決裁したなどということはできない。ましてや一門庶子家の連署の立場である身でありながら、得宗にとって代わろうなどということもまた乱暴な解釈である。常に〝ナンバー2〟の地位に甘んじながらも、その地位は決して軽んじるべき存在ではなく、主役たる泰時のかげにあって実質的にその政権を支えてきた時房こそ評価されねばならないのである。泰時にとって時房は自らの存亡にとって欠くことのできない大切な存在であって、その時房を全く意のままにしていたなどというのも、やはり当時の実態から遠くかけ離れている解釈であるといわざるをえない。幕府政治の中枢で屋台骨を支えてきた三善康信（善信）・大江広元（覚阿）・北条政子、さらには北条義時らがこの世を去った以上、少なくともこれらの遺産を糧にその政治路線を継承していかなければならなかったというべきなのである。この嘉禄元年は極論するならば、実態として時房の政権であったことを否定できないのである。(16)

さらに注目すべきことは嘉禄元年（一二二五）における時房の動きである。時房は嘉禄元年当時、京都・鎌倉間を往復しており、その所在が『吾妻鏡』の記載と大きく矛盾することが確認できる。すなわち正月の歳首垸飯の時点では鎌倉にあって泰時の下に従属しているごとくであったが、『明月記』嘉禄元年六月十四日条によれば在京していることになっている。武蔵太郎時氏・相模四郎朝直ともに在京ということになっている。これをどのように考えればよいであろうか。すなわち『吾妻鏡』の編纂者は該時点において時房をどうしても泰時の下に位置づけしておきたかったのである。時房の子息としては次郎時村・三郎資時はすでに出家している。一男時盛の母は不明であるが、四郎朝直の母は足立遠元女である。次郎時村・三郎資時の出家事情については、本書第六部第六章を参照。ところが同時代の定家は時房の役割の高さをすでに認識しており、その事実をきちんと書き留めていたのである。

『明月記』嘉禄二年二月二十二日条に、

武州之女嫁相州嫡男、四郎依有愛妻光宗女、頗固辞、父母懇切勧之云云、

とある。はたしてこれは誰なのであろうか。四郎とあるからには朝直とみるべきであろうが、嫡男としていることをどのように考えるべきであろうか。同時代の藤原定家がみているのだからより確かなのであろうが、この段階で朝直を嫡男というのがはなはだ疑問である。あるいは父時房の意思があったのであろうか。それにしても、時房の後継者と目され、六波羅探題南方に時盛が元仁元年（一二二四）から在任している事情に鑑みて、四郎朝直を嫡男とすることはいかがであろうか。すでに掃部権助の官をおびた時盛をさしおいて、無位無官の朝直が嫡男というのはどうにも理解しがたい。泰時（得宗）の側からすれば、時房系を分断することによってその勢力を削ぎ、さらにはその一方である大仏系の抱え込みをはかったのではあるまいか。そして朝直と泰時女との婚姻は、その連帯の一環であったといえそうである。事実朝直は時頼や時宗政権の時には執権・連署や、南北六波羅探題にはならなかったものの、一門中の重鎮として評定衆・引付頭人など枢要な地位を占め、その羽翼として活動している。この朝直にしても従来までの見方では単に得宗の従順・忠実な一門としての評価しか与えられていない。また兄の次郎時村、三郎資時二人の出家事情については、拙稿「北条時房の子孫について」（本書第六部第六章参照）なかで、二人が京方に走るような気配を見せたためではなかったかという推測をした。さらに後年における佐介氏の反得宗的行動の淵源は、このあたりから始まっていたのではなかろうか。少なくとも佐介氏一統からすれば得宗に対して何らかの不満が鬱積していたであろうことは察せられるのではあるまいか[17]。

時房は子息何人かをともなって対朝廷工作のため在京していたのであり、実質的に政権の屋台骨を背負っていたことになる。複数執権制などという考え方はきわめて曖昧な解釈であり、かえってことの本質を見誤ることになりかねない。執権・連署を比較した場合、鎌倉後期・末期はともかく、執権泰時の時期における時房、執権時頼の時期における重時など、いずれも若年の執権を老練な連署が補佐する体制となっている。そのほか政村・長時、政村・時宗など、いずれの場合も実質的にどこに主導権があったのか、自ら明らかであると考えている。しかも該時点において泰時は得宗権どころか、北条氏の家督の宗主権すらも危うかったとも思われるのである。前年における義時の喪が明けるのに際して、子息の序列がでているが、名越朝時は別格扱いであり、泰時は特別の待遇にはなっていない。他の兄弟は泰時とともに一括して扱われており、前出の朝時は別格であり、むしろ義時の後継とまで目されている節がある。時政の名越邸を受け継ぎ、母も正室たる比企朝宗女であることを考えれば、泰時は決して安閑としていられた状況ではなかったはずである。ではなぜ母不詳で、しかも三浦義村女と離別した泰時が家督を嗣ぐことができたのであろうか。やはり一つには、『吾妻鏡』にもあるとおり、政子や北条氏一門の重鎮たる叔父時房の強力なバックアップによるところが大きいといえよう。

かかる事情から考えて、対朝廷工作の目的の一つは義時の後継問題ではなかったか。時房在京の目的が一体何であったのか、それを知る直接の手がかりはないが、この問題がおおいにからんでいたのではなかろうか。

嘉禄元年十二月二十三日条によれば、時房は「頓病、頗危急」となっている。『明月記』嘉禄二年正月二十二日条によれば、「相州病重、子息四郎、今暁揚鞭下向云々」とあり、朝直は急ぎ鎌倉に帰った。嘉禄二年正月の三ヶ日の垸飯をみると、元旦に泰時の献儀による垸飯に、時房は布衣を着て西侍に候している。何とも奇妙なことであり、前年末に大病を得て床に伏していたのが一転して、その姿を見せていることは不自然といえよう。その時房は翌嘉禄二年正月の歳首垸飯は、二日が名越朝時、三日は三浦義村に譲っている。しかも元旦の一の馬に子息四郎朝直（のちの大仏朝直）がみえているが、『明月記』によれば前年六月十五日には在京していたであろうことがうかがわれ、まもなく帰鎌したであろうことが察せられる。[18]やはり、後年における編纂の意図から、該時点でどうしても時房流を泰時の風下においておきたかったと思われる節がどうしてもぬぐいきれない。

さらに同じく嘉禄二年は泰時・時房にとって意味深長な記事がある。同年七月一日条に、

今日。橘右馬允公高。幷本間太郎左衛門尉忠貞。小河左衛門尉。同右衛門尉等蒙去承久三年六月勢多合戦勧賞。彼輩。加相州陣雖励軍忠。未預其賞之間。相州連々被挙申之処。猶依無許容。自分勲功之賞伊勢国十六ヶ所内。辞四ヶ所而令中与御下文給云々。

とある。これまた泰時にとっては何ともこれみよがしな書き方ではないか。承久の乱からすでに三年も経過し、まだ恩賞に預からなかった橘右馬允公高・本間忠貞・小河左衛門尉・同右衛門尉（いずれも実名不明）の四人に、時房は自腹を切って恩賞を与えているのである。許容しなかった主体はほかならぬ泰時であるはずであるから、時房の行為はあてつけがましいとしかいいようがない。また同年四月四日には、故政子の三回忌の追善供養を時房主催で、大倉新御堂（大慈寺）で行い、三重宝塔を建立している（同日条）。一方泰時は六月十三日に義時の三回忌を同じく大慈寺の釈迦堂で供養している。両者の役割分担と単純に解釈してもよさそうであるが、どうにもそうは解釈できないのではないか。そしてこの年五月八日には、内藤氏の家嫡をめぐって、父盛家が次男盛時を偏愛のあまりに兄盛親を越えて廷尉に任官させてしまった。この件について幕府が介入し、「無可越兄之理」として、評議により、「可止召名」という裁定をみたのである。これは内藤氏の家嫡をめぐる問題に止まらず、当時の幕府における御家人の嫡庶の秩序を幕府権威のあり方からあらためて示した事例である。この一件になぞらえて嫡庶の関係はかくあるべしと強調したかったこ

とのあらわれであるというべきである。『吾妻鏡』の編者は、この内藤氏の一件をおりまぜながら、泰時を義時の後継者として位置づけ、その正当性をかなり意識的に主張しているのである。(19)

さらにいうならば、この時点では泰時と時房は必ずしもしっくりとはいっていなかったといえるのではないか。元仁元年六月二十九日条の「相州。当時於事不被背武州命云々」はやはり編纂者による意図的な叙述であったというべきである。事実はまったくその逆で、泰時は時房を立てなければ「伊賀氏の変」を乗り切り、これからの政局に臨むことはできなかったといえるのである。

おわりに

北条時房は連署として常に得宗・執権の補佐役であり、また地味な存在としてかたづけられ続けてきた。北条時房は従来一般的に論じられてきたように、単に得宗泰時の補佐・引き立て役的な決して地味な存在ではなく、叙上のごとくその存在は非常に大きなものであったというべきである。時房あっての泰時であり、その協力なくして執権政治体制は維持・運営することはできなかったといえるのである。執権政治というと、とかく初めに泰時ありきで、あとはひとまとめにして論じてしまうきらいがある。かねてから論者は得宗以外の北条氏一門もそれぞれ独自の志向性があり、相対的に独立した存在であったことを指摘してきた。

時房流の分裂は時房個人の望むところではなかったはずである。それが、得宗側からのてこ入れによって、「佐介氏」「大仏氏」に分断されてしまったのである。得宗側はその一方の大仏氏との連携を強化する過程で執権政治・得宗専制は成立していったのである。

本章は時房の生誕から元服・改名・連署就任までを主題として論じてきた。鎌倉武士にとって官位は多分に年功的序列といった側面がある。それにしても「正四位下」というのは公卿である将軍をのぞけばその最高位である。これに叙した者は管見の限り六名しかいない。足利義氏・大江広元・中原師員・北条泰時・北条時房・北条政村で、北条氏でもわずかに三名である。それだけ時房の存在が大きかったということを意味している。当然連署就任後、泰時を中心とする執権政治体制下における時房の役割はなお重要であったことはいうまでもない。連署就任以後の時房については後日の課題としたい。

註

（1）本書第一部第一章、第六部第三～六章参照。従来までほとんど等閑視同然であったがごとき感がある時房流北条氏について、現在まで五つの論考を発表し、時房流北条氏の幕府政治における重要性について指摘した。

（2）「足立系図」（『続群書類従』第六上）の遠元女子に「修理権大夫平時房朝臣（妻也脱カ）、遠江守時直等母也」とある。

（3）「北条系図」（『続群書類従』第六上）によれば、「阿野全成妻時元母阿波局二位殿姉」と注記のある女子がいる。当然泰時の母とは別人である。

（4）幕初における北条氏の基盤の脆弱性に鑑みて幕政における地位や存在の実態について疑問視され、従来漠然と見られていたように幕政初期における北条氏の地位は当初から確立していたものではなかったことを最初に指摘されたのは八幡義信氏である。八幡義信氏「伊豆国豪傑北条氏について」（『武蔵野』第八十四巻一号）一九六九年。

（5）『玉葉』文治元年十一月二十八日条。

（6）治承四年十月二日条によれば、

今日。武衛御乳母故八田武者宗綱息女。（小山下野大掾正光妻。号寒河尼。）相具鍾愛末子。参向隅田宿。則召御前。令談往事給。以彼子息。可令致昵近奉公之由望申。仍召出之。自加首服給。取御烏帽子授之給。号小山七郎宗朝（後改朝光。）今年十四歳也云々。

とある。

(7)　この時点では、北条氏といえども一御家人にすぎなかったというべきである。

(8)　時房流北条氏には、『尊卑分脈』によれば、勅撰集の歌人となった人物が多くみられる。時房子息の相模次郎時村は「哥人」、同五郎時直は「続古今、続拾遺、新後撰、玉葉の作者」、同三郎資時は「哥人」、時盛子息の右馬助時親は「続古今作者」、朝直子息の大仏宣時は「続拾遺、新後撰、玉葉、続千載の作者」、大仏宗宣は「新後撰、玉葉、続千載の作者」、大仏貞房は「玉葉、続千載の作者」、大仏維貞は「玉葉、続千載の作者」、時直の子孫では遠江太郎清時が「続拾遺の作者」、同三郎時藤が「新後撰の作者」、清時孫貞俊が「続千載の作者」、佐介時盛の子孫では孫の時綱が「玉葉の作者」、時国の子時元が「玉葉、新後撰、続千載の作者」、同弟貞資が「続千載の作者」などとあり、特に注記のない者も「哥人」であることが考えられる。ちなみに極楽寺流にも同様の特徴がみられる。

(9)　しかし、ここに大きな疑問が一つ残る。それは牧方所生の政範は、すでに前年の十一月六日に没していることである。こうした事件では、所生の子がいることが前提であって、その子が権力を継承すること（時政の跡を襲うこと）をはかるのが常である。しかしながらすでに前年、母が京の出身と言うこともあり三代将軍源実朝と坊門信清女との婚儀が決まった際に、鎌倉から兵を率いて京都まで迎えに行く役を果たしていたが、その在京中に病を得て没しているということや、またその年齢が十六歳というきわめて若いことが問題になるのである。本来ならば、政範が跡を襲うことになることを企図することこそ重要なのであって、その本人がいないということは大きな疑問として残るというべきである。またさらにいえばその死因が疑問となる。あるいは暗殺された可能性はないのであろうか。いずれにしてもその企ては失敗に終わり、ついに時政追放後、北条氏の家督は義時が継承し、二代執権としての義時のもとで北条氏を中心として幕府体制が確立し、その地位を確固たるものとしていくのである。この事件は、後に北条氏内部で起こる執権職をめぐる内紛の先駆けになった。

(10)　金澤正大氏「武蔵守北条時房の補任年時について――『吾妻鏡』承元元年二月廿日条の検討――」（『政治経済史学』第一〇二号所収）一九七四年。

(11)　建保六年五月四日条に、

相州自京都下着給。三品御上洛之時被扈従。而三品去月十五日雖出京給。為参仙洞御鞠。被逗留云々。

および同五日条に、

相州依召被参御所。洛中事被尋仰之処。相州被申云。去月八日梅宮祭之時。御鞠有拝見志之由。中内々之間。臨幸件宮。右大将（半蔀車。具随身上臈。）被刷顕官之威儀。是皆下官見物之故也云々。同十四日初参于御鞠庭。着布衣。（顕文紗狩衣。白指貫。）伴愚息二郎時村（二藍布衣。白狩袴。）公卿候簀子。上皇上御簾叡覧之。同十五日。十六日以後。連々参入。当道頗得其骨之由。叡感及数度。院中出仕不知案内之旨。示合之間。尾張中将清親（坊門内府甥。）毎事扶持。生涯争忘其芳志哉云々。

とある。次期将軍候補の人選に際して、政子の上洛に随行した際に後鳥羽上皇の院の蹴鞠に参加したときの記事である。たまたま在京していたとはいえ仙洞の蹴鞠の会に参加するなどということは、よほどのことがなければ可能なことではあるまい。おそらくは時房父子が蹴鞠をはじめとする、いわば公家の教養を相当身につけており、しかもそのことが京都の公家たちの間にかなり広まっていたことがうかがわれる。そうでなければわざわざこうした会に呼び出されることは考えられないことである。時房父子にとっては非常に名誉なことであろうし、鎌倉武士にとっても眉目をほどこしたものでもあったといえよう。いずれにしてもこの記事は鎌倉初期における鎌倉武士の教養の高さを示す一端でもあり、文化史的にも重要な意義をもつことでもある。

(12)　承久三年六月十六日条に、

相州。武州両刺史移住六波羅舘。如右京兆爪牙耳目。廻治国之要計。求武家之安全。凡今度合戦之間。雖多残党。疑刑可従軽之由。経和談。四面網解三面。是世之所讃也。

とある。いわゆる六波羅探題のはじめである。

(13)　上横手雅敬氏『北条泰時』六七～六八頁。（人物叢書）吉川弘文館刊、一九五八年。また、『日本中世政治史研究』（三八二～三八四頁、一九七一年）において同様な論点を整理されている。

(14)　上杉和彦氏『大江広元』一六七頁。（人物叢書）吉川弘文館刊、二〇〇五年。

(15)　時頼政権下における連署重時の役割の大きさについては、本書第三部第一章でも述べておいた。また、鎌倉中期における最大の合戦ともいうべき宝治合戦を主導した人物として、当時六波羅北方にいた重時をあげることができる。こうした問題意識としてその役割を評価されているのが、石井清文氏である。石井清文氏「北条重時と三浦寶治合戦」（Ⅰ）（Ⅱ）（『政治経済史学』第二三二号、二九八号所収）一九八五年、一九九一年。

論者は、時宗政権の第一段階（文永元年～文永九年＝一二六四～一二七二）における連署北条政村の主体的な役割について、従来ほとんど顧みられることすらなかったことや、その正当な評価がなされていなかったことに注目し、すくなくとも時宗の連署就任から執権就任、さらに二月騒動にいたる過程で政村がいなければとうてい時宗一人では乗り切ることができない難しい政局であったことを指摘した。本書第五部第一章、第二章。

(16) 石井清文氏「藤原頼経将軍暦仁元年上洛の意義」（『政治経済史学』第三四四号）一九九五年。同「北条泰時単独執権体制の成立」（『柴田和彦先生退官記念　日本史論叢』）一九九六年。

石井氏の結論は泰時と時房との関係について検討を加え、従来までただ漠然ととらえられてきた両者の力関係は単純なものではなく、泰時単独政権成立までは時によって妥協的な複数的関係であるとみなし、時房の力が幕政において泰時を凌ぐ状態が長らく存在していたことを指摘されている。特に石井氏が指摘された武蔵の国務の掌握については今後の政権のあり方に大きく関わる問題であり、大仏氏一統にとっても重要な問題である。一般的に泰時に代表される執権政治体制は、基本的には実態としてみた場合時房の政権とみなさなければならない時期があったと考える。

(17) 本書第四部第一章。

(18) 『明月記』嘉禄元年六月十五日条に、

頭注　留京武士両国司子息、相州二人、本間左衛門久家、中務宇間左衛門、石川六郎云々、

とある。両国司とは武州泰時と相州時房であり、子息は泰時の子武蔵太郎時氏（六波羅探題北方）、相州二人とは、一人は掃部助時盛（同南方）で、もう一人はにわかには確定できないが、相模四郎時直である可能性がきわめて高い。というのは他の兄弟は、前述のごとく次郎時村・三郎資時はすでに出家し、五郎時直は安貞二年（一二二八）が初見であり、六郎時定は天福元年（一二三三）が初見であり、七郎時広（弘）・八郎時隆は論者がすでに検証したとおり、ともに時村の子で時房の孫である。

従ってここで該当する時房子息は朝直と見てまずまちがいあるまい。

（19）『吾妻鏡』は政子、泰時については過大に評価しすぎているきらいがある。政子については中国漢代の呂后や神功皇后の再来とまで評価し、さらに泰時については、貞永元年八月十日条に、

又武州令造給御成敗式目被終其篇。五十箇条也。今日以後訴論是非。固守此法。可被裁許之由被定云々。是則可比淡海公律令歟。彼者海内亀鏡。是者関東鴻宝也。元正天皇御宇養老二年戊午。淡海公令択律令給云々。

とあり、淡海公（藤原不比等）になぞらえるような記載まである。

第二章　鎌倉幕府連署北条時房について

――執権・連署制の実態分析と時房流の家嫡問題――

はじめに

論者はかつて時房流北条氏の二大主流たる佐介氏・大仏氏、北条時房の子孫、佐介信時等について、また先年北条時房については、その生誕から連署就任までの検討など、本章の前提となるべき論考を発表した。本章はそれらの成果をふまえて、時房の連署就任以後その死没にいたるまでを検討するものである。特に執権泰時との関係についての再検討を試みるものである。

一般に時房は泰時に従順な存在としてとらえられ、得宗の補佐役程度の存在という傾向がみられてきた。近年の傾向はそうした見方は一面的であり、北条氏一門全体のなかで時房およびその一統を見直すべきであるというようになってきている。

いわゆる得宗専制論が提起されて以来、北条時頼の時期に寛元・宝治の乱をのりきることによって専制化の傾向がはじまり、後年における寄合の原型となる深秘沙汰によって得宗の独裁化の道が開かれたといわれる。得宗と一門の有力者および得宗外戚、さらに後年には得宗被官らの秘密の会議によって幕府政治の最重要事項を決定していくなど、それまでの執権政治の根幹であった合議制を否定していく政治がはじまり、その後の幕府政治の方向性を示すことになったといわれている。将軍独裁制（鎌倉殿専制）、執権政治体制（評定合議制）、得宗専制という幕府政治の展開過程からすれば、大まかな理解として概ね受け入れることはできる。しかし執権政治体制・得宗専制という同じ語を使用しているからといって、すべて包括的にとらえる考え方は大いに疑問であり、論者は「時頼政権」「時宗政権」「貞時政権」など時期ごとの詳細な実態分析が必要であると考える。そしてこの間における北条氏一門のあり方についても、時頼時代の重時や政村、時宗時代の政村や実時の存在の再評価の必要性があることを強調してきた。

本章の中心課題は、泰時と時房の関係についてその実態把握を目的とする。これまで論者が一貫して強調してきたことは、重時・政村・実時など一門中の最重要人物を見直し、彼ら一門に対する正当な評価をすることなしに鎌倉中期から後期の幕政の実態把握は不可能であるということである。すでに時頼段階において得宗が一門を完全にその支配下に置いて専制的な権力を行使してきたという考え方、すなわち時頼の時期に惹起せる寛元・宝治の乱をもって得宗専制が成立したという説には到底与することはできないということである。また、時宗没後の弘安八年霜月騒動をもって成立とみる説が提起されて久しいが、これについても論者は考えをやはり異にする。得宗専制という鎌倉後期から末期にかけての政治体制が一般に得宗専制とよばれることは大方の理解するところである。しかしその性格は一門中の重鎮や得宗外戚らによって支えられて成立した翼賛体制であると論者は考える。その性格は、若年の得宗を老練な一門の重鎮が支えるといった体制であり、これこそがこの体制の根幹であると考える。得宗専制という政治体制とは厳密には得宗を中心としながらも、その実態は一門による翼賛体制であって、決して一門をその支配下においていた体制ではないと考える。一門が得宗の権力を凌駕し、場合によってはそれに取って代わるという危険性も常にはらんでいたとみるべきで、事実この間におこった北条氏内部の対立や暗闘はそのことをものがたっている。またその一方で得宗を支え、その権力確立に尽力した一門の存在があったことも重要なのである。得宗専制という政治体制は、その性格からすればそうした両方の側面があったと考えるべきなのである。その成立や期間については時宗政権の第二段階（二月騒動以後）の成立から、貞時時代の後半（平禅門の乱以後）にいたるほんの短い期間にすぎなかったのではないかと論者は考えている。その理由として、第一に時頼政権の段階において得宗が一門を完全に支配していたという事実を認めることができない、それどころか時頼はその権限を大幅に規制され、実務の面での権力を剝奪されていた可能性すらあること、第二にその政権の実態は専制でなく、北条氏一門による翼賛体制であったことなどである。

以上のような基本的な考え方にたって、時頼政権の成立の前段階である泰時政権の実態および、時房の連署就任から死没にいたるまでの時期を検証していきたい。

一　時房の連署就任と執権泰時との関係

泰時と時房の関係について最初に注目されたのは石井清文氏である。泰時政権下における連署時房の存在について、時房が泰時をしのぐ実力者であり、実態としてみた場合時房の政権とみなさなければならない時期があったとされている点は実に傾聴すべき指摘である。それまでただ漠然ととらえられてきた両者の力関係は単純なものではなく、泰時単独政権成立までは時によって妥協的な複数的関係であるとみなし、時房の力が幕政において泰時をしのぐ状態が長らく存在していたことを指摘されている(1)。また石井氏が指摘された武蔵国務をめぐる問題、泰時・時房の政権のあり方や、さらには経時・時頼・時宗へと続く政権の実態把握にも大きくかかわる問題であり、大仏氏一統にとっても重要な問題である。

泰時と時房の関係については、すでに建暦二年（一二一二）にあらわれている。建暦二年二月十四日条に、

武蔵国々務間事。時房朝臣被致興行沙汰。於郷々被補郷司職。而匠作泰時。聊雖有被執申之旨。任入道武蔵守義信国務之例。可令沙汰之由被仰下之間。所存其趣也。難領状之由。被答申云々。

とある。現任国司の時房が平賀義信以来の前例を踏襲して国務を執行するというのであり、前例を無視して新義を作ろうというのではないのであるから、普通に考えれば時房の行為は違法とはいえない。そしてこの段階で武蔵国になんらの権限もない泰時が、あたかも武蔵国の国務に口入できるかのごとくに承服できないというほうが本来は筋違いというべきである。武蔵国の国務はすでに時房の掌握するところであったのである。

さらに、元仁元年六月二十九日条に、

相州。当時於事不被背武州命云々。

とある。これはあくまでも『吾妻鏡』の主張であって、これをそのまま受け入れることはできない。それは政治の主体は泰時であり、時房はそれに従うべき存在であったというものである。現在これをそのまま受け入れる研究者はまずいないであろう。

泰時と時房の関係において注意すべきことは幕政での序列である。それを示すのは歳首垸飯である。嘉禄元年（一二二五）は一日が時房（二・三日記載なし）、同二年（一二二六）一日が時房、二日が名越朝時、三日が三浦義村、安貞元年（一二二七）は一日が泰時、二日が時房、三日が三浦義村、同二年（一二二八）は記載なし、以後死没の仁治元年（一二四〇）にいたるまで一日の時房には変化がない。泰時と時房の幕政での上下関係を如実に示しているといえよう。(2)

執権・連署制がスタートして以来、幕政での序列は時房の方が上位であったことは明白である。さらに名越朝時が入り、泰時・時房を機軸とした政権は一言でいえば北条氏一門と有力な豪族御家人を中軸にすえた翼賛体制であった。そしてこの性格は時宗政権の第一段階まで基本的には変わるところがなかった。合議制を標榜する泰時にとって、幕政中枢は北条氏一門を優遇しつつも、他の有力な豪族御家人（足利・三浦・安達・小山・結城・宇都宮・千葉など）や、北条氏一門の重鎮に加えて、これらの有力な豪族御家人および京下りの文官系側近吏僚層（大江・三善・中原・清原・二階堂など）の協力のもと、それらのバランスによって成り立っていたのである。

『関東評定衆伝』によれば、嘉禄元年（一二二五）から寛喜三年（一二三一）まで年譜未詳としているが、貞永元年（一二三二）条からやはり時房が筆頭に書かれている。ただ時房には「連署」の肩書きがついている。また文暦元年（一二三四）正月二十六日に従四位下に叙して以後は時房に「朝臣」の尊称がついており[3]、泰時も嘉禎二年（一二三六）三月四日に従四位下に叙して以後は「朝臣」の尊称がつく。朝廷における序列のうえでは時房が泰時よりも上位であり、将軍家政所下文は時房が泰時よりも上位に署名している。

泰時と時房との関係については、当然のことながら他の北条氏一門全体のなかで考えなければならない。一般的に時房の連署就任は『吾妻鏡』（以下特記のない限り『吾妻鏡』は年月日条のみを記す）元仁元年（一二二四）六月二十八日条の記事をもとに、この日のこととしている。『将軍執権次第』[4]元仁元年条によれば、時房について「相模守。奉御後見。加合判」とあり、連署就任をうかがわせる。前章でも述べたように、すでに先学もこの件については疑問視されており、上横手雅敬氏が疑問をなげかけている。時房の連署就任についての論者の結論としては、上杉和彦氏が述べられているように嘉禄元年とみるのが妥当であろう。[5]『鎌倉遺文』によれば、元仁年間においては泰時単独、時房単独の署名による文書がみられることから、この年の時房の連署就任はなかったと思われる。すなわち泰時・時房連名による文書は嘉禄元年十一月十九日付関東下知状案[6]が最初である。嘉禄元年の正月から十一月までの間に連署に就任したものと考えられる。

泰時が執権に就任した時点ではその「得宗権[7]」はきわめて不安定で未だ確立しておらず、そのために泰時は、義時の死の直後の元仁元年（一二二四）に家務条々を定め、得宗家の家格を他の一門と厳格に区別し、さらに家令の職を設け腹心の尾藤景綱をもってこれに任じた。(8)泰時段階での得宗の地位の不安定さがゆえに、これらは将来における得宗の地位を安定たらしめるため、泰時が打った策であったというのである。しかしいくら得宗家の家格を制度的に他の一門と厳格に区別しその高さを定め、一門に対する優越性や権威を認めさせようとしても、それを遵守させるためには一門に対する強制力が必要であることはいうまでもない。その強制力がなければそれは反故同然のものとなってしまう。寛元四年名越の政変に際して、『保暦間記』(10)にみえる名越光時がいった言葉「我ハ義時ノ孫ナリ。時頼ハ義時ガ彦ナリ」がそのことをよくものがたっている。氏祖朝時は廃嫡されたという経緯がありながらも、時政以来の名越の邸を受け継ぎそこに住し、いまだ北条氏の嫡流としての意識を自ら認じていた。名越氏の当主朝時としては、得宗の風下に甘んじ、ただそれを漫然と受け止めることは屈辱にも等しいものと考えていた。光時の主張は、あくまでも自分こそが北条氏の嫡流であるという意識と、その血統の正当性は名越氏にあるということであった。(11)朝時の嫡子光時が、泰時が定めた家務条々がいう、得宗の北条氏家督としての地位を認めてはいなかったのである。まさしく名越光時の言葉こそが該時点における名越氏の立場と嫡流としての意識を端的に表していたといえるのである。泰時の孫経時・時頼の段階こそ得宗の地位・権威が最も動揺した時期であり、それゆえに寛元・宝治の乱はこの得宗の地位が動揺した時におこったのである。さらにこのあとも得宗と名越氏との対立・軋轢は氏祖朝時以来の宿命的なものとして文永九年二月騒動に続いていくわけである。(12)この北条氏一門内部の相剋は、単に一門の内部矛盾たる側面のみではなく、幕政中枢の力関係としてあらわれたというべきである。名越氏は摂家将軍九条家とむすび、さらに三浦氏との連帯の可能性を模索し、佐介氏もその視野のなかに入れていたことも考えられる。これに対して得宗側（泰時の後継たる経時・時頼）は一門の重時・政村・実時、得宗外戚の安達氏などの強力なサポートを受け、来るべき対立・軋轢に対処しようとしていたのである。また一方で時房は時房流独自の幕政に対するビジョンを別に描いていたことも十分考えられることである。泰時流のみが幕府および北条氏の将来を担っていく存在とは必ずしもなかったわけであり、時房流にもその可能性は十分あったといえるのである。泰時が描く幕府のビジョンと時房の意思とが必ずしもすべて一致していたわけではなかったこととも関係するのである。さらに時房流は泰時をして一目以上もおく大きな存在であり、あなどりがたい勢力であったはずである。時房流は得宗泰時をもおびやかすかのような勢力を着々と築き上げていたのである。時房女は名越朝時に嫁し所生に教時がいる。(13)佐介時盛は六波羅探題南方として京都に住し、時房流の嗣子となる可能性を秘めていた。時盛女は極楽寺流の長時に嫁している。(14)このように、時房流もまた北条氏内部での姻戚関係を独自に構築していたのである。

また時房子の次郎時村(15)は承久の乱に際して京方に走るかのごとき動きを見せてこれがもとで以前に失脚しているが、同様の動きをした可能性のある三郎資時は嘉禎三年（一二三七）に復活し法体にして評定衆に任じ（三十九歳）、建長元年（一二四九）引付設置にともない三番引付頭にいたっている（五十一歳）。これに対して泰時流は、安貞元年（一二二七）六月十八日次子時実が家人高橋次郎に殺害され、あとを追うようにして寛喜二年（一二三〇）六月十八日嫡子時氏が没し、孫の経時・時頼の成長を待たなければならないという、泰時個人としてもきわめて心細く何とも心中穏やかならざるものがあったのである。そしてこのこととあいまって、政治情勢もまた幕政がアンバランスな状況であったことである。泰時としては、現段階では時房流との連帯こそがよりベターな選択であったと判断しての行動であった。そのことは該時点における幕政中枢の人的構成に表れているのである。後年評定衆中に占めるに北条氏一門の比率が増加の一途をたどり、得宗専制の制度的拠点の一つとなったことはすでに指摘されている。しかし現段階では未だ北条氏全体そのものが成長途上にあって、他の有力御家人に対抗するだけの実力を有するまでの存在にまでは成長していなかったのである。現段階での北条氏の政権は、泰時から経時・時頼にいたるまで一門の団結は決して盤石なものではなかったというべきなのである。後年経時・時頼・時宗の時代にその羽翼として活躍する弟重時（すでに六波羅探題北方としてその重責を果している）は別として、政村・実時（泰時甥）らは未だ成長途上の段階にとどまっていた。結果的には名越氏とは対立が避けられなくなってしまうわけであるが、この段階では泰時は名越朝時との連帯の可能性をも視野に入れて、このあとの政局に対処しなければならない状況であったと考えられるのである。北条氏一門内部で対立している場合ではなかったのである。

かかる状況の下、泰時が時房の協力を背景として打ち出したのが将軍頼経の上洛であった。この将軍頼経の暦仁元年上洛の最大の意義は、幕府権力の象徴として大きく成長した将軍頼経の存在を京洛に強烈に印象づけることと、一大デレゲーション＝武家の統制が取れた行軍の威容さを公家たちに見せつけることにあった。しかしそれ以上に重要なことは、承久の乱以後大きな合戦もなく政権が比較的安定期に入って、幕府としては御家人に何らかの形で報いることが必要とされたのである。それは一つには御家人たちに京都の町の空気を直に触れさせる絶好の機会であったはずである。東国出身の御家人たちにとってはかつて京都に上っての番役は非常に大きな負担であり、決して物見遊山的な気分ではなかったはずである。その後京都大番役は主として西国御家人が勤仕することになり、東国御家人は普通鎌倉大番役や関東御公事となり、負担はある程度軽減されたかのようであった。それが将軍上洛に際しての護衛というのは名誉ある一員として行軍に参加できたという側面が大きいというべきである。その参加のための費用は自己負担であって、所謂御家人役であったと考えられる。しかしその供奉人に抜擢されることは御家人にとっては名誉あることであったであろう。一方その負担に対しては応分の見返りがあったはずであり、それは御家人に対する任官・叙位であった。

今一つにはそうした御家人たちの組織された力、すなわち執権・連署を頂点とする幕府の御家人たちの団結にこそあったというべきである。執権・連署を中心とする幕府の支配体制の強化にあったとみられる。武家政権としての幕府の存在意義は御家人たちの要求に応えることができるかどうかにかかっている。幕府が御家人たちに大きな負担を強いる将軍上洛をあえて強行したのにはこうした背景があったのである。それと同時に、前述のごとく北条氏の団結をより強固なものとするという意図があった。

暦仁元年（一二三八）正月、泰時・時房の両首脳は将軍九条頼経の上洛を実行にうつす(16)。暦仁元年正月二十八日条に、

> 天霽。将軍家御上洛。寅刻。先晴賢参。勤御身固。今日八龍日也。聊有其難歟之由。雖有傾申之族。御出門之上者。不可及日次沙汰之旨被仰。無御許容云々。巳刻御進発。被用御輿。護持僧岡崎法印成源。乗輿。御験者公覚僧都。隆弁律師。頼暁律師。医道施薬院使良基朝臣。権侍医時長朝臣。陰陽道前大蔵権大輔泰貞。散位晴賢朝臣等也。随兵以下前後供奉人悉進発之処。匠作未及御出立。剰有囲碁会。左京兆頻被勧申之。而彼祇候人等云。未被整旅具云々。仍京北被献野箭行騰等之後。酉刻進発給。

とある。将軍は巳刻（午前十時）に進発し、随兵以下前後供奉人悉く従って進発したにもかかわらず、時房はまったく動く気配すらみせず、あまつさえ囲碁の会を催していたというのである。泰時もさすがにその進発を促している。時房の祇候人等がいうには未だ旅支度も整っていないとのことであって、ようやく酉刻（午後六時）に進発したというのである。実に時間差は八時間ということになる。頼経の上洛は前もってわかっていたはずであるから、この時房の行動はやや疑問であり、時房の真意がどこにあったのか計りかねるのである。鎌倉を留守にするにあたって、時房自身の細心の配慮であったかもしれない。それに関連して、注意しておかなければならないことは泰時・時房の両首脳のいない鎌倉の留守についてである。執権泰時・連署時房の留守を預かるには、当然それなりの器量を必要とする人物

を当てなければならないはずである。この時鎌倉の留守を預かることになったのは、供奉のなかにその名がなかったことから、泰時弟の名越朝時、時房三子の北条資時らであった。鎌倉での政務の空白は勿論許されるはずもない。泰時・時房のそれぞれの流れのなかから人材を起用している。やはりバランスの保持こそが重要なことなのである。この年暦仁元年四月二日、三浦泰村・二階堂行義らが評定衆に加えられた。評定衆の人的・質的向上とがはかられ、体制が強化されたわけである。そのトップに抜擢されたのが現段階での〝ナンバー3〟たる名越朝時と北条資時らであったわけである。大方の理解は、得宗と名越氏は対立の図式でのみとらえられる。確かに結果からすれば寛元・宝治の乱、文永九年二月騒動などにみられるごとく、得宗対名越氏の対立という事実から、名越氏の敗北といった理解が一般的であった。得宗と名越氏との対立・軋轢は氏祖朝時以来宿命的なものとしてのみとらえられがちである。はじめから寛元・宝治の乱、文永九年二月騒動にいたるのは、いわば必然的なものとしてただ漠然と考えられてきた感がある。しかし、泰時は決して単に時房流との連帯のみを念頭に入れて行動していればよいというものでもなかった。泰時・時房の政権は決して一枚岩ではなく、内部には泰時と時房の間には対立の因子すら含んでいたと考えるべきであり、したがってただ単に泰時は時房との連帯のみを思考し、その補佐のみに頼っていけばよいというものだけではなかったのである。前述のごとく時房流はあなどりがたい勢力を形成しつつあり、泰時が時房流に対抗していくためには名越氏との連帯の可能性をも視野にいれて、その政権構想を模索する必要すらあったと考えるべきなのである。泰時は舎弟の朝時・重時・政村・実時（泰時甥）らは、将来競合と同時に連帯の可能性の両面があったのである。泰時がこのあと孫の経時・時頼の成長を待ちつつ、その後の政権運営のためには、その羽翼として、時房流のみならず朝時・重時・政村・実時（泰時甥）らの支持・協力を必要としていたと考えていたのである。寛元四年名越の政変や文永九年二月騒動によって得宗と名越氏との武力衝突という結果のみから考えるのでなく、各時期ごとの幕府内での力関係をも考慮すべきことなのである。

将軍頼経の上洛に際して幕府首脳の留守のトップに弟の名越朝時、時房三子の北条資時らをすえて、幕政の空白を補うことにしたと考えられる。当時泰時・時房ら幕府首脳が、彼らの政治的力量を熟知し、またいかに信頼を寄せていたかがうかがわれる。しかし一方でその朝時自身は一旦は評定衆に任じられながら、即辞退といった行動にでている。嘉禎二年（一二三六）九月十日条によれば、

遠江守朝時朝臣加評定衆之後初出仕。此事不庶幾之由。内々難渋云々。

とある。朝時は執権・連署に次ぐ重職たる評定衆に任じている。文言を素直に読めば、朝時自身は思いがけない任命であり、本意ではないと思っていたかのようである。さらに『関東評定衆伝』嘉禎三年条によれば、

遠江守朝時。九月十日加。初参之後即辞退。但不年紀分明。

とあり、いつごろ辞退したかははっきりしない[17]。いずれにしても朝時はその評定衆という任をいともあっさりと辞退している。朝時は廃嫡されたという経緯がありながら、時政以来の名越の邸を受継ぎ、北条氏家督としての地位に対する執着はひとかたならぬものがあったはずである。少なくとも朝時の意識は、執権・連署に次ぐ〝ナンバー3〟の地位に甘んじることには強い抵抗感があったのである。次期執権・連署の地位は自分にこそふさわしいというくらいの気概があっても不思議ではないのである。朝時の心底には、自分こそが北条氏の家督の地位につくべきものと考え、〝ナンバー3〟としての評定衆の役職に甘んじることに対して大いに不満があったためである。そしてこの朝時の評定衆辞任劇は単なる虚勢ではなく、名越氏一統の実力に裏づけられた行動であったとみなければならない。実際に名越氏が得宗側とことを構えて行動するか否かは別としても、その実力を養いつつあったことは想定しなければなるまい。暦仁元年十二月二十三日条に、

戌剋。将軍家為御方違。入御遠江守朝時名越亭。是日来御本所也。

とある。明年の節分のための方違として、その御所として名越邸を選んでいるのである。該時点における朝時の役割の重要性の一端がわかる。すなわち泰時・時房らは朝時を決して無視しえないことをよくわかっていたのである。朝時が現任の評定衆ではないとしても、泰時・時房の留守にあっては最高の実力者であったはずである。評定での決定事項は必ず朝時のもとに報告され、重要事項は泰時・時房の指示を仰いだであろうが、小事は朝時・資時らが決定の裁可を下したであろう。一時的にもせよ鎌倉の留守を預かるということは、少なくとも泰時・時房の信頼がなければ任せられるはずもない。後年における名越氏の動向から見ると何とも不思議な気もするが、実は現段階において朝時は義時系ではまだその後継としての地位を失ってはいなかったとみるべきである。事実鎌倉では御家人の任官に関して重要な評定が行われていた。暦仁元年九月二十七日条に、

御家人任官事。所望之輩。可令減納成功之由。相議之旨。就有其聞。今日被経沙汰。可停止云々。凡成功之官職之外。不可有御挙之趣。被定云々。御在洛之次。望申官位之族多之。又有御吹挙。仍為固向後之法。及此評定。

詮勾勘者相模三郎入道真昭也。

とある。幕府首脳がことごとく在洛していたときでもあり、出先の京都でこのような評定をしたとは考えにくいことから、これは鎌倉で留守を預かる朝時や資時らが、泰時・時房の指示を仰ぎながら決定したものと考えられる。その内容については、成功の官職以外はやたらに望んではならないことを規定しているのである。またこの記事により、名越朝時とならんで北条資時の政治的役割の大きさの一端を知ることができる。詮勾勘者とは推挙の責任者ということであり、ここに資時の重責の一端がうかがわれる。また名越氏もまた泰時にとって、その政権運営のためには重要な羽翼であった時期もあったのである。また、時房流の資時も政治的識見や能力は非常に長けていたのである。泰時

はこの両名に信をおいていたからこそ、鎌倉の留守をまかせることができたというべきである。

時房存命中はいかに泰時といえどもうかつに時房流を刺激することはできなかった。だからこそ泰時＝得宗側は常に時房やその一統に気をつかっていたのである。延応元年四月二十五日条に、

> 未刻。前武州俄御違例。戌刻以後御心神殊違乱云々。諸人群参。織部正光重為将軍御使参入。于時匠作御亭前武州向顔。酒宴乱舞折節也。前武州御病悩之由。雖有告申之輩。匠作敢不被停止其事。又不進使者之間。宿老祗候之人等諍申之。匠作曰。如予之遊戯歓楽者。武州御在世之程也。彼不例雖似白地事。若及大事者。侍何仁恵猶可越世哉。永令隠遁。更不可好興宴。且依存最末之儀。不避此座。諷諫之仁還催感涙云々。

とある。泰時と時房との関係をそのままあらわす記事であり非常に興味深いが、それにしても話としては実によくできすぎている。泰時の人格を示すには都合の良いエピソードである。文言どおり素直に普通に解釈すれば、時房が泰時に全幅の信頼を寄せていたことの表れであると『吾妻鏡』はいいたげである。この話を文言通りそのまま受け取ることはできない。『吾妻鏡』はことさらに政子・泰時等を美化しすぎるきらいがある。これを逆に考えることはできないであろうか。第一に、泰時あっての時房ではなく、時房あっての泰時であったのではないかということである。このように時房の存在を強調しなければならないほど、その存在は重かったというべきなのである。時房がいるからこそ泰時は後顧の憂いなく執権として手腕を発揮することができた。論者はこの記載のなかにそうした側面を見出すことができると考える。第二に、時房の脳裏に泰時なきあとの幕府の政権構想をある程度描いていたのでないかということである。泰時に万一のことがあった場合、その後の幕府の屋台骨を自ら支えていくだけの覚悟とその自信すら時房にはあったのではなかろうか。自らの子息の後継者を含めて、泰時の弟たちの誰かをポスト泰時としてトップに据えることによって、その後の幕政運営をしていくということを構想していたのではなかろうか。時房がこれまでつち

かってきた実績をもってすれば、それは必ずしも不可能なことではなかったのではないか。時房はこのあと北条氏一門のトップとして幕政を主導していくことが自分にはできると考えていたとしても不思議ではない。このように考えるとあたかも時房が泰時の死を望んでいたかのようにも思えるが、論者はそれを強調しようという意図は全くない。ただ時房の心底にはそこまで見通していたというように感じられるのである。時房はまさしくきわめて老獪な政治家であったということである。泰時も決して時房を全面的にただ単に信頼していたわけではなかったのである。もちろん時房の政治家としての大いなる手腕は、泰時の政権には欠かすことができない存在であったことは事実である。泰時と時房は互いに信頼しながらタッグを組みつつも、また一方で対立するような虚虚実実の関係にあったのである。

二　時房卒去と時房流の家嫡問題

北条時房には、主要な六人の男子がいた。かつて論者はそれらについて、一括して論じたことがある。[18]これをもとに、まず時房の後継候補となりうる可能性のあるものを整理しておきたい。

長子は時盛である。時盛は「他腹」[19]ではあったが、時房の後継として六波羅探題南方として、元仁元年（一二二四）、時房の跡を襲い六波羅探題南方に就任した。六波羅探題南方に付随していたとみられる丹波国守護職を兼帯していた。嘉禎二年（一二三六）七月二十五日に従五位下越後守となる。暦仁元年（一二三八）八月二十八日に正五位下にいたる。仁治元年（一二四〇）正月二十四日に時房が没し、その後継たらんと欲して、正月二十九日に鎌倉に戻る。七月九日に再び上洛した。長年にわたる六波羅探題南方在任の実績から時盛は当然時房の後継として連署の地位に執着したのである。南北六波羅探題経験者が鎌倉にもどった場合、次に用意されるポストは執権・連署以外にはありえない。もし連署佐介時盛・評定衆次席大仏朝直（筆頭は北条政村）という人事が実現していたなら、泰時はじめ他の北条氏一門や、他の有力御家人をふくめた幕府中枢における力関係のバランスの上からもあってはならない人事となるのである。時房流が泰時流（得宗）を完全に凌駕することになる。時盛はすでに六波羅探題南方としての実績もあり、自分こそがポスト時房の一番手であるという意識が強すぎた。結局時盛の希望と期待はまったく実現することなく、むなしく帰洛しもとの六波羅探題南方の任にもどるのである。

仁治三年（一二四二）六月十五日、泰時が没した。享年六十。その死にさきだって、時盛は五月十二日鎌倉にもどった。今度こそ執権・連署の地位が自分のものになるであろうことを確信しての行動であったとみられる。ところがその意に反して何らのポストも用意されず、執権には経時が就任し、連署は以後宝治元年（一二四七）七月二十七日、六波羅探題北方から重時が就任するまで不置となった。時盛は六波羅探題南方も結局解任という形で終わってしまったのである。時盛は同年六月に失意のうちに出家し勝円と号した。六波羅探題南方も後任が任命されず、その後は文永元年（一二六四）、北条時輔が就任するまで二十二年間空席となった。時盛が六波羅探題南方の地位を守り、その上をめざさなければ、あるいはその子孫に幕府要職就任の可能性があったかもしれない。

しかし、佐介氏一門が幕府中央の要職に就任しなかったからといって、その勢力そのものが没落したわけではなく、その勢力は温存され、たえず得宗の脅威でありつづけていたのである。

次子は時村である。長子時盛の生年が建久八年（一一九七）で、三郎資時の生年が正治元年（一一九九）であるから、次郎時村の生年はその中間の建久九年（一一九八）とすれば一応つじつまがあう。時村はすでに、嘉禄元年（一二二五）に没している（享年二十八）から時房の後継とはならない。なお、時村には子息二人がおり、輩行順に相模七郎時広

（弘）＝越前守がまずあげられる。文永二年（一二六五）六月評定衆に任じ、同五年四月四番引付頭人にいたっている。母は不詳。建治元年（一二七五）六月二十五日、没。享年五十四。没年から逆算して生年は貞応元年（一二二二）となる。なお時広（弘）女の一人は大仏宣時に嫁し、所生に宗宣がいる。時広（弘）の弟が相模八郎時隆＝民部権大輔である。母、生没年はともにまったく不詳である。時広・時隆とも名乗りは時房の相模守を冠しており、父時村の卒去にともなって、祖父時房の養子となったのであろう。時広は時村の跡を受け、引付頭人・評定衆・引付衆などに任じ、幕政の中枢で活躍することになる。時村が承久の乱に際して京方に走るかの動きをみせたことについて、少なくともその累は及ばなかったものと考えられる。

　時房の三男は三郎資時である。母は足立遠元女、[20] 四郎朝直と同母である。母の出自からすれば、長子時盛よりは有利であったはずである。生年は正治元年（一一九九）、没年は建長三年（一二五一）、享年五十三。承久二年（一二二〇）正月十四日、兄時村とともに出家（二十二歳）。法名真昭、相模三郎入道と号した。時房没の年に四十二歳。この俄か出家の理由として、兄次郎時村とともに承久の乱に際して京方に走るかの動きをみせたことも考えられたが、嘉禎三年（一二三七）法体にして評定衆に任じ、建長元年（一二四九）引付衆設置にともない、三番引付頭人に任じている。幕政における役職をみるかぎりかなり有能な人物であったことがうかがわれ、前述のごとく将軍頼経の暦仁上洛に際しては鎌倉の留守を名越朝時とともにあずかっており、資時の評価について文人としての面のみを重視するとらえかたがあるが、すでに法体の身で幕政中枢の要職に抜擢されていることからしても、とても凡庸な人物とは考えられない。[21]

　第四子の朝直は後述するとして、第五子は五郎時直である。母は兄朝直と同母で足立遠元女、[22] 生没年はともに不詳であるが、本書第六部第六章の推定が正しければ生年は承元元年（一二〇七）、朝直の一歳年下ということになる。没年は不明である。官位こそ従五位下遠江守になるものの、幕政上では役職を得ていない。遠江守はといえば、氏祖時政・名越朝時など由緒ある受領名である。普通北条氏一門にあって、叙爵後はしかるべき役職につくのが通例である。しかし彼は幕政上の要職に就くことは終生なかったようである。時直については保留しておきたい。

第六子は六郎時定である。母・生没年はともに不詳である。従五位下・右近将監（通称右近大夫将監）にいたっているが、やはり幕政上は要職には就くことはなかったようである。寛元二年正月二日条によれば垸飯献儀の沙汰の記事がある。また、『関東開闢併皇代年代記』所収『北条系図』によれば、

於所領者時宗二（マヽ）男宗政譲与之後遁世

とある。この時宗は明らかに時頼の誤りであり、また宗政[23]は相模四郎であるから次男というのも正しくはない。ただ所領を譲ったことは事実であろう。また出家に際してその所領を時宗ではなくなぜ宗政に譲ったのかは不明である。

連署時房は、執権泰時と基本的には協力関係を維持しながらも、独自の立場も主張しその勢力を幕府中枢で築きあげてきた。その総仕上げというべきことが、自らの所領配分と後継指名であった。それは、自身なきあとの幕府中枢における、時房流の子息たちの幕府中枢におけるランク付けを泰時はじめ北条氏一門、その他有力御家人に宣言したものと考えられる。自身存命中に、幕府中枢における宣言は諸人承知の上でのことでもあり、時房の遺言としても大いに効果があった。それは泰時が定めた家務条々と同格であったというべきである。時房は暦仁元年（一二三八）十二月、子息たちに所領配分を行う。いわゆる生前譲与である。暦仁元年十二月二十三日条に、

今日。匠作注家領惣員数。配分給于子息等之。大躰内々被申合前武州。少々有用捨事云々。

とある。もちろん『吾妻鏡』はそれを否定しえないので、泰時をしてあたかもそれに承諾を与えたという形をとりたかったのである。時房が自らの所領を子息たちに配分したということであり、それは時房流内部の問題である。したがって「大躰内々被申合前武州」という部分は大いに疑問である。時房は自身の所領を子息たちに譲るというくらい

のことは泰時に言ったであろうが、それ以上のことは泰時に相談する筋合いは本来はないはずである。せいぜい所領配分するということであり、事前に泰時の承諾を取り付けることなどありえない。「少々有用捨事」という部分も泰時が時房の所領配分に対してとやかく言う筋合いもまったくないはずである。所領の全体の規模や位置などはこれだけでは知るべくもないが、誰にどこをどの程度など細かなことは泰時に相談すべき内容ではなかったであろう。これだけの記載ではその内容を知る由もないが、配分を受けたであろう人物はある程度特定できる。延応元年八月十五日条に、

鶴岡放生会。将軍家依御憚無御出。匠作白襖狩衣。為御使令奉幣給。賢息武蔵守朝直。式部大夫時直。右近大夫将監時定被扈従。（以下略）

とある。ここでは匠作賢息として武蔵守朝直・式部大夫時直・右近大夫将監時定の三人がみられる。この三人は時房子息で幕府中枢において活躍している有力な者たちであった。これらの子息は当然所領配分の対象者であり、今後幕府中枢を担っていくべき時房子息の有力者たちであった。またここにはみられないが、その他所領配分の対象としては次の者たちをあげることができる。長子時盛（六波羅探題南方に在任中）、次郎時村はすでに死去しているが、その子息（時房の孫）の相模七郎時広・同八郎時隆は名乗りに相模を冠していることからして、やはりその対象者と考えられる。相模三郎入道資時も出家の身ではあるが、幕府中央政界での要人でもあり、これも加えられる。時房は自身なきあとの時房流の将来のビジョンをその脳裏に描いていたものと考えられる。こうして時房は着々と得宗泰時に対抗しうる勢力の万全を期していたのである。およそここで時房流の将来が決定したといえよう。

仁治元年（一二四〇）正月二十四日、時房は急死した。享年六十六。その死があまりにも急なことであり、それにともなう混乱は当然幕府中枢に衝撃が走ったはずである。ところが『吾妻鏡』の時房の卒去記事がきわめて簡潔で、か

えってそこに何かがあったのではないかという疑いを禁じえないのである。仁治元年正月二十四日条に、

今暁正四位下行修理権大夫平朝臣時房卒。六十六。自昨日辰刻被口籠。去夜絶入。是若大中風歟云々。今日午刻卒去之由。雖及披露。真実閉眼者、今暁丑時云々。

とある。『吾妻鏡』の前後に、その後継についての記載がみられない。すでに二年前に自らの所領を子息たちに配分していたことからすれば、当然時房流の次期家督を自らの意思を決定していた。時房の後継指名はすでに四郎朝直とすることで、泰時との合意のもとで決定していた。後継に朝直が決定した端緒は、嘉禄二年（一二二六）二月まで遡ることができる。『明月記』嘉禄二年二月二十二日条に、

心寂房来続梨木、自六波羅武士辺、来、関東執聟事云々、武州女相州嫡男嫁、四郎、依有愛妻、光宗女、頗固辞、父母懇切勧之云云、

とある。藤原定家は時房の嫡男を朝直とはっきり認識していたのである。また泰時女が朝直に嫁すということは、泰時・時房の合意のもとで、ともに朝直を時房の後継＝嫁嫡として認めたことになる。この当時すでに六波羅探題南方に掃部権助時盛が在任していた。ただ時盛は前述のごとく「他腹」であり、京洛では朝直を時房の後継としてもっぱら受けとめていたようである。朝直にはすでに伊賀光宗女という愛妻がおり、頗る固辞したが、時房夫妻が説得につとめ、ついには承諾したようである。この時点で朝直は泰時女を正妻としたことになり、事実上時房の後継としての地位がかたまったのである。朝直はこのとき二十一歳であり、時盛は九歳年上の三十歳であった。朝直が時房の後継にふさわしいかどうかはこれからという段階にあった。対して時盛は他腹ではあっても六波羅探題南方としての実績もあり、時房の後継候補となることは十分可能性があった。その後朝直は父時房の期待を裏切ることなく、その実直な性格ともあいまって幕府要人として着実な歩みをすすめていくことになる。朝直は建永元年（一二〇六）に生まれ、

文永元年（一二六四）に没している。享年五十九。母は資時と同母で足立遠元女である。結果的には時房の後継者すなわち時房流の家嫡は四郎朝直が継ぐことになる。父時房死去の時点では三十五歳である。前述のごとく他に多くの候補がいたわけで、年齢的にはすでに連署の地位をのぞむことは十分に可能性があった。泰時女との婚姻によって、あるいはその所生が宣時である可能性もある。兼好法師の『徒然草』第二一五段(24)での二人の親しい関係もうなずけるところではある。また、大仏氏の家嫡を継ぐことになるのもあるいは関係があるのかもしれない。しかしもとより推測の域を出ない。また泰時としては六波羅探題南方の任よりはむしろ鎌倉での政務を期待するところがあったためではなかろうか。時房が六波羅探題南方の任を去ったのは嘉禄元年（一二二五）七月のことであった。その時時盛は二十九歳で、朝直は二十歳であった。六波羅探題南方には時房の後任として、泰時流とのバランスということもあって時盛がその任に就いたと考えられる。しかしその重職に抜擢されるからには少なくとも時盛は決して凡庸な人物ではなかったはずである。いっぽう泰時は自らの将来の政権構想の羽翼として、朝直を鎌倉におくことを選んだのではなかろうか。すなわち泰時にとって時房流の大仏氏と連帯する途を選んだものと考えられる。また時房としても朝直が鎌倉で頭角をあらわしていくこと、政治的に成長していくことはそう悪いことでもなかった。朝直の成長とともに、六波羅探題南方に在任している時盛が鎌倉に帰った時の処遇に時房は腐心することなく急死してしまうのである。ただもし佐介時盛・大仏朝直が幕府要職に並び立つことになれば、時房流は泰時流と比肩するかあるいはそれ以上の勢力を幕政中枢に築くことになるのである。その可能性は十分あったのである。泰時としてはそれは何としてでも阻止しなければならなかったのである。だからこそ泰時は時房流のなかで大仏氏との連帯を選択したのである。泰時は時房流の分断をはかったのである。時盛が鎌倉に戻ってからは幕政上の要職に就くこともなく生涯を終えたことを考えれば自ずから明らかではなかろうか。泰時の死に際して鎌倉での要職を期待しながら鎌倉に戻った時盛は、その期待がまったくうらぎられ事実上の解任となった。時房の家嫡と幕府中枢での時房流のランク付けが決まった以上、もはや時盛の入り込む余地はなかったのである。そのことは、北条氏一門や他の有力御家人、文官系側近吏寮層出身の武士など幕府中枢における人的構成のバランスのうえからも許されざることであった。佐介氏の没落はこの時に始まるのである。そしてこの扱いに対する怨念は佐介氏一統に根強く残り、後年における弘安七年佐介の政変につながっていくことになるのである。仁治三年（一二四二）の死に際して、『吾妻鏡』の欠文理由の一つにこの問題が絡んでいたのではあるまいか。佐介氏が泰時の死に何らかのかかわりがあったのではなかったか。明らかな泰時＝得宗側の強引な梃子入れに対して時房流の佐介氏が反発したであろうことは十分察せられる。こうした反発がこの後幕府内にくすぶり続けていたことが考えられる。

いっぽう大仏氏はこの時期から着実に幕政上で枢要の地位を築いていくことになるのである。朝直は順調に幕政中枢でめざましい活躍をしていく。その官歴は次のごとくである。天福元年（一二三三）正月二十八日木工権頭、同二月十八日式部少丞、文暦元年（一二三四）正月十一日式部大丞、同二十六日叙爵、同日相模権守となる（二十九歳）。前述の時盛の叙爵が四十歳であるから、十一歳も若い。嘉禎三年（一二三七）九月十五日備前守、暦仁元年（一二三八）三月十八日従五位上、同四月六日武蔵守（三十三歳）。延応元年（一二三九）評定衆、建長元年（一二四九）十二月九日引付衆設置にともない二番引付頭人となる。康元元年（一二五六）四月二十九日一番引付頭人となる。寛元元年（一二四三）七月八日遠江守、同四年（一二四六）四月十五日、経時の武蔵守辞任にともない武蔵守再任。遠江守転任は、氏祖時政以来由緒ある受領名で、名越朝時が受けついできたものである。単なる名国司ではなく、国務をともなう実質的なもので、さらに父時房から受けついだ守護をも兼ねたものでもあった。(25)朝直は暦仁元年（一二三八）四月六日、武蔵守に任じた。この時点で朝直の家嫡としての地位が確立した。国務を含む国司に任じたのである。

また仁治二年以降、朝直は政所別当にも就任している。(26) その別当とは、前武蔵守北条泰時・主計頭中原師員・前陸奥守足利義氏・前美濃守藤原親実・前甲斐守大江泰秀・武蔵守大仏（北条）朝直・散位安達義景で、筆頭は執権泰時である。文官系側近吏寮層が三名、源家が一名、得宗外戚一名である。評定衆筆頭北条政村が参画していないなかで北条氏一門から唯一朝直が抜擢されているのである。政所別当の筆頭はいうまでもなく執権であり、その地位は幕府職制上の執権・連署と同格ということになり、評定衆より格上であり、前年正月に没した時房の代わりということになる。ここに朝直が時房後継の地位を確立したことは明白である。この政所別当複数制は北条経時政権下にまで継続していくのである。執権政治の本質とは、諸御家人による合議的性格とともに、北条氏との姻戚関係を保持してきた足利氏・安達氏に加えて、頼朝以来の文官系側近吏寮層が実務的な面から参画する翼賛体制であったということがわかる。

朝直が時房流の家嫡を継承するにあたって、時房が保持してきた武蔵国の国務の継承を含む問題である。次にこの問題を検討していきたい。延応元年（一二三九）六月六日条に、

武蔵国請所等用途事。為地頭沙汰。毎年可有京進之所々。今日被定下之。当時匠作所令国務給也。

とある。この段階では現任の武蔵守朝直ではなく、その父である修理権大夫時房が国務を掌握しているのである。時房は嫡子朝直に現任の国司を譲り、自らはその国務を掌握していたことになる。それが時房の意思で遂行しえたのである。それだけ武蔵国務と時房との結びつきが深かったわけである。この時点で時房流が武蔵国務を保持していたことは疑いない。

仁治二年十月二十二日条に、

以武蔵野。可被開水田之由。議定訖。就之。可被懸上多磨河水之間。可為犯土之儀歟。将又可為将軍家御沙汰歟。

可為私計歟。賢慮猶難被一決。仍今日。前武州召陰陽師泰貞。晴賢等朝臣。被示合。各一同申云。堰溝耕作田畠事者。雖不及土用方角沙汰。於此事者。已為始御沙汰歟。可謂大犯土者歟。雖非将軍家御沙汰。私御方違可宜歟。若可為国司沙汰乎云々。前武州又被仰曰。雖似私沙汰。耕作之後者。為御所御計。可賜人々。然者可為御所御沙汰。北方当時王相歟。自明年又可為大将軍方。可見定御方違御本所云々。為武藤左衛門尉頼親奉行。相具泰貞。晴賢。行向武蔵国海月郡。自彼所猶為北方。亥方云々。即両人帰参于前武州御亭。申此由。以秋田城介所領同国鶴見郷。可為御本所之旨。泰貞等令一同之間。可有入御之由云々。摂津前司師員。毛利蔵人大夫入道西阿。民部大夫入道行然。佐渡前司基綱。出羽前司行義。秋田城介義景。太宰少弐為佐。加賀民部大夫康持等。群議治定之後。相副行義。々景於泰貞。晴賢。被申御所。召入御前。被聞食其子細。仰曰。冬至以後。鶴見相当艮方。可為王相方。始御方違于塞方事者有其憚。冬至以前。先可有渡御。可被用何日哉云々。泰貞等申云。来月四日可宜。其後可有立春御方違也云々。

とある。佐藤進一氏はこの記事を以って、武蔵国務が現任の武蔵守朝直に帰せず、却って前武州と称される泰時に移ったようであると述べられている(27)。しかしこの記事をみるかぎり、ただ武蔵野の水田開発をめぐって、将軍の沙汰とするか私の計らい、すなわち国司の沙汰とするかで、陰陽師の卜占の指示をしているにすぎないのである。どこにも泰時の国務掌握の事実を示す箇所は見えていない。文言にある国司の沙汰とは現任の国司朝直の沙汰とするべきはずのものである。ここでは前武州があたかも国務を執行しているかのような書き方をしており、前武州の泰時がこの沙汰を実行したというように受け取れる。しかしそれは、将軍家知行国武蔵国の政所の沙汰として政所別当の筆頭（執権）の泰時が代行したと解すべきものである(28)。したがってこの記事により、これ以後、泰時・経時・時頼・時宗へと武蔵の国務と得宗とが不可分に結びついていったとする佐藤氏の理解には論者は賛成できない。武蔵守朝直の権限をさしおいて、前武州が国務を行使するということは本来筋違いであり、ありえないことである。それは何よりも北条時房が保持してきた武蔵の国務をその死を契機に泰時が強引に簒奪したことになるからである。泰時自身が守ってきた北条氏一門のバランスを泰時が自ら否定したことになるのである。本書で強調してきたことは、北条氏の政権とは一門と有力御家人による翼賛体制であるということである。仮に時房流が納得したとしても、他の一門および有力御家人が納得しないであろう。泰時が執拗に前武州にこだわり続け、本来呼称では格上であるはずの京官の左京権大夫を名乗らなかったのは、あくまで武蔵は自己の管轄下にあったかのごとく幕政中枢に印象づけたかったためである。しかしさすがの泰時をもってしても、得宗以外の北条氏一門を敵にまわしてまで、時房流から武蔵国務の簒奪を強行するということはできなかったのである。

下って寛元元年（一二四三）七月八日、経時が武蔵守に任じた。寛元々年七月十八日条に、

去八日除目聞書到来。北条親衛被任武蔵守。前武蔵守朝直遷任遠江守云々。

とある。『吾妻鏡』の書きっぷりは、あたかも武蔵守朝直を辞任させ、経時を武蔵守に就任させたということである。同時に武蔵国務もこのとき時房流の手をはなれ、それが得宗に帰していたと主張しているのである。『吾妻鏡』が後年における編纂物である以上、その編纂に際しては、北条氏（特に得宗）にとって都合の良いような書き方をしていることは周知なところである。この日の条は明らかに作為的なものである。この段階ですでに武蔵国と得宗が一体化していたとは到底考えられないのである。佐藤進一氏はじめ諸先学はこの記事をも加えて何の疑問もなくそのまま武蔵国務＝得宗家の家督としてとらえられている。時房が掌握していた武蔵国務が、その死を契機に得宗側に移行していったとしている。一般に『吾妻鏡』は武蔵・相模・陸奥等枢要な国守はその就任月日を明記しない傾向があり、『北条九代記』等によって知ることができる場合が多い(29)。にもかかわらず、わざわざ経時の武蔵守補任日を記していることに

得宗による意図的な作為を感じるのである。この日の条にはどこでも経時の武蔵国務掌握についての記載はまったくない。やはりいつの間にか武蔵国務は得宗と一体化しているのだとでもいいたげである。経時の武蔵守就任は、むしろ朝直が保持していた武蔵守を経時に預けたというのが事実であると論者は考える。寛元四年閏四月、経時の死後武蔵守は朝直が再任しているのである。もともと保持していた武蔵守が朝直にもどったと考えるのが自然である。経時から執権を受け継いだ時頼は相模守に就任して最後まで武蔵守にはなれなかったのである。その子息時宗もやはり武蔵守にはなれず、以後得宗の武蔵守就任者は皆無である。武蔵国務が泰時・経時・時頼・時宗と現任の国司とは関係なく得宗と不可分に結びついていったという説には容易に従いがたい。

その後康元元年（一二五六）出家した時頼に代わって北条長時が執権に就任した際、次のような記載がある。康元元年十一月二十二日条に、

相州赤痢病事減気云々。今日。被譲執権於武州長時。又武蔵国務。侍別当。幷鎌倉第。内同被預申之。但家督幼稚之程眼代也云々。

とある。「家督」＝時宗[30]が幼稚なのでその長時の執権はその眼代だというのである。従来までこの記事を武蔵の国務が家督と一体化していたとそのまま受け取ってきた。この記事そのものがきわめて疑問なのであって、文言通り受け取ってはならないのである。『吾妻鏡』が最も主張したいことは得宗が幕府支配の中心であるということなのである。

ところで相模国は、『沙汰未練書』[31]によれば、後年「得宗家＝相模守殿」ということが定着化していくことがうかがわれる。ここでは得宗と相模守が一体化しており、得宗は現任の相模守であるとないとに関わらず、そうよばれるようになるのである。『建治三年記』（『群書類従』第二十三輯）によれば、時宗についてその記主太田康有は「相太守」といっている[32]。すなわち同時代の人物をしてそう言わしめているのである。太守といえば坂東の三ヶ国の常陸・上野・

上総の親王任国で長官を太守といい、実質の国司は介である。太田康有はこれになぞらえて「相太守」といったのであろう。時宗政権の第二段階において得宗時宗は幕政中枢で地位・権力を確立していたのである。

いっぽう武蔵守は経時以後一人も得宗家からは任じられた者がいない。三浦氏の滅亡の後幕府所在地である鎌倉が存在する相模は得宗の直接支配下におき、相模守は得宗の一元的な支配下として得宗の代名詞となっていったのではないか。対して武蔵は一門の現任の武蔵守に委ねたのではあるまいか。すなわち国務を得宗が掌握していたのは相模であり、武蔵は国務をふくめて一門を任じていったのではなかろうか。ゆえにこそ相模は特別で現任の相模守であるとないとにかかわらず「得宗家＝相模守殿」といわれたのであると論者は考える。したがって寛元四年段階で、経時の病による武蔵守辞任にともない朝直の武蔵守再任という事実は、これが実質をともなわない武蔵守であるとは考えられない。執権職移譲については岳父重時との了解のもと、その嫡男である長時に委ねたものと考える。執権長時が得宗時頼のまったくの代官で、実権をもたない存在であったとはどうしても思えないのである。それは何よりも重時の意を受けていたものであると論者は理解している。さらに執権長時を補佐したのが一門の重鎮政村（五十二歳）であったことも重要である。(33) 政村は周知のごとく元仁元年伊賀氏の変に際しては家督の地位をめぐって兄泰時と競合しており、その立場はきわめて微妙な時期もあった。しかしその後鎌倉中期から後期にかけて幾多の政治的抗争事件を乗り切ってきている。まさしく時頼入道の政権の実務を担当するに相応しい人物であったといえよう。寛元・宝治の乱を契機として時頼の政権が確立し、執権という役職・地位にかかわりなく、得宗であるが故に権力を有するという「得宗専制」が成立したものとする説がある。如上のごとくこの段階の時頼の政権をみるかぎり、一門を完全に支配下において専権を振るったなどという説に論者は首肯できない。この時執権は長時（二十七歳）で北条重時（極楽寺流の祖）の嫡男である。かつて論者はこの重時の実力を時頼以上の実力者としてとらえるべきであると指摘したことがある。[34]得宗専制という政治体制が得宗の一門支配を通じて幕府の支配体制を貫徹する性格であるならば、『吾妻鏡』の上記の記事が鵜呑みにできるとすれば、時頼段階でそれが可能であったということになる。しかし、重時女が時頼に嫁し、所生に時宗がいる。両者の関係は重時が時頼の岳父である。重時は時頼・時宗父子の強力なサポーターであり、最大の理解者であった。時宗が次期家督を継承するに際して、極楽寺山荘での笠懸一件はまさしく重時の演出によるところ大であった。将軍宗尊親王の婚儀に際して、その費用負担が時頼の五ヶ月に対して、重時のそれは七ヶ月なのである。以上のことからみても、どうしても時頼が重時を支配していたなどとは考えられないのである。すなわち時頼の段階でいわゆる得宗専制が成立していたと考えられないのである。執権長時の就任について極端な説には傀儡執権などと評価されている。しかし長時は少なくとも重時の嫡子として長年六波羅探題北方を勤めてきた実績のあるひとかどの人物である。得宗の単なる添え物としての存在ではなく、実務に通じた有能な人物であったと考えられる。この日の条をみるかぎり、執権職・武蔵国務・侍所の別当・鎌倉第内（御所内の執権官邸）などを長時に預けた。但し家督（時宗）が幼稚の程なのでその眼代であるとことわっている。この記載を素直に読むと、すでに執権と家督（得宗家）が一体化し、さらに武蔵国務も得宗の掌中にあったといっている。これらはあくまでも『吾妻鏡』の主張であって、文言通りに受け取ることはできない。

得宗専制という政治体制は長い期間をあらわす語としては存在しなかったのではないかと論者は考えている。それは時宗政権の後半（文永九年二月騒動からその死没まで）、貞時政権の後半（平禅門の乱からその死没まで）のごく限定された時期にすぎなかったのではないかということである。得宗高時の政権をみると、平氏の一族長崎氏の専権が確立し、得宗の存在自体がもはや形骸化していくという事実を考慮すべきである。すなわち高時の段階になるともはやその政治形態は変質し、いわば得宗被官専制ともいうべき体制になっていたと考えられるのである。現在この得宗専制という政治体制の解釈をめぐって、得宗専制と得宗被官専制とが混在しており、両者の解釈についてあまり厳密には区別がなされていないというべきなのである。この件に関しては、すでに奥富敬之氏が霜月騒動は得宗専制成立の指標ではなく、寛元・宝治の乱ですでに成立していた得宗専制が変質したという理解を示されている。論者は「文永九年二月騒動」（一二七二）をもって得宗専制の成立と考えており、それは寛元・宝治の乱（一二四六・四七）と弘安八年霜月騒動（一二八五）の中間に相当する。決して折衷案を考えたわけではないが、時宗政権の成立の確立が、得宗の他の一門に対する優越性が確認された事件と解釈しているのである。そして時宗死没の翌年の「弘安八年霜月騒動」で、一旦得宗被官の「左衛門尉平氏」に政権が移行したかのごとくであったが、永仁元年（一二九五）の「平禅門の乱」で貞時の政権が成立し、得宗専制が復活した。貞時の政権を連署として支えたのが、時宗以来の業時（普恩寺氏祖）、その死後は大仏宣時であった。貞時は正安三年（一三〇一）八月に出家しているが、嫡子高時の誕生は嘉元元年（一三〇三）であり、泰時の晩年と同様の不安をかかえていたのである。またすでに同四月には大仏宣時も出家しており、その政権は不安定であった。貞時出家の跡は執権師時（宗政子）、連署時村（政村子）が継いだ。すなわち貞時は幕政の実務を一門の師時（時村甥、二十九歳）、連署時村（六十歳）に預け、自らはその後継の誕生を期待していたかのごとくであった。

おわりに

以上時房の連署就任から、その死没にいたるまでを、執権泰時との関係について、またその後継問題を検討してきた。時房流は得宗と比肩しうるような或いはそれ以上の大きな勢力であったこと、また政治的に重要な役割を果たしてきたことなどを検討した。泰時＝得宗側はたえず、時房との連携をはかりつつ、また常にその勢力の動向に注意をはらってきたこと、また「相州。当時於事不被背武州命云々」（元仁元年六月二十九日条）という文言がいわば『吾妻鏡』が主張するものであって、無条件に時房が泰時の単なる補佐役ではなく、場合によっては対立するような要素も多分にあったことなどを指摘した。泰時の側でも無条件に時房流との連帯のみを前提に幕政運営の中軸に据えていればよいという単純なものではなく、たえず北条氏一門全体のバランスや指向性と他の有力御家人を考えにいれつつ、幕府政治を主導していかなければならなかったのである。時房流には時房流なりの独自性や指向性があり、それは常に一定なものではなく、泰時もたえずその動向には注意をはらう必要があったのである。

時房はその死を前にして、自らの所領の配分を行った。それは自らの子孫が将来幕政でその勢力を温存していくための布石であったと考えられる。

時房没後には、論者が以前から注目していたごとく、時房流には「佐介氏」「大仏氏」の二大主流ともいうべき系統があって、泰時（得宗）は自分のなきあと、将来における幕府の存立や自らの子孫のあり方の構想を描くにあたって、時房流の処遇をどのようにすべきかの決断をせまられていた。その結果泰時は「佐介氏」を切り捨て、「大仏氏」との連帯の道を選んだのである。その両方を幕政中枢に置くということが、自らの子孫すなわち得宗にとって、脅威となるであろうことを感じ取っていたのではないか、と考えられる。すなわち時房流は大仏氏＝朝直系のみがこのあと、執権・連署・引付頭人・評定衆・引付衆などの要職に就く者を輩出しているのである。そしてかかる構想から、時盛の六波羅探題南方退任から事実上の更迭、さらに実質上の引退へとすすみ、ここに佐介氏没落の端緒がみられるのである。時房はその後継をすでに朝直に決めていた。しかし六波羅探題南方に任じていた佐介時盛を見捨てることになってしまった。

朝直は延応元年（一二三九）十月評定衆に任じ（三十二歳）、建長元年（一二四九）引付衆設置にともない一番引付頭に任じている。引付頭人といえば執権・連署に次ぐ幕政中枢の最重要な地位である。法曹にも通じ政治的にも有能なことが要望される。このことから単なる凡庸な人物であったとは到底思われない。泰時の側としても時房流の大仏氏との連帯によって得宗の安泰を模索し、佐介氏を切り捨てる道を選択したのである。但し後年幕政中枢に定着する「寄合衆」に入っていないことから、その地位や役割は正当な評価がなされていない。「深秘之沙汰」のメンバーに加わっていなくてもその役割の大きさを軽視されるべきではないと考える。

時盛は六波羅探題南方から鎌倉に帰ったものの、鎌倉での役職・地位はまったく用意されず、結果として事実上の六波羅探題南方解任という形で終わってしまった。以後佐介氏は北条氏のいわゆる疎族として、幕政での要職に就く者がほとんどいなくなり、やがて幕政中枢から徐々に排除されていくのである。時房流が一枚岩であったとはいえまいが、泰時の強引なやり方は、少なくとも佐介氏にとっては大いに怨嗟や反発が長らく残ったことは想像にかたくない。それが後年における弘安七年佐介の政変へとつながっていくのである。

時房の死は、得宗泰時が大仏氏との連帯を強化する一方、他方では「佐介氏」を幕政中枢から追放・排除し、結果時房流の分断の契機になったのである。

しかし佐介氏は幕府中枢では要職から遠ざけられたのであって、その勢力そのものはまったくつぶされてしまったわけではなかったのである。時盛が六波羅探題南方の任を去った後もその勢力はなお温存された。それゆえに、以後も得宗を中心とする政権中枢部の人々にとってはあなどりがたい勢力として危険視されたのであり、常に不気味な存在として脅威なものとしてうつり続けたのである。

『吾妻鏡』の底流を流れる思想は、鎌倉幕府の政権主担者は執権北条氏であって、そのなかでも特に家督家（得宗）で、その幕府支配の正統性を常に主張するというものであった。それは義時・泰時・経時・時頼・時宗へと受け継がれていったのである。対して、時房流をはじめ北条氏一門にもそれぞれ独自の指向性があったことをわすれてはならないと思う。

註

(1) 石井清文氏「藤原頼経将軍暦仁元年上洛の意義」(政治経済史学』第三四四号) 一九九五年。同「北条泰時単独執権体制の成立」(『柴田和彦先生退官記念　日本史論叢』) 一九九六年。同「北条経時執権期の政治バランス――「連署」不置の事情――」(Ⅰ)(Ⅱ)(『政治経済史学』第三九一、三九八号) 一九九八年。石井氏はこのなかで、足利氏、三浦氏をもふくめて、経時執権期における幕政上の力関係で、ポスト泰時を考慮すべきであるとされている。きわめて当然の指摘であり、論者も大いに賛意を表したい。また時房没後の泰時単独執権の体制も同様の事情があったものと考えられる。

(2) 垸飯が単なる形式的な行事ではなく、幕政における力関係を示す重要な指標となるのである。八幡義信氏「鎌倉幕府垸飯献儀の史的意義」(『政治経済史学』第八五号) 一九七三年。

(3) 四位に叙すと「朝臣」とよばれるようになるが、論者はあえて尊称という語を用いる。鎌倉武士の格式を表す指標に官位があることは頼朝以来の伝統的なことである。幕初において五位＝「大夫」と受領が源家御一族の特権であったが、中期以後は一級・一流の有力御家人のステータスシンボルとなってきていた。無位や六位＝「侍」＝衛門府や兵衛府の尉、各寮の助クラスなどから叙爵して従五位下に叙すことで、幕府のなかでの地位を認められる存在になるのである。さらに四位はその上の存在となり、形式上は「昇殿」を許されることになるわけであるが、鎌倉武士の場合はいわゆる「四位の諸大夫」「地下の諸大夫」で、「殿上人」とは画然と区別される存在であった。ただ、すくなくとも京都に準じて、武士の格式が形成されるようになったことは注目すべきである。

(4) 『群書類従』第四輯。

(5) 上杉和彦氏『大江広元』一六七頁。(吉川弘文館・人物叢書) 二〇〇五年。

（6）『鎌倉遺文』三四三〇号。

（7）奥富敬之氏は、北条氏の惣領権を得宗権と称することを提起されている。『鎌倉北条氏の基礎的研究』一五八〜一六三頁。一九八〇年。

（8）伊賀光宗が政所執事を解任したあと、「又尾藤左近将監景綱為武州後見。以前二代無家令。今度被始置之。是武蔵守秀郷朝臣後胤玄蕃頭知忠四代孫也云々」（元仁元年閏七月二十九日条）」とある。その後この職は平氏に受けつがれている（文暦元年八月二十一日条）。さらに内管領となっていく。佐藤進一氏は、北条氏の執権としての地位は当初から確立し、安定していたものではなくこれから構築していくものであったため、頭初から専制化する危機をはらんでいた、といわれる。同氏「鎌倉幕府政治の専制化について」（竹内理三氏編『日本封建制の成立の研究』所収）一九五五年。また奥富敬之氏も佐藤氏の説を踏襲されている。同氏『鎌倉北条氏の基礎的研究』一九八〇年。

しかし、後年時宗・貞時において専制化する傾向がみられるのは事実としても、その淵源を泰時段階までさかのぼらせることについては、論者は疑問を感じざるをえない。当時それぞれの上級の武家には当然公文所なるものがあったと考えるのが普通で、何も得宗だけが特別に公文所を設置したわけではない。その長を別当や執事というのもまた一般的なことである。得宗の地位にしても同様、得宗の地位は泰時段階では決して安定しておらず、きわめて不安定であった。結果的に泰時の系統が中心になっていくというだけであって、北条氏一門全体として、いまだ成長途上の段階にとどまっていたというべきであろう。

（9）家格とは作られていくものであって、初めからできているものではない。北条氏一門の家格もしかりで、それは後年になって結果としてできていくものであることを銘記しておく必要がある。

（10）『群書類従』第二十六輯。

（11）名越氏は、光時が将軍九条頼経と、教時が将軍宗尊親王と結ぶ。反得宗の一派と目されるのは将軍側近派を中核として形成されてきていたようである。『増鏡』巻第七「北野の雪」に、「世を乱らんなど思ひよりける武士の、この御子の御歌勝れて詠ませ給ふに、夜昼いとむつましく仕うまつけるほどに、おのづから同じ心なるものなど多くなりて、宮の御気色あるやうに言ひなしけるとかや。左様の事どもの響によりかくおはしますを、思し嘆き給ふなるにこそ」とある。この同じ心を持つ人々こそ名越教時を中心とする一派であることは疑いない。

（12）　寛喜三年九月二十七日条に、

名越辺騒動。敵打入于越後守第之由有其聞。武州自評定座。直令向給。相州以下出仕人々従其後同馳駕。而越州者他行。留守侍等於彼南隣。搦取悪党（自他所逃来隠居）之間。賊徒或令自殺。或致防戦云々。仍遣壮士等。自路次。被帰訖。盛綱諫申云。帯重職給御身也。縦雖為国敵。先以御使聞食左右。可有御計事歟。被差遣盛綱等者。可令廻防禦計。不事問令向給之条。不可也。向後若於可有如此儀者。殆可為乱世之基。又可招世之謗歟云々。武州被答云。所申可然。但人之在世。思親類故也。於眼前。被殺害兄弟事。豈非招人之謗乎。其時者定無重職詮歟。武道争依人躰哉。只今越州被囲敵之由聞之。他人者処少事歟。兄之所志。不可違于建暦承久大敵云々。于時駿河前司義村候傍承之。拭感涙、盛綱垂面敬屈云々。義村起座之後。参御所。於御台所語此事於同祗候男女。聞之者感歎之余。盛綱之諷詞与武州陳謝。其理猶在何方哉之由。頗及相論。遂不決之云々。越州聞此事。弥以帰往。即潜載誓状云。至于子孫。対武州流。抽無弐忠。敢不可挿凶害云々。其状。一通遺鶴岳別当坊。一通為備来葉之癈忘。加家文書云々。

とある。この話も美談としてかつ実に泰時の弟思いのやさしい心遣いとしてのみとらえられている節がある。そうした面があったということも一概に否定はしないが、そう単純なものでもないのではないか。泰時と朝時は後年には関係が悪化していくわけであるが、この段階ではまだ泰時は朝時に対して、敵対関係とは考えておらず、むしろ協力関係すら望んでいたことも考えなければならないであろう。朝時が「誓状」に「対武州流。抽無弐忠。敢不可挿凶害云々」という文言から、『吾妻鏡』の編者は悪いのは名越氏だと言いたいかのような書き方となるのである。しかしその後両者の関係は京都公家平経高にも分かるほどに悪化していくのであり、泰時の晩年には完全に冷え込んでいくのである。泰時の死に際して他の御家人が多く出家したのに続いて、朝時も出家を遂げている。『平戸記』仁治三年五月十七日条によれば、

泰時朝臣出家之時、彼従類出家之時、翌日十日入夜遠江守朝時（泰時朝臣舎弟）又出家云々、雖兄弟日来疎遠、而忽有此事、子細尤不審、世以驚、旁此等之子細、自将軍未被申云々、只飛脚行逢途中、彼使入京有其説、如何、

とあり、日頃から仲が悪いのに出家を遂げていることをいぶかしく思っている。両者の関係は京洛の公家もつとに知るところであったのである。

(13)『関東評定衆伝』文永九年条（『群書類従』第四輯）。

(14) 宝治元年三月二十七日条に、

今暁越後入道息女入洛。是依可嫁于六波羅相模大夫将監長時朝臣也。

とある。生年が建長五年（一二五三）、没年は建治三年（一二七七）で享年二十五。確証はないが、赤橋義宗は佐介時盛の外孫であった可能性が高い。いずれにしても佐介時盛は極楽寺流との連帯の可能性もさぐっていたこと、同様に極楽寺流も佐介氏をとりこむことも視野にいれていたことが考えられる。

(15) 拙稿「北条時房の子孫について」（本書第六部第六章）。
また『明月記』嘉禄元年十二月七日条によると、

朝臣之中無知物由者、相州子息次郎入道、去二日死去云云、成師弟之約束、於和歌尤得骨、足通悲、

とある。時村は定家とは和歌の師弟の約束があったことになる。「足通悲」とあるように、定家をしてその死を悼んだということである。

(16) 将軍九条頼経の上洛を扱った論考としては、石井清文氏「藤原頼経将軍暦仁元年上洛の意義」（『政治経済史学』第三四四号一九九五年、参照。

(17) 朝時がいつ評定衆を辞任したかについてははっきりしたことはわからない。その解明のための手がかりについて、延応元年五月二日条に、

五十嵐小豊次太郎惟重与遠江守朝時祗候人小見左衛門尉親家。日来有相論事。今日。於前武州御亭遂一決。亭主御不例雖未快。相扶之令聞食其是非云々。以綿結御額。被懸鶏足。匠作渡御。主計頭師員。駿河前司義村以下評定衆等列参。是越中国々吉名事也。惟重則当所為承久勲功之賞拝領之処。親家押領之由訴之。親家亦。惟重知行分者全不可亘惣名。親家知行来之旨陳之。及究問答。親家依難遁其過。前武州殊有御気色。於当座召侍所司金窪左衛門大夫行親。可令預守護親家之由被

仰付。又其子細被仰遣遠州。遠州頗令恐申給云々。

とある。朝時がこの時点で評定衆の任についていれば、当然ことの成り行きは知っていたはずである。すでに朝時が評定衆を辞任していたか、あるいは『追加法』訴訟当事者の近親者が訴訟の場にいてはならないというこの原則に準じて、当該裁判に関与していなかったためであろうか。七十二条に『追加法』には次のような原則が示されている。

一　評定之時可退座分限事

祖父母　父母　養父母　子孫　兄弟　姉妹　聟姉・妹・孫聟同之　舅　相舅　伯叔父　甥姪　従父兄弟　小舅　夫妻訴訟之時可退之　烏帽子々

文暦二年閏六月廿一日　右衛門大志清原季氏

左衛門尉藤原行泰

図書允藤原清時

前者であるとすれば、たとえ当該裁判に直接関与していなくてもやはりことの成り行きはある程度は知りえたはずである。したがって後者である可能性が高いことになり、延応元年（一二三九）五月二日以前には評定衆を辞任していたことになる。同様の内容は仁治元年（一二四〇）六月二十五日条にみられる。

また、泰時が常に公平を期していたという『吾妻鏡』の主張はこの一件でもわかるように、泰時は公平どころか自分自身にかかわる訴訟・裁判に関しては、病気をおしてまで判決に介入しているのである。

(18)　拙稿「北条時房の子孫について」本書第六部第六章。

(19)　『明月記』嘉禄二年正月二十二日条。

(20)　母は『関東評定衆伝』によるが、金澤正大氏の御教示によれば、朝直・時直が足立遠元女の同母で、名乗りからしてむしろ資時のほうが異母である可能性が高いとされる。

(21)　鈴木宏美氏は、資時の本領は文人であって、政治的手腕には恵まれていなかったのではあるまいかとされている。北条氏研究会編『北条氏系譜人名辞典』一九七頁。二〇〇一年。政治的手腕に恵まれていなかった者を、評定衆・引付頭人に抜擢するはずがなく、この理解は賛成しがたい。

(22) 兵庫県丹波氏足立九代次氏所蔵「足立系図」(『新編埼玉県史』別編4　年表・系図一九九二年埼玉県六八〜七二頁)。

(23) 拙稿「北条時宗の家督継承条件に関する一考察」本書第三部第一章。

(24) 『徒然草』第二一五段「平宣時朝臣老いの後昔語りに」

平宣時朝臣、老いの後昔語りに、「最明寺の入道、ある宵の間によばる、事ありしに、『やがて』と申しながら、直垂のなくて、とかくせし程に、また使きたりて、『直垂などのさふらはぬにや。夜なれば異様なりとも疾く』とありしかば、なえたる直垂、うち〳〵の儘にて罷りたりしに、銚子にかはらけ取りそへてもて出でて、『この酒をひとりたうべむがさう〳〵しければ申しつるなり。肴こそなけれ、人はしづまりぬらむ。さりぬべき物やあると、いづくまでも求め給へ』とありしかば、紙燭さしてくま〳〵を求めしほどに、台所の棚に、小土器に味噌の少しつきたるを見出でて、『これぞ求め得て候』と申ししかば、『事足りなむ』とて、心よく数献に及びて、興に入られはべりき。その世にはかくこそ侍りしか」と申されき。

とある。長文をあえて引用したのは、深夜にさしで酒を酌み交わすというのは、よほどの親しい仲であることを示しているとともに、両者の邸が徒歩で行き来できるきわめて至近の場所にあったことを示している。

(25) 佐藤進一氏『鎌倉幕府守護制度の研究』五〇〜五二頁。一九七一年。

(26) 『鎌倉遺文』五九二四号　将軍藤原頼経家政所下文。

(27) 佐藤進一氏、前掲書、六一〜六三頁。それを強引に実行したのが時宗であったと論者は考える。時宗政権の第二段階において、すでに政村・実時らが没し、猜疑心の強かった時宗の暴走を誰も止められなくなったときおこった。建治三年四月、ときの連署武蔵守塩田義政は出家し、法名を政義と号した。さらに五月、遁世し善光寺へ向かった。家人たちはまったく知らなかった。まさしく「内外仰天」であった。当然所帯は収公された。論者はこの所帯のなかに武蔵守と武蔵国務が含まれていたのではないかと推測する。そのことを裏づけるように、同年六月十七日、時宗の同母弟宗政が武蔵守に任じている。さらに、八月二十九日、一番引付頭人にいたるのである。時宗は義政から武蔵国務を簒奪し、同母弟宗政に執行させたのではあるまいか。

(28) 伊藤邦彦氏『鎌倉幕府守護の基礎的研究』〔国別考証編〕四九〜五一頁。

(29) 暦仁元年（一二三八）四月六日、朝直、任武蔵守は『関東評定衆伝』による。承久元年（一二一九）十一月十三日泰時、任武蔵守、建長元年（一二四九）六月四日重時、任陸奥守、同十四日時頼、任相模守、康元元年（一二五六）四月五日政村、任陸奥守、七月二十日長時、任武蔵守等、いずれも『北条九代記』による。

(30) 『吾妻鏡』はこの家督を時宗であることを主張しているのである。しかしそれは早計というべきである。それは現在の我々がその結果を知っているからなのであって、当時はいまだ時宗の家督としての地位は決して安定していたわけではなかったというべきなのである。この次期家督決定にあたっては、時宗とその兄弟との競合があって、時頼は時宗の後継指名を宣言し、その序列を幕府の中枢にことあるごとに植え付けていった。すなわち「相模太郎時宗」「相模三郎時利」（のち時輔と改む）、「相模四郎宗政」「相模七郎宗頼」というランクづけをおこない、それを強烈に印象づけていったのである。それを強力にバックアップしたのが重時であった。拙稿「北条時宗の家督継承条件に関する一考察――『吾妻鏡』文永元年条欠文理由及び文永九年二月騒動との関連において――」本書第三部第一章参照。

(31) 『続群書類従』第二十五輯上。

(32) 『永仁三年記』の記主太田時連（太田康有の子）は得宗貞時をやはり「相太守」といっている。

(33) 拙稿「寛元・宝治年間における北条政村」、同「北条政村の研究」（Ⅰ）（Ⅱ）（Ⅲ）および前掲拙稿、前註（28）参照。本書第五部第一章・第二章参照。
　師時（宗政子）は貞時の従兄弟でその母は政村女であり、時村は政村嫡子で当時の幕政中枢における最重鎮であった。貞時の晩年（といっても三十代後半）の一時期を支えていたのは、政村流の人物であったのである。ここにも政村流の重要性の一端をみることができる。

(34) 前掲拙稿、前註（23）。

鎌倉時代の相模守

北条義時	元久元年（一二〇四）三月六日～建保五年（一二一七）十二月十二日。従四位下。
北条時房	建保五年（一二一七）十二月十二日～嘉禎三年（一二三七）三月四日。正四位下。
北条重時	嘉禎三年（一二三七）十一月十九日～建長元年（一二四九）六月十四日。従四位上。
北条（大仏）朝直	文暦元年（一二三四）正月二十六日～嘉禎三年（一二三七）九月十五日。従五位下。
北条時頼	建長元年（一二四九）六月十四日～康元元年（一二五六）十一月三日。正五位下。
北条政村	正嘉元年（一二五七）六月十二日～文永二年（一二六五）三月二十八日。正四位下。
北条時宗	文永二年（一二六五）三月二十八日～弘安七年（一二八四）四月四日。正五位下。
北条貞時	弘安八年（一二八五）四月十八日～正安三年（一三〇一）八月二十二日。従四位上。
北条師時	正安三年（一三〇一）九月二十七日～応長元年（一三一一）九月二十一日。従五位下。
北条煕時	応長元年（一三一一）十月二十四日～正和四年（一三一五）七月十九日。従五位下。
北条（普恩寺）基時	正和四年（一三一五）七月十九日～正和五年（一三一六）七月。従五位下。
北条高時	文保元年（一三一七）三月十日～元応元年（一三一九）正月。正五位下。
北条（赤橋）守時	嘉暦元年（一三二六）八月～元弘三年、正慶二年（一三三三）五月。従四位下。

鎌倉時代の武蔵守

一条忠頼	寿永三年（一一八四）六月〜元暦元年（一一八四）六月十六日、被誅
平賀義信	元暦元年（一一八四）六月二十日任〜建久六年（一一九五）従五位下
足利義兼	
大内惟義	正四位下
平賀朝雅	従五位上
大江親広	
足利義氏	
北条時房	承元四年（一二一〇）正月十四日〜建保五年（一二一七）十二月十二日。従五位下
北条泰時	承久元年（一二一九）十一月十三日〜暦仁元年（一二三八）四月六日。従四位上
北条朝直	暦仁元年（一二三八）四月六日〜寛元元年（一二四三）七月八日。正五位下
北条経時	寛元元年（一二四三）七月八日〜寛元四年（一二四六）四月十九日。正五位下
北条（大仏）朝直	寛元四年（一二四六）四月十五日〜康元元年（一二五六）七月二十日。正五位下
北条時広	宝治元年（一二四七）三月六日〜正嘉二年（一二五八）正月十三日（権守）。従五位下
北条長時	康元元年（一二五六）七月二十日〜文永元年（一二六四）七月三日。従五位上
北条（大仏）宣時	文永四年（一二六七）六月二十三日〜文永十年（一二七三）七月一日。従五位下
北条（塩田）義政	文永十年（一二七三）七月一日〜建治三年（一二七七）四月四日。従五位下
北条宗政	建治三年（一二七七）六月十七日〜弘安四年（一二八一）八月九日。従五位下
北条時村	弘安五年（一二八二）八月二十三日〜嘉元二年（一三〇四）六月六日。従四位下
北条（赤橋）久時	嘉元二年（一三〇四）六月六日〜徳治二年（一三〇七）二月九日。正五位下
北条熙時	徳治二年（一三〇七）二月九日〜応長元年（一三一一）十月二十四日。正五位下
北条（金沢）貞顕	応長元年（一三一一）十月二十四日〜元応元年（一三一九）二月。従四位下
北条（赤橋）守時	元応元年（一三一九）二月十八日〜嘉暦元年（一三二六）八月。正五位下
北条（金沢）貞将	嘉暦元年（一三二六）九月四日〜正慶二／元弘三年（一三三三）五月二十二日。従五位下カ

第三章　北条一門佐介氏について
――時房流北条氏の検討その一――

一

鎌倉幕府政治史は普通「将軍独裁制」「執権政治」「得宗専制」と進展してきたと理解される。政治的主導者として北条氏の占める位置は大きい。ことに鎌倉中・後期の「執権政治」「得宗専制」へと展開する過程でこの点は一層顕著なものとなってくる。そしてその研究の中心は、北条氏の、それも得宗の問題にあった。得宗専制という末期支配体制の権力の所在が北条の家督家＝得宗にあったという一定の見解が成立している以上、必然的に研究の中心が得宗に集中する。だが得宗専制が得宗の一門支配を通じて幕府政治を支配する体制であることを考えるとき、そこに北条氏の一門の個別的な検討がまた重要な課題の一つとなる。本章はその一つの試みとして時房流北条氏の一主流ともいうべき佐介氏について検討を加えようというものである。

二

佐介氏は北条義時の弟時房の長子時盛を氏祖とする系統で、時盛の弟朝直を氏祖とする大仏氏とともに、時房流北条氏の二大主流ともいうべき系統である。佐介という名字の由来は時盛の邸宅があった地名からおこったもので[1]、現在の鎌倉市佐助にあたる地区であると考えられるが詳しいことは明らかではない[2]。従来までの研究論考でこの佐介氏について触れられたものはきわめて少ない上、史料的な制約によって佐介氏全体のイメージはなかなかつかみにくい。そこでまず佐介氏という北条氏一門の支族であることを前提として、その全体的な見通しをつけるため、本書次頁に系図を掲げて可能なかぎり人名比定をしておきたい。

この両系図には若干の異同があるが、まず時房の子息から検討していきたいと思う。『尊卑分脈』によると時房の子息には、時盛・時村・朝直・時直・資時とあるが、いずれも『吾妻鏡』（以下、同書からの引用は年月日条のみ記す）でその名が確認できる。またこのほかに『尊卑分脈』には見えず『北条系図』[3]では省略したが、時定・時広・時隆なども同じく『吾妻鏡』で確認される。整理すると「太郎時盛」「次郎時村」「三郎資時」「四郎朝直」「五郎時直」「六郎時定」「七郎時広」「八郎時隆」となり、『尊卑分脈』は時定・時広・時隆を落としているものの、大体において信用に足るものであるといえる。

次に時盛の子息について検討していきたい。ここで両系図にはかなりの異同が認められる。『尊卑分脈』では時盛の子息は五人みえていて、朝盛・政氏・時光・時員・時景とあるが、『北条系図』では、時景・時光・時親・時成・時朝・時員・時治・時貞・政俊・政忠・政氏の十一名と、ほかに女子一名がみえる。両系図にともにみられる者から比定していくと、政氏・時光・時員・時景であるが、『北条系図』にみえない者は「朝盛」ということになる。したがって他の四名はすべて『北条系図』と共通しているわけである。そこで朝盛については保留するとして他の四名から考えていきたい。政氏については「越後三郎、出家」という『尊卑分脈』の傍注があるが、『吾妻鏡』にはその名は見えない。『北条九代記』正応元年（一二八八）条の盛房の六波羅探題南方就任の記載の中に「越後守時盛孫三郎政氏男」と

「平氏系図」『尊卑分脈』第四篇

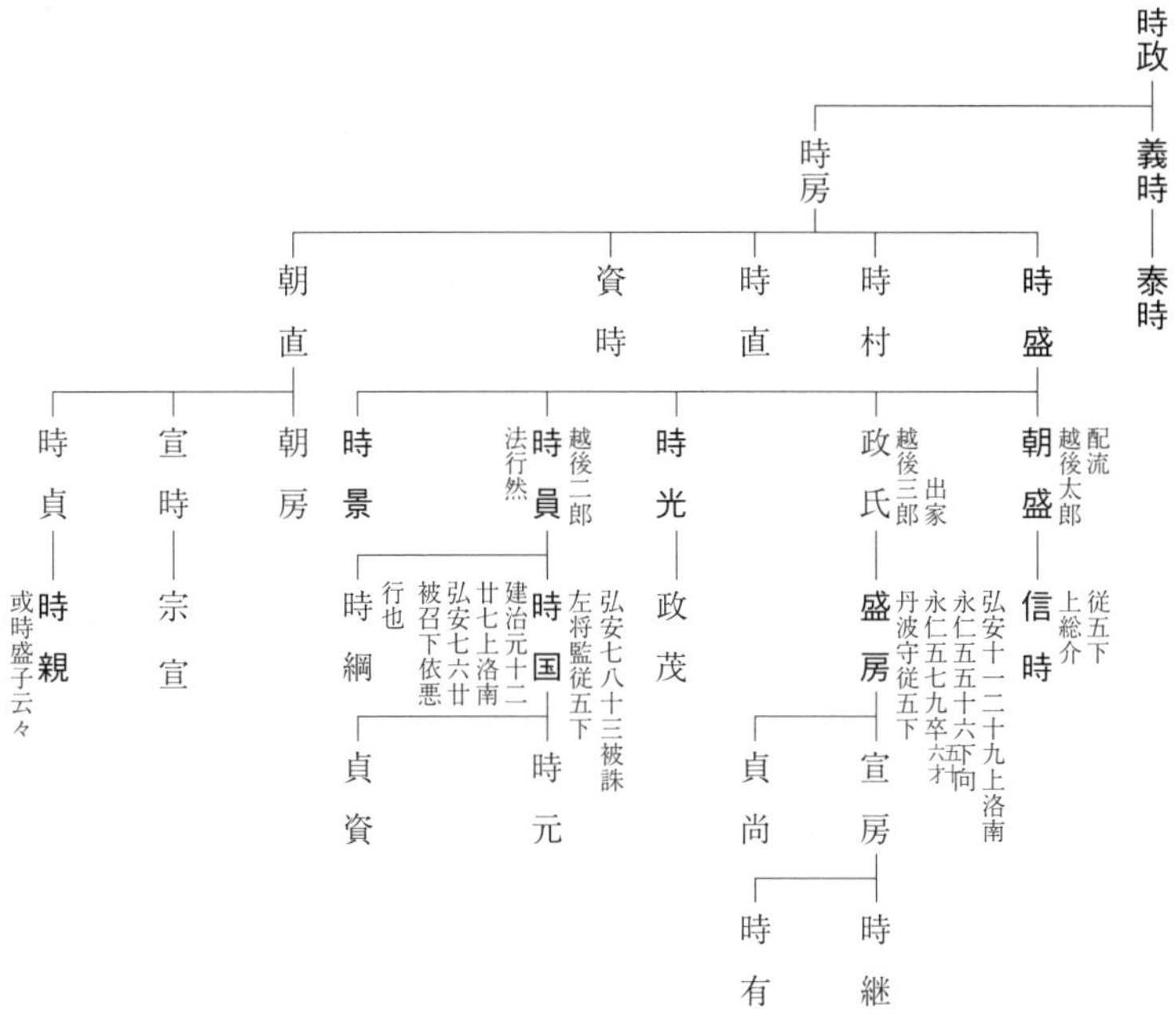

「北条系図」『続群書類従』

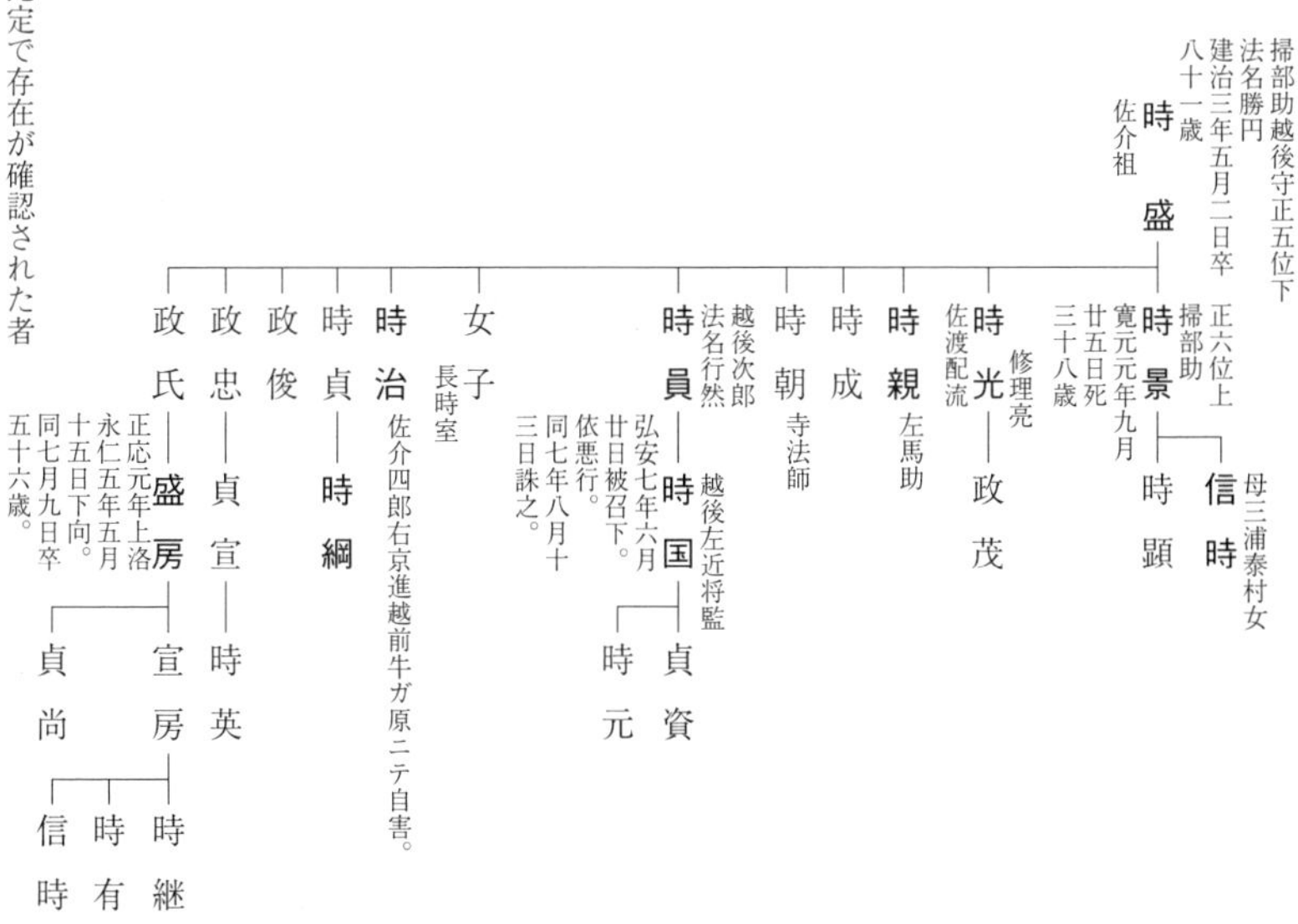

（補）系図中の太字（ゴチック）は本文で中心的に触れたものおよび人名比定で存在が確認された者

あり、また『将事執権次第』正応元年条に「時房—時盛—政氏—盛房」とある。以上から政氏は時盛の子息で三郎と称していたこと、そして政氏と盛房は父子であることが確認される。

時光は『尊卑分脈』には何もみられないが、『北条九代記』弘安七年八月条に、

八月比修理亮時光。越後守。時盛息。陰謀事露顕之間。経種々拷訊之後。配流佐渡国。満実法師同意云々。

とあり、また『保暦間記』にも、

同八月修理亮時光越後守盛時（マヽ）息。時房孫也。隠犯事顕テ佐渡国へ遠流セラル。満実法印同意云々。

とある。『保暦間記』ではこの事件を弘安四年のこととしているが、いずれにしても時光が時盛の息であることがこれらによって傍証される。そして『北条系図』の時光の傍注とも合致する。したがって時光も時盛子息とみて正しいと思う。

時員については注意を要する。『尊卑分脈』では「越後二郎、法行然（名脱カ）」とあり、さらにその頭注によると「前田本系図作俊」とある。また『吾妻鏡』では「越後五郎」とあり、その実名が「時員」となっている場合と「時家」となっている場合とがあって一定ではないので混乱しやすいのであるが、「時家」の名は両系図ともにみられないので一応ここでは「次郎時員」が正しいものとしておきたい。

時景については、時盛の孫信時の比定にもかかわってくるのでうかつには論断を下せない。『北条系図』には「正六位上掃部助」「寛元元年九月廿五日死。三十八歳」[4]とある。また『吾妻鏡』寛元元年（一二四三）九月二十七日条によると、

正六位上越後守掃部助平朝臣時景卒。年三十八。

とあり、この時景は時盛の子息であって正六位上掃部助であったこと、寛元元年九月二十七日に三十八歳で没したことが確認[補註1]される。

次に『尊卑分脈』にはみられないが『北条系図』にみられる者について考証していきたい。現在までのところ時成・時朝・政俊・政忠については他に明らかにしうる史料が管見に入っていないのでこれらについては保留しておきたい。(5)残る時親・時治、ほか女子一名について比定していくわけであるが、まず時治から考えてみたい。弘長三年八月十五日条に「佐介越後四郎時治」とみえているが、これは『北条系図』の「佐介四郎」と一致する。したがってこの時治も時盛子息とみて疑いない。

時親については注意する必要がある。『吾妻鏡』には初見の寛元元年八月十五日条から最終所見の文永三年三月三十日条まで、すべて「越後右馬助」としている。『北条系図』には「左馬助」とあること、そして時盛の越後守任官の事実があることよりみて時盛子息とみてさしつかえないと思われるのだが、同じく北条氏一門の名越光時に時親という子息がいるとする『北条系図』によって非常に混乱を招く。しかし二本ある『北条系図』で一方は「親時」とし、他方では「時親」として一致を欠いているなど、検討の余地がある。そして『尊卑分脈』では時親は朝直の孫にして時貞の子であるようにしているが、その傍注には「或時盛子云々」とあることによって時親は時盛子息とみてまずまちがいはないと思う。因みに『平戸記』寛元二年七月十六日条にみる除目に「左馬権助平時親」とあるが、これがあるいは「越後右馬助時親」であるとも考えられる。

次に時盛の孫について考えていきたい。まず六波羅探題南方に在任した者として時国・盛房がいる。盛房についてはすでに政氏を比定したところで問題は解決している。時国については両系図とも時員の子としている。ところが『北条九代記』建治元年条によると、「越後守時盛孫。五郎時兼男」とある。また『将事執権次第』建治三年条には「義政二男」とあって、ここでもまた混乱しやすい。しかし義政の子息には、時春・国時といてこの国時と混同したも(6)のであろう。そうして時兼という名は両系図にはみられないし、他の有力な史料もないので、一応時国は時員の子息と認めておきたい。

そして前に朝盛を保留しておいたが、『尊卑分脈』ではその子息として信時の名をあげている。信時については『吾妻鏡』宝治元年六月十一日条に「越後入道勝円申云。孫子掃部助太郎信時十三歳者。為泰村外姪也」とあることからして時盛の孫であることは確実である。ところが二本ある『北条系図』ではすでに考証した時景の子となっている。いずれが正しいであろうか。そこで交名の上から考えていくと、信時は「掃部助太郎」と称している。ということは「掃部助」を称する者の子であることになる。とすれば時景の子とする『北条系図』が正しいことになるわけだが、年齢から推してみると、時景は寛元元年九月二十七日、三十八歳で没し、宝治元年に十三歳の信時はその時九歳ということになる。したがって年齢的にも不自然ではない。さらに『北条系図』では信時の母を三浦泰村女としているが、これは前引の『吾妻鏡』の記載と一致する。以上から信時は時景子息であることが確認された。それでは朝盛の実在は全く否定されるのであろうか。今否定されたのは朝盛と信時の父子関係であって時盛と朝盛のそれについてはいまだわからない。したがって一応『尊卑分脈』にある「越後太郎、配流」という記載に従っておきたい。

ところで『北条系図』によると時盛には一女子があって、更にその傍注には「長時室」とある。これは正しいであろうか。宝治元年三月二十七日条に、

今暁越後入道息女上洛。是依可嫁于六波羅相模左近大夫将監長時朝臣也。

とある。これによって時盛の息女は長時の室になっていることも是認される。

以上のところを整理しておくと次のようになる。時房の子息として時盛・時村・資時・時直・時定・時広・時隆等が確認され、時盛の子息には、時景・時光・時員・時治・時親・政氏、ほかに女子一名と未詳の朝盛等があった。そして時盛の子息として信時、時景の子息として時国、政氏の子息として盛房等の人名が確認されたことになる。した

がって時盛子孫に関するかぎり『尊卑分脈』よりも『北条系図』の方が相対的に事実を伝えているものだといえよう。

三

前述したところで佐介氏の世系について可能なかぎり人名比定し、大略の系譜関係がつかみえたと思う。ここでは具体的に時盛を中心として考えてみたい。問題点としては時盛の六波羅探題南方在任の期間、辞任後鎌倉における時盛に分けられる。この間時盛は北条氏一門のひとりとして、幕府政治においてどのような役割を果たしていたのだろうか。とくに後者について、すなわち時盛の六波羅探題南方辞任の事情と鎌倉に帰ってからの時盛の行動について理解しにくい部分がある。これらの点について考えていきたい。

仁治元年（一二四〇）正月二十四日に時盛の父連署時房が没した。(7) これに際して翌二月七日時盛は鎌倉に下着した。(補註2) そして同年七月九日に六波羅にもどることになるのだが、このときの模様を『吾妻鏡』は次のように伝えている。

今暁。六波羅越後守時盛帰洛。依匠作叓所参向也。於今日者。可被聴関東祇候之由。此間頻雖愁申。無恩許。去五日可進発之由。四日。前武州以平左衛門尉盛綱。度々被相催。然而五日者太白方之由。申請延引云々。

これによると時盛は六波羅探題南方を辞任したい旨を申し出て、頻りに帰洛を固辞している。一体これはなぜだろうか。文面から察するにもうそろそろ鎌倉におちつきたいといっているわけであるが、元仁元年（一二二四）の上洛からすでに足かけ十七年を数える。時盛としては父時房のこともあって、このまま鎌倉にとどまりたかったのは無理からぬことであったのかもしれない。泰時の側からみれば、この段階で時盛を鎌倉におくことに何か不都合なことがあったのか、また後任に適当な人物がいなかったためか、あるいはそれ以外の理由によるものかそれはわからない。ただしここで注目しなければならないことは、時盛の申し出た「関東祗候」に「恩許」が無かったのは、形式的には将軍頼経の上意でなされたものにせよ、実質的には泰時の意思によるものであったということである。ここに得宗泰時の一門に対する支配の権限の一端がうかがわれる。(8)

下って仁治三年六月十五日執権泰時が没した。すでにその前の五月十三日に泰時危急の報は六波羅探題に達し、(9)十四日には重時・時盛の両六波羅探題は急遽帰東した。しかしながらこのあと京都にもどったのは重時だけであった。時盛は泰時の死去を機に居坐るような形で鎌倉に残ったわけである。南方の後任は任命されず、以後六波羅探題南方は約二十年にわたって欠員のままである。

時盛は泰時の死とともに出家して法名を勝円と称した。(10)あるいは鎌倉にとどまったのは引退するつもりだったのかもしれない。事実この後時盛は公的職務に就いていない。

鎌倉にもどって以後の時盛について興味深い事実がある。それは頼経・頼嗣・宗尊親王の三代の将軍が、それぞれ寛元四年六月二十七日・建長四年三月二十一日・文永三年七月四日、京都に送り返される際、鎌倉における最後の宿所として「越後入道勝円佐介亭」に入御していることである。三代の将軍がすべて同じことに注目したい。

また文永二年正月三日には垸飯沙汰に越後入道勝円の名がみえる。(11)

時盛についてはもう一言要することがある。それは鎌倉におちついてから三十年後の文永十一年はじめのことであった。時盛は日蓮に対して帰信の志をあらわし、刀をおくりとどけ祈禱を要請したのである。(12)この事実は北条氏一門中でひとりだけ日蓮の信者になるということばかりではなく、少なくとも日蓮が鎌倉に入って布教活動を開始してからは幕府は徹底して日蓮を弾圧してきた事実に徴してもきわめて重要な事実である。しかも同じ時房流の大仏宣時などは虚御教書を発してまでも日蓮を弾圧せんとしているのに、ほぼ同時期の、それもまだ日蓮が佐渡にいたときの(13)

ことである。この点は他の北条氏一門では全く考えられないことであり、まさしく注目に値する事実である。

四

時盛以後の佐介氏についてその消長を概略ながらまとめておきたい。なお前に考証したところで時盛の子・孫について可能なかぎり人名比定したのでそれをもとにしていきたい。

建治元年十二月十三日時国が六波羅探題南方に就任した。だがこの時国は日頃の悪行によって弘安七年六月鎌倉に召還され、ついで常陸国に配流、十月誅戮された。この悪行が一体何なのか具体的にはそれを明らかにしうる史料は管見に入っていない。同じく八月時光が、陰謀露見によって佐渡国に配流された。やはり「陰謀」が何かはっきりしない。佐藤進一氏によれば、時房より時盛に譲られ、相伝せられてきた佐介氏の所職である「丹波守護職」はこの年佐介家を離れたであろうとされている[14]。

また年代不明だが、同じく時盛の子息時治については、『北条系図』によると「右京進、越前牛ガ原ニテ自害[補註3]」とあって、これもまた得宗専制の中に消えていく。年代不明のことゆえ、断定するわけにはいかないが、すくなくとも幕府滅亡以前のことと考えてさしつかえあるまい[15]。しかしやはり「自害」の理由が判然としない。

そして時盛の子息かどうか今のところ明確ではないので保留しておいた朝盛についても『尊卑分脈』によると「配流」とある。

すなわち時盛子息の時光・時治が、それぞれ「被誅」「自害」、またいまだ疑いはあるにせよ時盛子息と考えられる朝盛も「配流」という事実が確認され、さらに時盛の孫時国も「被誅」といったように、子・孫の代で実に四人までが「被誅」「自害」「配流」といったことにたちいたっている。

また正応四年二月四日政氏の子盛房が六波羅南方に就任し、永仁五年七月五日まで在任している事実がある。この盛房はこの以前、弘安十年より正応元年まで佐介氏としてただひとり、評定衆に列なった人物であった。こうしたことから考えて時盛の後佐介氏の嫡流を継いだのは盛房流であろうと考えられる。

この盛房を最後として、佐介氏の一門にして六波羅探題南方に任じた者はいない。時盛から盛房までは、泰時から貞時の時代に相当するわけであるが、この期間時房から時盛に移った六波羅探題南方は、一時得宗庶子の時輔・兼時といった人々が就任してはいるものの、やはり佐介氏と六波羅探題南方の関係はかなり深いものがある。統計的にはさしく前者の関係と後者のそれとが大体において時期を同じくしていることも見落せない。しかし等しく時房流といっても統計的にそう言えるだけのことであって、時盛流の佐介氏と朝直流の大仏氏では、かなり性格が異なることは確かである。すなわち時房の後六波羅探題南方に任じたのは、時盛・時国・盛房といった佐介氏の一門であって、この段階では大仏氏は一名もいない。そして逆に盛房の後は佐介氏系統は一名もいないのである。こうした点が北条氏の問題を考えるときに注意しなければならない点なのではないだろうか。すなわち各系統別に検討していくことも同様に重要なことだといえよう。

六波羅探題北方と極楽寺系との関係、及び南方と時房系との関係が密接であることはある程度考えられる(16)。そしてま

五

佐介氏はその氏祖時盛が六波羅探題南方として幕政上の要職にあった時期においては、少なくとも時房流の家嫡と(17)

しての地位にあったと考えられる。そして時房が南方を辞して鎌倉に引退した後においても、まだ一門の有力者として意識されていた。それが時頼・時宗の時代にいたって、同じ時房流の大仏氏に圧倒されがちとなり、時盛の死後嫡流は順次大仏氏に移っていった。それを象徴するのが、時光の配流・時国の誅殺といった事件であり、かかる事件と前後する大仏宣時の連署就任、盛房を最後として六波羅探題南方と佐介氏との関係が絶えるといった事実があげられる。以後佐介氏の文献上の所見は『楠合戦注文』に「佐介越前守」、『太平記』巻二に「佐介遠江守」「佐介越前守」、巻三に「佐介上総介」「佐介遠江前司宗直」、巻十一に「佐介安芸守」「佐介右京亮貞俊」とあり、『近江馬場宿蓮華寺過去帳』[18]に「佐助五郎」「佐助秋野五郎」「佐助式部大夫」「同右馬助」「陸奥国佐介入道」等がある。これらについては今のところ系譜関係を明らかにしがたい。

また本章では触れ得なかったが、佐介氏の所領・被官[19]などといった問題も今後検討していきたいと思う。

註

（1）『姓氏家系大辞典』に「佐助　次条氏に同じ。佐介　サスケ　相模国鎌倉郡佐介より起る。――桓武平氏北条氏族」とある。

（2）北条氏の邸址を扱った論考には、貫達人氏「北条氏址考」（『金沢文庫研究紀要』第八号）がある。

（3）『続群書類従』第六上の『北条系図』には二本あるが、時盛の子孫に関しては細部を除いてほとんど同一であるのでその区別を示さなかった。ただしこの場合原則として二本のうち最初に出てくるものの方によった。

（4）御家人制研究会編『吾妻鏡人名索引』によると、時景の姓を平としているが、これは北条（佐介）とみてよいと思う。

（5）このほかの人名比定は各歌集の作者とあるところから、当該歌集を検討すればある程度可能であろうと思われる。

（6）「時国」「国時」とともに「時治」「時春」も混同されやすい。

（7）仁治元年正月二十四日条。なお正月三日条に「越州」とあるが、前後から考えてこれを時盛とみることはできない。

（8）奥富敬之氏は、「得宗の他の一門庶子家に対する狭義の惣領権を「得宗権」と称したい」と提起された。「得宗専制政権の研究」その一（『目白学園短期大学研究紀要』第一号）。
（9）『平戸記』仁治三年五月十三日・十四日条。
（10）『北条九代記』元仁元年条。
（11）『吾妻鏡』文永二年正月三日条。
（12）大野達之助氏『日蓮』一四八―一五三頁。一九五八年。
（13）文永十一年当時佐渡国守護は大仏宣時であった。詳細は佐藤進一氏『鎌倉幕府守護制度の研究』一二七―一三〇頁参照。
（14）佐藤進一氏『鎌倉幕府守護制度の研究』一三一―一三五頁。一九七一年。
（15）時治の兄時景が没したのは寛元元年（一二四四）のことであるから、年齢的に考えてもそれより約九十年後の元弘年間まで時治が生存していたとは考えられない。
（16）上横手雅敬氏『日本中世政治史研究』三八六―三八七頁。一九七〇年。
（17）一門庶子家にあってかかる表現が適当なものかどうか検討を要するが、やはり各系統にあってもその嫡流ともいうべき系統があったことを想定したい。ことにこの時房流の場合、幕府政治の展開とともにそれが関わってくることに注目したい。また他の一門庶子家の嫡流ともいうべき系統としては、極楽寺殿系では赤橋氏、政村流では時村系、金沢氏では顕時・貞顕・貞将の系統、大仏氏では宣時・宗宣の系統、ということになる。
（18）『群書類従』（第二十九上）。
（19）佐介氏の被官と思われるものとして、時盛と六波羅にあった野本氏などがある。
（補註1）時景の没年齢を『吾妻鏡』の記載通り三十八歳とすると、元久元年（一二〇四）生まれとなり、時盛が八歳のときの誕生となる。仮に二十八歳の誤りとすれば、時盛二十歳のときの所生となり、一応つじつまがあう。したがって時景の生年は建保四年（一二一六）となる。もしそうだとすれば、次世代の信時が宝治元年（一二四七）で十三歳であるから、生年は嘉禎元年（一二三五）生まれとなり、時景二十歳のときの所生となる。このように考える方が、理解しやすい。そこで論者は時景の生年を建保三年、没年を『吾妻鏡』の記載通りとし、享年を二十八歳としておきたい。なお『尊卑分脈』にみえる「朝盛」は、あるいは「時景」と同一人物である可能性もある。

（補註2）　仁治元年（一二四〇）正月、連署北条時房は急死した。享年六十六。その死因には何やら疑いがないではないが、単なる病死としておこう。ただ大きな疑問はその後継問題である。はたして時房は後継指名をしないまま病没したのであろうか。ここに急死にまつわる疑問がでてくるのである。用意周到な性格の時房としては、当然後継指名をしていたのである。この段階ではすでに従五位上武蔵守に任じ、評定衆の次位にあった朝直に決めていたと思われる。対して、越後守・六波羅探題南方として長らく幕府の重職をつとめていた時盛はその最有力候補の一人であった。父時房の死に際して鎌倉にもどった時盛自身がその後継＝連署の地位を望んだとしてもそれは当然のことであった。ところが泰時は何としてもそれは阻止しなければならなかったのである。なぜなら、時盛は六波羅探題南方在任中にその職務を無難にこなし、その政治的能力はきわめて高かったと考えられる（本書第六部第二章参照）。一方泰時の嫡男時氏は山門問題の失策がもとでノイローゼとなり、寛喜二年（一二三〇）三月、六波羅探題北方を辞任、六月鎌倉にもどったがそのまま病没してしまった。次男時実はすでに嘉禄三年（一二二七）、家人の高橋次郎によって殺害された（享年十六）。泰時は孫の経時・時頼の成長をまたなければならないような不安定な、かつ心細い状態であったのである。このようなときに時房の息で有能な時盛が幕政中枢にもどってくることは、何としても忌避しなければならなかったのである。泰時が描いた青写真は自身が頑健なうちに孫の経時・時頼が順調に成長し、その跡をまかせられるようになること、すなわち執権・連署はこの段階では時房の系統には何としてもわたさないことであった。これができなければ、幕政の主導権は時房流にわたってしまう可能性は十分考えられたのである。時盛はそれだけ有能なまた得宗にとっては危険きわまりない存在であったといえよう。

そして二年後仁治三年（一二四二）正月、連署不置のまま政務を執ってきた泰時が没した。享年六十。時盛としては今度こその思いがあったであろう。しかし当時幕政中枢は経時擁立に傾いており、時盛がそこにくいこめるような余地はもはやなかった。時盛はその屈辱に甘んじ、そのまま引退せざるをえなかったのである。その間に弟の朝直が擡頭し、得宗側と結びつくことによって、時房流の大仏氏の安泰をはかろうとしていたのである。

（補註3）『太平記』第十一「越前牛原地頭自害事」に、「淡河右京亮時治」の名がみえている。『北条系図』の記載は、このときの自害と混同したものとみられる。

第四章　佐介信時について

はじめに

佐介氏は北条時房の長子時盛を祖とする家で、論者はかつてこの時房流北条氏に着目し、佐介氏・大仏氏についての論考を発表し[1]、その後それら以外の時房流北条氏についても検討を試みてきた[2]。そのなかで論者は、かつて時房流北条氏は一括して扱われており、その個別具体的な研究がほとんどなく、その実態についてもまったく触れられていなかったことを指摘し、あわせてその実態を解明することが、鎌倉幕府政治史の研究の上で重要であることも指摘した。そして、等しく時房流北条氏として一括して理解することはきわめて表面的なものにすぎず、「佐介」と「大仏」とではその性格や志向性はすこぶる異なるもので、むしろ得宗に対しては正反対のものではなかったのかという可能性までも考えてみた。また「佐介」「大仏」以外の時房流北条氏についても検討を加え、資時（時房三男）や時広（時村子、時房養子）らの引付頭人、評定衆経験者、時定（時房六男）の垸飯献儀など、その政治的活動に見るべきものがあること、また、和歌や蹴鞠などといった文化史的な側面でも看過しえないものがあることなどを結論として述べておいた。ところで、史料的な制約のこともあって時盛の子孫、すなわち佐介氏の消長については必ずしも詳細に触れているとはいいがたい。そこで論者は、時盛・時景（朝盛）・信時の系譜関係、年齢・幕政での位置などについて検討を加えていきたい。

一　父時景（朝盛）

佐介氏の祖、時盛は時房の長子として建久八年（一一九七）に生まれた。母は不明である。時盛の詳細についてはさらに検討を要する事項ではあろうが、ここでは主題ではないので、前出第三章に一応譲っておく。没年は建治三年（一二七七）享年八十一。妻室は三浦義村女が知られている。(3)

時盛の長子は時景で母は「基貞孫」という。(4) 本名は朝盛、(5)『吾妻鏡』（以下同書からの引用は年月日条のみ記す）によれば時景とみえている。時景の没年については寛元元年九月二十七日条に、

正六位上越後守掃部助平朝臣時景卒。年二十八。

とある。まず、越後守という官途は正六位上ということからしてありえないから、越後守は時盛のことをさし、その子息の掃部助というように解するべきであり、時景は正六位上の掃部助ということである。次にその年齢であるが、それには大きな疑問がある。従来まで『吾妻鏡』のこの日の条を単に無批判に受け入れ、生年もその逆算によって求めている。もしこのままを信じるとすれば、時景は建永元年（一二〇六）生まれということになり、父時盛が十歳のときの子となり、きわめて不自然である。もしかりに没年齢を二十八歳とすれば、生年は建保四年（一二一六）ということになり、父時盛が二十歳のときの子となり、この方が自然である。断定はしえないまでも論者は時景の生年を建保四年とし、没年は寛元元年（一二四三）、享年二十八としておく。

文暦元年（一二三四）正月一日条に「掃部助太郎」とみえており、『吾妻鏡人名索引』(6)ではそのまま信時としているが、

宝治元年（一二四七）に十三歳の信時の生年は嘉禎元年（一二三五）であり、まだ誕生していない。信時の祖父時盛は貞応元年（一二二二）八月二十二日に「掃部権助」に任じ（二十六歳）、嘉禎二年（一二三六）七月二十日に「越後守、従五位下」となる（四十歳）[7]。この間時盛は「掃部権助」であったことになる。とすれば「掃部助太郎」は他に「掃部助」を名乗る北条氏がいない限り、時盛の太郎ということになり、時景ということになる。論者はこれを時景に比定しておく（当時推定十九歳）。翌年信時が誕生したものと考えられるから、これより以前そう遠くない時期に三浦泰村女との婚姻が成立していたと考えられる。時景の幕政上での活動を伝える史料はほとんど伝わっていない。仁治二年（一二四一）八月二十五日条の「北斗堂供養」の供養人の行列の御後の七番目に「越後掃部助」とみえている（推定二十六歳）。このとき若狭前司三浦泰村の次にランクしていることは、三浦氏との姻戚関係を暗示するものと解することもできよう。

次は寛元元年（一二四三）七月十七日条である。将軍の臨時御出の結番が定められ、下旬の五番目に出てくる。なお、ここでも三浦泰村の次に出てきている。

最後は寛元元年九月二十七日条である。前掲のごとく『吾妻鏡』は三十八歳にして没したとある。没年齢を三十八とすると不自然であることは前述のごとくである。時景が幕政史上で活躍していたことはほとんど認めることはできない。少なくとも佐介時盛の嫡男としての所見であり、幕府の有力御家人の三浦泰村との姻戚関係をもちながら、何等の活動の場もないままその生涯をとじることになるのである。

時景について整理しておくと次のごとくである。なお年齢については推定である。時景は時盛の嫡男として建保四年（一二一六）誕生し（父二十歳の時の子、母は基貞孫女）、寛元元年九月二十七日、二十八歳にして没した。その間の政治的活動は、供奉人や将軍近侍の結番にみえるのみである。また姻戚関係としては三浦泰村女を妻とし、その所生に嫡男（掃部助太郎＝越後又太郎）信時がいた。時景は政治的には他の北条一門に比べればまったく不遇のまま、若年の二十八歳にして没したことになる。時景の死後、佐介氏の嫡流はその弟の誰かに移っていったものと考えられるが、どれも大きな決め手はなく、かつての佐介氏の勢力をとりもどすことはもはやなかった。時親は寛元三年（一二四五）から文永三年（一二六六）まで計三十二回の所見があるが、すべて越後右馬助とみえており、文永の初年段階で推定で四十〜四十五歳くらいになっていたものと思われるが、終生叙爵しなかったようである。またその所見もほとんどが供奉関係であった。(8)

また、他の弟たちには時員・時治・政氏・時光らが知られるが、大きな活動を認めることができない。佐介氏の没落の端緒はあるいはこのころにもとめることができるかもしれない。また結果論のようになるかもしれないが、三浦泰村との姻戚関係も微妙に影響しているのであろうか。

二　幕政における信時

信時は時景（朝盛）の太郎（嫡男）(9)として嘉禎元年（一二三五）に誕生した。宝治元年（一二四七）六月十一日条によれば、

又越後入道勝円申云。孫子掃部助太郎信時十三歳者。為泰村外姪也。去五日。不知叓由緒。只就令騒動馳参訖。若可召置叓歟云々　（傍点論者）

とある。「外姪」は原作では「外孫」としているから、(10)信時の母は三浦泰村女ということになる。「孫太郎信時」という呼称は、父時景がすでに没しており（前述）、掃部助太郎と称することができなくなったためであろう。またこの日

の条の内容に即していえば、宝治合戦[11]に際して、信時は事の由緒を知らずに三浦泰村方に走ったことについて、祖父時盛はその処遇を時頼方にうかがいをたてているのである。前述のごとく三浦泰村とその女婿時景の関係は供奉や結番などの序列にはかなり意味深長なものがあり、あるいはかなり親密な関係があったのではないかと思わせるむきもある。幼い信時は外祖父泰村と接する機会も多かったのではないかと思われる。そのえにしによる行動であったのであろうか。あるいは十三歳という年齢からして文言通り素直に解することもできる。ここでは、一つの可能性を提起しておく。ともかくもこの騒動は時頼のはからいによってことなきをえた。宝治元年六月十六日条によれば、

今日。被仰越後入道御返亊。孫子太郎信時亊。外姪之寄。更非怖畏之限。其上去五日対敵陣。已発箭訖。頗有其忠之由。左親衛還被加潤色御詞云々。是祖父禅門申状穏便故也云々。

ここで佐介信時を処分することはいたずらに佐介氏一統を刺激し、将来に確執を残すことになりかねないと時頼をはじめとする幕府首脳は考えたからであろう。

この一件を最後に信時の名が『吾妻鏡』から消えることになる。ところが最近信時の通称が「越後又太郎」とあることが明らかとなった。論者はすでに越後又太郎が信時である可能性を指摘したが、詳細については論じていなかった。今改めて信時を越後又太郎とし、これを前提として論述をすすめていくことにする。

まず信時は掃部助太郎と称していたが、この呼称は父時景が掃部助であったことによるものである。時景は寛元元年（一二四三）に没して以後はこの呼称はつかわれなくなり、もっぱら孫太郎と称されるようになった、ところが幕府に北条氏の一門として出仕することになってからは、格式の上でも単に孫太郎では都合が悪くなったのではなかろうか。そこで祖父時盛の越後守に因んで越後又太郎と称するようになったのであろう。従来まで越後又太郎は全く不明のものとされてきた。しかし越後又太郎は前述のごとく時景の太郎であることはどうやら確実なものと考える。次に

このことを前提にして述べていくことにする。

康元元年（一二五六）正月一日条によれば、歳首垸飯のあとは庭上に八十二名が祗候している。筆頭に北条政村（五十二＝年齢以下同じ）、以下朝直（五十一）、時直・時章（四十二）・実時（三十三）・時広（三十五）・足利家氏（斯波氏祖）・時定（時房息）・時親・教時（二十二）・遠江右馬助（実名不明）・時茂（十六）・義政（十五）・業時（十六）・足利兼氏（渋川氏祖）・足利利氏（十七）、兼時・公時（十九）・時仲・武蔵三郎（実名不明、朝直息カ）・清時（遠江右馬助と同一人物カ）・信時（二十二）・時基（二十カ）・長頼まで北条氏が二十名（遠江右馬助と遠江太郎は同一人物で誤入したものと推測）が列座している。信時は宝治合戦以来九年で幕政での一応のデビューを果たしたということになる。つづく正月三日条によれば、垸飯のあとの一御馬として越後又太郎と出ている。信時は幕政上ではさして重要な役割を果たしてはいないものの、毎年正月の歳首垸飯には必ず所見するのである。次の史料は、時房流北条氏一統全体にわたっても重要なものである。

正嘉元年正月三日条に、

霽。垸飯。右近大夫将監入道沙汰。御剣遠江前司時直。御調度式部大夫時弘。御行騰権少弐景頼。

一御馬　武蔵五郎時忠　　本間木工左衛門尉佐久

二御馬　越後又太郎　　肥田次郎左衛門尉

三御馬　遠江次郎時通　　出羽左衛門三郎

四御馬　刑部少輔次郎　　同三郎

五御馬　相模八郎時隆　　山内左衛門四郎

とある。垸飯沙汰の右近大夫将監入道とは前年の康元元年十月十三日に出家した時定に比定できる。正嘉元年正月一日の垸飯沙汰は時頼、二日が重時であり、三日の沙汰も北条氏一門とみるのが順当である。当時右近大夫将監を名乗る者は他におらず、前年に出家した時定とすることはきわめて自然である。このことを前提として、垸飯沙汰が時定（朝直より二歳年下として推定年齢五十歳カ）、剣が時直（朝直より一歳年下として推定年齢五十一歳カ）、一の馬に時忠（大仏宣時、二十歳）、二の馬に信時（二十三歳）、三の馬に時通（推定年齢二十〜三十歳くらいカ）、四の馬に刑部少輔次郎、調度が時弘（三十六歳）、五の馬に時隆（時弘の一歳年下として二十五歳くらいカ）のように、時定を筆頭として実に七名もこの日の垸飯に名を列ねている。前年三月に重時が、十一月には時頼が出家し、実務としては執権長時、連署政村の体制がスタートしている。このときに際して広汎な北条氏一門の翼賛体制を必要とし、その一環として時房流北条氏一統との協調が期されたものとみることができる。該時点で時房流北条氏一統を総体として幕政中枢における名誉ある歳首[12]垸飯の三日目という公的儀式にいわば最高の待遇をもって抜擢しているのである。それにしても幕府公式行事にこれほど多く一門を厚く遇するということは、この前後にはあまり例をみないことである。そのなかの馬の二番目に信時が入っている。ただしこのなかにはこの時期に供奉人として常時みられる越後右馬助時親の名がみえないことは疑問として残るが、詳細はわからない。またこのあと後年幕政史上活躍が認められるのは引付衆・評定衆・引付頭人となる時弘、引付衆・評定衆・引付頭人・連署に至る宣時の二人のみである。結果からみれば、幕政中枢で枢要な地位を保持し続けるのはわずかに「大仏氏」の系統のみということになる。

　正嘉二年正月七日条に、来る十日の鶴岡奉幣に際して供奉人として参加する御家人の指名があったが、そのリストに入っていながら漏れた人々のなかに信時があがっている。この日の条の最後に後日少々リストに加えられた人があったが、結局十日条に信時はその名がみえていない。

　同六月十七日条によれば、来る八月十五日の鶴岡供奉人のリストの二十三番目にみえている。八月十五日の放生会にその名はみえていないが、六月十七日は供奉人の「惣人数」とあるから、放生会当日には供奉していたものと思われる。

文応元年正月一日条は歳首垸飯を伝えている。両国司（武蔵守長時・相模守政村）ならびに評定衆以下の人々が布衣を着し庭上に列したとある。そのなかの二十三番目に信時の名がみえている。

弘長元年正月一日条にも前年と同様の記載がみられる。このときは東座の十九番にその名がみえる。以上七ヶ所の所見はすべて供奉関係のもので、それ自体さして重要といえるほどのことではない。しかしそれでも毎年正月の垸飯に際して供奉人として列しており、正嘉二年（一二五八）の鶴岡放生会の供奉人としてその名を列ねている。ということは、幕政のなかで一定の待遇を与えられているということである。弘長元年（一二六一）当時信時は、二十七歳になっていたが、幕政中枢で目ざましい活動をしていたとはいいがたい。そしてこのあと信時の名は『吾妻鏡』から消えていく。『吾妻鏡』も文永三年七月二十日をもって擱筆することになり、その後の信時の動静はほとんど不明なものとなっていく。存命中のはずの時期の『建治三年記』や『永仁三年記』にはその名がみえない。『北条系図』（『続群書類従』第六上）によれば、弘安十一年（一二八八）二月十九日に六波羅探題南方に任じたとある。また『系図纂要』では弘安十年としている。しかし『将軍執権次第』(13)『北条九代記』(14)ともにその記載はなく、おそらくは誤記であろう。また官途については、『系図纂要』によれば上総介とあるが、それを裏づけする徴証はない。従五位下、上総介はにわかには信じがたい。

次に信時の没年と享年について検討する。前出『系図纂要』によれば「永仁五年七ノ九卒。五十六」とある。これに従えば、生年は仁治二年（一二四一）生まれとなるが、前述した信時の年齢については宝治元年（一二四七）で十三歳とあるから、生年は嘉禎元年（一二三五）ということになる。永仁五年五十六歳死去説をとると宝治元年には七歳となり、『吾妻鏡』の記載と矛盾する。『系図纂要』の永仁五年七月九日をそのままとると六十三歳で死去したことになる。

すなわち信時は嘉禎元年（一二三五）に生まれ、宝治元年（一二四七）に十三歳、永仁五年（一二九九）九月に六十三歳で没したということになる。信時は、時盛の太郎時景の太郎（母は三浦泰村女）として、いわば佐介氏の嫡系ともいうべき生まれであった。ところが父時景は二十八歳（推定）の若さにして没してしまう。そして母方の因縁をもって宝治合戦では粗忽な行動をとったが、祖父時盛のとりなしや時頼のはからいによってあやうく難をのがれた。その後九年間幕政中枢からはなれていたが、康元元年（一二五六）から弘長元年（一二六一）まで六年間、垸飯などの供奉人としての活動のあとがみられる。そのあとの動静はほとんど不明のまま死没にいたるのである。その間幕府の要職に就いたという徴証もなく、官途についてもまたほとんど不明である。時頼の死没と相前後して政界から遠ざかっていったものと思われる。信時の子孫についても不明で、子がなかったのか、またあってもほとんど事績もなかったためか伝わっていない。あるいは佐介氏の嫡系ともいうべき信時の系統は断絶したのであろうか。

おわりに

『吾妻鏡』にみえる「越後又太郎」が佐介信時であるということを前提にして本章を述べてきた。前述のごとく、信時の通称が越後又太郎という事実や、『吾妻鏡』の所見のしかたが、前後に北条氏一門がみられることからして、信時がそれにあたることはまず確実である。

佐介時盛の太郎時景は少なくとも将来を嘱望される存在として、仁治二年（一二四一）に二十六歳（推定）で正六位上掃部助の官位を得ている。しかしその二年後の寛元元年には二十八歳（推定）で没してしまう。あとは九歳の信時が残されていた。信時は三浦泰村女を母として、嘉禎元年（一二三五）父時景二十歳のときの嫡子（太郎）として生まれた。

宝治元年十三歳のときに三浦方に走るかのごとき動きをみせ、祖父時盛を狼狽させた。このときは時頼のはからいによってことなきを得た。その後は幕政中枢から遠ざかっていたが、康元元年（一二五六）から弘長元年（一二六一）まで供奉人としての活動が認められる。しかし幕政で枢要の地位に就くということもなく、わずかに上総介に任じたという記載があるにすぎない（上総介任官については確証はない）。そして永仁五年（一二九七）七月九日、六十三歳（推定）にして没する。それにしても信時は六十三歳という比較的長命でありながら、最後まで幕府の要職に就くこともなくその生涯をおえたことになる。

おそらくこの間に佐介氏の嫡流は他の時親・政氏などの系統に移っていき、同じ時房流の「大仏氏」の系統におされがちとなり、佐介氏一統全体も没落していくのである。そしてこれらを暗示するかのように『尊卑分脈』によれば、時景（朝盛）について「配流」という注記がある。

従来までほとんど顧みられることもなかった佐介時景・信時父子について検討を加えてみた。中期鎌倉幕政の一断面として、その理解の一助となれば幸いである。

註

（1）　本書第六部第三章、第五章。

（2）　本書第六部第六章。

（3）　『三浦系図』（『続群書類従』第六上）。この女との間に所生があったという徴証はない。なお義村は延応元年（一二三九）に没しているが年齢は明らかでない。父義澄は正治二年（一二〇〇）に七十四歳で没しているから、生年は大治二年（一一二七）となる。仮りに義澄二十歳のころの子とすると、義村の生年は久安年間（一一四五〜一一五一）くらいとなろうか。義村は平六を名乗りとしているから、最もおそい時期の子とも考えられようが、いずれにしても時盛の妻室となる年齢の女子がいたことはそれほど無理なことでもなさそうである。
（4）野津本『北条系図』（安田元久氏編「北条氏系図考証」、『吾妻鏡人名総覧』所収）一九九八年。
（5）『尊卑分脈』第四編　平氏。
（6）『吾妻鏡人名索引』御家人制研究会編（吉川弘文館）一九七一年。
（7）『北条九代記』元仁元年条（『続群書類従』第二十九上）。
（8）野津本『北条系図』によると「文永十七没」とある（前註（5）。文永十年七月没ということであろう）。
（9）太郎という通称から嫡男と考えてよいであろう。時景の子として『吾妻鏡』に初見するのはこの信時のほか、正嘉元年正月一日条に「越後又三郎」がみえており、これは信時の弟であると考えられる。
（10）『吾妻鏡』三八七頁の頭注による。
（11）宝治合戦については、石井清文氏「北条重時と三浦實治合戦」（Ⅰ）（Ⅱ）（『政治経済史学』第二三二・二九八号）一九八五、一九八七年、参照。
（12）垸飯については、八幡義信氏「鎌倉幕府垸飯献儀の史的意義」（『政治経済史学』第八五号）一九七三年、参照。
（13）『群書類従』第四。
（14）『続群書類従』第二十九下。

第五章　北条一門大仏氏について

――時房流北条氏の検討その二――

一

本章は前章（第六部第四章）の「北条一門佐介氏について――時房流北条氏の検討その一――」[1]とあわせて、同じ北条氏のうちでも時房流北条氏の実態がいかなるものであったか、「佐介」と「大仏」との比較を通じてその検討をこころみるものである。また執権政治から得宗専制へと展開する幕府政治のなかで、時房流北条氏がいかなる地位を占め、どのような役割を果たしたか、大仏氏を焦点としつつ、それらについても考えていきたい。

前章において指摘しえたことは、第一に、時房の長子として時盛が六波羅探題南方に在任していた時点では佐介氏は少なくとも時房流北条氏の家嫡としての位置にあったと考えられること、第二に、その後時盛がその任を去ってからは同じ時房流の朝直の系統＝大仏氏に圧倒されがちとなり、時房流の家嫡は順次大仏氏に移行していったと考えられること、第三に、それが時頼から時宗へかけての得宗の権力伸長の過程に相当していること、以上であった。本章はこれらをふまえて、前章の誤謬と思われる部分を訂正し、また言いつくすことができなかった部分を補訂しながら、時房流北条氏の検討の一応区切りとしてみたい。

論述の便宜上、次に系図を掲げることにしたい。系図をみると、北条時政には、義時・時房・宗時・政範といった

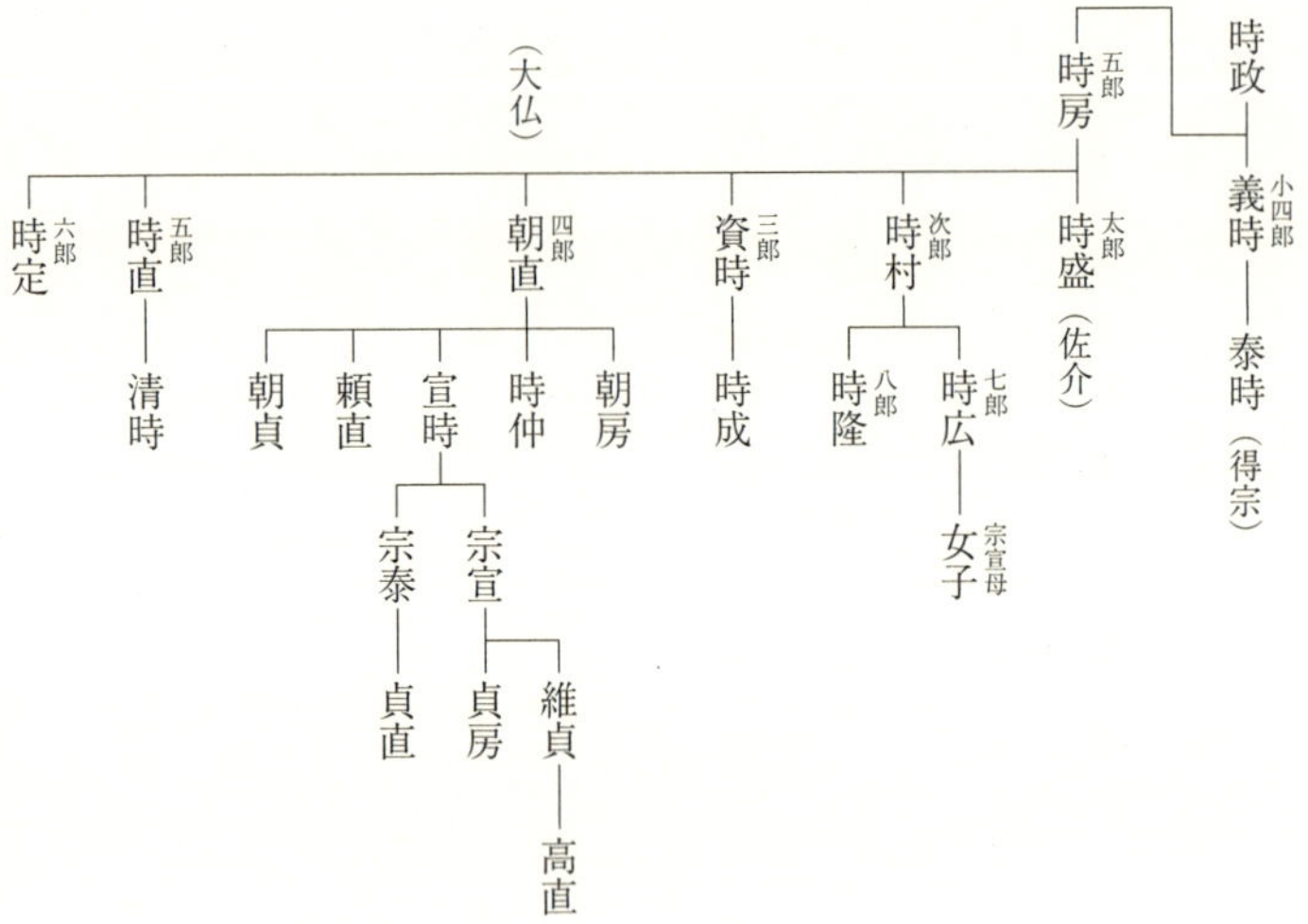

子息がいる。義時の別号を徳（得）宗というが、これが後の北条氏の家督となったことは今更ここにことわる必要もなかろう。次に宗時については「三郎」（2）とあることから、義時・時房より年長であったと考えられる。しかし石橋山合戦で討死したことが知られ、時政の子息としては義時と時房が活躍することになるのである。ほかに政範がいるが、元久二年（一二〇五）十一月五日十六歳にして没している。（3）時房については多少詳しくみておきたい。時房の『吾妻鏡』（特記のない限り『吾妻鏡』は年月日条のみ記す）の初見は古く、文治五年（一一八九）四月十八日条の元服の記事にはじまる。それによると「時連。十五歳。北条殿三男」とある。これからその生年を逆算すると安元元年（一一七五）ということになる。（4）初め五郎時連と号していたこと、前出の宗時、義時の弟にあたることなどがわかる。しかしこの三人はいずれも母が不明であり、わずかに政範だけがその母が「牧野女房」（5）であることがわかるのみである。前述のごとく宗時は石橋山で討死しており、義時・時房が後年活躍するようになるが、幕府政治史上注目されるようになるのは、やはり時政が従五位下に叙し遠江守に任官してから以後のことである。（6）

次に時房の子息について検討していきたい。

（補註1）長子時盛は一応前章にゆずり、省略する。次子は次郎時村、三子は三郎資時、四子は四郎朝直、五子は五郎時直、六子は六郎時定である。

時村は「相模次郎」を称する。時村は、その母が不明である。また没年はわかっているが享年が不明なので生年を逆算することができない。承久二年（一二二〇）正月十四日条によれば、弟資時とともに出家している。法名行念。嘉禄元年（一二二五）十二月に没している。(7)

資時は「相模三郎」を称し、兄時村とともに出家し、法名真昭と号した。母は弟朝直と同じ足立遠元女である。建長三年（一二五一）五月五日、五十三歳で没しており、生年は逆算により正治元年（一一九九）となる。資時はのちに出家の身のまま評定衆に列している。(8)

朝直は「相模四郎」を称し、後述のごとく時房流の家嫡となる。母は足立遠元女である。生年は建永元年（一二〇六）、没年は文永元年（一二六四）、享年五十九。

時直は「相模五郎」を称している。母、生没年ともに不詳である。官途は従五位下、遠江守にいたっている。幕政においては特に目立った実績はなさそうである。

時定は「相模六郎」を称している。やはり母、生没年ともに不詳である。官途は従五位下、右近将監となり、以後「右近大夫将監」を称した。幕政においては主に供奉関係が多い。

以上を整理すると時房の子息として、時盛・時村・資時・朝直・時直・時定の六名が確認される。このほかに「相模七郎時弘」「相模八郎時隆」を称する者がある。『関東往還記』によれば、越前守時弘・民部権大輔時隆はともに時村子としており、呼称からすると時房の子息と考えがちであるが、これらは時房の孫となる。(9)

次に時房の孫の代を検討してみたい。時村の子息は前述のごとくである。三郎資時の子には相模三郎太郎時成がある。また前出時弘には大仏宣時に嫁して宗宣の母になった女子がある。(10)五郎時直の子息には遠江太郎清時・同次郎時通がある。六郎時定には子息がなかったかあるいは早世したものか明らかではないが、自らの所領を時頼子息の四郎宗政に譲った後出家している。(11) 宗政は時宗の同母弟で得宗家のなかでの庶子となった人物である。

次に本章のテーマである大仏氏の本流四郎朝直について述べていく。朝直は四郎を称するにもかかわらず、結果的には家嫡を継いだことは注目すべきである。(12) 前述のごとく時盛は六波羅探題南方退任後出家しており、さらに時村・資時の兄三人はいずれも出家している。朝直の母は足立遠元女である。(13) さらに得宗家との関係において、泰時女が朝直室になっており、時房流のなかでも得宗との関係はかなり密接なもので、親しい関係にあったとみられる。以上の三点が朝直の家嫡としての地位を確保たらしむる条件であったのではなかろうか。

朝直の跡を襲うたのは宣時である。宣時は初号は武蔵五郎時忠といい、これまた父時直と同じように五郎を称するにもかかわらず家嫡とされた。宣時の庶兄には、太郎朝房(14)・同三郎(15)・同四郎時仲があり、庶弟には同八郎頼直・同九郎朝貞がある。宣時が家嫡とされた条件もいくつか考えられようが、父同様にその母がある程度あきらかなことが考えられる。すなわち宣時の母は足立左衛門尉遠光女と伝え、(16) あるいはその母は前述のごとく泰時女が朝直室という関係からその所生である可能性もでてくる。(17)

宣時の跡は宗宣である。『北条系図』（『続群書類従』第六上）の伝えるところに従えば、宣時の子息として宗宣のほかに宗泰があるが、これまた宗宣のみが母が明らかであり、母は越前守平（北条）時広（弘）女である。

宗宣の跡は維貞である。以上大仏氏の嫡流を図示すれば次のごとくである。

（時政）――時房（連署 六波羅南）――朝直（評定衆 引付頭／母足立遠元女）――宣時（引付頭 連署 評定衆）――宗宣（引付頭 執権 六波羅南／母北条時広女）――維貞（連署 六波羅南）

次節以下は大仏氏嫡流に焦点をすえて、それぞれ具体的に幕府政治史とのかかわりのなかから考えていきたい。あとで述べるところだが、宗宣が比較的早く没していることよりして、その弟宗泰の系統も看過されてはならない。

宣時─┬─宗宣
　　　└─宗泰───貞直『太平記』大仏陸奥守

二

本節では北条時房について若干述べてみたい。前述のごとくその初見が古く数多い事績があると思われるが、ここでは一応その晩年からの問題にポイントをしぼっておきたい。従来時房については、常に義時のあるいは泰時の引き立て役として、そのかげにかくれていたような評価しかなされていなかったように思われる。それは「相州。当時於事不被背武州命[18]」という文言が語るように、こうした印象をただ漠然として受け流してきたことによる結果のように思われる。論者はかかる印象に少なからず疑問をもつのであって、以下にこの点についていくつか疑問点を提起してみたい。

第一に執権・連署制[19]の問題である。泰時が義時の跡を襲うて執権に就任した時点では、幕府内部にかなり危機的な状況があった[20]。それを乗り切っていくためには、当時の幕府内部における勢力のバランスを保持していかなければならなかった。そのためには当時北条氏一門中では最も成長をとげていた時房流と協調する必要があったのではなかろうか。かくて幕府人事は執権に泰時、連署に時房、六波羅探題北方に時氏（泰時一男）、同南方には時盛（時房一男）というごとくであった。その後の政局の変化によって時房流は大きく没落していくのであり、その契機となったのが仁治元年（一二四〇）正月の時房の死であった。

第二に得宗領に対する一門所領の相対的独立性の問題[21]である。この問題はひとり時房流北条氏のみならず、執権政治から得宗専制へと展開する幕府政治のなかで、北条氏一門を考える上でのキーポイントである。得宗領の基礎は義時の時代に開かれたとされているが、時政が有していた所領[22]は嫡子義時が相伝したと考えられる。してみればこのとき時房も時政の庶子として、なにがしかの所領を相伝したであろうことが察せられる。またその死没にいたるまで時房が独自に獲得した所領も当然のことながら有していたことと思われる。仁治元年（一二四〇）四月十二日条に、

故匠作遺領事。未分死去之間。任去々年十二月廿三日惣目録。被支配子息等。

とある。このなかにある「被支配」の主体は何か。文字どおり解すればそれは得宗泰時となるであろう。事実このときそれができたのは泰時だけであり、時房が残していった目録に従ってそれを行ったのであろう。しかしこれは時房の急死による代行にすぎない。したがってこの場合の「被支配」れた主体は時房なのである。これより以前の義時の所領を配分したとき、泰時の分として配分されたものは、政子をして驚かしめるほどの小分に甘んじなければならなかった[23]。この点から考えてみても泰時の惣領権は強固なものたりえておらず、北条氏の所領に関してはいまだ一門と得宗とは一体化していないのである。結論的にいうならば、得宗領と一門領とが一体化して得宗専制の基盤となるのは、鎌倉末期の得宗を核とする北条氏一門の姻戚関係[24]が固着する段階でのことである。これを幕府政治に徴してみると、得宗を核とする北条氏一門の姻戚関係は、泰時以後の北条氏一門の成長過程と歩調を合わせており、同時に執権政治から得宗専制への展開過程とも照応しているのである。またこの間の推移をたどると、北条氏と他の有力御家人との姻戚関係についても変遷がみられることにもあわせて注意しておきたい。幕初から中期にかけては足利氏、中期には三浦氏・安達氏との関係が認められ、まさしくこの時期に宝治合戦・霜月騒動が惹起しているのである。

第三に時房の死に対する疑問である。少なくとも時房の存命中は得宗の時房流に対する干渉はみられない。たとえ

ば武蔵国の国務は、時房が現任の武蔵守であったときには施行しているし、その任を去ったあともその嫡男朝直が武蔵守であったときは国務は匠作時房が掌握している。仁治元年（一二四〇）正月に時房が死去したあと、それは前武州泰時に移行したがごとくである。[25][補註2]すなわち時房の死と同時にそれは北条氏の家督と一体となろうとするのである。逆に言えば、時房の死没の時点までは、得宗以外の義時の系統は時房流に及ぶべき勢力がなく、長子時盛は六波羅探題南方・三男資時および四男朝直は評定衆というように、得宗に対抗しうる勢力を十分に有していたというべきである。

三

ところで義時には、泰時・朝時・重時・政村・実泰・有時・時尚という七人の子息があって、そのいずれもが大概幕府政治のなかで活躍している。[26]しかし時房にもかなり多くの子息がありながらわずかに命脈を保つのは大仏氏だけである。時房の死後家嫡となったのは前述のごとく朝直である。ここに時盛と朝直との競合関係を想定しうるのである。以下この点を中心に考えてみよう。

第一に母方の出自である。時盛は不明であるが、朝直の母は足立遠元女である。同母には兄資時があるがすでに出家している。朝直が幕府政治で活躍する時期と、得宗と安達氏[27]の連帯が緊密になる時期とがほぼ一致していることは注目に値する。

第二にその活躍の時期である。時盛は元仁元年（一二二四）六月六日六波羅探題南方に任じている。以後仁治三年（一二四二）二月に帰東するまで在京する。しかしその後は幕政上の公職には就いておらず、めだった動きもみられない。一方朝直は時房死去の前年延応元年（一二三九）十月に評定衆、建長元年（一二四九）十二月二番引付頭、康元元年

（一二五六）には一番引付頭に任じ、文永元年（一二六四）五月の卒去にいたるまで、幕政中枢で一門の長老格として存在していた。このように両者の活躍する時期が大きくずれている。年齢差によることもあろうがそればかりではない。それよりも時房の死と前後していることに注目したい。すなわち時盛が六波羅探題南方の任を去ったのは仁治三年（一二四二）―泰時死去の年―であったが、朝直の評定衆就任は延応元年（一二三九）―時房の死の前年―であった。一体時房の死はその一統にとって、あるいは北条氏一門にとってどのような意味があったのだろうか。一つの仮説を立ててみたい。様々な事情がそこにはあったにせよ、この時房の死によって家嫡は朝直が継いだのである。そしてその後得宗と大仏氏は合体することになる。従来ほとんどとるに足りないものとして扱われていた佐介氏は、実は意外に大きな勢力ではなかったのか。そこでこれから権力伸長を行おうとする得宗にとって、これはあなどりがたい勢力ではなかったか。あるいはこれ以後展開する得宗専制においてその桎梏となりうる勢力ではなかったか。それゆえにこそ時房系を分断し、その一流である大仏氏と合体することが必要だったのではあるまいか。もしこの仮説が成立するならば、時宗の時代に佐介氏が大きく没落していく事情もそこにみることができる。[29]

第三に得宗との姻戚関係である。前述のごとく泰時女が朝直妻となっている事実がある。[補註3]その所生には、次のことから知ることができる。五年後の寛喜三年（一二三一）四月、朝直の正室である泰時女が男子を出産した記事が『吾妻鏡』にみえている。

以上のような条件からすれば時房流の家嫡は朝直とされたのは必然であったのかもしれない。しかしながらこれは時房の本意であったろうか。時房はその所領を子息たちに「未分」のうちに死去に至っていることが疑問である。すなわち時房本人がその家嫡を決定せぬうちに死去したことにもなる。『吾妻鏡』の伝えるところはきわめておだやかである。しかしその記載とはうらはらにその後の幕府政治の展開過程は、佐介氏にとってはきびしいものになっている。しかもそれが『吾妻鏡』の断筆後のことにも注意されねばならない。

朝直は執権・連署、あるいは南北六波羅探題にはならなかったものの、延応元年（一二三九）にはそれらにつぐ重職たる評定衆に任じてからは、建長元年（一二四九）の引付衆設置にともなって二番引付頭、さらに康元元年（一二五六）には一番引付頭になっている。また朝直がいかに幕政上枢要な地位を占めていたかは、評定衆就任以後において各儀式の際には筆頭ないしは次位にあることが常である。正月の垸飯献儀の際には、大体において剣・弓矢・調度・行縢などの役を勤めている。ことに康元元年時頼が引退した後にひきつづき政権を掌握していた時代、いわゆる時頼入道治世下における朝直の位置は重要である。正月一日の垸飯の際に庭上における序列は北条政村について次席である。翌正嘉元年（一二五七）正月一日には供奉人の筆頭である。同年閏三月二日条によると引付衆結番の記事が残っている。正嘉二年から弘長元年（一二六一）までは正月一日の序列は常に筆頭である。また弘長三年には時頼子息二人時宗・宗政についで第三位である。以上のことから推しても時頼入道の時代には、朝直はまさしく最長老の一人であったということができる。

朝直は文永元年（一二六四）五月没した。この年八月には執権長時が没しており、すでに前年までに、極楽寺殿重時・最明寺殿時頼はなく、家督たるべき時宗はいまだ十四歳でその前途はきわめて不安定であったといえよう。この年『吾妻鏡』は全文欠文であり、その欠文理由が問題である。

四

朝直には数名の子息があったが家嫡をついだのは宣時である。この宣時も父朝直と同様にその名乗りからすれば長子ではなかったらしい。前述のごとく武蔵太郎朝房・同三郎（実名不明）・四郎時仲らの兄があり、宣時は初め五郎時忠と称していた(35)。家嫡を決定する因子を求めるならば一つにはその母の出自がある。父朝直の母が明らかであったように宣時もまたその母についての史料がある。『武家年代記』によれば母は「足立左衛門尉遠光女」と伝える。しかし『尊卑分脈』には足立遠光なる人物はみえておらず、『北条系図』（『続群書類従』第六上）にも宣時の母については何も伝えていない。ところで前述のごとく朝直の妻として入っている女子に泰時女があり、あるいはその所生があったと思われる。もし宣時がそれにあたるならば、得宗との姻戚関係によって、三浦氏や足利氏などの例からしても当然家嫡とされるべき存在となったであろう。しかりとすれば宣時は泰時の外孫にして、経時・時頼の従兄弟になる。ただしこれも積極的に傍証する史料もなく、『武家年代記』の記載を否定する史料もないので、以上は仮定にとどめることにしたい(補註4)。

宣時はその幼少期のことは不明のまま忽如として『吾妻鏡』にあらわれる。『北条九代記』（『続群書類従』第二十九上）によって、その生年と没年をみると、「元亨三年六月卅日卒。八十六」とあるから、生年は暦仁元年（一二三八）となる。建長二年（一二五〇）三月二十五日条に初見（十三歳）以後、弘長二年（一二六二）二十五歳ころに宣時と改名したようである。この間『吾妻鏡』には官途や叙爵に関する記事は一切みられず、終始「武蔵五郎」である。一般にごく初期をのぞいては将来を嘱望される北条氏一門の〝公達〟はその叙爵の年齢が早い(36)。しかしこの宣時は文永四年（一二六七）、三十歳でありかなりおそい。このことはあるいは「佐介」「大仏」との競合の時期に大体相当しているためではあるまいか。すなわち時盛が六波羅探題南方の任を去って以後、佐介氏はその後継者と目される時親を除いて(37)『吾妻鏡』にその名が所見しなくなる時期がある。それがおよそ時頼入道治世下に相当する。そしてその後時宗の時代に佐介氏は大きく幕政中枢から後退し没落していくのである。その間宣時は文永四年（一二六七）六月武蔵守従五位下、同六年引付衆、同十年九月には評定衆に任じ、さらに建治三年（一二七七）には二番引付頭となる。そして弘安六年（一二八三）四月には一番引付頭にいたる。この間佐介氏の動向は第六部第三章に述べたとおりであって、きわめて対照的である。[38]ちょうどこの時期は時宗の時代に相当し、また対外的危機である二度にわたる、いわゆる元寇を経験する。

弘安七年（一二八四）四月執権北条時宗は三十四歳にして卒去する。翌年いわゆる「霜月騒動」[39]の惹起をみる。その後同十年に、宣時は執権貞時のもとで連署に就任する（宣時五十歳）。論者はこの貞時の時代がいわゆる「得宗専制」の典型であると評価する。この時代幕府権力中枢では得宗貞時を核とする北条氏一門の強固な姻戚関係が形成され、執権・連署を含めてすべてその従属下に入っているのである。これが「得宗権力の一側面」なのである。泰時の時代にはほとんどみられなかったこうした姻戚関係が、時頼の時代にひらかれ、時宗・貞時の時代にいたって得宗権力の中核として定着するのである。もはや宣時も宿老の域に達している。若い得宗貞時の陰の実力者として幕政中枢に位置しているのである。得宗であるがゆえに権力を有する貞時と一門の宿老として、その補佐役として宣時は権力中枢に位置する一門中の有力者とによって、得宗専制は厳然と存在するのである。

五

宣時の跡を襲うたのは宗宣である。宗宣もまた宣時および朝直と同様、母の出自に関する史料がある。『北条九代記』によれば、越前守平時広女である。前述したことを照合してこれらの関係を図に示せば次のごとくである。

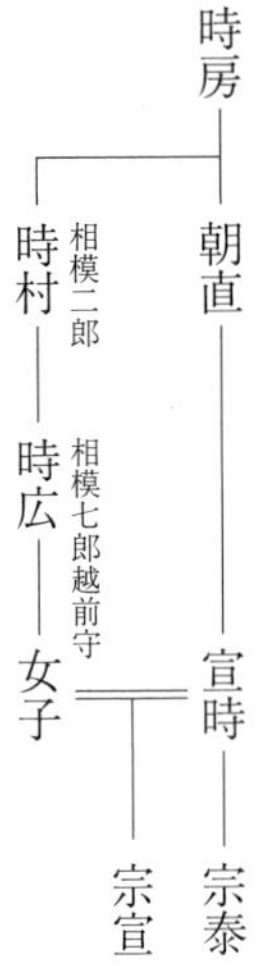

やはりこの宗宣が家嫡とされたという事実は弟宗泰の母が不明であるのに対して、母が明らかなことによるのであろうか。宗宣についてもその生没年をたどることができる。没年から生年を逆算すると、正和元年（一三一二）六月に五十四歳で没しているから、(40) その生年は正元元年（一二五九）となる。

宗宣が活躍した時代はいわゆる得宗専制の時代である。順次みていくことにしよう。弘安五年（一二八〇）(41) 叙爵（二十四歳）、同九年六月引付衆、同十年十月に評定衆に任じている。正応元年（一二八八）十月上野介に任じた。永仁四年（一二九六）正月には四番引付頭となり、同年十月には寄合衆となっている。(42) 永仁五年（一二九七）七月には佐介盛房に代わって六波羅探題南方となり、乾元元年（一三〇二）正月まで在任する。帰東後一番引付頭として貞時の下その羽翼となる。嘉元三年（一三〇五）四月の連署北条時村（政村息）殺害事件に際しては、宇都宮貞綱とともに反乱の元凶北条宗方を誅戮した。そしてその時村に代わって連署となり、応長元年（一三一一）、「於評定座頓死」(43) した執権師時に代わって執権となる。翌正和元年五月職を辞して出家、六月に没した。享年五十四。

この宗宣が活躍した時代は得宗貞時の専権の時代に相当する。この時期においては執権も連署もひとしく得宗の下に従属しており、それらの独自の権力は全く有していないというべきである。幕政における最終的決定権は得宗たる貞時個人にあって、執権・連署以下北条氏一門および特定の得宗被官など(44) がその周囲をとりまいている。貞時の時代の権力中枢を具体的にみると次のごとくなる。「正安三年（一三〇一）八月貞時出家、嫡男高時がまだ生まれていなかったので執権に、従兄弟であり聟でもある師時を任じる。嘉元元年（一三〇三）高時が生まれる。同三年同じく貞時の従兄弟の宗方は一門でありながら内ノ執権、侍所ノ代官などをする。そのときの連署は時村であったがその孫熙時は貞時の聟となって将来を嘱望されている」[45]。以上のように得宗貞時を核として執権・連署以下に連なるひとびとが姻戚関係を形成しているのである。かかる姻戚関係が得宗に強大な権力を付与し、その一方でそれにかかわるひとびととはそうした姻戚関係によって自らの権力や地位を保持し、全体として得宗権力の中核を形成しているのである。

六

最後に宗宣の嫡子維貞、および宗宣弟の宗泰などについて触れてみたい。宣時からの家系を掲げれば次の系図のごとくである。

- 宣時 号永恩寺
  - 宗宣 大仏 陸奥守 法名順昭
    - 維貞 修理大夫
      - 高直『保暦間記』維貞子
      - 家時 高時滅亡時。於京討死
      - 高宣 式部大夫
    - 貞房 越後守
  - 宗泰 同 民部少輔
    - 貞直 右馬助陸奥守 高時滅亡時。於鎌倉討死

宗宣の子には維貞と貞房があったことが知られる。このうち維貞の母は北条（常葉氏祖）時茂女である[46]。没年からその生年を逆算すると、弘安九年（一二八六）となる。維貞についてたどっていくと以下のごとくである。正安三年（一三〇一）に十六歳で叙爵し、嘉元二年（一三〇四）引付衆、徳治元年（一三〇六）評定衆に任じ、延慶二年（一三〇九）に

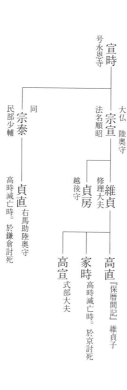

は五番引付頭となる。その後正和四年（一三一五）九月六波羅探題南方に就任、正中元年（一三二四）八月まで在任する。嘉暦元年（一三二六）四月には連署にいたる。翌二年九月、四十二歳で没する。(47) 以上をみるかぎり、維貞は全く得宗と一体化しており、その動静もほとんど得宗と軌を一にしているというべきである。いかなる要因かはいまだ断言しえないが、佐介氏が弘安年間（一二七八～一二八八）、時宗の時代に大きく没落している事実を認め、それがすでに時盛と朝直との競合の関係にまでその源を求めうるならば、それはきわめて対照的であるというべきなのである。

次に宗泰についてである。宗泰は前述のごとく宣時子息で宗宣の弟であったらしいがその生没年について確かなことは不明である。(48)『北条九代記』永仁六年条によれば、宗泰は四番引付頭に任じていることがわかる。とすればその以前に引付衆、あるいは評定衆に任じていたであろう。ただ執権・連署および南北六波羅探題の経験がないのでその官歴などを知ることが困難である。いずれにしても宗宣との競合関係はなかった模様で、それぞれの子息維貞・貞冬、従兄弟の貞直ともに高時の時代に活躍していたことがうかがわれる。

宗泰の子息が貞直である。貞直についてもほとんどその官歴が明らかではない。『北条九代記』文保二年（一三一八）条によれば、十二月に引付頭に任命された者のうち「貞時五」とあるが、これは貞直の誤りであろう。しかりとすればこのとき五番引付頭になったことになる。したがってそれ以前に評定衆に任じていたことになろう。

また維貞の兄に貞房があり、(49)『北条九代記』延慶元年（一三〇八）条、貞房項によりその官歴がわかり、その没年から生年も逆算できる。それによると生年は文永九年（一二七二）となる。正応三年（一二九〇）三月叙爵（十九歳）、正安三年（一三〇一）八月引付衆、徳治元年（一三〇六）七月越前守、同二年十二月評定衆にいたる。延慶元年十二月六波羅探題南方として上洛、翌二年十二月そこで三十八歳にして没する。

註

（1）『論究』第五号（第五巻第一号所収）「中央大学大学院研究機関誌」一九七三年。

（2）安田元久氏『北条義時』（人物叢書　一九六一年）三―四頁に、時政の子として宗時・義時・時房の三人があり、それぞれ長男、次男、三男とされている。

（3）『北条系図』（『続群書類従』第六上）および『吾妻鏡』同日条。

（4）当時の慣例に従って年齢はすべて「かぞえ年」で計算する。『北条九代記』元仁元年条時房項。

（5）この牧野女房というのは時政の後妻牧方であろう。もしそうであれば、その所生の政範が元久二年に没していることは、時政失脚後の義時および時房の今後を決定するうえで重要な意味をもつのではあるまいか。

（6）八幡義信氏「十二世紀末葉に於ける遠江国国衙行政権に関する一考察」（『政治経済史学』第一一号）一九六三年。

（7）前註（3）『北条系図』。

（8）『関東評定衆伝』嘉禎三年条に「相模三郎平資時法師。法名真昭。四月十一日加」とある。同建長三年条によれば母足立遠元女で朝直と同母である。

（9）このような例としては、義時の孫実時が、その父実泰が無官であったためか、祖父義時の「陸奥守」を受けて、「陸奥太郎」あるいは「陸奥掃部助」と称している実例がある。この場合は父の出家によってそれぞれ祖父時房の養子となったのであろう。

（10）『北条九代記』嘉元三年条宗宣項。

（11）『関東執権六波羅鎮西探題等系図』（『関東開闢皇代幷年代記』所収）。これによって、時定が有していた所領（おそらくは時房から受けたものであろう）の支配が一歩進んだと評価しえよう。ただしそれがどこにあったのか、どの程度のものであったのかはわからない。

（12）金澤正大氏「仁治三年順徳院崩御と六月関東政変――『吾妻鏡』仁治三年条欠文との関連において――」（『政治経済史学』第八九、九〇、九一、九二、九三、九四号）一九七三年。時房存命中における時盛と朝直との競合関係については、氏の論考に教えられることが多かった。記して謝意を表したい。

(13)『関東評定衆伝』文永元年条。
(14)前註（3）『北条系図』によれば、「備中守。永仁三年正月於鎮西卒」とある。
(15)康元元年正月一日条に「武蔵三郎」とあるのみでその実名は判明しない。
(16)『武家年代記』（『続旧輯国史大系』五〔付録〕）。
(17)金澤正大氏、前掲論文、前註（12）。なお、もし宣時が泰時女の所生であれば、宣時と時頼とは従兄弟となり、『徒然草』第二一五段にみえる宣時と時頼との親しい関係が肯ずけるところとなる。
(18)元仁元年六月二十九日条。
(19)上横手雅敬氏は複数執権制および、執権と連署には質的には差異はなく幕府中枢部における複数責任制の具現にほかならないとされている（『日本中世政治史研究』第三章第四節　執権政治の確立、三八四頁）。一九七〇年。
(20)その状況とは義時の死に際しておこったいわゆる「伊賀氏の変」であり、このあと泰時が混乱した政局を乗り切るためには義時のような武断的行動はつつしまなければならなかったというべきであるまいか。
(21)得宗領・北条一門領・得宗被官領は、鎌倉末期においてはすべて得宗の一元的支配下におかれていたという定説には一応賛意を表したい。しかしそれはあくまで鎌倉末期のことであって、本章であつかっている鎌倉中期ではそれはいまだ成立していないと思う。すなわちこの段階ではまだ北条氏一門の成長過程であって、幕府政治のなかに執権の御一門といういわば特権的身分は定着していないのである。
(22)時政がその失脚にいたるまでに有していた所領が、いくばくのものであったかは知るべくもない。ただ少なくとも幕府草創期における北条氏の族的性格にはなお多くの疑問があるのであって、将軍家外戚としての優位な地位を保持しつつもその経済的基盤の矮小性についてもなお検討の余地がある。かかる問題に対する先行論考としては、八幡義信氏の業績がある。同氏「鎌倉幕政における北条時政の史的評価」（『歴史教育』第十一巻第六号）一九六三年、「伊豆国豪傑北条氏について」（『武蔵野』第四十八巻第一号）一九六九年、および前掲論文、前註（6）。特に前註（6）の論文は北条氏が幕府政治の上で「大名」としての存在を確保たらしめる時期にスポットをあてている点で重要な意味をもつ。

(23) 元仁元年九月五日条。

(24) そのおもなものをあげてみると、極楽寺殿重時女＝最明寺殿時頼妻（時宗・宗政母）、北条泰時女＝大仏朝直妻、北条時房女＝名越朝時妻（教時母）などであり、他には北条政村女四名はそれぞれ一門の金沢実時妻（顕時・実政母）、北条宗政妻（師時母ヵ）・北条時茂妻（常葉時範母）・北条業時妻などである。その後貞時・高時の時代には一般的なことになる。

(25) 佐藤進一氏『増訂鎌倉幕府守護制度の研究』六一～六五頁。一九七一年。

(26) 泰時流はいうまでもなく得宗家である。朝時流は名越氏、重時流は四流にわかれて、長時流が赤橋氏・時茂流が常葉氏・義政流が塩田氏・業時流が普恩寺氏となる。政村流は特に家の号はないが当代末に及ぶ。実泰の末は金沢氏となる。さらに有時流は伊具氏である。ただ時尚の系統だけはいまだ判然としない。しばらく保留しておきたい。ともかく義時の系統がいずれも得宗の権力伸長の過程とともに命脈を保持しつづけるのに対して、時房流は唯一朝直の系統＝大仏氏のみであることに注意しておきたい。

(27) 八幡義信氏「鎌倉幕政における安達盛長の史的評価」（『神奈川県立博物館研究報告』第一巻第三号）一九六八年。

(28) 『関東評定衆伝』文永元年条。享年五十九。『北条系図』によると時盛は建治三年に八十一歳で没している。これからそれぞれ生年を逆算すると、時盛は建久八年（一一九七）、朝直は建永元年（一二〇六）となり、二人の年齢差は九年である。

(29) 前掲拙稿、前註（1）。

(30) 八幡義信氏「鎌倉幕府垸飯献儀の史的意義」（『政治経済史学』第八五号）一九七三年。

(31) 拙稿「文応元年における社会不穏と鎌倉幕府権力の危機意識――最明寺入道北条時頼政権の実態に関する一視角――」本書第二部第三章。

(32) この日の条をみると『関東評定衆伝』の引付衆にはみられない人名があるので長くなるが引用してみよう。

二日丁巳。晴。今日評議之時。更被結番引付人数。自来月朔。以此衆可行之由。被定下云々。

一番　二日　十二日

武蔵前司朝直　　　出羽前司行義

縫殿頭師連　清左衛門尉満定
対馬左衛門尉仲康　皆吉大炊助文章
水原兵衛尉孝宣
二番　七日　廿六日
尾張前司時章　筑前々司行泰
参河前司教隆　丹後守頼景
長井太郎時秀　明石左近大夫兼綱
進士次郎蔵人　対馬左衛門二郎
三番　十二日　廿七日
越後守実時　刑部少輔教時
常陸入道行日　上総介長泰
大田民部大夫康宗　江民部大夫弘基
長田兵衛太郎広雅　大蔵四郎則忠
四番　二日　廿二日
和泉前司行方　前太宰少弐為佐
那波左近大夫将監政茂　対馬前司倫長
山城前司俊平　甲斐前司家国
山名中務大夫俊長　雑賀太郎尚持
五番　七日　廿七日
秋田城介泰盛　伊勢入道行願
武藤少卿景頼　信濃判官入道行一

中山城前司盛時　　佐藤右京進
山名進二郎行忠　　斎藤二朝俊

各番の筆頭がそれぞれの引付頭人であり、前連署重時および執権長時・連署政村とともに時頼入道の政権の中核を構成する人々である。

(33)『吾妻鏡』は康元元年以降、正元元年条・弘長二年条が欠文であるが、おそらくこの欠文の年も同様のことと思われる。

(34)『関東評定衆伝』文永元年条。

(35)北条時房は元服したときには時連を称していたし、得宗家でも泰時は元服したときは頼時と称していた。また文永九年二月騒動で誅される時輔も元服したときには時利と称していた。かかる例は北条氏に限らず、足利頼氏も初めは利氏と称していた。このように名を変えることは場合にもよるが極めて政治的に意味が深いことが多い。その好例は足利利氏から頼氏、北条時利から時輔である。康元元年九月十一日条を参照。

(36)叙爵の年齢はごく初期の時政・義時・時房をのぞいて、中期以降かなり早くなってくるのが一般的である。たとえば時宗十四歳、義宗（長時息・重時孫）十四歳というように、大概十四歳から十八歳くらいで叙爵している。

(37)前章参照。

(38)前章で述べたように、佐介時盛の日蓮帰信と大仏宣時の日蓮弾圧はきわめて興味深い事実である。その後論者は、「北条弥源太入道」は佐介時盛ではないことに確証をえたので、時盛が日蓮信者となったかどうかは疑問である。次節以下を参照。

(39)霜月騒動については、多賀宗隼氏「弘安八年霜月騒動とその波紋」（『歴史地理』第七八巻第六号）一九四一年。佐藤進一氏「鎌倉幕府政治の専制化について」（竹内理三氏編『日本封建制成立の研究』所収）一九五四年。奥富敬之氏「得宗専制政権の研究」（『目白学園女子短期大学研究紀要』第一、二、三、四号所収）一九六五年等参照。それぞれの評価の要旨は次のごとくである。多賀氏は、安達氏が執権政治の興亡と命運をともにしてきたこと、すなわち北条氏と連帯して幕府を支えてきたことを高く評価され、この乱以後幕府は滅亡に向かうとされた。佐藤氏は執権政治を支える御家人層の代表である安達氏と、得宗をよりどころとする得宗被官＝御内人層との対立・暗闘であり、この乱の結果幕府権力中枢における力関係が逆転して得宗専制が成立したとされた。奥富氏は、安達氏はすでに御家人層の代表ではなく、得宗外戚すなわち準得宗であるとされ、この乱が得宗専制から得宗被官専制へと変質する契機をなしたものと評価された。

(40)『北条九代記』嘉元五年条、宗宣項。

(41) 宗宣の叙爵の年号は前註（40）によると正安五年としているが、前後から考えてこれは弘安五年の誤りであろう。

(42) 佐藤進一氏、前掲論文。前註（39）佐藤氏によれば、時頼の時代に端を発したであろう得宗私邸における政治会議は形式上の整備を示しつつ、評定衆の核心的な権限を奪いとっていく。これこそが得宗権力の非制度的（幕府制度外）拠点である、とされる。その形式上の整備とはこの「寄合衆」なる呼称が幕府政治のなかに定着していくことを意味するのであろう。その時期は大概正応から永仁のころかと思われる。

(43)『将軍執権次第』（『群書類従』第四）。

(44) 奥富敬之氏は、幕政中枢で活躍する、すなわち政治活動を主務とする得宗被官を「後内宿老」、得宗領支配など在地で活動する、すなわち経済活動を主務とするそれを「御内之仁」と称することを提起されている。奥富氏前掲、前註（39）。

(45)『保暦間記』（『群書類従』第二十六）。

(46)『北条九代記』嘉暦元年条維貞項。

(47)『北条系図』『将軍執権次第』。

(48) 宗泰の母についてはその史料がまったく管見に入っていない。あるいは宗宣と同母であったかもしれない。

(49)『北条系図』によれば、貞房を維貞の弟のように載せているが、年齢逆算によって貞房は維貞の兄（年齢差十五歳）である。

(補註1) 時盛は建保元年正月三日条に「武蔵太郎」という名で『吾妻鏡』にはじめて所見する。御家人制研究会編『吾妻鏡人名索引』（吉川弘文館・一九七一年）によれば、建保元年正月三日条に「武蔵太郎」を泰時嫡男の時氏に比定している。しかし建保元年正月現在、泰時は修理亮であり、泰時が武蔵守に任じるのは承久元年十一月十三日のことである（『関東評定衆伝』）。建保元年正月現在、武蔵守は時房である。したがってこの「武蔵太郎」は武蔵守時房の太郎であり、時盛であることは明白である。その後時盛は掃部助という官途を帯びて登場する。すなわち元仁元年六月二十九日条に「掃部助時盛相州一男」とある。一男とあるから長子である。しかし母についてはまったく不明である。

（補註２）　佐藤進一氏は、前掲書六三頁（前註（25））のなかで、時頼が出家引退した康元元年（一二五六）十一月二十二日条の「今日。被譲執権於武𠘑長時。又武蔵国務。侍別当。幷鎌倉第内同被預申之。但家督幼稚之程眼代也」の記載をそのまま受け入れ、そこからさかのぼって時房の死後武蔵国の国務は得宗の掌中に帰したものと解釈され、すでに武蔵国の国務・侍別当・鎌倉の邸が得宗と一体化しているものと解釈されている。またその後もこの解釈はそのまま受け継がれている。はたして本当にそうであろうか。論者はそれについてははなはだ疑問を感じている。すなわち朝直が幕府要職を歴任するとともに幕府の受領としての最高官たる武蔵守を二回、通算約八年にわたって任じている。この朝直の武蔵守は実質をともなわない国司だったのであろうか。論者にはどうしてもそうは思えない。義時は相模守、泰時は武蔵守、時房は武蔵・相模の両方の守に就任しているが、それ以後得宗で武蔵守に任じたものは一名もいない。得宗にして執権は時頼・時宗・貞時とすべて相模守である。得宗以外の執権はやはり相模守であり、陸奥守大仏宗宣・修理権大夫金沢貞顕らは例外である。連署は武蔵守・陸奥守であり、相模守北条煕時は例外である。また執権・連署以外で武蔵守就任は北条宗政（時宗弟）ただ一人であり、これをどのように解釈すべきかは、本書第六部第二章参照。

（補註３）　朝直の正室にはすでに伊賀光宗女がいた。貞応三年（一二二四）六月の伊賀氏の変で光宗が流罪となる。嘉禄二年（一二二六）二月、執権北条泰時女を新たに室に迎えるよう父母から説得されるも、朝直は伊賀氏の女との離別に決断しきれずにいた。泰時女との結婚を固持し続け、この騒動は当時京都にも伝わることになる。（『明月記』嘉禄二年二月二十二日条）。翌月になっても、朝直は泰時・時房の意向を受け入れることができず、出家の支度までするという騒動に発展してしまう。いわば時房と泰時の意向による政略結婚であったといえよう。五年後寛喜三年（一二三一）四月、朝直の正室である泰時女が男子を出産した記事が『吾妻鏡』にみえている。朝直は泰時と連帯のための政略結婚は功を奏した形となったわけである。この時の男子が誰なのか判然としない。大仏氏の家嫡を継ぐのは五郎宣時であるが、宣時は元亨三年（一三二三）に八十六歳で没したことがわかるので、生年はその逆算から暦仁元年（一二三八）となり、このとき誕生した男子ではない。この男子が健康に成長していたなら、母方の出自や長子という条件から、朝直の後継となったと考えられる。五郎宣時の兄として、太郎朝房・

四郎時仲がいるが、彼らは後継とはされなかった。朝直の後継問題は後日の課題としたい。京都にも喧伝されたこの騒動は『吾妻鏡』には書かれていない。広義での欠文理由であろう。

（補註4）足立遠光は「光」の字が「元」と似ているところから、あるいは同一人物の可能性がある。また『徒然草』第二一五段には「平宣時朝臣、老いの後昔語に」で、かわらけの味噌を肴に深夜に酒を酌み交わしたという親しい関係は、その可能性を暗示しているかのようである。

年表　算用数字は月を表す。（　）数字はその年における年齢。○はその年。

年号	西暦	大仏氏	佐介氏	幕府・一般
元仁元	一二二四		6. 時盛、六波羅南方任(28)	6. 執権義時没(62)、執権泰時(42)・連署時房(48)
嘉禄元	一二二五			12. 評定衆設置
二	一二二六			1. 将軍頼経
寛喜元	一二三〇			3. 重時、任六波羅南方(33)
貞永元	一二三二			8. 御成敗式目制定
文暦元	一二三四	1. 朝直叙爵、任相模守(29)		
嘉禎元	一二三五		○信時誕生(時景息、母三浦泰村女)	
暦仁元	一二三八	4. 朝直、任武蔵守(33) ○宣時誕生		
延応元	一二三九	4. 朝直、任評定衆(34)		10. 政村、任評定衆、資時、任評定衆
仁治元	一二四〇			1. 連署時房没(66)
三	一二四二		5. 時盛帰東、六波羅南方退任	6. 執権泰時没(60)、執権経時(20)
寛元元	一二四三		9. 時景没(28)	
二	一二四四		7. 時親任右馬助	
四	一二四六		6. 頼経、時盛邸に入御。帰洛	4. 執権経時没(23)、執権時頼(20)
宝治元	一二四七		3. 時盛女、長時に嫁す	6. 宝治合戦
建長元	一二四九	12. 朝直、二番引付頭(44)		7. 連署北条重時(50)
四	一二五二		3. 頼嗣、時盛邸に入御。帰洛	4. 将軍宗尊親王
康元元	一二五六	4. 朝直、一番引付頭		3. 重時出家(58)、連署政村(52) 11. 時頼出家(30)、執権長時(27)
正元元	一二五九	○宗宣誕生		
文永元	一二六四	5. 朝直没(59)		
二	一二六五	6. 宣時、任引付衆	1. 三、時盛、垸飯沙汰	

四	一二六七	6. 宣時、任武蔵守、叙爵(36)		
八	一二七一	○貞時誕生		
一〇	一二七三	9. 宣時、任評定衆		5. 連署北条政村没(69)、連署塩田義政(31)
一一	一二七四			○文永の役
建治元	一二七五		10. 時国、任六波羅南方 時盛、補佐として再上洛	
三	一二七七	8. 宣時、任二番引付頭	5. 時盛没(81) 10. 時国、任左近将監、叙爵	
弘安四	一二八一			○弘安の役
五	一二八二	4. 宗宣、叙爵(24)	2. 盛房、任左近将監、叙爵(41)	
六	一二八三	4. 宣時、任一番引付頭		
七	一二八四		8. 時光、佐渡に配流 10. 時国、被誅	4. 執権時宗没(34)、執権貞時(13)
八	一二八五			11. 霜月騒動
九	一二八六	6. 宗宣、任引付衆		6. 盛房、任引付衆
一〇	一二八七	○維貞誕生 8. 宣時、任連署 10. 宗宣、任評定衆		10. 盛房、任評定衆
正応元	一二八八	10. 宗宣、任上野介	2. 盛房、任六波羅南方 10. 盛房、任丹波守	
二	一二八九	6. 宣時、任陸奥守 8. 宣時、従四位下		
三	一二九〇	3. 貞房、叙爵(19)		
永仁元	一二九三	5. 宗宣、越訴奉行 7. 宗宣、小侍奉行		4. 平禅門の乱
四	一二九六	1. 宗宣、任四番引付頭 10. 宗宣、任寄合衆		

五	一二九七	7. 宗宣、任六波羅南方	5. 盛房、六波羅南方退任 7. 盛房没（56）	3. 永仁の徳政令
正安元	一二九九	4. 宗泰、任三番引付頭		
三	一三〇一	9. 宣時出家、宗宣、任陸奥守（43）		8. 貞時出家（31）
乾元元	一三〇二	9. 宗宣、任一番引付頭（44）		
嘉元二	一三〇四	7. 維貞、任引付衆		
三	一三〇五	7. 宗宣、任連署 8. 宗泰、任二番引付頭		4. 嘉元三年の政変 連署北条時村、佐々木時清ら被誅
徳治元	一三〇六	7. 貞房、任越前守 8. 維貞、任評定衆		
二	一三〇七	12. 貞房、任評定衆		
延慶元	一三〇八	7. 宗宣、従四位下 12. 貞房、任六波羅南方		
二	一三〇九	1. 維貞、任五番引付頭 12. 貞房没（38）		
応長元	一三一一	10. 宗貞、任執権		10. 貞時没（41）
正和元	一三一二	6. 宗宣没（54）		
三	一三一四	10. 維貞、任陸奥守		
四	一三一五	9. 維貞、任六波羅南方		
五	一三一六			7. 高時、任執権
元亨三	一三二三	6. 宣時没（86）		
嘉暦元	一三二六	4. 維貞、任連署（41）		3. 高時、出家
二	一三二七	4. 貞直、任三番引付頭 9. 維貞没（42）		
元弘元	一三三一	12. 貞直、任二番引付頭		
三	一三三三			○鎌倉幕府滅亡

第六章　北条時房の子孫について

一

鎌倉幕府政治史上、北条氏といえば従来、時政・義時・泰時の系統のみが注目され論議され、時房流北条氏は等閑視されてきた。論者はかつてこの点を疑問視し、時房流北条氏の論考を発表し、時政の子孫はひとり義時の系統にとどまらず、その弟時房の系統にも注目すべきことを提起した。すなわち、時房流北条氏には「佐介氏」(1)「大仏氏」(2)の二大主流ともいうべき系統があって、ともに泰時の系統（すなわち得宗）にも匹敵すべき役割を担い、かつ政治的にも重要な役割があったことを指摘し、かつ「佐介氏」「大仏氏」は等しく時房流北条氏であっても、両者はその性格を異にし、むしろ対立すべき要素すらあったのではないかということを指摘した。

この二つの論考を発表してからすでに数十年を経ているばかりでなく、何よりも時房流北条氏はこの「佐介氏」「大仏氏」のみではなく、時房には多くの子息があり、その子孫もあったわけで、論者は系図を掲げたのみでそれらについてはほとんど論究することはなかった。そこで本章では「佐介氏」「大仏氏」については本書第六部第一～第五章に一応すべてを譲り、それ以外の時房の子孫についての考察を試みるものである。その際前章では触れえなかったこと、あるいはその後疑問視されたことなどを含めて、ここに改めて論じてみたい。

二

現在まで時房の子息には次のものが確認される。太郎時盛・次郎時村・三郎資時・四郎朝直・五郎時直・六郎時定の六人である。太郎時盛の系統がいわゆる「佐介氏」(3)である。論者は本書第六部第三章および第四章において次のごとく指摘しておいた。等しく時房流北条氏といっても、「佐介氏」「大仏氏」とでは、かなりその性格を異にし、前者が得宗の権力伸長の過程においてその犠牲としてほとんど消えていくのに対し、後者はその強力な翼賛者として、その後の幕政の屋台骨を支えた存在であった。この論者の基本的な考え方は今も変わっていない。

次子は相模次郎時村である。その生年は明らかではない。没年は『北条系図』(4)によれば嘉禄元年（一二二五）である。長子時盛の生年が建久八年（一一九七）、没年が建治三年（一二七七）であり、第三子の資時の生年が正治元年（一一九九）、没年が建長三年（一二五一）であり、時村の生年はその中間の建久九年（一一九八）とすれば一応つじつまがあう。この推定があたっているとすれば享年は二十八ということになる。母が誰であるかは今のところわからない。

『吾妻鏡』（以下特記のない年月日のみの記載は『吾妻鏡』を使用）建保六年五月五日条によれば、

晴。相州依召被参御所。洛中事被尋仰之処。相州被申云。先去月八日梅宮祭之時。御鞠有拝見志之由、内々申之間。臨幸件宮。右大将半蔀車。具随身上﨟。被刷顕官之威儀。是皆下官見物之故也云々。同十四日初参于御鞠庭。着布衣。顕文紗狩衣。白指貫。伴愚息二郎時村。二藍布狩衣。白狩袴。公卿候簀子。上皇上御簾叡覧之。同十五日。十六日以後。連々参入。当道頗得其骨之由。叡感及数度。院中出仕不知案内之旨。示合之間。尾張中将清親坊門内府甥。毎事扶持。生涯争忘其芳志哉云々。

とある。建保六年二月、政子は弟時房とともに上洛していたのである。（補註1）政子は一足先に鎌倉に帰ったが、時房は「仙洞御鞠」に参るため京都に残ったのである。時房が京都の文化に精通し、かつそれをこなしていくだけの器量を持っていたことは納得のいくことであり、（5）鞠の芸もそうした時房の幅広い交流の一端のあらわれと見ることができる。それにしても六人いる時房の子息の中で、この時村が選ばれて一緒に御鞠に参加していることは注目すべきことである。さきの推定があたっているとすれば時村は二十二歳である。やはり他の兄弟に比してこの芸に秀でるものがあったのではないかと察せられる。この特徴は子の時（弘）広・時隆にもうけつがれるような観がある（後述）。

承久二年正月十四日条によれば、

亥刻。相州息次郎時村。三郎資時等俄以出家。時村行念。資時真照云云。楚忽之儀。人怪之。

とある。時村二十四歳（推定）、資時二十三歳で、まだまだこれからというときである。まさしく「楚忽之儀」というべきで、人がこれを怪しんだというのは当然であったといえよう。ただここでの出家の事情が何であったのかはいずれ解明しなければなるまい。単に軽はずみな行動としてのみ理解していいのかははなはだ疑問である。父時房（当時四十六歳）は彼らの行動をまったくとめられなかったのか、また、彼らが出家しなければならないような周囲の事情があったのか、一応次のような推論を提起し後考に俟ちたい。

承久二年十月十一日条には次のような記事がある。

亥刻。町辺焼亡。南北二町余災。相模次郎入道行念。大夫尉惟信等家在其中云云。

大内惟信や時村の家が偶然火事のなかにあったのかどうかは判然としない。ただ惟信が承久の乱に際して官軍の「大将軍」（6）とあるから、あるいは惟信に反鎌倉的な動きがみえており、そしてそのターゲットとしてねらわれたのかもしれない。さらには時村も事と次第によっては鎌倉を裏切り、京方に寝返りするような志向性ないしはそうした気配があったのかとも推測される。前述の俄出家の事情もそのなかにあったのではないかとも思われてくる。いずれにしてもこれらはまったく推測の域を出ていない。ただこの記述を最後として時村は『吾妻鏡』に所見せず、前述のごとく嘉禄元年（一二二五）には没してしまうのである。推定享年二十八。やはり早世という部類に入ろうか。時村を称する北条氏は他に政村の嫡子の三郎時村がいるがまったくの同名異人である。

第三子は資時である。生年は正治元年（一一九九）、没年は建長三年（一二五一）、享年五十三。[7] 母は『関東評定衆伝』『系図纂要』によれば足立遠元女で、弟の四郎朝直と同母ということになる

資時の『吾妻鏡』における初見は承久元年（一二一九）七月十九日の、将軍頼経（三寅）の関東下向の記事で、後陣随兵の中に相模三郎資時とあるのがそれである。

しかし前述の兄次郎時村とともに、翌承久二年（一二二〇）正月十四日に俄に出家している。ところが三郎資時は兄時村とはちがい、その後も幕政史上かなり活躍していたことがうかがわれる。兄時村と同じく鞠の芸や和歌の道に秀でるものがあったようで、そのような記載が随所にみられる。[8]

資時は政治的にも実績を残しており、嘉禎三年（一二三七）四月十一日条によれば法体にして評定衆に列している。[9] 資時は前述のごとく出家しておりその名乗りは相模三郎入道真昭であり、そのため官途も得ていない。また法体にして評定衆に加えられたのは管見の限り唯一資時のみである。[補註2] その後建長元年十二月引付衆新設にともなって、三番引付頭人となっている。[10] 引付設置当時、幕政中枢における北条氏一門を整理すると、執権時頼（二十三歳）・連署重時（五十二歳）・一番引付頭政村[11]（四十五歳）・二番引付頭朝直（四十四歳）・三番引付頭資時（五十一歳）・評定衆名越時章（三十五歳）ということになり、資時は執権・連署についで、引付頭人の〝ナンバー3〟の位置にいたわけで、その実力の一端がうかがわれる。

第四子は四郎朝直である。朝直は時房流の家嫡ともいうべき「大仏氏」の祖となった。生年は建永元年（一二〇六）、没年は文永元年（一二六四）であり、母は資時と同じく足立遠元女である。[12] なお朝直および「大仏氏」については第一・二章に一応すべてを譲る。

第五子は五郎時直である。生没年、母ともに現在までのところ全くわかっていない。官途は嘉禎三年（一二三七）に式部少丞従五位下、寛元二年（一二四三）から同三年に遠江守に任じているが、幕政上での評定衆や引付衆にはなっていない。『吾妻鏡』における初見は安貞二年（一二二八）で、以後六十ヶ所の所見がある。安貞二年五月十六日条によれば、

晴。巳刻。相模五郎時直主女室三浦三郎左衛門尉家連女也。男子平産云々。

とある。名乗り通り年齢的にも朝直弟であるとした場合、仮に承元元年（一二〇七）の生まれだとすれば、子息誕生の時二十二歳となり、不自然ではない。六十ヶ所の所見のうちほとんどが儀式の際の供奉関係のものである。注目すべきことというと、若いころ（推定二十代後半から三十代前半、安貞二年から嘉禎元年くらいまで）には弓の射手や遠笠懸などの記載がある。他の兄弟に比して弓の道を心得ていたものとみられる。

また『吾妻鏡』も断筆に近づく弘長三年八月十一日条（推定年齢五十七歳）には「連歌」、文永三年三月三十日条には「継歌」の記載もみられる。『北条系図』（『続群書類従』第六上）によれば「続古今和歌集作者」とあり、晩年（といっても没年は全く不明）には和歌の素養もかなりのものであったらしい。なお前出の男子はあるいは遠江太郎清時の可能性もある。

第六子は六郎時定である。この時定も生没年、母ともにわかっていない。時直の一歳下として生年を承元二年（一二〇八）と推定しておきたい。官歴についてみると、暦仁元年（一二三八）三月以後、同年中に右近少監、叙爵、以後相模右近大夫少監と称する。幕政上の役職につくことは終生なかった。

注目すべきことは時定の垸飯献儀についてである。[13]寛元二年正月二日条に垸飯沙汰の記載がある（推定年齢三十七歳くらいか）。前年の寛元元年正月元旦の沙汰は足利義氏であり、二日・三日は記事を欠いている。また寛元三年正月元旦の沙汰は泰時、二日・三日はやはり記事を欠いている。これについてどのように評価すべきかはむずかしいが、この年寛元二年元旦は泰時、三日が名越朝時である。なぜこの年急に時定にまわってきたのであろうか。前後からすると足利義氏[14]がその役であったとするのが妥当であったと思われるが、いかがであろうか。もしそうだとすれば義氏の単なる故障であろうか。あるいはそれ以外の事情であろうか。義氏の代役とすればやはり大きな抜擢であろう。

また正嘉元年正月三日の垸飯の沙汰として「右近大夫少監入道」とあり、これは時定が出家してからの呼称であると思われる。とすればこの日の垸飯は沙汰が時定、御剣が時直（時定の兄）、御調度が時弘（時定の甥、前出時村息）、御行縢は武藤景頼、馬五疋のうち一が大仏時忠（のちの宣時）、二が佐介信時（越後又太郎）、三が時通（前出時直息・清時弟）、四が刑部少輔次郎（名越教時息か＝論者推定）、五が時隆（時村息・時弘弟）というように実に北条氏は八名（そのうち七名が時房流）が関与している。時頼出家直後の政権中枢にこれだけ多くの人名がみられることや、何よりも垸飯沙汰として時定があがっていることからしても、当時時房流北条氏一統が幕政内に非常に大きな勢力を保持していたことを示す一端である。この時点において時房流北条氏一統を無視しては、幕政運営がむずかしかったことを推測せしむる。

時定は前年十月二十三日素懐によって出家を遂げている。[15]

なお、時定を称する北条氏は他に、幕初に時政の従兄弟（時兼息）＝通称平六傔仗や、時頼の弟の北条六郎時定がいる。いずれも同名異人であるが、ただ名乗りがすべて相模六郎しかりで「六」に因んだものであるので非常にまぎらわしい。

時房の女子としては『北条系図』によれば次の者がみえている。三位頼氏（一条高能息）室・秋田城介義景室・長井清広（『系図纂要』によれば時広）妻・遠江守（名越）朝時妻・一条高能室などである。

頼氏室というのは『尊卑分脈』にも傍証史料があり、頼氏と時房女との間の所生として、能基、能清を載せている。

秋田城介義景室というのは現在までのところ傍証史料は管見に入っていない。『系図纂要』によれば「後千葉介時胤室」とある。後考に俟ちたい。

長井清広妻は長井氏に清広なる人物がおらず、『系図纂要』にある時広をさすのであろう。

名越朝時妻というのは『関東評定衆伝』文永九年条により子息教時の母が時房女とあるから一応証明できる。

一条高能室というのは前述の頼氏が高能の子息であるから、おそらくは誤りではあるまいか。高能は建久八年（一一九七）に二十三歳の若さで病死している。

他に『系図纂要』によれば、宇都宮泰綱室というのがある。

三

次に時房の孫の世代を検討する。「佐介氏」「大仏氏」については一応第四・五章に譲ることにするが、佐介氏についてその後論者が気がついたことがあるのでまずそれからあたっていくことにする。『吾妻鏡』に「越後又太郎」なる人物が康元元年正月一日条を初見として弘長元年正月一日条まで七ヶ所みえている。一体これは誰であろうか。名乗りが単に受領名の下に何番目かの男子を表わす場合はまず北条氏である。とすれば越後守を称する者の近親それも、又太郎とあるからおそらくは孫であろう。北条氏で越後守となったのは、名越朝時・同光時・佐介時盛・金沢実時の四人である。朝時の孫の世代としては時章の息公時であるが、すでに当時尾張次郎としてみえている。その息であれば「尾張次郎太郎」となるであろうか。また時章の他の兄弟でその可能性のある者は見出しにくい。光時の息の親時は嘉禎・暦仁年間に「越後太郎」としてみえ、『北条系図』にも「親時江馬」とあるから、これも該当しない。あるいはこの親時の子で光時の孫であろうとも考えられるが、諸系図にはみえない。次に実時は康元元年（一二五六）現在三十二歳であり、子息の四郎顕時は九歳で、とても孫のあるような年齢ではなさそうである。では顕時の二人の兄の可能性、すなわち太郎実村や次郎篤時はどうであろうか。[16]残念ながら年齢について史料がないので何ともいえないが、父実時の年齢から推して仮に二十歳ころの所生とした場合で実村は十三歳前後になろうか。その子の可能性はなさそうである。最も可能性が高いのは時盛の孫の信時（時景息）である。信時は時景と三浦泰村女との間の子（『北条系図』、および宝治元年六月十一日条）であるが、父時景は寛元元年（一二四三）九月二十七日に三十八歳で没している（同日条）。[17]信時は当初の名乗りは父時景の官途の掃部助を受けて掃部助太郎であった。宝治合戦に際しては三浦泰村の外姪のゆえをもって事の由緒を知らずに三浦方に走るという動きを見せ、その後は時頼のはからいによってことなきをえている。以後掃部助太郎はみえなくなるのだが、あるいは当時実時が掃部助であったことから、父時景もすでに故人ゆえに祖父時盛の越後守をとって「越後又太郎」と称するようになったのではあるまいか。正嘉二年正月一日条に「越後又三郎」がみえるが、あるいはこの弟であろうか。[補註3]

次に時盛の女子について検討する。『北条系図』には時盛の女として長時室をのせている。宝治元年三月二十七日条によれば時盛女が長時に嫁すため上洛したという記事がある。ただし所生があったかどうかは今は断言できない。あるいは長時嫡男義宗の母の可能性はあるかもしれない。

次郎時村は前述のごとく承久二年（一二二〇）に出家をとげ、その後嘉禄元年（一二二五）には没してしまう。したがってその政治的活動はほとんどみられない。しかし『関東往還記』によると、相模七郎時弘（のち越前守）、相模八郎時隆（のち民部権大輔）の二人の子息がある。名乗りは祖父時房の相模守からとったものであり、父時村の出家にともなって形式的には祖父時房の養子になったのであろう。

時弘（広）は生年が貞応元年（一二二二）、没年が建治元年（一二七五）で、享年五十四である。延応元年（一二三九）正月一日条の初見以来八十四ヶ所の所見がある。当初は馬引の役が多く、そのほかは供奉関係である。しかし特に目立つのは「鞠」と「和歌」についての記載である。前者は建長五年三月十八日条を初見として七ヶ所、後者は弘長元年正月二十六日条を初見として五ヶ所みられる。祖父時房以来京洛の文化に相通じる資質をもち、かつ公家の素養にも深い造詣をもって幕府に出仕していたものと思われる。

しかし時弘は政治的にもかなりめざましい活動をしていたことがうかがわれる。『関東評定衆伝』建治元年条によってその官歴をみると、寛元三年九月十二日式部少丞、宝治元年正月五日叙爵、同三月六日武蔵権頭、正嘉二年正月十三日越前守、文永二年三月九日従五位上、というごとく昇進している。また幕府内では、文永元年十一月十五日引付衆、同二年六月評定衆、同六年四月四番引付頭に至っている。したがって時弘は単に文化人としてのみ幕府に出仕したのではなく、幕政中枢の要職を十二年にわたって歴任しており、四番引付頭という重職に至るまで全うした政治家としての側面も評価されるべきなのである。因みに時弘女は大仏宣時に嫁し、その所生に宗宣がいる。(18)

時弘の弟に時隆がいる。生没年は全く不明である。時隆は寛元三年八月十五日条を初見として四十ヶ所の所見がある。多くは供奉関係であるが、時弘ほど目立ったものは見出せない。寛元四年十月十六日によると「笠懸射手」、宝治元年二月二十三日条によると「犬追物射手」という記載がみられるから、この当時（名乗りどおり時弘弟として推定で二十代の前半か。時弘は寛元四年で当時二十五歳）は弓ないし武芸をもって幕府に出仕していたのであろうか。その後も幕府の公式の職にもつかなかったようである。

前述の資時の子には相模三郎太郎時成がいる。宝治二年八月十五日条から五ヶ所のみみえている。父資時が法体にして評定衆、三番引付頭として活躍しているのに対して全く目立たない存在である。

次に五郎時直の子息を検討する。時直には遠江太郎清時（遠江右馬助）、同次郎時通と同四郎政房の三人の存在が確認される。

清時は嘉禎二年八月四日条を初見として文永三年三月三十日条まで六十九ヶ所の所見がある。前引のごとく安貞二年五月十八日条に時直室（三浦家連女）の男子平産の記事がある。もしこれが清時にあたるとすれば、母が三浦家連女で、生年は安貞元年（一二二七）ということになり、時直は当時二十二歳くらいであろうか。したがって初見の嘉禎二年には九歳に達しており元服にはそれほど不自然でもなさそうである。清時の所見は多くは供奉関係であるが、弓の射手の記事が建長二年三月二十六日条、同五月十日条、犬追物の射手が同三年八月二十一日条などにみられる。また正嘉年間以後は「鞠」の記事がみられるようになる。正嘉元年四月九日条、同六月一日条、同二十四日条、同二年七月四日条、同十一月十九日条、弘長三年正月十日条、文永二年正月十五日条の七ヶ所である。また弘長三年八月十一日条には「連歌」、最終所見たる文永三年三月三十日条には「和歌」の記事がみられる。前述の時弘や時隆とは従兄弟の関係で年齢の推定がただしければほぼ同世代となる。清時もまた京洛の公家の文化に精通しており、その道で幕府に出仕し、将軍に近侍していたのであろう。ただこの清時もまた時隆と同じく政治的に活躍したあとはあまりみられず、幕府の要職にはつかなかったようである。

清時の弟に次郎時通がいる。やはり生没年ともに不詳である。建長五年正月三日条を初見として弘長元年三月二十五日条まで十五ヶ所の所見がある。「鞠」についての記事が建長五年三月十八日条、正嘉二年十一月十九日条の二ヶ所、「和歌」については最終所見たる弘長元年三月二十五日条に、

近習人々之中。以歌仙被結番。各当番之日。可奉五首和歌之由被定下。冷泉侍従隆茂。持明院少将基盛。越前々司時広。遠江次郎時通。壱岐前司基政。掃部助範元。鎌田次郎左衛門尉行俊等為其衆。

とある。この記事はやはり注目すべきことである。凡庸な人物には和歌のひらめきはないであろうし、とくに最後の記事では「歌仙」の一人として出ている。また鞠の素養も非凡なものがあったのであろう。

もう一人の弟に四郎政房がいる。母、生年は不明である。没年はその最終所見たる文永二年閏四月七日条に卒去記事がある。弘長三年正月一日条、同四月二十日条、同八月十五日条、同十六日条など、いずれも供奉関係である。

四

「佐介」「大仏」の二大主流の間にあって従来まったくといっていいほど等閑視されてきた、佐介・大仏以外の時房流北条氏にスポットを当てて、考察を試みた。一応論者は次の点を整理して提起しておきたい。

第一にその政治的活動である。佐介流では六波羅探題南方の佐介時盛・同盛房、大仏流では一番引付頭として長らく活躍した大仏朝直、その嫡子で引付衆・評定衆・一番引付頭、さらに連署としてめざましい治績がみられる宣時、その嫡子で引付衆・評定衆・四番引付頭・連署・執権という官歴をもつ宗宣など、政治的活動についてはとかく佐介氏、大仏氏に目が行きがちとなる。しかし本文でみてきたように、こうしたなかにあって法体の身にありながら評定衆・三番引付頭となった資時、引付衆・評定衆・四番引付頭などを歴任した時弘（広）など、みのがすことができない存在である。かつて指摘したごとく佐介氏と大仏氏の性格の相違がみられることなど、時房流北条氏が一枚岩ではなかったであろうことは察せられる。しかしいずれにしてもその政治的勢力は決してあなどりがたい存在であったことを改めてここに提起しておきたい。

第二にその文化的側面での活動である。これについては個々に細かく分析をする必要があろうが、本文でもみてきたように、「鞠」「和歌」「連歌」など随所に記事がみられる。これも時房流北条氏の一つの特徴として注目しておきたい。

以上のように、時房流北条氏を単に「北条氏の疎族」としてのみとらえては、幕府政治の実態を具体的にとらえることはできないと思う。今後の課題は今述べたごとく、いわゆる文化史的な側面たる「和歌」「鞠」等に参加している者の個別的な分析である。これによって、さらに時房流北条氏の実態によりせまることができるであろう。

註

（1）本書第六部第三章。
（2）本書第六部第三章。
（3）大野達之助氏『日蓮』（一九五八年）によれば、時盛は「北条弥源太」と称したとされている。大野氏は典拠を示しておられないが、もしそうだとすれば次のような疑問を生じる。時盛は建治三年（一二七七）五月二日に八十一歳で没している。ところが弘安元年（一二八一）「弥源太殿御返事」という文書が残っており、明らかに時盛と北条弥源太入道とは別人といわざるをえない。
（4）『続群書類従』第六上。
（5）時房はかつて五郎時連と称し、将軍頼家の側近五人衆の一人であったことは周知のことである。現在では頼家の動向を探知するための北条側がおくりこんだ「スパイ」であったことが当然考えられる。
（6）承久三年六月五日条。
（7）建長五年五月五日条に卒去と年齢に関する記載があり、これによって年齢を逆算。
（8）寛喜元年十月二十六日（鞠）、同三年九月二十五日（鞠）、天福元年四月十七日条（連歌）、同五月五日（和歌）、嘉禎三年同

八月十五日（和歌）、同九月十三日（和歌）・仁治二年八月十五日（和歌）・同九月十三日（和歌）・寛元元年九月五日（和歌管弦）、等の条、以上十九回の所見のうち、十回が鞠、もしくは歌に関するものである。

（9）入道相模三郎主法名真仏《マヽ》、被加評定衆云々。

（10）『関東評定衆伝』建長元年条。

（11）政村については、本書第五部参照。

（12）『関東評定衆伝』文永元年条。

（13）垸飯については、八幡義信氏「鎌倉幕府垸飯献儀の史的意義」（『政治経済史学』第八五号）参照。一九七三年。

（14）足利義氏については、彦由三枝子氏「「承久の乱」前後に於ける前武蔵守足利義氏―「摂家将軍」・「足利殿」・「北条殿」枢軸体制の成立過程―」（『政治経済史学』第一〇〇号）。一九七四年。

（15）康元元年十月二十三日条。『関東往還記』五月九日条によれば法名を慈仁という。またその出家に際して子息がいなかったためか、自らの所領を時頼子息宗政に譲与している（『関東執権鎮西探題系図』＝『関東開闢皇代幷年代記』）。この点については前註（2）でかつて述べておいた。

（16）御家人制研究会編『吾妻鏡人名索引』（一九七一年）は、建長六年六月十六日条に「陸奥掃部助」（実時）のあとに「同太郎」とあるのを「陸奥太郎」と読み、実名不詳としている。論者はこれを「陸奥掃部助太郎」と読むべきと考え、実時の子実村に比定している。この陸奥は義時の陸奥守を受けたもので、陸奥五郎実泰の太郎であったわけである。

（17）信時の母は『系図纂要』によると、北条泰時女である。宝治元年六月十一日条および十六日条によれば三浦泰村の外姪とあり、こちらのほうが事実であろう。

（18）『北条九代記』嘉元三年条。

（補註1）建保六年（一二一八）二月、北条政子は熊野詣を表向きの理由として上洛した。その真の目的は最重要案件である実朝の後継問題である。卿二位兼子との密約により、実朝に万一のことがあった場合には、後鳥羽上皇の皇子二人のうちのいずれかを将軍として下向させるということの確約を得たのである。田中稔氏「第四代　藤原頼経」七七頁（『鎌倉・室町将軍家総覧』秋田書店、一九八九年）。

（補註2）　出家した後に評定衆に抜擢された例は、この資時以外にはこの制度が始まって以来幕府滅亡にいたるまで存在しなかったようである。鎌倉時代においては出家＝引退（政治の第一線から退く）を意味していた。当然北条時頼が出家後も実権を掌握していたことは夙に知られている。しかし形式上はあくまでも執権は一門の長時に譲っているのである。すでに出家した資時を抜擢したということは、その政治的能力は軽視できないものがあったからというべきである。ただすでに法体の身になっていることからすれば、少なくとも政治的野心を疑われることなくその能力を発揮することができたであろうと思われる。鈴木宏美氏は、資時について「高齢のためか評定衆としての席次は高位にいるが、素質は文人であって、政治的手腕には恵まれていなかったのではあるまいか」とされている（『北条氏家系人名辞典』一九七頁。二〇〇一年）。論者はこの考え方に賛成することはできない。評定衆、引付頭人といえば、執権・連署に次ぐ幕府の最重要職である。政治的手腕には恵まれていなかった人物を抜擢することはありえないと思う。

（補註3）　時景の没年齢を三十八歳とした場合、生年はその逆算から建永元年（一二〇六）となり、その父時盛が生誕建久八年（一一九七）なので、十歳のときの子となり、きわめて不自然である。仮に時景の没年齢を二十八歳とすれば、その生年は建保四年（一二一六）となり、時盛二十歳のときの子となる。また信時の生年が嘉禎元年（一二三五）であるから、時景二十歳のときの子となる。これらを整理すると以下の通りとなる。

時盛　建久八年～建治三年（一一九七～一二七七）享年八十一。
時景　建保四年～寛元元年（一二一六～一二四三）享年二十八。
信時　嘉禎元年～正応三年（一二三五～一二九〇）享年五十六。
　　嘉禎元年～永仁五年（一二三五～一二九七）享年六十三。

信時の没年には二説あり。『系図纂要』によれば没年を五十六歳とする。この説をとると、生年は仁治三年（一二四二）となり宝治元年には六歳で『吾妻鏡』の伝える十三歳には達していない。没年を正応三年（一二九〇）とすれば一応つじつまが合うが、没年齢には符合しない。便宜上論者は、信時の生没年について「嘉禎元年～永仁五年（一二三五～一二九七）享年六十三」

説をとっておく。本書第六部第四章。

初出一覧

「文応元年における社会不穏と鎌倉幕府権力の危機意識――最明寺入道北条時頼政権の実態に関する一視角――」（『政治経済史学』第七五号　一九六九年四月）
「北条一門佐介氏について――時房流北条氏の検討（その一）」（『中央大学大学院論究』第五巻第五号　一九七三年三月）
「北条一門大仏氏について（上）――時房流北条氏の検討（その二）」（『政治経済史学』第一〇四号　一九七五年一月）
「北条一門大仏氏について（下）――時房流北条氏の検討（その二）」（『政治経済史学』第一〇五号　一九七五年二月）
「北条時宗の家督継承条件に関する一考察（上）――『吾妻鏡』文永元年条欠文理由及び文永九年二月騒動との関連において――」（『政治経済史学』第一一〇号　一九七五年七月）
「北条時宗の家督継承条件に関する一考察（下）――『吾妻鏡』文永元年条欠文理由及び文永九年二月騒動との関連において――」（『政治経済史学』第一一一号　一九七五年八月）
「得宗被官平氏および長崎氏の世系について」（『政治経済史学』第一一五号　一九七五年十二月）
「得宗専制体制の成立過程（Ⅰ）――文永・弘安年間における北条時宗政権の実態分析――」（『政治経済史学』第一二五号　一九七六年十月）
「得宗専制体制の成立過程（Ⅱ）――文永・弘安年間における北条時宗政権の実態分析――」（『政治経済史学』第一三九

号　一九七七年十二月）
「得宗専制体制の成立過程（Ⅲ）――文永・弘安年間における北条時宗政権の実態分析――」（『政治経済史学』第一六二号　一九七九年十一月）
「得宗専制体制の成立過程（Ⅳ）――文永・弘安年間における北条時宗政権の実態分析――」（『政治経済史学』第一六五号　一九八〇年二月）
「北条貞時政権の研究序説――弘安七年の諸法令にみる鎌倉幕府の政策と「弘安七年佐介の政変」について――」（『政治経済史学』第二〇二号　一九八三年五月）
「北条貞時政権の研究――弘安末年における北条貞時政権の実態分析――」（『中央史学』第七号　一九八四年三月）
「北条時頼政権の成立について」（『政治経済史学』第二二二号　一九八五年一月）
「寛元・宝治年間における北条政村（Ⅰ）」（『政治経済史学』第二三二号　一九八五年九月）
「寛元・宝治年間における北条政村（Ⅱ）」（『政治経済史学』第二五五号　一九八七年七月）
「北条時房の子孫について」（『政治経済史学』第三〇〇号　一九九一年六月）
「北条政村の研究（Ⅰ）」（『政治経済史学』第三四四号　一九九五年二月）
「北条義時の子息について」（『武蔵野』第七三巻第一号　一九九五年二月）
「北条政村の研究（Ⅱ）」（『政治経済史学』第三七〇号　一九九七年四月）
「北条政村の研究（Ⅲ）」（『政治経済史学』第三八七号　一九九八年十一月）
「北条有時について」（『政治経済史学』第四二一号　二〇〇一年九月）
「佐介信時について」（『政治経済史学』第四二八号　二〇〇二年四月）

「北条時房について」（『政治経済史学』第五〇〇号　二〇〇八年四・五・六月）
「序章――北条氏一門の研究の現状と課題――」（二〇一二年九月　新稿）
「北条時頼政権下の課題について――北条時頼執権期における御家人問題を中心に――」（二〇一三年六月　新稿）
「鎌倉幕府連署北条時房について――執権・連署制の実態分析と北条時房の後継問題――」（二〇一四年四月　新稿）

あとがき

本書は、私の十九歳から現在六十五歳まで、四十六年間にわたる研究成果を収めている。当然この間に研究は進展し、私自身でも、かつてまったく気がつかなかったことや、認識不足で事実誤認の部分が多々あったことはいうまでもない。それらについてはできる限り、適宜訂正・加筆していったつもりである。

一九七二年、私は大学院修士課程へ進学していた。その年たまたま鎌倉を訪れたとき、泉谷山浄光妙寺を見学した。浄光妙寺が北条長時の菩提寺であることはもちろん知っていたが、そこで何とも不思議な遭遇をした。そのとき応対に出られたのが大三輪龍彦先生であったのだ。私が八幡義信先生の高校での教え子であったこと、北条氏についての論文をすでに公表していたこと、等々かなりその玄関先で話し込んだことを覚えている。そして学習院大学の考古学のサークルで常葉の北条政村邸の発掘があること、また大仏切通の踏破があること、そのお誘いをいただいた。もちろんありがたく両方とも参加させていただいた。そして政村邸と道路をはさんで反対側が塩田義政邸であることのご教示を受けた。鎌倉幕府の要人は幕府政庁付近にいわば官邸ともいうべき居所があり、そのいわば郊外の地に別邸をもっていたことをそのときあらためて認識したのである。またその年の暮れから翌年にかけて、藤沢市の大庭邸址の発掘も見学することができたのも幸運なことであった。

一九七三年、私は修士論文の準備をしていた。そのおり当時中央大学大学院に竹内理三先生が出講しておられた。

指導教官は森克己先生であったが、当時演習の授業で竹内先生が瀬野精一郎氏編『鎌倉幕府裁許状集』をテキストとして使用した。このような経緯から、鎌倉幕府の研究を修士論文のテーマにしたい旨を竹内先生に相談すると、すぐに奥富敬之先生に対する紹介状を私に示された。私は直ちに武蔵小杉の日本医科大学をたずねた。奥富先生はご自分がもっておられた研究成果のコピーを私に快く渡された。さらにご自宅まで私をよんでいただき、さらに論文のコピーをくださり、さらに様々ご教示をくださった。私が政治経済史学会の会員であることを告げたとき、奥富先生は「早稲田大学大学院」では考え方がまったく違うこと、ないしは真っ向から対立するということも言っておられた。しかし学問的には教わることは非常に多かった。

今もはやこのお二人とも故人となられてしまったが、私が今日まがりなりにも研究を続けていられるのもこのお二人の先生の学恩によるところが非常に大きいといえるのである。正直いってその当時の私には得宗の研究のノウハウを教えていただいたのはこのお二人の先生のおかげといっても過言ではない。

当初、本書は私の六十歳の定年退職までには何とか刊行したいと考えていた。しかしそれは日々の生活に追われていたずらに時間だけがすぎていってしまった。この長い年月がたってしまったことはひとえに私自身の怠惰によるものと反省の念に耐えない次第である。こうしている間に、私に早く出せと叱咤激励をしてくださった方々が私を支えていたといえる。最後の担任となった都立千歳丘高校の二〇〇九年度の三年生の諸君のなかにも私の学問的力量に理解を示してくれた生徒が多々いたことも幸いなことであった。私の研究書刊行を待ち望んでいる生徒もいたのである。私のそうした学問的裏づけに基く日本史の授業を真剣にうけとめていた生徒が少なからずいたのである。

私の大学院の学生時代は実に恵まれていた。指導教授は森克己先生（演習は『園太暦』）、中世史演習は竹内理三先生（『鎌倉幕府裁許状集』）、宝月圭吾先生（『蜷川親元日記』）、箭内健次先生（近世対外交渉史）といったそうそうたる先生方だった。宝月先生の授業で中世室町期の人名の読み方を教わったことは今でも鮮明に覚えている。その読み方が鎌倉期の『建治三年記』や『永仁三年記』の人名の読み方に通じていることをそのときに知ったのである。やはり、北山茂夫氏がいう通り、ひとつの時代を専門とするなら、その前後百年くらいは最低限のことを知っておく必要があると。宝月先生の授業が私の鎌倉時代の研究にとって実に大いに役に立ったのである。

冒頭に述べたように、最初に論文を発表してから四十年以上の歳月が流れてしまった。当然認識不足や舌足らずの部分はあるであろう。ありがたいことに私の研究を肯定的に評価をいただいたり、あるいは否定的にご批判をいただいたこともある。正当なる批判は次への一歩をしるすことになる。

本書に収録しきれなかったものや、その後成稿したものもある。それらについてはまた後日を期したい。

本書刊行にあたり、國学院大学の御出身で、政治経済史学会の先輩でもある小川一義氏にはご多忙のなか大変お世話になった。特に、小川氏は引用史料についても直接原典にあたられるなど、非常に繁雑な作業にも、労苦を嫌わず行っていただいた。まことに感謝に耐えない次第である。私の研究に深いご理解を示され、本書の刊行を快諾された汲古書院社長の石坂叡志氏に深くお礼を申し上げたいと思う。また同書院の三井久人氏、柴田聡子氏には様々ご配慮をいただいた。記して謝意を表したいと思う。

二〇一四年九月十九日

索　　引

事項索引

た行

な行

は行

ま行

や行

ら行

人名索引

さ行

た行

な行

は行

ま行

研究者名索引

著者略歴

渡邊　晴美（わたなべ　はるよし）

1949年　横浜市生まれ

1972年　中央大学文学部史学科卒業

1974年　中央大学大学院修了　文学修士

専　攻　日本中世史（鎌倉時代史）鎌倉幕府の政治史および執権北条氏に関する研究

2010年　東京都立千歳丘高等学校教諭定年退職

鎌倉幕府北条氏一門の研究

平成二十七年二月十八日　発行

著　者　渡　邊　晴　美

発行者　石　坂　叡　志

印刷所　中　台　整　版
日本フィニッシュ
モリモト印刷

発行所　汲　古　書　院

〒102-0072　東京都千代田区飯田橋二－五－四

電　話〇三（三二六五）九七六四

ＦＡＸ〇三（三二二二）一八四五

ISBN978－4－7629－4213－6　C3021

Haruyoshi Watanabe　Ⓒ 2015

KYUKO-SHOIN, Co.,Ltd.　Tokyo